敦煌与丝绸之路文化，是西部这片热土所孕育出的灿烂杰作。如今随着考古发掘及文献释读的深入，研究新成果不断涌现，越来越多的学者对于敦煌与丝绸之路文化产生了浓厚的兴趣。已出版关于敦煌与丝绸之路文化的图书数以千计，并且每一时段都会有新的论著问世。“敦煌与丝绸之路学术文丛”就是在以往诸多学者研究成果的基础上，对学界关于敦煌与丝绸之路文化最新研究成果的一次梳理与总结。

敦煌与丝绸之路学术文丛

俄　军　杨富学　主编

刘雁翔　著

秦州文史研究

读者出版传媒股份有限公司
甘肃教育出版社

图书在版编目（C I P）数据

秦州文史研究 / 刘雁翔著. -- 兰州 ： 甘肃教育出版社，2013.4
(敦煌与丝绸之路学术文丛)
ISBN 978-7-5423-2958-5

Ⅰ. ①秦… Ⅱ. ①刘… Ⅲ. ①文史-研究-天水市
Ⅳ. ①K294.23

中国版本图书馆CIP数据核字(2013)第062603号

出 版 人：吉西平
项目负责：白 鑫
责任编辑：朱满良
封面设计：徐晋林

秦州文史研究

刘雁翔 著

甘肃教育出版社出版发行

（730030 兰州市读者大道 568 号）

www.gseph.com 0931-8773255

兰州新华印刷厂印刷

开本 787 毫米×1092 毫米 1/16 印张 23 插页 2 字数 410 千

2014 年 11 月第 1 版 2014 年 11 月第 1 次印刷

印数：1~1 000

ISBN 978-7-5423-2958-5 定价：58.00 元

总序

“丝绸之路”是古代中国走向世界之路。这条古老的商路在今天已成为历史的陈迹，但在几千年的历史长河中，却是中华民族得以向全世界展示其伟大创造力和灿烂文明的门户，也是古代中国文化得以与西方文化实现交流，成为相互影响、融合，共同促进人类文明进程的合璧之路。丝绸之路上传播的不仅是东西方的经济交流，更重要的是古代中国与其他国家、地区、民族之间物质文化和精神文化互相交往的产物，是东西文明相互撞击的结果，这才是丝绸之路的真正文化价值所在。丝绸之路上流动的是一种夹带着精神的物质，通过丝绸之路，中西文明第一次接触与交流，并在以后的交往进程中共同进步。季羡林先生曾言：“世界上历史悠久、影响深远的文化体系有四个，即中国、印度、希腊和伊斯兰文化。由于丝绸之路的影响，我国的敦煌和吐鲁番是这四大文化体系在全世界仅有的两个交汇点。从人类发展的愿景来看，对文化汇流的研究有其特殊的意义。目前研究这种汇流现象和汇流规律的地区，最好的、最有条件的恐怕就是敦煌和吐鲁番。”

敦煌、吐鲁番作为四大文明汇聚之地的代表，毋庸置疑。除此之外，长安、于阗、龟兹、楼兰、张掖、武威、天水、西宁、固原等地也都莫不以作为东西方文化的交汇之地而著称于世。穿越西北的丝绸之路不仅是重要商道,也是文化交流的通道。甘肃河西走廊作为丝绸之路上唯一不变的交通干道，也是丝绸之路历史遗存最典型、最丰富的地区。而地处丝绸之路咽喉的河陇地区则是中国传统文化“承前启后,继绝扶衰”之地,更是多种文化交融荟萃的枢纽。敦煌文献与石窟艺术、吐鲁番文书与石窟、居延汉简与悬泉汉简、黑水城文献、藏文文献等大量古代的文化遗存的相继发现都令世界震撼。丝路文化也逐渐成为中外文化交流中最为耀眼的部分，以致对其研究成为东方学诸多学科领域内最为突出的内容之一。

敦煌与丝绸之路文化，是甘肃这块贫瘠的土地所孕育出的灿烂杰作,是甘肃历史悠久、文化厚重的真实写照,也是对甘肃历史文化地位和特色的最好诠释。甘肃作为中华文明的重要发祥地、中西文化交汇的要道和各民族交融的前沿地带,必将对中华民族文化的传承创新和发展起到重大的推动作用和深远的影响。如今随着考古及文献的不断发掘,越来越多的学者对于敦煌与丝绸之路文化产生着浓厚的兴趣，在国内外学者的努力耕耘下,获得了相当丰硕的研究成果。截止目前,有关敦煌与丝绸之路文化方面出版的图书数以千计,而且研究范围正日益扩大,每一时段都会有新的学术成果涌现。

甘肃学术资源丰富,然而就其在国际学术界的影响而言,无疑应首推敦煌学、丝绸之路史和少数民族历史文化,三者可并称为拉动甘肃学术研究走向世界的“三驾马车”。甘肃教育出版社长期以来一贯坚持“立足本地，传承文化，追求特色，出版精品”的原则和方针，先后推出了大量优秀的敦煌学、丝绸之路史和少数民族历史文化方面的研究著作，引起了国内外学术界的广泛关注与推重。这套“敦煌与丝绸之路学术文丛”的策划与出版，正是该社突出“敦煌文化”与“丝路研究”主导思想的具体体现，这些选题又都和丝路沿线纷繁复杂的民族历史文化问题息息相关。

“敦煌与丝绸之路学术文丛”是一套综合性学术研究丛书，从不同方面探讨丝绸之路沿线历史、宗教、语言、艺术等文化遗存。和以往的有关丝绸之路文化方面的论著相比，本套丛书有自身个性，即特别注重西北少数民族文献与地下考古资料，在充分掌握大量最新、最前沿的研究动态和学术成果的基础上，在内容的选取和研究成果方面具有一定的权威性和前沿性。整套丛书也力求创新，注重学科的多样性和延续性，其中的各分册图书，在该学术研究领域都有一定的创新性。当然，这12册图书只是国内敦煌与丝路文化的部分成果，我们今后还将进一步通过出版续编的方式逐步完善，竭诚欢迎各位同仁的参与、批评与指正。

文丛的作者，既有成就卓著的老专家，也有青年才俊，更多的则是在这一领域有着突出成就的中年学术骨干。本丛书从策划到编辑，得到了诸位作者的大力支持与协助，从完善书稿到认真校对，都付出了不少辛劳，从而保证了书稿的写作质量和出版质量，在此致以由衷的感谢。

此外，不少年轻人，如甘肃省博物馆的赵天英，敦煌研究院民族宗教文化研究所的彭晓静、王东、张海娟，甘肃省社会科学院历史研究所的李志鹏以及兰州大学和西北民族大学的研究生俄玉楠、史淑琴、阿尔斯兰、史亚军等都参与了本丛书的具体工作，孜孜矻矻，乐此不疲，保证了丛书编纂工作的顺利完成，这里致以深深的谢意。

俄军　杨富学

2014 年元旦

前　言

走出校门之后，一直在事业单位从事和所学专业相关的工作，先是在地方上编修地方志，接着是在高校教学。或因工作需要，或因爱好导致的研究学问需要，或因评职称需要，断断续续坚持写专业文章，从1990年发表第一篇论文至于今，粗略估计发表的论文至少在60篇之上。列入“敦煌与丝路学术丛书”，论文当然要往这个主题上靠，于是一边选，一边编，最后选编出28篇结为论集。分门别类，分成了六辑，每一集辑外加一个自认为别致的标目以示类别。

第一辑“寻踪古城”，共有文章5篇。或辨正《史记·秦本纪》“初县之”之“初”字正解，或考证“天水”名称由来，或考述天水古城建城历史，或讨论成纪县治多次迁徙的情形，或辨析秦窑史料及探寻其窑址。看似凌乱，但都和天水古城有关。

第二辑“求真三国”，共有文章2篇。探讨蜀汉北伐为什么要选择天水作为突破口，诸葛亮、姜维都到过天水的哪些地方，遗迹情形如何。务求将天水的三国古战场遗址落到实处，务求将受《三国演义》影响传乱了的历史纠正过来。

第三辑“试说石窟”，共有文章2篇。前一篇是注解考证麦积山石窟的一则著名史料王仁裕《玉堂闲话·麦积山》，以求完整捕捉其所反映的五代之前麦积山石窟信息；后一篇是考索民国时期敦煌经卷在天水的流传情况，以为追寻流散经卷提供线索。

第四辑“解读诗圣”，共有文章9篇。或诗史互证揭示杜诗诗句的历史文化背景，或考寻杜诗相关遗物，或考论杜甫由秦州入蜀诗作涉及的“站点”，力图从历史学和历史地理学视角解读杜诗，以开拓杜诗研究新境界。本辑清一色都和杜甫秦州诗或者说秦州诗文化关联。

第五辑“问学冯门”，共有文章7篇。冯国瑞先生是1927年清华研究院毕业的高材生，是天水走出去又将学术眼光落到天水及其周边的陇上著名学者，也是陇学卓有成就的开拓者。我作为后学，作为地域文化研究的参与者，于其人、于其文向往久矣，时常有隔世立雪冯门的幻想。于是在敬仰其学术的同时，表彰其学术，以期窥斑见豹式地展示冯先生在敦煌学、甘肃石窟寺研究、地方文物研究等各个方面多姿多彩的学术贡献。

第六辑“谈论方志”，共有文章3篇。我干过十六年的地方志工作，对地方志有感情，自然写过一些相关的文章，辑录其中学术味比较浓的三篇，以表彰乡贤胡缵宗对方志学的贡献，以展示天水旧志的存佚状况。

以上所选、所介绍的论文都和秦州即天水相关，而秦州自古就是丝绸之路重镇，所论古城沿革、所论因交通位置和军事位置重要而导致的战事、谈论诗圣沿丝绸之路流寓秦州的秦州诗及其由陇入蜀的遗迹遗物，都能和丝绸之路靠上边子；谈论麦积山石窟文献和莫高窟经卷，谈论对石窟寺和敦煌学都做出开拓性研究的冯国瑞先生的学术，正好和敦煌学能靠上边子。如此之类的论文选编出来，列入“敦煌与丝路学术丛书”，真还颇有些名副其实的切题。“谈论方志”一辑和丛书主旨稍有距离，而所述天水地方志资料在入集论文中反复引用，当做“辅料”以体现书名上的那个“文史”的“文”也是适宜的。

又，以上所选、所介绍论文都属于地域文化范畴。因为是地域文化范畴，准确的说是天水地域文化范畴，于是所论就小。这里我突然联想到了地方风味小吃。入集论文所论题材虽小，但每一篇都是按小而精、小而真、小而一切以排疑解难为要务的标准而做的，力求突出地域文化的地方风味。当然做归做，而这“小吃”是否够味，还敬请列位看官“品尝”、批评。

目　录

第一辑　寻踪古城

《史记·秦本纪》“初县之”之“初”字解

关于秦国的县制，讨论的文章委实不少，再加入进来凑热闹，似无必要。不过，翻阅《史记》，对这个老话题中的一个问题又有了些许新疑问，具体地说那就是——《史记·秦本纪》“初县之”之“初”字到底应该作何解释。

一

《史记》卷5《秦本纪》有言：“十年，伐邽、冀戎，初县之。”这是一条非同寻常的资料，因为这条资料牵扯着一个大问题——秦国乃至中国县制源自何、源自何时。①正因为这条资料牵扯如此大的问题，因此历来引人注目。“十年”指秦武公十年，是为公元前688年；和周王室纪年对照，是为东周庄王九年。

“伐邽、冀戎”是说秦国大军攻打邽戎、冀戎。和现在的行政区划对照，邽戎的居地在今甘肃省天水市城区，而冀戎的居地在今甘肃省天水市所辖的甘谷县城西。“初县之”，秦国大军攻灭了邽、冀戎，于是“初县之”。秦本是一个东方部族，迁居陇山之西以后长期和当地的土著——戎族共处，冲突争斗在所难免，攻灭戎族小国也是家常便饭，如：秦宁公二年，“遣兵伐荡社。三年，与亳战，亳王奔戎，遂灭荡社”②等等。但在灭掉戎国之后“初县之”实乃新生事物。对于这个“初”字，学界有一种解释是“第一”或“第一次”。这样一来，我们引出的整条资料的解释便是：“秦武公十年，(秦国大军)攻打邽戎和冀戎，(灭国之后)第一次(在秦国境内)设置了县。”中心意思是邽戎国和冀戎国被攻灭之后变成了邽县和冀县。乍一看，这一解释没有任何问题，再往下看问题就来了。

贴着《秦本纪》“十年，伐邽、冀戎，初县之”一语，后面紧接着有一句，“十一年，初县杜、郑。”现在再以“秦武公十一年，第一次(在秦国境内)设置杜县、郑县”解释，就觉着不大对路了。从秦武公十一年(公元前687年)

①对中国县制起源于春秋时代的秦国还是楚国，学术界有争议；对始建县的时间，也有争议。不过，有确切纪年的置县资料以这一条最早，似无争议。

②《史记》卷5《秦本纪》。

往下计数，过上 232 年，便是秦厉公二十一年，即公元前 456 年。据《秦本纪》："二十一年，初县频阳。"如果再来个"(秦厉公)二十年，第一次(在秦国境内)设置频阳县"那就有点滑稽了。从秦厉公二十一年接着往下计数，过上 78 年，便是秦献公六年，即公元前 379 年。据《史记》卷 15《六国年表》，这一年"初县蒲、蓝田、善明氏。"如果还如法炮制，那就成了"(秦献公六年)，第一次(在秦国境内)设置了蒲县、蓝田县、善明氏县三个县"。如此则是前矛后盾，不知所云了。

"第一"或"第一次"、"首次"之类的用语是比较用语，得有类比范围和类比对象，就是说在比较之后才会有"第一"或"第一次"的概念。单独将"初"释为"第一"或"第一次"也无不可。但将"初县××"这样记述句式完全相同，而在不同年份所设置的多个县，都以"第一"或"第一次"解释其"初县"之"初"，显然是不合理的。以上引《秦本纪》和《六国年表》四例"初县之"或"初县××"为例，按"第一"的说法，就成了四个第一，我们不禁要问一句"可能吗"？

对于"初县××"之"初"，学术界还有一种解释就是"开始"。于"十年，伐邽、冀戎，初县之。十一年，初县杜、郑。"一种《史记》的注译本译为："秦武公十年，武公攻打住在邽地、冀地的戎族，开始把这两个地方作为秦国的县。十一年，开始把杜、郑两地作为县。"①以"开始"释"初县××"之"初"，与"第一"或"第一次"比较，少了同类比较的成分，因此也相对合理一些。即如《秦本纪》"德公元年，初居雍城大郑宫"、"(孝公)十四年，初为赋"、"(武王)二年，初置丞相"中的"初"都可用"开始"解释，因为这三个"初"的连带对象分别是唯一的，都是唯一的第一次。但具体问题具体分析，落实到"初县××"的"初"，用辞书通行的"始"或"开始"作解就显得太含糊了些，因为"初县××"在《秦本纪》中是屡见不鲜，而"初"连带的对象是一致的——都是县，所以用"开始"一以贯之的解释是不准确的。

二

那么，这里"初县××"之"初"是否有一种恰切的解释呢？让我们采用迂回包抄的办法，引一段相关的史料。《史记》卷 6《秦始皇本纪》有言："(始皇)三十三年……西北斥匈奴。自榆中并河以东，属之阴山，以为四十

①王利器主编，陈蒲清译《史记注译》，西安：三秦出版社，1988 年，第 108 页。

四县，城河上为塞。又使蒙恬渡河取高阙、阳山、北假中，筑亭障以逐戎人。徙谪，实之初县。”很明显，这条史料中的“初县”既非“第一县”也非“开始县”，而是“新县”、“新设之县”的意思。推而广之，我们所寻证的“初县之”之“初”正是取“新”之意。

或曰：此初县非彼初县，用“新县”或“新设之县”释“初县××”之“初”是否行得通？推其源，县制是和分封制相对立的一种体制，唐德刚先生称之为“封建之渣滓”①，其导源于春秋时秦、楚、晋等一些大诸侯国，基本上是侵灭四邻小国或取新地而设县管理，直接由国君掌管，这是以前所没有的，较以前的旧体制是全新的。而对初设县的某地更是全新的，前无旧例的。因此，“初县”就是“新县”。“初县××”之“初”是附属“县”作修饰用的，“初县××”恰切的解释就是“在××设立新县”。当然，也可将“初”和“县”合一并作动词看待，这样“初县××”也可释为“在××新设县制”。依此，《秦本纪》“十年，伐邽、冀戎，初县之。十一年，初县杜、郑”则可意译为：“（秦武公）十年，攻灭邽、冀戎，在邽、冀二地设立新县。十一年，再设立杜、郑两个新县。”或可意译为：“（秦武公）十年，攻灭邽戎、冀戎，因其地新设邽县、冀县。十一年，新设杜、郑二县。”强调一下，所谓“初县××”即“新设××县”是相对于原先某地没县这种体制而言的。

举一旁证。《史记》卷30《平准书》说：“汉连兵三岁，诛羌，灭南越，番禺以西至蜀南者置初郡十七，且以其故俗治，毋赋税。南阳、汉中以往郡，各以地比给初郡吏卒奉食币物，传车马被具。而初郡时时小反，杀吏，汉发南方吏卒往诛之，间岁万余人，费皆仰给大农。”这里的“初郡”和前引的“初县”对应，正是“新郡”之意；“置初郡”正是“设置新郡”之意。另，《汉书》卷61《张骞李广利传》之《张骞传》说：“是时，汉既灭越，蜀所通西南夷皆震，请吏。置牂牁、越嶲、益州、沈黎、文山郡，欲地接以前通大夏。乃遣使岁十余辈，出此初郡，皆复闭昆明，为所杀，夺币物。于是汉发兵击昆明，斩首数万。后复遣使，竟不得通。语在《西南夷传》。”“初郡”还是“新郡”之意。还有，《史记》卷5《秦本纪》说：“（昭王）三十四年……初置南阳郡。”“又，庄襄王元年……初置三川郡。”《史记》卷6《秦始皇本纪》说“（始皇）五年……初置东郡。”《史记》卷30《平准书》说：“（汉武帝元鼎五年）初置张掖、酒泉郡。”这些个“初置”都是“新置”之意。

或曰辞书上的“初”是否有“新”意？请看，《说文》释“初”云：“始也。从

①唐德刚《中国郡县起源考》，《胡适杂忆》附跋，上海：华东师范大学出版社，1999年，第339页。

刀,从衣。裁衣之始也。”那么,“始”又是何意?《说文》释“始”云:“女之初也。从女,台声。”“女之初”就是女子的初生,也就是新生。《王力古汉语字典》释“始”云“开始,最初”;又释“新”云“初次出现的”。[1]由此可见,“初”本来就含有“新”的意思。对“初”意的起因,吴其昌先生《金文名象疏证》解释说:“初民无衣,大抵兽皮以刀割裁而成,衣之新出于刀是初义也。故初确系从刀。”[2]吴先生“衣之新出于刀”的解释也表明“初”本来就含有“新”的意思。人们习惯于将“初月”称为“新月”,初嫁的女子称为“新娘子”,就用的是“初”字所含的“新”意。

总之,为《史记·秦本纪》“初县之”之“初”赋予“新”意,则关于“初县××”之“初”意便迎刃而解,而诸多疑团也会光照冰释。

【附记】本文原刊于2006年早期秦文化学术讨论会论文集《早期秦文化研究》(西安:三秦出版社,2006年),发表时题名《秦国陇西县郡二题解析》,本文为“二题”之第一题。

①王力《古代汉语字典》,北京:中华书局,2000年,第192页、第418页。
②吴其昌《金文名象疏证》,国立武汉大学《文哲季刊》,1936年。

“天水”由来考证

甘肃省天水市是历史文化名城。天水是一个古地名，也是一个新地名。说古，是因为天水作为行政设置名称已有两千多年的历史；说新，是因为直至现在依旧沿用作城市名。对这个美丽的地名，古人、今人按自己的理解做了各种各样的解说。面对诸多解释，我以为尚有进一步解释的必要，因为解释虽多，而均不得其实。我的看法：天水之名起自汉人阴阳五行“天一生水”的观念。下面我们就用证据推陈出新，破解天水由来之谜。

一、天水郡的设立与《秦州记》《水经注》对“天水”由来的解释

天水郡的设立，史有明文，《汉书》卷28《地理志》说：

> 天水郡，武帝元鼎三年置。莽曰填戎。明帝改曰汉阳。户六万三百七十，口二十六万一千三百四十八。县十六：平襄、戎邑道、罕开、绵诸道、阿阳、略阳道、冀、勇士、成纪、清水、奉捷、陇、豲道、兰干、望垣、戎邑道。

文中所谓武帝就是雄才大略的西汉武帝刘彻，元鼎三年，即公元前114年。这条史料，说明了天水郡设立的具体时间、郡境之户口及所辖之道、县，单单不言“天水”的由来和含义。

是谜语总要有人破解。唐代大学者颜师古注《汉书·地理志》，涉及天水郡，引地记资料说：

> 《秦州地记》云，郡前湖水冬夏无增减，因以名焉。

所谓《秦州地记》即南朝宋郭仲产（？~454年）之《秦州记》，系地记名作，隋之前失佚。郭是著名的方志学家，《秦州记》而外，尚著有《陇右记》《仇池

记》《南雍州记》等。郭仲产所言是史籍所见对天水名称最早的解释。其主旨是:郡前有一湾湖水,湖水夏季多雨而不增,冬季少雨而不减,神奇得了不得,犹如天生之水,天上特赐之水,故以是水名郡曰天水。

郭仲产之后,著名地理学家郦道元(?~527年)在其名著《水经注》注渭水时涉及天水郡,又有类似但更加别致的解释:

> 藉水即洋水也。北有濛水注焉,水出县西北邽山,翼带众流,积以成溪,东流南屈,迳上邽县故城西,侧城南出。上邽,故邽戎国也。秦武公十年伐邽,县之,旧天水郡治。五城相接,北城中有湖水,有白龙出是湖,风雨随之,故汉武帝元鼎三年,改为天水郡。

这段话的主题是注渭水的支流藉水(即今穿天水城区而过的藉河)。与此同时,带出当时的天水郡及郡治上邽,中心思想就是:天水郡城上邽五城环接,其中北城中有一湾湖水,在汉武帝元鼎三年的时候,一条白龙破湖冲天而起,接着就是风雨交加,雷电轰鸣;生龙之水,自然是天之神水,《易经》云:"飞龙在天",于是名郡城曰天水。

于以上两说,我们暂不辩驳评说。可以这样结论:天水这个地名诞生500多年后,在南北朝时期,一南一北,一个大方志学家,一个大地理学家对"天水"由来之谜,做了各不相同的两种破解,其中一点是共同的——天水因郡前或郡中有神奇之湖水而得名。

二、历代地记方志对"天水"由来旧说的因革和解释

郭、郦之后又过了100多年,唐颜师古(581~645年)注《汉书》,权衡郭、郦两说,选取郭说,大概是认定郭说质实些,而郦说过于浪漫。颜师古之后,历代地记方志,凡言及天水,均从颜之判断,以郭说为定论。唐李吉甫《元和郡县图志》卷三十九秦州条说:

> 今州理上邽,即秦之旧县也……汉武帝元鼎三年,分陇西郡置天水郡。郡前有湖水,冬夏无增减,取天水名,由此湖也。

北宋王存《元丰九域志》附《新定九域志》秦州条说：

> 天水，《秦州记》云：郡有湖水，冬夏无增减，因号天水。

以上二引和颜师古所引《秦州地记》个别字句略有不同，转述成分增多。到了明代《大明一统志》将“郡前有湖水”之“湖”具体化，其秦州条“山川”目列天水湖。

> 天水湖，在秦州南七里，其水冬夏无增减，天水郡以此得名。宋建隆初，立宇其上，号天水殿，又以水疗疾有效，名惠应殿。

至此，史志学家在秦州城南七里比我们能理解的“郡前”稍远的地方，将“神湖”定位，名之曰“天水湖”，并增添“水可疗疾”的新内容。当然，往上追溯，如此定位当是在北宋，因为据这条史料知宋太祖建隆初湖上已有殿名“天水”了，湖当然也名“天水”。《方舆胜览》亦有“取天水湖以为名”的说法。清初，顾祖禹《读史方舆纪要》秦州条沿袭此说：

> 天水湖，在州南七里，《秦州记》郡前有湖，冬夏无增减，故有天水之名。

清嘉庆《重修大清一统志·秦州》设有“天水湖”条目，指明湖“在州西南七里”，而后并引《秦州记》《水经注》郭、郦有关天水由来的两种说法。

明清两代，天水湖被列为秦州十景之一，名“天水盈池”或“天水灵源”。康熙《秦州志》说：

> 城西南七里曰天水湖。其水冬夏不涸不溢，四时莹然。宋建隆建天水神殿湖上；传云水可愈疾，故名其殿曰“惠应”。

乾隆《直隶秦州新志》在记述“天水湖”时先后设了三个条目：

> 天水湖，南七里，其水冬夏平满，不溢不涸，宋建水神庙。

天水神庙，南七里天水湖上，因水可愈疾，名惠应庙，宋建隆初建，今废寺。

大佛寺，西南七里天水池上，即宋惠应故庙基。

详尽详实地回顾了湖的历史，又讲了湖的“现状”。

纵观以上从全国到地方历代地记方志对“天水”的解释，或征引或转述，均承袭郭仲产《秦州记》的说法。宋代始，将“郡前湖水”定格为天水湖，天水的由来从“虚”处落到了“实”处，累加递造的成分越来越多。

三、冯国瑞先生的归纳考证

冯国瑞先生是天水诞生的文化名人，为陇上著名学者，对乡帮古文化多有研究。1943年（民国32年）冯先生辑佚名作《秦州记》由陇南丛书编印社石印出版。对“天水郡治”有详细的按语，对天水由来详加考证。不过，冯所辑《秦州记》佚文和颜师古所引略有不同，全文如下：

天水郡治上邽，城前有湖水，冬夏中停无增减，天水取名由此湖也（《汉书·地理志》天水郡，颜师古注引作《秦州地记》。又《御览》二十）。

国瑞按：天水郡治、上邽原系一地。《元和志》，上邽，后魏避道武帝讳改曰上封，废县为镇，隋大业元年复为上邽县……旧志，天水古郡在州东南一里，秦时古城也，今州城即唐天宝所筑雄武城。《水经注》，“上邽县旧天水郡治，五城相接，北城中有湖水，有白龙出是湖，风雨随之，故汉武帝元鼎三年改为天水郡。其乡民悉以板屋。诗所谓‘西戎板屋’也。”是天水得名以此。考古天水郡城东垣故迹在今城东一里，五城相接，规制彷佛仍昔。其云北城中湖水，疑道元之误。今城西南隅有湖水，严冬不涸，唐宋以来称南湖，有南湖寺，湖水衍流，与藉水合而入渭，俗称官泉。《记》云上邽城前有湖水当指此。而又有说者，《嘉庆一统志》：上邽故城在州西南。“山川”载天水湖，在州西南七里，并引《秦州记》《水经注》二说。此湖在今县城[1]西南五里许，清洌与南湖无

①指天水县城，即今天水市城区。民国2年（1913年）撤秦州设天水县。

异，俗称天水井，或即天水郡之音转。有寺曰灵源，宋建有小市，亦称天水井。天水得名不出因此二湖之故。

冯先生的论说从郭、郦二说找到一个中介点——湖水，再结合天水当地实际情况分析，得出结论：天水之得名不出民国时尚能看到南湖或天水湖。

四、南湖和天水湖

既然北宋之后说及天水由来，史志学家一再提及天水湖，冯国瑞先生考证又提及南湖，为有助问题解决，我们就对此二湖的沿革情况作一些探究。

南湖，故址在今天水城南人民公园及官泉一带，现湖水已涸(人民公园存者为人工湖)，而仍有一影剧院沿旧称名南湖剧院。此湖清代之前不见记载，清代数部州志，只乾隆《直隶秦州新志》立二短条目，寥寥数语记述。但可以肯定，其由来甚远，湖所在低洼，经藉河水浸，地下水位升高，自然涌漏而成。清代，南湖积水空明，水月寺、官泉并列，沿河有长堤拱卫，沟洫纵横，荷花满池，景色迷人，成为秦州民众休闲游乐的绝佳去处。文人骚客题咏甚多，清初著名诗人宋琬有《湖亭》诗二首，即是在南湖湖畔吟作的。

其一

放衙无一事，岸帻出孤城。柳垂低烟色，荷枯碎雨声。
凉云依岫断，秋水照衣明。欲采芙蓉去，高楼暮笛横。①

其二

秋原新霁后，籍草爱长堤。桥影眼花鸭，波光浴竹鸡。
好峰青可数，远树碧俱迷。问字诸生在，清樽为我携。②

诗人妙笔传神，南湖风韵毕现。民国时，南湖所在改造成南湖公园，因多柳又称柳荫村，景观风物较清代逊色，但依旧是清丽可爱。天水霍松林先生1946年所作诗作《月夜偕友人游城南公园》有“逍遥出城来，万树拥高榭”、“盈盈一水滨，亭亭几茅舍”、“竹碎犬来迎，荷动蛙出迓”等句描绘其

①②清宋琬著，辛鸿义、赵家斌点校《宋琬全集》，济南：齐鲁书社，2003年，第256~257页。

幽美景致。[1]20 世纪 50 年代，官泉辟为天水市自来水公司水源地，日涌出量 4000 吨(1970 年测定)，宋公祠等改建为公园小学，小部分保留建为今人民公园。史志所言天水湖，故址在今天水市城区西南的天水郡街道办事处所在，系地下水涌出而成，处南沟河和藉河交汇处靠南。和南湖的史志记载冷清不同，天水湖在北宋已名闻遐迩，并建有天水神庙（又名惠应庙）。北宋诗人蒋之奇有诗曰：

灵源符国姓，殿泽应州名。地脉薰来润，云根出处清。[2]

再往前推，唐乾元二年(759 年)，杜甫流寓秦州，其《秦州杂诗》之九有“今日明人眼，临池好驿亭。丛篁低地碧，高柳半青天”句，所谓“驿亭”指的是赤谷亭，而所临之“池”正是后来的天水湖。北宋始，天水湖定格为天水得名之湖，其后一统志及省、府、州志备载，又因传说湖水能疗疾而备受关注。清初诗人、秦州州判王际有作《天水池》长歌，对湖之景观人文叙说甚详：

天以一生水，原与地相连。君不见空中河汉列泽国，分野在星躔；又不见江湖摇碧落无鳖，衔将日月眠。自昔郡名多取义，秦州遂以天水传。

天水方池清见石，长流曲引漫成川。漠漠鹭鸥相上下，有时荇藻泛盈田。古寺萧然人迹少，荡漾澄光透佛肩。千年不尽虚无意，参差亭榭向谁悬。我于公余携一斗，往咏逍遥秋水篇。[3]

歌中的天水湖清澈见底，波光荡漾，亭榭参差，鸥鹭翔飞，气象万千，苑若画图。清代，湖内神庙改为佛寺，名灵源寺，又称大佛寺。直至民国初年，此地依旧风光宜人，每年正月初四为庙会日，男女老少，赏灯火，看大戏，热闹非凡。1920 年(民国 9 年)，天水大地震，佛寺大半倾圮，之后藉河数次暴涨，天水湖遂被淹没淤塞，化为平地了。可见天水湖并不能冬夏无增减，现已辟为天水市自来水公司水井。

①霍松林《唐吟阁诗词集》，石家庄：河北教育出版社，2000 年，第 30~31 页。
②乾隆《直隶秦州新志》卷 11《艺文下》。
③康熙《秦州志·艺文》，康熙二十六年抄本。

五、疑问和辩驳

尽管南湖和天水湖在史志家笔下钟灵毓秀，在文学家笔下风情万种，但仔细剖析相关资料，就会发现天水之名由来出此二湖之说都不能成立。

疑问辩驳之一：堂堂一个辖16县的大郡因城前有一个积水潭式的小湖而名，本身就让人觉得有些玄乎。且湖水“冬夏无增减”的说法只能是理想之言或传说之言，绝非实况；“白龙出是湖”的说法更是玄而又玄，传说色彩更浓。

疑问辩驳之二：对天水名称的由来，自郭仲产《秦州记》和郦道元《水经注》作试解之后，从唐颜师古注《汉书》引郭说，至于民国，郭、郦二说（尤其是郭说）作为两条天水名称由来的证据，被众多的史志学家多次征引，但历代的引用者似乎都忽略了一个史实，即汉武帝元鼎三年所立天水郡治所何在？为便于说明问题，这里对郭、郦二说再次援引，请看《汉书》卷28《地理志》天水郡条注引郭仲产的解释：“《秦州地记》云，郡前湖水冬夏无增减，因以名焉。”接着看郦道元《水经注》的解释：“（上邽）五城相连，北城中有湖水，有白龙出是湖，风雨随之，故汉武帝元鼎三年改为天水郡。”郭说言湖水在郡前，意即在郡治之前，未点明郡治的具体名称。而郦说所言“北城中有湖水”明指是当时天水郡治上邽之湖。事实上，汉武帝元鼎三年，天水郡初设时，辖16县，其郡治在平襄，平襄为天水郡附郭首县，有《汉书·地理志》为证。刘玄更始元年（23年）成纪人隗嚣等起兵反抗王莽，“攻平襄，杀镇戎大尹李育。”①引文中的“镇戎”即天水，是王莽所改之名，“大尹”即郡太守，也是王莽所改之职官名。郡太守所居之城，当然是郡治。这条史料可做为平襄为天水郡治的旁证，但也有学者认为天水郡始设时治所在冀县。②据西北师大历史系教授陈守忠先生新考，汉平襄治所在今通渭县城。③既如此，则郭说的“郡前有湖”该指的是平襄城前之湖。东汉初，天水郡治迁至冀县，当时的冀县治所在今甘谷县城西3公里处。西晋太康七年（286年），明帝永平十七年（74年）改名汉阳郡，三国时又由汉阳郡改名的天水郡及重立的秦州治所均三迁至上邽，即今天水市城区。而郦说以西晋时天水郡治第三次迁移地上城中之湖，解释西汉治所在平襄的

①《后汉书》卷13《隗嚣公孙述列传》。

②范三畏《汉代天水郡郡治考》，《西北史地》1995年第4期。

③陈守忠《河陇史地考述》，兰州：兰州大学出版社，1993年，第244页。

天水郡名由来,真有些南辕北辙的味道。再者,天水郡从陇西郡分设时,二郡辖县划分大致以渭河为界,北为陇西,南归天水,上邽仍属陇西郡,连天水郡的辖县都不是。郭说没有明指郡治所在是何县,我们暂且不予追究。但后来的引用者,不查天水郡治所数次迁移的源流,一概将郭说"郡前有湖"等语定位在今天水市区以解释天水来由,也应属南辕北辙。为进一步说明问题,这里再引一条很有意思的史料,南宋祝穆《方舆胜览》有言:"汉武帝分置天水郡,治平襄,取天水湖以为名。"说这条史料很有意思,是因为既言郡治在距今天水市区数百里外的平襄,又言天水得名来源于宋代在今天水市区的"天水湖"(即所谓"郡前有湖"),自相矛盾,为我们辩驳天水得名于所谓"郡前有湖"不成立提供了难得的证据。

疑问辩驳之三:郭仲产的《秦州记》在隋前已佚,《隋书·经籍志》不录,唐人著述征引,只能是转录,其可信度我们不得而知,但北宋大型类书《太平御览》所引和天水郡名称由来有关的两条《秦州记》的记述和颜师古《汉书》注引不尽相同,且有自相矛盾之嫌。《太平御览》卷 59 地部有言:"《秦州记》曰:成纪县有石臼,中水深数尺,水旱无增减,故名其地为天水郡。"西汉天水郡始设时辖 16 县,其中有成纪县,其治所在今甘肃省天水市秦安县之北,离天水郡治平襄尚远。臼中之水显然不在"郡前"且臼中数尺之水显然不能成湖,而况数尺之水,水旱可无增减乎?又,《太平御览》卷 135 州郡部秦州条有言:"《秦州记》曰:郡前有湖,冬夏无增减,或说天水取名由此湖也。"这条史料可分两层,"郡前有湖,冬夏无增减"是引《秦州记》原文,而"或说天水取名由此湖也"显系《太平御览》编纂者按语,"或说"二字妙!表明对这条史料不置可否,持怀疑态度,也可以说是否定态度。退一步讲,如果"或说"语出《秦州记》原文,则颜师古注《汉书·地理志》时所引"《秦州地记》云,郡前有湖,冬夏无增减,因以名焉"中"因以名焉"的肯定语肯定是站不住脚的。通过对以上《太平御览》两条资料的分析,我们可以这样结论,郭说游移不定,或是"郡前有湖"或是"(成纪)臼中水深数尺",同一件事两种完全不同的表述,只能说明郭说系道听途说。

疑问辩驳之四:接下来我们再补充分析郦说。郦道元的博学,在巨著《水经注》中表现得淋漓尽致,但郦也有一个显明的特点就是偏好奇闻趣事,如《魏书》所言"道元好学,历览奇书"。关于天水郡名称由来起自"白龙出是湖"的记述即是一例。郦游历过许多地方,但未到过秦州天水郡。而其祖父郦嵩曾任天水太守,[1]想必郦有关天水郡名称由来的说法,得之于他这个祖父,或许爷爷给孙子讲故事的时候,言及此事,且加添一些童话式的内容,以加强故事的精彩度。《太平御览》卷60地部说:"武都郡前有湖,义熙初有白龙于湖升天。"这条史料和郦说"(上邽)北城中有湖水,有白龙出是湖,风雨随之……"何其相似!显然郦道元听到的并认定的就是祖父移花接木的传说,好奇而骋博、玄而又玄也就在情理之中了。

疑问辩驳之五:我们在文中将郭、郦之说引用多次,分析多次,可透视出一个信息,郭、郦二说均是按当地民间传说推测而来,并非天水郡名称由来的正解,后世的引用者不查,尽信古书,致使以讹传讹,越往后,将传闻编造得越是有鼻子有眼,也就越加偏离真相。民国之时,天水冯国瑞先生按前人的记述,证之以实地,并将郭、郦二说中的"湖水"沿用旧说,对号入座为当时天水的南湖和天水湖,确有失察之嫌。

疑问辩驳之六:20世纪80年代,于天水名称的由来,迭出新说。影响最大者即所谓"天河注水",[2]思路是其湖水既能"冬夏无增减",自当是非凡之水,而非凡之水定非大地所能孕育,定然是天河之水下泻而成。当然此新说以"传说"的面目出现,其创作的原形仍就是郭仲产《秦州记》和郦道元《水经注》的说法,不过是将郭、郦二说推演到了极致。平心而论,"天河注水"之说只能是神话性质的俗说,和天水名由离题万里。但匪夷所思的是,现在一些介绍天水风物名胜的文章或书刊均有这样"八股式"的开场白,"天水古称秦州,因'天河注水'的美丽传说而得名。"大概是"天河注水"写起来方便、听起来好听吧!

六、"天一生水"与"天水"名称由来正解

汉武帝元鼎三年(前114年),从秦置陇西郡析出16县新置一郡,名天水郡。为何以"天水"名郡,这和天水所在的方位有关,和汉武帝崇祀太一、三一(即太一、天一、地一)有关,主要是和当时流行的阴阳五行观念有关,其具体含义就是"天一生水",也就是前文引王际有《天水池》歌所云:"天以一生水,原与地相连"。试证如下:

①郦道元家族世代官宦,以其父郦范官爵最为显赫。郦范、郦道元在《魏书》中均有传。《魏书》卷42《郦范传》说:"父嵩,天水太守。"

②罗培模《麦积山的传说》,北京:中国旅游出版社,1991年,第83页;马天彩《天水史话》,兰州:甘肃人民出版社,1986年,第6页。

其一,汉武帝以"天水"名郡和崇祀"太一"、"三一"的大背景。西汉武帝是一位有雄才大略的皇帝,也是一位很迷信的皇帝。《史记·封禅书》有"今天子初即位,尤敬鬼神之祀"的说法,所谓"今天子"指的就是汉武帝。正因为"尤敬鬼神之祀",于是上行下效,全国各地的方士各显神通,不断向武帝言鬼神事。元光二年(前 133 年)即武帝即位后的第八年,亳人谬忌请求祭祀太一。武帝欣然接受,即命太祝在长安城东南建太一坛。此后又有方士上言以太牢祠神三一,武帝又是欣然接受,命太祝在已建成的太一坛上一并致祭。那么太一是何物,三一又是何物呢?太一最早见于战国晚期文献,如《庄子·天下》《荀子·礼论》《吕氏春秋·大乐》等,楚辞有篇名《东皇太一》。考其究竟,太一既是神名,又是星名(北极五星的亮星),同时又是终极物(有类太极)的一个复合概念。[①]三一是天一、地一、太一组成的"三位一体"神,[②]同时又隐含着道家和阴阳家的哲学观念,天一是阳神、地一是阴神,而太一是阴阳所从出者。《易传》"易有太极,是生两仪,两仪生四象,四象生八卦,八卦定吉凶,吉凶生大业"也就是《老子》所言"一生二,二生三,三生万物。"《吕氏春秋·大乐》所言:"万物所出,造化太一,化为阴阳。"太一便是太极,天一、地一便是阴阳两仪。同时,和我们论题相关的天一也是星名,《史记》卷 27《天官书》有"天一三星"的说法。既然,太一和天一、地一、太一组成的三一是这样的神奇,于是汉武帝崇敬万分,影响深刻。元狩三年(前 120 年),齐人少翁献鬼神方朝见武帝,得到信用,在长安西北甘泉山(今陕西淳化县北)筑造离宫,画天、地、太一诸神,时时致祭。元狩五年(前 118 年)武帝在蓝田鼎湖宫大病,百方医治无效。游水发根一班方士们大显身手,装神弄鬼,推荐一位据说能使病巫之神附体的巫,在甘泉祠祭神君,借神君传言武帝的病不打紧,稍好一些就到甘泉来,武帝一高兴病好了一大半,及至甘泉,居然康健如初。"事实"教育了武帝,甘泉于是成为宗教中心。就在天水郡设立后的第二年即元鼎四年(前 113 年)又大兴诸神祭祀,在天水郡设立后的第三年,在甘泉建起规模宏大的太畤坛,亲自致祭。武帝"尤敬鬼神之祀"达到极致。在这样的造神运动和敬神运动的大背景下,很自然就将元鼎三年从陇西郡分出来的新郡命名"天水"。天水,即"天一生水"的省称,是由神圣的太一和三一中的天一所隐含的阴阳五行观念转化而来的,这其中暗含陇西郡一分为二的意思,和太一

①李零《"太一"崇拜的考古学研究》,李零《中国方术续考》,北京:东方出版社,2000 年,第 237 页。

②李零《"三一"考》,李零《中国方术续考》,北京:东方出版社,2000 年,第 245 页。

生天一和地一而一分为二相类。这里特别指出一点，用作郡名取意“天一生水”本源的“天一”，这里已不是神名，而是“天一”的阴阳五行理念。

其二，关于天水家马鼎的话题。1971年，甘肃礼县永兴乡蒙张村南山出土一秦鼎。高25.5厘米，口径22厘米，重4.5公斤。腹与盖各阴刻13字“天水家马鼎容三升并重十九斤”。[①]有学者以器物是秦器便列举诸多“证据”想当然地断定“天水”之名在秦代已有。实则，器为秦器，但铭文乃汉代所刻，“天、水、家、马、鼎、容”等字与现存汉印、镜铭、瓦当文字风格完全一致，是标准的汉隶契刻文字，契刻时间肯定在天水立郡之后。就是说好事的汉人在秦代器物上刻了一行字，用以说明功用。无独有偶，天水所出另一件著名的秦器——秦公簋其器身外也有汉人契刻的“西元器一斗七升，奉敦”字样，器盖外契刻“西一斗七升大半升，盖”字样。[②]表明天水一代汉人在古器上刻字相沿成习，不辨此习，以汉刻为秦文判别史事，就大错特错了。

其三，“天一生水”和汉人的阴阳五行观念。《周易·系辞上传》说：

> 天一地二，天三地四，天五地六，天七地八，天九地十。天数五，地数五，五位相得而各有合。天数二十有五，地数三十，凡天地之数，五十有五，此所以成变化而行鬼神也。

这段话如按阴阳五行(阳为白点，阴为黑点)方位表现出来就是河图，其中奇数的一、三、五、七、九代表天，属阳；二、四、六、八、十代表地，属阴。奇偶组成象征天地阴阳的自然现象，北宋易学家刘牧在《易数钩隐图》中对此的解释是：

> 《系辞》天一地二，天三地四……此其生数也。天一生水，地二生火，天三生木，地四生金，天五生土，此其生数也。如此则阳无匹，阴无偶，故地六成水，天七成火，地八成木，天九成金，地十成土。于是阴阳各有匹偶而物得成矣，故谓之成数也。[③]

①汪保全《瑰宝遗珍：天水馆藏文物精粹》，兰州：甘肃人民出版社，2000年，第43页。
②冯国瑞《秦公簋器铭考释》，冯国瑞《天水秦器汇考》，天水：陇南丛书编印社，1944年。
③刘牧《易数钩隐图》，景印《文渊阁四库全书》第8册，台北：台湾商务印书馆，1986年，第149页。

和我们论题最密切的“天一生水”、“地六成水”可概括为“天一生水，地六成水”。这样疑问来了，宋儒的解释是否就是汉人的观念？《汉书》卷21《律历志》引刘向三统历的说法：

> 五星之合于五行，水合于辰星，火合于荧惑……。天以一生水，地以二生火，天以三生木，地以四是生金，天以五生土。

可见“天一生水”的观念在汉代已牢固树立。即便是刘向论说是在西汉末，我们还可以拿出西汉初的证据。1973年湖南长沙马王堆汉墓3号墓出土帛书《天一图》[①]（有学者认为应称“避兵图”），图用青、赤、黄、白、黑五色绘成，图上部正中有一“大”字形神物，据题记应是“大（太）一”。图的下部有三龙，呈“品”状分布，皆双角鳞身四足，左下之龙是黄首青身，题“青龙奉容（瓮）”；右下之龙赤首黄身，题“黄龙持炉”；上方“大”字形神物胯下之龙也是黄首青身，无题记。据考证，“三龙”即是《汉书》卷25《郊祀志》所言的“三一”图像画，青龙是天龙，代表“天一”；黄龙是地龙，代表“地一”；黄首青龙则是“三一”合题中的“太一”。[②]青龙在天行雨，为水、木之象，“瓮”即盛水器，正是“天一生水”的形象写照；黄龙在地潜渊，为火、金之象，“炉”即冶炉，正是“地一（二）生火”的形象写照。可见汉代阴阳五行相克相生观念在社会中的地位非同小可，因此，有一新郡，取名“天水”是顺理成章的事。

其四，“天一”和“太一”的关系。前面所说的“三一”含有三个概念即天一、地一、太一，在古人的观念中，世界是由天、地及由天地产生的万物组成的，太一，是从天地抽象出来的原生概念。而天尊地卑，于是一定程度上天一就是太一，可能正是这个原因，因此又有“太一生水”说，以致“水”在这个意义上成为宇宙本源。《郭店楚墓竹简》就有：

> 大一生水，水反辅大一，是以成天。天反辅大一，是以成地。……天地者，大一所生也。是故大一藏于水，行于时，周而又始，以已为万物母；一缺一盈为万物经。[③]

①李零《“太一”崇拜的考古学研究》，李零《中国方术续考》，北京：东方出版社，2000年，第224页。

②李零《读郭店楚简〈太一生水〉》，李零《中国方术续考》，北京：东方出版社，2000年，第440页。

③《郭店楚墓竹简》，北京：文物出版社，1998年，第125页。

所谓“大一”即“太一”，主旨是说先有水而后有天地，有天地而后有万物。所谓“太一生水”是在强调本源物质时提出的命题，和“天一生水”并不矛盾。

其五，“天一”为何能生水。再深究一步，在五行配对的时候，为何将“天”和“一”相配？又为何将“天一”和“水”相配？原因就是“天”、“一”、“水”在古人的观念中地位尊贵，于是门当户对，配在一起。周人是崇天出了名的，而汉人也不弱，被誉为儒者宗师、天人感应说的首倡者董仲舒就即以“天命”作为其学说基础，所谓：

> 道之大，源出于天，天不变，道亦不变。①

至于“一”，乃道家立论的根本，既是宇宙的本源，又很世俗化，《老子》说：

> 是以圣人抱一，为天下式。
>
> 天得一以清，地得一以宁，神得一以灵，谷得一以盈，万物得一以生，侯王得一以为天下贞。

水者，生命之源也。《管子·水地篇》说：

> 水者，何也？万物之本原也，诸生之宗室也。

另有道家观点认为：

> 天地之先，一数生水以成象；人生之前，一气精感化而成形。非水无以立天地，非精气无以立人身。②

至高无上的“天”只有万物本源、象征太极的“一”才能成对，而天、一成对自然能衍生无所不能的“水”。再者，天雨生水，地承润泽是自然而然的自然现象。故而，“天一生水，地六成之”，也就成为固有阴阳五行观重要的一环。

其六，宁波天一阁和“天一生水，地六成之”。宁波范氏天一阁，以藏书

①《汉书》卷56《董仲舒传》。
②顾颉刚《三皇考》，《古史辨》第七册中编，上海：上海古籍出版社，1982年，第213页。

之富、藏书之精天下闻名。“天一阁”就是取“天一生水”以御克图书天敌火的寓意，对此邓之诚先生《骨董琐记全编》有详尽的解释：

> 宁波范氏天一阁，在范氏宅东，坐北向南……阁前凿池，其东北隅又为曲池。传闻凿池之始，土中隐有字形如“天一”二字，因悟“天一生水”之意，即以名阁。阁用六间，取“地六成之”义。是以高下深广，及书橱数目尺寸，俱含六数。见乾隆时寅著复奏。后建文渊阁于文华殿后，以庋四库全书，其制一依天一。①

好一个“天一生水，地六成之”，汉以“天一生水”之简称“天水”名郡，天水城为陇右名郡；明以“天一生水”之另一简称“天一”名阁，天一阁成为天下名阁。这是阴阳五行说在现实生活中活学活用的经典实例。

七、陇西所分新郡定名“天水”的星野划分因素和政治军事因素

在解释了天水郡的由来及含义之后，相关问题又来了。汉武帝在位54年，连年征伐，开地斥壤。据《汉书·地理志》，先后设 26 个新郡。以年号划分，其中设天水郡的元鼎三年之前设 5 郡，元鼎之后设 10 郡，元鼎年间(前 116~110 年)设 11 郡，几占所设新郡之半。疑而问之，如此之多的新郡，为何独将“天一生水”定位于陇西析出的新郡，而不是其他新郡呢？原因依旧是阴阳五行和星相观念而致。其一，天水所在按天地分野属二十八宿的东井、舆鬼，宋《方舆胜览》说天水时言：“《禹贡》雍州之域，东井秦之分野。”而《汉书·律历志》就有“东井为水事”的说法。其二，星相学上“天一”主杀伐，天一三星又称阴德，有避兵作用，有学者将《天一图》称《避兵图》，原因在此。②元鼎之前，尚未设河西四郡，陇西郡为西北边陲最前沿的边防郡，“迫近羌胡，修习备战”③因此陇西所析之郡自然应“避兵”息杀伐，以“水”之阴柔胜“兵”之阳刚。同为元鼎三年所分北地而设的新郡，取名安定，大抵也是这个意思。正是基于以上两点，“天水”之名只能用于此郡而非彼郡。

天水，这个富有诗意充满想象力的雅名，其含义既不是史籍所言“冬

①邓之诚《骨董琐记全编》，北京：北京出版社，1996 年，第 89 页。

②李零《太一考》，李零《中国方术续考》，北京：东方出版社，2000 年，第 224 页。

③《汉书》卷 28《地理志》。

夏无增减”的湖水，也不是闪烁在天空之上牛郎织女望眼欲穿的银河。天水之名，是以阴阳五行为主，综合神灵崇拜、术数星相等因素衍生而成；“天水”即“天一生水”之谓也，“天一生水”是理念所生之水，天水之名，形虽不似而神似，充满了神秘色彩。

【附记】本文原刊《天水师范学院学报》2002 年第 4 期，入集时个别文字及注释有改动。

上邽·天水·秦州

——一座区域中心城市的建城历史勾勒

甘肃天水是国家级历史文化名城,面对这一光荣称号,不论是本地人还是外地人,首先想到的第一个问题是——天水古城建于何时?如果再深入一点那就会有这样的问题——天水古城是如何由过去走到现在的?时下,一些介绍天水风物的册子动辄来一句"天水古称秦州",那么秦州又是始于何时、终于何时?面对这一连串的问题,不论是本地人还是外地人都需要若干正规的答案。归结起来,天水这座历史文化名城需要一帧比较清晰的连环画像,以使大家认识它的发展历程。下面,让我们打开尘封的历史,勾勒天水古城不同时期的不同形象。

一、邽县、上邽县及其城址

追索天水古城的老根子,其起源应是秦国建立的邽县。《史记》卷5《秦本纪》有言:

> (武公)十年,伐邽、冀戎,初县之。

是为有关天水古城最早的记载,短短几个字,但对了解天水古城的"生日"至关重要,试分析如下:

(一)"十年"指秦武公十年,对照公元纪年,就是公元前688年。

(二)"伐邽冀戎"是说攻打邽戎、冀戎。

(三)"初县之"是指在邽、冀戎居地新置县。灭戎置县是秦国的惯例,"初县之"同时说明邽冀两个戎国被秦攻灭了。

引文中的冀县即甘肃甘谷县的前身,治所在今甘谷县城西。而邽县和我们的论题直接关联,这里单说邽县。综合考究,邽山、邽戎、邽县三者有因果关系。因有邽山，于是附近所居之戎名之为邽戎；因灭掉邽戎国，于是置邽县以便管理；又因其地原是邽戎所居，于是所置之县以“邽”名。所谓邽山，就是现在天水城区西北的凤凰山（又称邽凤山），以山做参照，证之以《山海经·西山经》《水经注·渭水》的相关记载，可判定邽县的治所即邽县城所在地就在今天水市城区。此地扼入蜀要冲，带关中上游，处藉河（时称洋水）平川，两山夹峙，一河中流，位置险要，的确是建城的好地方。

邽县始建，县名只是一个“邽”字，秦汉之际邽县出现在史籍之中则以“上邽”称之。据《汉书》卷28《地理志》，京兆郡有下邽、陇西郡有上邽，应劭注曰：秦武公伐邽戎，置有上邽，故加“下”。清顾祖禹《读史方舆纪要》卷53“下邽城”条沿用应劭注，又有所发挥：“在县北五十里。秦武公伐邽戎，取其人置县。陇西有上邽，故此为下。”事实上，应该是秦国在今陕西渭南固市镇置一和邽戎相关的县时，因已有邽县存在，于是加“下”以示区别。“上邽”和“下邽”理应是同时诞生的，但同到什么时候我们无法确知其具体时间。这里就以考古资料为线索简单推论一下“邽”前加“上”的大致时间。其一，秦封泥有“下邽丞印”，[①]可证“上邽”之名肯定始于秦统一六国之前；其二，甘肃天水放马滩秦墓出土《墓主记》竹简有“邽丞”、“邽守”称谓，而《墓主记》系战国末年的作品，[②]可证战国末年以前尚未有上邽县；其三，秦始皇陵遗址出土之陶文有“邽”、“上邽”字样，[③]《史记》卷57《绛侯周勃世家》言楚汉战争之际周勃从刘邦定三秦、“攻上邽”，都可确证乃是秦朝建立之后改陇西郡邽县为“上邽县”，和内史郡的下邽对应。

解决了邽和上邽命名问题，还有疑问——近年来有学者对邽县和上邽县之治所提出疑义。或以为秦邽县及上邽县城址在今甘肃天水麦积区治地；[④]或以为在天水市东南四十里马跑泉镇的十字坪；[⑤]或认为在麦积区北道阜西北；[⑥]总之，是在麦积区。这里我们也简单考证一下。提出疑义者之最有力的证据是天水放马滩木板地图之带方框的“邽丘”注记。事实上，所谓“邽丘”是释读者的误解，应是“封丘”才对，这在已出版的古地图

①周伟洲《新发现的秦封泥与秦代郡县制》，《西北大学学报》1997年第3期；周晓陆、路东之《秦封泥集》，西安：三秦出版社，2000年，第274页。

②祝中熹《物华史影——陇原文物赏萃》，西安：三秦出版社，2006年，第312页。

③陈晓捷《临潼新丰镇刘家村秦遗址出土陶文》，《考古与文物》1996年第4期。

④雍际春《天水放马滩木板地图研究》，兰州：甘肃人民出版社，2002年，第105~126页。

⑤何双全《天水放马滩秦墓出土地图初探》，《文物》1989第2期。

⑥潘守正《天水史地考辨记》，北京：中国文史出版社，2007年，第80~81页。

上可清楚地看出来。[①]而"封丘"和放马滩秦简《墓主记》中的"邽丞"、"邽守"毫无联系。[②]"封丘"误解为"邽丘"大概是因"封"和"邽"字形相近而致。因此所谓木板地图"邽丘"也就不能成为疑义者定点邽县在麦积区

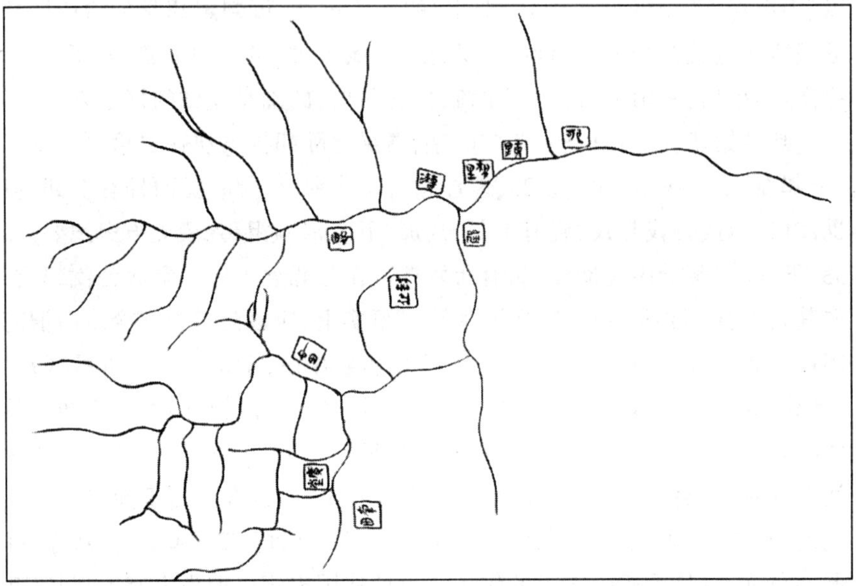

放马滩1号秦墓出土地图之墨线图(从下往上数第四个框为"封丘")

的铁证了。又,先秦典籍《山海经·西山经》载:"又西二百四十里曰邽山……濛水出焉,南注于洋水。"记邽山水脉形式至为清楚,所言濛水即今流经天水市区北的罗玉河,洋水即今穿天水市区而过的藉河,可确定邽山即今天水市区西北三十里的凤凰山(又名邽凤山)。再综合邽县因邽山而名的故实和城建之时出土的西周末年列鼎、汉凫首型铜壶及西汉隗嚣宫基址位于城北山这些考古证据,可确证邽县故城和上邽县治就在今天水市城区。[③]

解决了邽县的县名和治所问题,我们再回过头来谈一下天水古城的建城史肇始标志年份。依我个人的看法,判定一个城市建城肇始的标志年

①曹婉如等《中国古代地图集》,北京:文物出版社,1990年,第11页。论辩另见李学勤《放马滩简中的志怪故事》,《文物》1990年4期;徐日辉《"邽丘辨"——读〈天水放马滩秦墓出土简图〉札记》,《历史地理》第十四辑,上海:上海人民出版社,1998年。

②徐日辉《"邽丘辨"——读〈天水放马滩秦墓出土简图〉札记》,《历史地理》第十四辑,上海:上海人民出版社,1998年,第317~325页。

③薛方昱《中国最早设置的邽、冀二县考》,《西北史地》1998年第1期;苏海洋《秦国邽县故城考》,《天水师范学院学报》2006年第6期。

份，应该有两个标准：其一，有确切的纪年，且这个纪年是已知建城纪年中最早的；其二，最早有确切纪年的这个年份所建之城和现在的城市在位置上有先后沿革关系。对照这两条判定建城史肇始标志年份的标准，其一邽县建县设邑有确切的纪年——公元前 688 年，且这个纪年是已知建城史纪年中最早的；其二邽县城所在和现在的天水市城区是吻合的。考古资料和文献资料证明，邽县（秦朝改称上邽县）自置县之时起，直至唐末改县为镇，再至北宋初年最终废镇，1600 多年间，其治所始终在今天水市城区。虽然，中心区即官衙区有变动，但变动范围，东不过今秦州区七里墩，西不过天水郡。有此两条，我们即可判定，天水建城史的肇始标志年份无疑应该是公元前 688 年。

另外，邽县设立是中国历史上不同寻常的历史事件。因为，此邽县（还有冀县）是迄今有史可证的中国最早的县级设置。①县的设置非秦国独有，春秋时的晋国和楚国都设过县，但《左传·僖公三十三年》所载“晋襄公以再命命先茅之县赏胥臣”和《左传·宣公十一年》“楚子县陈”的年份分别是公元前 627 年和公元前 597 年，均比邽县晚数十年。秦国在边地设县之后，又将这种先进的管理制度推向内地，为最终实行郡县制打下了良好的基础。随着秦一统天下，以县为基础的郡县制便推向全国，成为中国两千多年来的最基本的行政体制。因此，邽县的设立，影响深远，意义重大。以公元前 688 年作为天水城建史的肇始标志年份，既符合历史事实，也是名城天水深厚历史文化底蕴最精彩、最恰当的注解。

或有言，邽县设县以前今天水市城区难道就没有城吗？以理推之，可能是有的，或是戎人所筑，抑或是仰韶文化时期的先民所筑，这需要考古学证明；当然，还有一种可能，或许在今天水市城区（注意不是天水市境内）在邽县设置以前压根儿就没有城。退一步讲，即使真真切切有城或有邑，其意义也不能和中国历史上最早的置县之城的地位相提并论。试想荒山野岭上的一个堡子单单因为有城之形状就能和作为政治、经济中心的城市扯在一起吗？

①当然，“伐邽冀戎，初县之”之“初县”并非指“老子天下第一”，《史记·秦本纪》“初县之”和“初县××”的句式凡四见，而学者均以“第一次”或“开始”解释。结合史实，仔细辨析，就会发现这些解释都是不准确的甚至是错误的。联系秦县设置之实情，比照《史记·秦始皇本纪》“徙谪，实之初县”之“初县”即“新县”的含义，可判定，“初县之”和“初县××”之“初”以“新”解释最为妥帖。所谓“初县××”即“新设××县”是相对于原先某地没县这种体制而言的。这个“新设××县”邽县即是迄今有史可证的中国最早的县级设置。参见拙著《秦国陇西县郡二题解析》，《早期秦文化研究》，西安：三秦出版社，2006 年。

二、天水郡、秦州和上邽县的领属关系以及《水经注》记载的上邽城

在秦朝,上邽县属公元前279年设立的陇西郡。汉武帝元鼎三年(前114年),陇西郡一分为二,析出一个新郡——天水郡,而上邽仍属陇西郡。当时天水之郡治是在平襄(今甘肃通渭县城),也和今天水城区搭不上边子。不过,毕竟有了“天水”这个和现在天水城名有沿革关系的称谓,我们理应珍视之。至于“天水”的由来,颜师古注《汉书》卷28《地理志》引南朝刘仲产《秦州地记》(即《秦州记》)曰“郡前湖水冬夏无增减,因以名焉。”《水经注·渭水》言上邽北城有湖水“有白龙出是湖,风雨随之,故汉武帝元鼎三年,改为天水郡。”现代人的说法就更多了,起码有五六种。①我坚持认为,天水乃天一生水之谓。②

新莽地皇四年(23年),成纪人隗嚣反抗王莽,在上邽北山筑有宫室,俗谓“避暑宫”,杜甫《秦州杂诗》“秦州城北寺,传是隗嚣宫”者是,城区北山至今有“皇城”地名。东汉永平十七年(74年),天水郡改称汉阳郡,原属陇西郡的上邽划归汉阳郡。此时的郡治亦由平襄迁至冀县(今甘谷县西),依旧和今天水城区搭不上边子。三国之际,由于天水当关陇之会、介雍梁之间的重要战略位置,成为魏蜀交兵的大战场,而上邽则是双方争夺的焦点。据《元和郡县志》,唐代上邽城周尚留有诸葛军垒、司马懿垒、姜维垒等三国遗迹。③三国之世,魏国大将曹真、司马懿、邓艾都曾坐镇上邽理民治兵,但史籍于城垣情形没有记载。

西晋泰始五年(269年),在魏置秦州废后,再立秦州,辖7郡24县,州治仍设冀县。秦州因州境曾有“秦邑”亦是秦人发祥地而名。此后秦州又废,晋太康七年(286年)三置秦州,秦州州治、天水郡郡治均自冀县迁移上邽。从此,上邽由军事重镇一跃成为陇右政治、经济、文化中心。东晋十六国时期,中原动荡,天下大乱,上邽因民多物阜而为各路军阀垂涎,城头变幻大王旗,先后为前赵、后赵、前秦、后秦、西秦、夏等割据政权占据,还

①《陇右文化论丛》,兰州:甘肃人民出版社,2004年,第229~284页。
②刘雁翔《“天水”由来考证》,《天水师范学院学报》2002年第4期。
③唐李吉甫《元和郡县图志》,北京:中华书局,1983年,第980~981页。

数度做了前赵等割据政权的临时都城，时有毁城夺民之事。[1]

北魏统一黄河流域之后，社会相对稳定，作为州、郡、县治合一的上邽城呈现出大都会风范。其祖父曾为天水太守的郦道元在《水经注·渭水》注上邽城边流过的藉河时，给了我们一个略显模糊但完整的上邽县城亦即天水郡城亦即秦州州城的形象。这是上邽建城以来第一次被专门描述，山川形势、城池规模尽收眼底。

> 藉水又东得毛泉谷水，又东迳上邽城南，又得穷泉水。并出南山，北流注于藉。藉水即洋水也。北有濛水注焉。水出县西北邽山。翼带众流，积以成溪，东流南屈，迳上邽县故城西，侧城南出。上邽，故邽戎国也。秦武公十年，伐邽，县之。旧天水郡治，五城相接，北城中有湖水，有白龙出是湖，风雨随之。故汉武帝元鼎三年，改为天水郡。其乡居悉以板盖屋，毛公所谓西戎板屋也。濛水又南注藉水。《山海经》曰：邽山，濛水出焉，而南流注于洋，谓是水也。

这一段资料让我们知道了诸多中古时代上邽的信息。列举如下：

(一)上邽位于藉水(今藉河)、濛水(今罗玉河)交汇的藉河川地上。

(二)上邽故城、今城互不重叠。

(三)上邽城之形制是“五城相接”。

(四)上邽之四乡至北魏仍就沿袭西戎“以板盖屋”习俗。

而对我们考证上邽古城而言最重要的当推其“五城相接”一语了，这一语道出了上邽城的特有形制。对此，我们还可以找到一段史料与之互相印

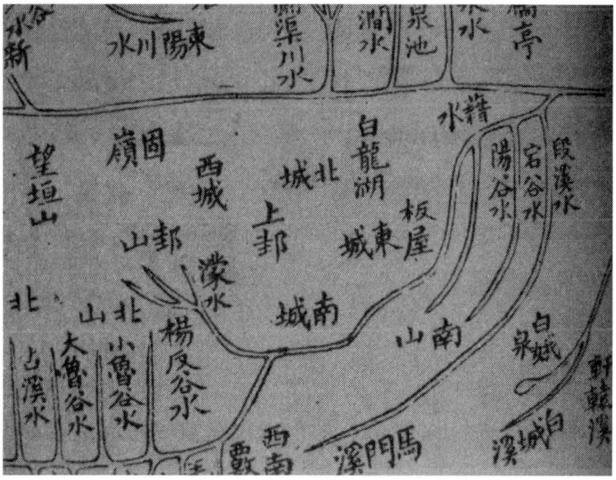

清汪士铎《水经注图》渭水图截图

[1]《晋书》卷130《赫连勃勃载记》：“勃勃闻姚泓将姚嵩与氐王杨盛相持，率骑四万袭上邽，未至而嵩为盛所杀。勃勃攻上邽，二旬克之，杀泓秦州刺史姚平都及将士五千人，毁城而去。”

证。《魏书》卷51《封敕文传》说：

> 金城边冏、天水梁会谋反，扇动秦益二州杂人万余户，据上邽东城，攻逼西城。敕文先已设备，杀贼百余人，被伤者众，贼乃引退。冏、会复率众四千攻城。氐羌一万屯于南岭，休官、屠各及诸杂户二万余人屯于北岭，为冏等形援。敕文遣二将领骑二百设备门内，别令骑出击之。既而伪退，冏率众腾逐，敕文轻骑横冲，大破之，斩冏。而北岭之贼，从高射敕文军人，飞矢如雨，梁会得奔北岭，骑乃引还。复推会为主。敕文分兵二百人突入南城，烧其门楼，贼见火起，众皆惊乱。又遣步卒攻门，克之。便率骑士驰入，贼余众开门出走，奔入东城，乘背追击，杀千余人……先是，敕文掘重堑于东城之外，断贼走路。夜中，会乃车陈飞梯，腾堑而走。敕文先严兵于堑外拒斗，从夜至旦。敕文谋于众曰："困兽犹斗，而况于人。贼众知无生路，人自致死，必伤士众，未易可平。若开其生路，贼必上下离心，克之易矣。"众咸以为然。初敕文以白虎幡宣告贼众曰："若能归降，原其生命。"应时降者六百余人。会知人心沮坏，于是分遁。敕文纵骑蹑之，死者大半，俘获四千五百余口。

金城边冏、天水梁会谋反事件发生在北魏太平真君七年(446年)，当时镇压者封敕文的身份是"使持节、散骑常侍、镇西将军、开府、领护西夷校尉、秦益二州刺史，赐爵天水公，镇上邽。"大抵专制方面的封敕文其功业以上邽平叛为最，本传对平叛过程完整记录，场面激烈，有声有色。在详述巷战同时，透露出了上邽城的构成形式，可知上邽有东城、西城、南城，南城有门楼。有"南城"之目，则必有北城无疑。综合考察，有东南西北诸城，则必有中城无疑。《水经注》的"五城相接"盖因此也。正如杨守敬《水经注疏》所言："《通鉴》宋元嘉二十三年金城边冏、天水梁会据上邽东城反，攻逼西城。合之此注北城，则所谓五城者，盖东、西、南、北、中也。"[①]其中"合之此注北城"一语指《水经注》"上邽，故邽戎国也……五城相接，北城中有湖水"一语。另据《晋书》卷130《赫连勃勃载记》："勃勃攻兴将姚寿都于清水城，寿都奔上邽，徙其人万六千家于大城。"此后秦时的大城理当就是北魏的中城。至于五城的摆布，应是围绕中城的环形相接，不像清时的秦州城

①清杨守敬《水经注疏》卷17《渭水上》，南京：江苏古籍出版社，1989年，第1493页。

五城是以大城为中心的东西向连环相接。清汪士铎《水经注图》、杨守敬《水经注图》对上邽城围绕中城的环形相接形势都有标注。[①]冯国瑞先生辑佚《秦州记》为"天水郡治上邽"条作注时引《水经注》"五城相接"说，而后联系现实、对照当时由秦州改名的天水县城解释说："考古郡城东垣故迹在今县（笔者按：指天水县城，旧秦州城）城东一里，五城相接规制仿佛仍昔。"[②]这是误解。虽然都是"五城"，但就形制而言，北魏的此"五城"和明清时的彼"五城"完全是两码子事。另，《封敕文传》还提到"南岭""北岭"此即今天水城区的南山和北山，其中北山《水经注》曰固始岭，今又有俗称曰见河梁。天水古城在北山脚下，河川狭长，一旦有战事，攻击者往往占据南北山以居高临下城内目标，而城守者也往往据守南北山以争取主动，如北魏永熙三年（534 年），侯莫陈悦盘踞秦州抗拒宇文泰，即"弃州城，南保山险"，[③]以后大的战事都有类似的事件发生，这都是因为天水古城固有的山川形势决定的。

三、诗圣笔下的秦州城

西魏、北周、隋、唐四朝均定都长安，陇右重镇秦州不但是丝绸之路上的大都会，也成了拱卫首都的军事要地。隋文帝开皇三年（583 年），改革行政设置，裁撤郡，实行州县两级制。隋唐有 380 年，除隋大业有 11 年（742~758 年），唐天宝、至德时有 16 年（742~758 年）州改称郡外，地方行政设置均是以州统县。这一体制套到我们的论题上，在实行郡县两级制时，有天水郡无秦州；实行州县两级制时，有秦州无天水郡。无论是天水郡还是秦州，其郡治、州治均为上邽。唐开元后，道、州、县三级制确立，上邽属陇右道秦州。实际情形是，隋唐伊始，提到州县治所合一的上邽城多以更高级别的"秦州"称之。

唐肃宗乾元二年（759 年），杜甫流寓秦州，作为流寓之地，秦州城自然而然成为诗人描写的对象，于是我们看到好些个带"城"的诗句。诸如：

> 秦州城北寺，传是隗嚣宫（《秦州杂诗》之二）

①清汪士铎《水经注图》，济南：山东画报出版社，2003 年，第 69 页；杨守敬《水经注图》，《杨守敬集》第五册，武汉：湖北人民出版社，1988 年，第 171 页。

②冯国瑞《辑佚秦州志》，天水：陇南丛书编印社，民国 32 年。

③《魏书》卷 80《侯莫陈悦传》；《资治通鉴》卷 156《梁纪十二》高祖武皇帝十二中大通六年（甲寅，公元五三四年）条。

鼓角缘边郡，川原欲夜时。(《秦州杂诗》之四)
城上胡笳奏，山边汉节归。(《秦州杂诗》之六)
愁眼看霜露，寒城菊自花。(《遣怀》)
含星动双阙，伴月落边城。(《天河》)
日落风亦起，城头乌尾讹。(《日暮》)
远水兼天净，孤城隐雾深。(《野望》)
亲朋尽一哭，鞍马去孤城。(《送远》)
日色隐孤戍，乌啼满城头。(《发秦州》)

很清楚，诗人写城，只是为了借城之景以抒情，“孤城”也好，“边城”点染出的只是一片边塞气氛。由诗句可知城里城外发生了点什么，而我们想要知道的那座城是什么样——一头雾水。

通观杜甫秦州诗，既有带“城”的句，也有带“城”的篇。比如《秦州杂诗》之三：

州图领同谷，驿道出流沙。降奴兼千帐，居人有万家。马骄朱汗落，胡舞白题斜。年少临洮子，西来亦自夸。

再比如《秦州杂诗》之七：

莽莽万重山，孤城山谷间。无风云出塞，不夜月临关。属国归何晚，楼兰斩未还。烟尘独长望，衰飒正摧颜。

两篇诗中可见秦州之领属，交通地位之重要，民族成分之复杂，风土人情之奇异，所处位置之特别。所谓“山川城郭之异，土地风气所宜，开卷一览，尽在是矣。”诗人不幸秦州幸，一座城市能让世界文化名人杜甫青睐并浓墨重彩描绘，这是城市的幸福，也是城居之人的幸福。但这些个描绘可见风土人情，可见山川形势，就是不见城池形制。其中《东楼》“楼角凌风迥，城阴带水昏”所写当然是秦州东城楼了，由此能推知此邦尚有西城楼，至于唐代这座陇右第一大州是里城外郭还是数城相接，我们只有雾中看花了。的确，我们看到了一座有血有肉的秦州城，但没有看到它的骨架。当然，应当感谢诗圣，正是缘其如椽大笔让无数读者领略了秦州这座陇上名城的风采。

现在说明一点，在杜甫来秦州之前的开元二十二年(734年)，州城遭受过大地震浩劫，《旧唐书》卷8《玄宗上》说："(开元二十二年)二月壬寅，秦州地震，廨宇及居人庐舍崩坏殆尽，压死官吏以下四十(千)余人。殷殷有声，仍连震不止。"作为一地标志性建筑的"廨宇"即官员办公室能毁，想必城垣也不会完好。突如其来的浩劫迫使秦州治所北迁成纪敬亲川寄治，8年之后的天宝元年(742年)方才迁还原治地上邽。想必此时上邽之城垣已修复，官舍已建成，故迁还原治所。18年之后的乾元二年(759年)杜甫看到的应是新筑的秦州城。

再推理一事，据《元和郡县志》陇右道秦州"上邽县"条："诸葛亮垒，俗名下募城，在县东二里。"诸葛亮垒即明清"秦州十景"之一的诸葛军垒，其原址就在清代秦州城址东约二里的地方(现迁至南郭寺山脚)，结合唐诸葛亮垒"在县东二里"一语，可推得诗圣笔下的秦州城主体就在今天水城大城、东关一带。大城中华东西路、东关合作北路多有千年古树，亦可为证据。

宝应二年(762年)，秦州陷吐蕃，之后某年成纪县治所南迁至秦州治所而依附之，原上邽县改为军镇。[①]晚唐诗人许棠(822年~?)曾于中进士(咸通十二年，871年)之后的某年奉命来秦州，一路上都有诗作，其中有《题秦州城》《隗嚣宫晚望》《成纪书事》《边城晚望》等数首是专咏秦州城的。[②]兹录《题秦州城》一首：

> 圣泽滋遐徼，河隈四向通。大荒收虏帐，遗土复秦风。乱烧迷归路，遥山似梦中。此时怀感切，极目思无穷。

一如杜诗一样，从中仍就看不到秦州城的具体模样，能感觉到的只是末世的惆怅和感伤。

本节最后论辩一事。顺治《秦州志》有言："秦州城，唐天宝初节度使王忠嗣城雄武城于今城之东……"这一说被法乾隆《直隶秦州新志》等州志转引，以为史实。事实上这是莫大误解。《旧唐书》卷213《安禄山传》："禄山阴有逆谋，于范阳北筑雄武城，外示御寇，内贮兵器，积谷为保守之计，

①刘雁翔《成纪县治迁徙讨论》，《敦煌学辑刊》2009年第3期。
②陈贻焮《增订注释全唐诗》，北京：文化艺术出版社，2001年，第379~402页。

战马万五千匹,牛羊称是。”《新唐书》卷246《逆臣·安禄山传》:“时太平久,人忘战……禄山计天下可取,逆谋日炽,每过朝堂龙尾道,南北睥睨,久乃去。更筑垒范阳北,号雄武城,峙兵积谷。”就是说安禄山处心积虑谋反,举措之一就是在老巢范阳北筑雄武城。此雄武城地在今天津市蓟县东北与河北兴隆县接界处。[①]又,《通鉴纪事本末》卷31《安史之乱》:“安禄山潜蓄异志,讬以御寇,筑雄武城大贮兵器,请王忠嗣助役,因欲留其兵。忠嗣先期而往,不见禄山而还。”时在天宝六年(747年)。就是说安禄山筑城时曾邀王忠嗣协助,王前往,因不见禄山便引兵而还。可见合作未成,王忠嗣最终并未参与雄武城修筑。王忠嗣时为河西、陇右节度使,权朔方、河东节度。因此,顺治《秦州志》所谓“秦州城,唐天宝初节度使王忠嗣城雄武城于今城之东……”本系子虚乌有,即便是筑雄武城也和秦州没有任何关联。有了雄武城之后便有了雄武军,初见于史籍是武宗会昌元年(841年),为幽州节度使属下,驻地未详,估计就在今北京市周围。五代后梁时在秦州设雄武军节度使,五代中原诸朝及北宋沿袭,宋熙宁五年(1072年)置秦凤路,撤雄武军。[②]梳理史籍,知秦州的确设置过雄武军,但时间是在五代之后,与唐朝无涉。由此可知,顺治《秦州志》的误会,一是将王忠嗣筑城史实弄错,二是将雄武城建置地拉乱,三是将五代始设于秦州的雄武军节度使和安禄山所筑的雄武城混为一谈。

四、韩琦增筑秦州城

五代十国时期,秦州先后为后梁、前蜀、后唐、后晋、后汉、后蜀、后周轮流据有。北宋建隆二年(962年),秦州归宋,一跃成为北宋西北重镇,建雄武军节度使领之,镇守之人多是名将重臣,如曹玮、张方平、韩琦、文彦博、吕大防、游师雄等。真宗咸平四年(1001年),真宗和辅臣论说边事,有一段意味深长的话语:

> 庚戌,帝以陕西二十三州图示辅臣,历指山川险易、蕃部居处。又指秦州曰:“此州在陇山之外,号为富庶,且与羌戎接畛,昨已命张雍出守,冀其绥抚有方也。”次复指殿北壁《灵州图》曰:

①史为乐等《中国历史地名大辞典》,北京:中国社会科学出版社,2004年,第2530页。
②《宋史》卷87《地理志》秦州条:“秦州,下府,天水郡,雄武军节度。”《金史》卷26《地理志》秦州条:“秦州,下。宋天水郡雄武军节度,后置秦凤路。”

“此冯业所画，颇为周悉，山川形势如此，安得知勇之为朕守之乎？……[1]

陕西有二十三州，而秦州能为皇帝评点要害、亲自过问驻守官员，足见其在国家防御体系中举足轻重的地位。

北宋庆历元年(1041年)十月至次年正月，身担重任的秦凤路都部署兼知秦州韩琦主持增筑东西关城，《宋会要辑稿》卷21《方域》说：

庆历初，守臣韩琦以秦州东西城外有民居、军营，恐资敌寇。元年十月己卯，诏筑外城。乃广外城十一里，与内城联合为一城，秦民德之，号“韩公城”。兴功于元年十月三日，成于二年正月二十七日。广四千一百步，高三丈五尺，计工三百万。(一云东、西关城)

又，《续资治通鉴长编》卷135庆历二年条说：

秦州言筑东西关城成。赐总役官吏金帛有差。初，知州韩琦以为州之东西居民及军营万余家，皆附城而居，无所捍蔽，因请筑外城。凡十里，计工三百万，自十月起役，至是成之。

这两段文字说明，在庆历二年秦州城是内外城形制、东西关城再加上东西关的“秦州四城”。关于韩琦筑城的始末，当时在其属下任职的尹洙撰《秦州新筑东西城记》记之。宋代筑城记至今遗留者较少，兹全文录之，以见秦州筑城的若干细节。

城，武备之一，譬于兵焉，为器之大者也。古圣王捍患，底民弓矢、甲胄，与城郭、沟池交相为用，以利后世。世人不推究古始，以为王者专任德教，不必城守为固。果如是，武库甲兵将安用邪！圣人以不教战为弃民，兵不可得而废，犹城之不可废。呜呼！世人未之思也。

上之十六年，始用西帅边将增壁垒，寖为守备。又二年，虏犯

①《续资治通鉴长编》卷49，咸平四年(辛丑，1001)。

塞，震动鄜延之师，自潼关以西诸州悉城，郡议靡然，无复立异者。然而事暴起，严期办，甚者削制度苟谋亟成，既而不免改作，重伤民力，比之平时预为之图，劳费过半矣。

秦州自昔为用武地，城垒粗完，数十年戎落内属益众，物货交会，闾井日繁，民颇附城而居。韩公作镇之初年，籍城外居民暨屯营几万家。公曰，是所以资冠也。乃上其事，以益城为请，诏从之。公择材吏授之规模。东西广城四千一百步，高三丈五尺，基厚皆称是，以与旧城达，励合为一城。自十月至正月以毕事闻，总工三百万，秦人北之。是岁，尽冬元善寒杵者，声谦以致其乐焉。

先是，郡有罢谷水，自北山而下，公导之，使西塞故道，以致城众颇为疑。明年夏，大雨，水循新堤，绝不为城害，众乃报服。或者以虏数敌中国，今作城祇以自守，非制虏术。此大不然。今之所患，边垒未能尽固耳。果尽固，虽虏至，吾兵得专力于外，胜势多矣。如虏以吾城守既备，息其觑边之谋，则兵志所谓无智名、无勇功，善之善者也。公忠国爱人之心，其在兹乎!

自始事，公宴犒慰劳无日不主，既成，由诸校而上，天子文弟其劳加赐焉。春秋列国兴作，皆以书。城之四月，某得以州事佐公，故详其实而书之。凡董役之长暨勤事之吏皆刻名于石阴。庆历二年八月十五日记。①

记文中的“上之十六年”指宋仁宗即位以来第十六年即景祐四年(1037年)。“罢谷水”《水经注》称濛水，即今发源于凤凰山(古之邽山)绕城区东流的罗玉河。韩琦不但筑城，而且疏水，为官一任，造福一方。

又，顺治《秦州志·建置志》有“宋知州罗拯城东西二城”的说法。罗拯(1016~1080年)元丰三年(1080年)任秦州知州，卒于任。《宋史》本传、《续资治通鉴长编》都未记罗拯“城东西二城”之事，州志不知何据。疑是州人的传说，或是今人不得见的什么碑记之类记录。即便是真有罗拯“城东西二城”之举。也只能是“韩公城”基础上的修葺完善，不可能是创建。

嘉祐五年至嘉祐七年(1060~1062年)张方平任秦州知州，有诗《秦州北山云是隗嚣宫登城楼下瞰偶题》《邽翠楼》等，其中《邽翠楼》咏及秦州城

①尹洙《河南先生文集》卷4，《四库丛刊》初集，上海商务印书馆。

池气象：

一川墟宇暮烟中，楼堞笼山气象雄。北路荒原戎子国，东坡断壑隗嚣宫。马来洮海蕃城近，鹤去辽天越洞空。三十六程劳极目，陇云犹在故关东。①

“一川墟宇暮烟中，楼堞笼山气象雄”一语可见可见北宋之时秦州依旧是西北重镇。建炎二年至三年(1128~1129年)，李复任秦州知州，初来到任，有诗《下铁疆岭望秦川晚宿九谷》咏秦州城郊山川风物：

六月登垅如登天，腾夷铁疆须判年。过险欲涉渭水渡，快眼喜见秦州川。溪塍青身下白鹭，驿亭秀木含疏烟。投鞭清盥且展簟，明日去酌北流泉。②

此时北宋已亡，边陲秦州岌岌可危，而秦州川仍然是太平盛世景象，溪翔白鹭，亭映绿树。

南宋一朝，宋金在秦州以南皂郊堡、天水县、吴砦一线长期对峙。南宋建炎二年(1128年)金人占领秦州，至嘉熙三年(1239年)蒙古攻金占有秦州，其间长达112年，秦州绝大部分时间由金人统治。南宋虽数度克复秦州，而实际控制时还不足两年。金人占有秦州期间，南宋绍兴元年(1131年)金将张中彦为抗击宋军反击，将秦州城移至北山腰，“秦州当要冲而城不可守，中彦徙治北山，因险为垒，今秦州是也。”③其中“因险为垒”处正是隗嚣城遗址所在。宋员兴宗《西陲笔略》“秦州徙北山”条有云：

距秦州数十里外皆平川，所谓秦原是也。承平时，四城周望之巍巍，一都会也，邑屋甚壮。既陷敌之久，余民居止什一，敌遂徙城北山，若一堡然。北山即隗嚣故宫，杜少陵所谓“秦州山北寺，故迹隗嚣宫”乃其地也。然山径最险，敌既城其上，若控以兵，

①北京大学古文献研究所编《全宋诗》(第6册)，北京：北京大学出版社，1992年，第3853页。

②北京大学古文献研究所编《全宋诗》(第19册)，北京：北京大学出版社，1992年，第12437页。

③《金史》卷79《张中彦传》。

则秦陇亦未易窥也。刘海适掩其不备得之，所谓先声夺人，迅雷不及掩耳者欤！①

所谓“四城”即韩琦建筑之东西关城（外城）再加上原有的东西城（内城）。南宋一朝在秦州城移到北山后，宋金围绕州城拉锯激战，宋军曾于绍兴元年至绍兴二十三年（1131~1161 年）先后五陷秦州，毁城是必然之事，至于如何毁，又是如何兴，就不得其详了。

五、明代的秦州城由二城到五城

元代，秦州辖成纪、秦安、清水三县，秦州治所为成纪。成纪在《元史》中凡十一见，汰去重复纪事，记载十事，而所载十事有八件是地质灾害，动辄山崩水涌或山崩地坼，其中元仁宗延佑二年（1315 年）一次最为严重。

（五月）乙丑，秦州成纪县山移。是夜，疾风电雹，北山南移至夕河川；次日再移，平地突出土阜，高者二三丈，陷没民居。敕遣官核验赈恤。②

夕河川即藉河川，所指就是秦州北山下的川地。“北山南移”应当是大面积滑坡（至今天水城区北山是滑坡地带）。这么大的灾害，州城肯定会受影响，只是史料没有明言对城的破坏若何，我们也就不好再做多余的推断了。元代有关秦州史料向来稀少，我们能确知的是，城内建文庙，城郊西北天靖山麓丘处机弟子梁志通大建玉泉观。

明洪武二年（1369 年），废成纪县，县域归秦州直辖。明成化九年（1473 年）新设礼县，秦州上隶巩昌府，下辖秦安、清水、礼县。清雍正七年（1729 年），秦州升为直隶州，直隶甘肃省，辖秦安、清水、礼、徽县、两当五县，终清之世未变。1913 年撤秦州设天水县。

明清时期，城池是地方志必有的“节目”，且记载较详，还有附图，我们面对的秦州城其形象较前清晰多了，丰满多了。下面我们一边抄录地方志相关内容，一边做解说，以弄清明清时州城的风貌。所引地方志以成书时

①员兴宗《九华集》卷 24《西陲笔略》，《四库全书》1158 册，上海：上海古籍出版社，1987 年，第 203 页。

②《续资治通鉴》卷 199《元记十七》元祐二年条。

间先后为序。

顺治《秦州志》卷4《建置志》“秦州城”条说：

> 明洪武初，守御千户鲍成约西城旧址而城之（周四里百有二，高三丈五尺），处环以池（深丈有二尺，阔五丈有五尺），辟东西二门（东长安，西西宁），内有月城，咸复以重楼。东郭则裁古城之半以为城。成化间指挥吴钟重修之，郡司理梅茂复周以子城。其西郭城，总制刘公奏行边郡州县，谓兰、秦二州郭亦当城也。乃敕宪副朱君旒责知州李鲸城之。州以责之西郭之民，民初不堪，及城成，民亦安之矣。辟东南西北四门，门各覆以楼。

顺治《秦州志》，宋琬修，王一经纂，顺治十三年（1656年）刻本。本志是以明嘉靖三十七年（1558年）胡缵宗《秦州志》（已佚）为蓝本，再加上清初的“现状”编成的。以上《建置志》所引的这段资料，其实就来自明胡缵宗《秦州志》，记的就是明代秦州城的“现状”，有相对的可靠性，以后的方志凡言及秦州城池尽皆引用这段资料。

我们首先应明白，明清秦州五城相连的格局是伴随着多次毁和建逐渐形成的，不是本来就有的。本文第二部分已辨明，明清之五城和《水经注》的“五城相接”没有沿革关系。洪武初鲍成所“约”之“西城”旧址应是元之西城址，至于元之西城是否是宋之西关城，还真不好说。其东部所“裁”之“古城”也应是元之“古城”，至于此“古城”是宋之内城或东关城，也不好说。将原有的城池“约”或“裁”做小做高是明代惯用手法，如今依然健在的西安城就是这样“裁”出来的，符合“高筑墙”的国策。但隐约看出，明初的秦州是两城相连，即州署所在的州城另加东郭城。明胡缵宗《重修秦州卫城楼记》说：

> 国朝稽古建制而为秦州，为秦州卫。卫有城，隶于也。卫者，卫也。州曰牧内也，卫曰御外也。城有门与楼焉，创于元，逮于国初，今若干年矣。①

这样就清楚多了，明朝前期秦州有两城：一曰秦州城，一曰秦州卫城。前者

①乾隆《直隶秦州新志》卷11《艺文中》。

主政,后者主军。嘉靖九年(1530年),秦州卫指挥使尹谟主持重修秦州城楼。

顺治州志引文提到的“郡司理梅茂”即巩昌府推官梅茂,“周以子城”就是缘州城建了瓮城之类的小城,也包括州城之西的附城,即清代中城的前身。据胡缵宗《修秦州西郭城记》,[1]嘉靖二十年(1514年),蒙古诸部前锋屡入甘肃,于是三边总督刘天和命令陇西诸郡大修城垣。也就在嘉靖二十年,兰州西郭因无城被掠。秦州的实况是州人不下万,卫人不下万,而州城外附西郭无城而居者“倍于城”。于是乎秦州引兰州之祸为戒,嘉靖二十一年夏新筑西郭城,次年春完工,嘉靖二十五年又起城楼。新的西郭城,北负山,南俯水,东濒溪流,西临通街,“下辟四门,上创四楼,皆壮丽也。而西郭城与州卫城并称矣”。此西郭城正是清西关城的前身。于是乎,秦州有了州、卫、西郭“秦州三城”。至明万历中后期,“三城”形制依旧,这从北京大学藏、绘于万历中后期的《巩昌分属图说》有关附图上能清楚地看出来。[2]《图说》还记载:“(万历)二十三年,筑城垣一千五百五十余丈,局造军器一千八十余件。”一千五百五十余丈”当是修补城垣的数据。

到了明崇祯年间,流动作战的农民起义军不断威胁秦州城,为保护西关城西附郭而居的居民,也可能是为了防范这些贫苦居民和起义军串联,于是修筑小西关城。因城中原有规模宏大的伏羲庙(始建于成化十九年,嘉靖十年形成建筑群落),于是小西关城又名伏羲城。康熙《秦州志·灾祥》有“(崇祯)八年九月,又流贼攻入伏羲城,杀掠人民”的记载,可证崇祯八年之前伏羲城已建成。这样就有了“秦州四城”,再加上前面提到的“子城”就成了“秦州五城”。从东到西分别是:卫城、州城、子城、西郭城、伏羲城。至此,对明代秦州城的考述应暂告一段落。后之州县志如乾隆《直隶秦州新志》,光绪《秦州直隶州新志》、民国《天水县志》又重复顺治《秦州志》有关明城的记述,有时还对比加入少量古“今”对比的内容。为辨析某些资料,在考述清代秦州城时,我们还得啰唆一些,重复引证某些记述明代州城的资料。

六、清代的秦州城的城里城外

康熙《秦州志》,赵世德撰,康熙二十六年(1687年)抄本。本志其实是

①顺治《秦州志》卷4《建置志》。
②李新贵《〈巩昌分属图说〉初探》,《故宫博物院院刊》2008年第2期。

上报朝廷编修一统志的材料，按一统志体例列目，所记内容以“现状”为主。其“城池”目记载的正是秦州城清初的“现状”。

> 州城。旧制周围四里，高三丈五尺。辟三门，东曰长安，西曰西宁，上俱有重楼。南门亦如之。外环池，深二丈。顺治甲午夏，遭地震灾，城崩楼倾；知州羌光胤督工修理，居民以奠。
>
> 中城。东接大城，西距罗玉河，门上覆以重楼。北为菜园，南为前后寨，皆有民居。
>
> 中城西为西关城，形如钟，东西南北皆有门，门上覆以楼。此通庵沟，西连伏羲城。
>
> 伏羲城。一曰小西关，内建太昊宫。西门外为社稷坛。
>
> 东关。占古城之半。东门外有演武场，北有演武厅旧址。

分城记载，条理清晰。顺治十年（1654 年）六月，秦州大地震，城垣摧毁，官衙民房倒塌 3672 间，压死 7464 人。[①]州城破毁情形，时任分巡陇右道（官衙在秦州）的宋琬在《重修秦州城垣记》中有形象记录：“屹屹坚墉，坏为平壤，三版靡存，跛羊可越。考之前代，书契所载灾异之征，未有甚于兹土者也。”[②]面对灾难，宋琬和知州姜光胤齐心协力，修葺城垣，赈济灾民。为重修城垣，宋琬自捐薪俸，并从山东老家邮致家财作为修城之费。重修城崩楼倾的秦州城，自有姜光胤之功，而既出钱又出力宋琬更是居功至伟。对于震前秦州城的雄姿及交通要冲地位，《重修秦州城垣记》也有一番精彩的描述。

> 陇以西为州者五，唯秦为最钜。官之所莅为卫城，环郭而城者东西有四，睥睨相属如联珠。南通巴僰，北控朝那，东则关山峻险，此为上游。辕蹄络绎，冠盖接武。西则敦煌、大夏、张掖，述职修贡，织皮琛玉之使，岁无虚日。故其规模闳壮，丽谯雉橹之雄，非他郡所敢校。

乾隆《直隶秦州新志》，费廷珍修，胡釴、陶奕曾纂，乾隆二十九（1763

①康熙《秦州志·灾祥》，康熙二十六年抄本。

②宋琬《重修秦州城垣记》，宋琬著，辛鸿义、赵家斌点校《宋琬全集》，济南：齐鲁书社，2003 年，第 137 页。

年)刻本。其卷3《建置》"秦州"条说:

> 明洪武初,守御千户鲍成约西城旧址而城之。周四里余,高三丈有半;外环以池,深丈有二尺,阔五丈有五尺。辟东西二门,东曰"长安",西曰"咸宁"。嘉靖中又辟南北二门(今北门筑塞,不知始于何时),内有月城,咸覆以重楼。其东郭则裁古城之半以为城。成化间指挥吴钟重修之(以上咸录旧志)。又旧志此下云,郡司李(理)梅茂复周以子城,今东郭更无他城,未详所指。东郭外距州五里有故城址,俗名"外络城"或是欤。又传是隗嚣郭城,盖不可知矣。其西郭则未遽为郭城也。有城焉,名曰中城(俗名新街),辟四门:东接州城为东门,迤南复折而西距罗玉河为西门,北有北门,外为菜园,南有门,外为卫所,前后皆(旧志不记中城所始。万历中有重修碑记,今存)。逾罗玉桥西,始称西郭城,嘉靖中总制刘天和行郡到秦,檄副使朱旒城之,旒责之知州李鲸,鲸以责西郭之民,令自城之。城成,高、广次中城,辟门四,秦安胡中丞为记(载《艺文》)。又西为小西关城,亦曰伏羲城,以内建太昊宫也。门二(不知与西郭城同筑耶,抑于何时别筑耶?(《旧志》不详)自州城外东郭城一,西郭城三(中城亦属西郭),相属以拥州城(大城设八铺:曰局巷口,曰马巷口,曰小什字,曰南水暖,曰儒林巷,曰西北城角,曰北水眼,曰马军营。东关:上、中、下三铺。中城二铺:曰上铺,曰下铺。城外三铺:曰河东上铺,曰河东下铺,曰河西下铺。城南二铺:曰南湖,曰前后寨。城北三铺:曰上铺,曰下铺,曰俺沟。西关七铺:曰关公前巷,曰关公后巷,曰二郎巷,曰三阳后巷,曰华严前巷,曰西稍门上铺,曰西稍门下铺。伏羲城内外四铺:曰伏羲城,曰火神庙,曰双桥,曰朱家磨)。
>
> 国朝顺治甲午地震,城圮,巡道宋琬捐俸、知州羌光胤督工重修(宋公有记,载《艺文》。又按,胡中丞《西郭城记》云"与州卫城并称",岂当时就有州城、卫城之别耶?而宋公此记曰"官之所莅为卫城",盖即旧志言千户鲍成所城故也。要之州城又安属耶?详不可得闻矣,今但就见在名曰州城可耳)。州城东西门楼最钜丽,高三层,阔七楹。康熙四十六年,知州胡麟征因东楼将倾,并

西楼改造之，规制低小，州人惜焉（按宋公"修城记"前云"丽谯之雄非他郡敢校"；后云"其楼观翚如也"，盖钜丽可想见也）。康熙五十七年，地震，城垣未夷。至今四十余年，渐多颓损。又二十年来，城南藉水岁以北侵，州城东南隅、东郭城西南半壁尽复于隍，片址无存。官不得已，乃于城南水北筑长堤以御之，沙土善崩，岁须增筑，乃得无患。城垣之筑尚未遑议及焉。

这一大段记述，抄了好几处"旧志"即顺治《秦州志》，并对不理解的地方提出了疑问，疑问都是针对明城引发的，这些疑问我们在叙说明城时已基本解决。至于所谓"外络城"，有可能是北宋韩琦所筑之东关城。韩琦在英宗时受封魏国公，"外络城"大概是"魏公城"之讹。这一大段记述最有特点的是对五城各铺及街巷名称一率收录，城市布局系统展现。同时还记述了城垣渐次颓损及河水威胁城垣的"现状"。城南水北所筑大堤，乃知州费廷珍所筑，人称"费公堤"。城南筑堤，由来已久，之前分巡陇右道宋琬于顺治十一年至十三年间（1656~1657年）筑堤，人称"宋公堤"。

乾隆年间要说州城最大的变化，应该是罗玉河的彻底改道。罗玉河，《山海经》称濛水，发源于州西北邽山，遇有暴雨则成洪灾，敦煌汉简《风雨诗》（作于东汉初年）有句"从（纵）恣蒙水诚（成）江河，州（周）流灌注兮转扬波"其中"蒙水"正是"濛水"即罗玉河。①足见罗玉河水患由来已久。明代西关建成后，罗玉河经由中城和西关城之间穿城而过，南流注入藉河，水患更是在所难免，于是有分流罗玉河由城北东流的举措。至乾隆六年（1741年）知州程材传主持将分流剩余——依旧穿城而过的罗玉河彻底截流，使之由东关城外侧城入藉河，②从此解除了罗玉河水屡屡横冲州城的祸害。

光绪《秦州直隶州新志》，费廷珍修，王权、任其昌纂，光绪十五年（1889年）刻本。其卷2《地域》"秦州城"条说：

秦州城，据《水经注》云"五城相连"，旧志云节度使王忠嗣城雄武城，在今城之东。按：唐天宝时无雄武军，恐传讹也。宋知州罗拯城东西二城。明洪武初，千户鲍成约西城旧址而城之。东城，相传宋魏王韩琦重筑，明成化间指挥吴钟重修之。又，旧志云郡

①许云和《敦煌汉简〈风雨诗〉试论》，《首都师范大学学报》2011年第2期。
②乾隆《直隶秦州新志》卷3《建置》。

司李(理)梅茂复以子城,未详所指。西城,亦传韩公筑,明嘉靖中总督刘天和檄副使朱旒、知州李鲸重修。

国朝顺治中,地震,城圮。巡道宋琬捐俸,檄知州姜光允(胤)重修。嘉庆中,知州王赐均捐俸重修东关城、小西关城。道光十九年,知州邵煜募资重修大城,则高壮于前;东西关城,小西关城则草草而已。咸丰十年军兴,知州托克清阿募资补筑东西关城。同治二年,巡道林之望檄中城绅士募资筑中城。三年,同知张澂檄小西关绅士募资增筑小西关城。光绪二年,署巡道龙锡庆同游击田连考、知州陶模增筑西关城炮台,陶又补筑其圮处。光绪九年,巡道姚协赞同游击李良穆增筑东关城,余四城咸补葺焉。

光绪《秦州直隶州新志》的编纂者伏羌王权、秦州任其昌乃硕彦鸿儒,经史皆通,又是地方人士,记事要而不繁,考证精而不蔓,“秦州城”辞条足可见其功力。上引资料,明代以前的属综述旧志,此时顺治州志已佚,所言“旧志”指的是乾隆《直隶秦州新志》,虽是追述,但没有像乾隆州志那样什么什么“耶”个没完。光绪州志怀疑王忠嗣筑雄武城之说为讹传,慧眼独到,可惜没有再追根子。关于韩琦筑城事,用了两个“相传”,似是没看到相关史料。再者,韩所筑州城有“东西城”之说,但和清代的东关城、西关城没有沿革关系,不能简单比附。记“国朝”一段,尤其是乾隆后接续乾隆州志的部分,条理清楚,资料翔实。

关于王赐均筑城事,嘉庆十二年(1807 年)邹曹纯撰《王公重修伏羲庙碑记》记王之功德时有载,言捐俸筑伏羲城数百丈,并筑东关新城,“因旧基西拓数百丈,结连大城,长与伏羲城等。”①

对比乾隆《直隶秦州新志》和光绪《秦州直隶州新志》卷首所附之州城图,则乾隆时五城之间互不连接,“空隙”较大,而光绪时五城之间相互连接,只以城垣相隔。究其原因,就是重修时多采用类似王赐均的办法,拓展城垣以求稳固,于是五城相接,以利于防守。同治以降,清朝进入末世,兵荒马乱,城池稳固才是第一要务,怎么稳固怎么修。州城重修,总伴随着补修增修,较前或高或低,或大或小。总体而言,在五城格局未变的前提下,

①刘雁翔《伏羲庙志》,兰州:甘肃文化出版社,2004 年,第 137 页。另,王赐均之后的同治三年至四年(1864~1865 年)伏羲城举人任其昌(同治四年成进士)、贡生董某(名失载)主持倡捐重修伏羲城。事见王权《重修伏羲城记》,王权撰,吴绍烈点校《笠云山序诗文集》,兰州:兰州大学出版社,1990 年,第 192~193 页。

州城的局部则时有变化，就所圈的面积而言，是变大了。

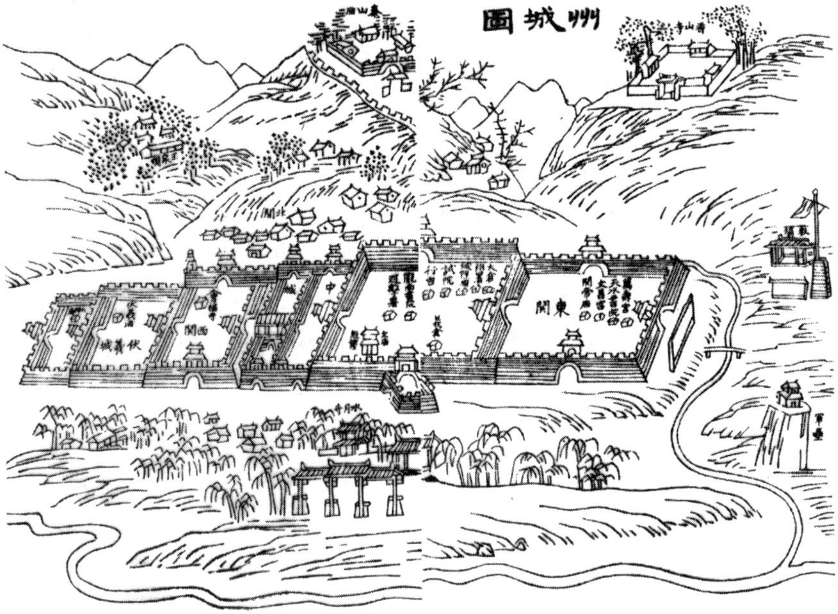

清光绪《秦州直隶州新志》所附州城图

《秦州直隶州新志续编》，任承允纂，成书于民国22年，民国28年石印本。其卷1《地域建置》“东关城”条说：

> 东关城，大而卑薄，年久将圮。光绪二十五年举人周务学督工重筑，遂为五城之冠。余详《艺文·修东关城记》。

任承允之“续编”是接续光绪《秦州直隶州新志》，记光绪十五年(1889年)至于清朝覆亡间的史事，按作者的编辑办法“有可续者续，无可绪者但存其第几之标目”，是纯粹的续志。所续时间短，事情自然就少，有关城池的重修也只列一条目。文中提及的《修东关城记》，“续志”卷六《艺文》收录，名《重修秦州东关城记》，署名赵时熙撰。[①]赵当时为分巡巩秦阶道。“记”述说重修东关城的筹款过程，最后是成果：“经始于己亥二月，落成于庚子六月。其增高者十之二，培厚者十之七。东旧一门，今重焉。更房计若干。轮廓一因旧址，毋减毋缩，垣墉直竖，埤堄高峙，曩之若倾危者，今于诸关

①任承允父任其昌《敦素堂文集》录有本文，名《代巩秦阶道赵蔼臣重修秦州东关城记》，蔼臣为赵时熙字，由此知署名赵时熙的“记”实际上是任的代笔。

城独雄厚焉。凡土木金石之工若干,雇夫若干,费缗钱一万几千有奇。夫此城也,西连官城,东北枕濛水,南临藉水,间以磨渠,天然壕堑,固易守也。”实则筑城工作是在分巡巩秦阶道的支持下,由州署负责实施,周务学乃是监工加“总工”。引文“己亥二月至庚子六月”即光绪二十五年(1899年)二月至光绪二十六年六月。

据民国《天水县志·建置志》的说法,“光绪二十五年甘督陶模以工赈事,令邑举人周务学重修东关城,高厚几与大城埒。增筑东门月城及南、北、东三面炮台各若干。”这还是从不同侧面记述光绪二十五年(1900年)重修东关城事。接着《天水县志》又记:“(光绪)三十四年,州牧张珩重修大城城垣,挪借河工之赢余五千缗,饬增生赵钟琳司其事。”这应是清代修城的尾声,3年之后清朝便灭亡了。

七、民国时期的天水县城坊巷街区

1913年,北洋政府废州制,实行省县两级制,撤秦州设天水县,州城于是就成了县城。

民国《天水县志》,哈锐、任承允、贾缵绪等纂,成书于民国25年(1936年),民国28年石印本。其卷2《建置志》之“县市”条说:

> 民国十一年陇南镇守使孔繁锦堕毁大城砖垛、东西月城以及五城各街坊,改筑马路。二十四年春,中央第一师师长胡宗南驻防天水,令修大城,由西月城铺面内筹款二千三百余元,街长八人分司其事。历年天灾人祸坏缺之处一律补葺。
>
> 县城周四里,北傍天靖山麓,南临藉水,高三丈五尺,厚二丈有三尺。其初,东、西、南均有月城,东、西、北环以壕,深丈有三尺,阔五丈有五尺。其南南湖水界焉。惟东西二门,东曰长安,西曰咸宁;明嘉靖中辟南北二门,北塞南通,榜曰“环障”;孔氏辟北门曰“华清”;东西通衢一。市廛南北居迎南北门亦有通衢,即大十字也。北则钟楼巷,曾经设过天隆布厂。南街中有通巷一,曰儒林巷;街东曰阮家街。西北亦有通巷,俗名椽房背后,然皆民居,无市肆之可言。本城商业亚于西关,而署所学校多萃于此。通衢

之西北曰县署，南向，其左曰公安局，再左曰陇南中学校，曰驻军司令部，曰日报社，曰甘肃省第六师范学校。东过十字街曰城隍庙，曰镇署，谚谓大衙门，曰公共体育场，曰电灯局。其东也，迤西中衢原有清圣谕坊，极高大，二十年腊月××败退时焚之，延及于街北之道德会，今地址全划归体育场。街南之实业银号，地址今改作营盘。西则为中国农业银行，对大衙门有前平市官钱局；楼房名九间楼，亦壮阔。文庙在儒林街之西，左为教育局，子夏祠在其街之东，义仓及私谥张惠毅公祠均在大十字南街之西。东月城旧有李广、赵充国、诸葛亮、刘琦及前知州萧国本各祠，惟萧国本祠今改为学校，余皆废。西月城旧有吴玠、吴璘祠，今亦废，改为市廛。

中城初无城垣，乃濛水故道也。近西关处有梁曰罗玉桥，其后筑南北二墉，东西附于西关大城，南北袤而东西狭，约里许。两墉门各二，北曰中和，曰北极；南曰南祥，曰水城门，以门外有官泉水也。全城市四皆东西向，惟倚西关之通衢南北向。余皆民居。先是由大城赴西关，南向迂绕。孔氏辟一直道，通于西关之后街，俗名新路。中城市面虽不甚荒落，而实远逊于前，所谓外强中干也。

西关一名韩公城，高不及大城而广过之，西狭而东袤形如钟。门五，东之南曰衍谓，东之北未名，俗称新城门，北曰大庆，西曰启汉，内外有桥曰压州，南曰阜康。衢通东西，到肆皆南北向，为天水商务繁盛之区，然不逮清时远甚。大贾货栈强半空闲，甚者坍塌。衢东之北有商会，迤西数十武为会福寺，亦渭学校在其内。再西，衢之中段有邮、电两局。衢东之南关公巷有教育会。而各种征收局所麕集于会福寺之西。通衢之东北有后街半段，而县党部及男女数校咸在焉。再北有通巷、白杜(土)崖，长与后街等。

西关之西曰小西关，即伏羲城，明中叶建筑者。东西里许，南北半之。东西门二，东门外南北附西关城筑垣，置便门二。通衢一，东西直，清时烟商此城甲于东北两关，现无商务可言。伏羲庙在中衢之北，南向；西为来鹤亭，再西为忠义祠，皆残毁，祠全泯。西门月城有火神庙。

东关一名韩公城，西附大城，于五城为最长。门五，周务学重修时封塞南北两便门；余三，北曰拱极，南曰阜财，东曰望垣。其月城外门曰广武。通衢一，东西列肆，南北向，市商以火柴公司为巨擘。衢之东北端有营房数座，迤西则法院之监狱，再西则法院，再西则县立高等小学校，再西则文昌、关岳等庙，屡经变乱，今皆残毁不全。

北关一名菜园。无城郭，惟向东倭墉辟二门焉。东西通衢二，中间水沟，濛水经流处也。列肆均南北向，四旁皆居民。其东西包大城及西关之半，南抵城，北倚山。厉坛在东北，泰山庙跨山，又在厉坛之东北。其西北为玉泉观，东南逾涧则周、托二公祠在焉。此（北）关向来客栈林立，鄂梁诸商星驰云集，又为土布购售之所，然皆一落千丈，今昔兴感矣。

结结实实抄了几大段，原因是《天水县志》的这几段材料成色十足，不但有"皮"即城垣和城门的布局，而且有"肉"即城内街巷和机关单位、商铺、工场的情况。将1930年代以前的天水县城记述得清清楚楚。街坊馆舍，历历在目；城垣门楼，处处在望。略微做些说解：

（一）引文中的"通衢"即大街、大道，"列肆"即各类商铺。

（二）"东关一名韩公城"、"西关一名韩公城"的说法是因循旧志，北宋庆历三年韩琦筑秦城东西关城的事长久留传，城内居民乐于将建城史和宋代的大名人韩琦套在一起，既有东关、西关很自然就想到韩琦所筑的东西城，于是乎认定其前身是韩琦所筑。很有意思的是，从字里行间可看出，清代几部"州志"的编纂者似乎都没有见到韩琦筑城的原始文献依据，但这一史实却以传说的方式一直流传，《天水县志》索性将传说以史实的口吻做了记述，有言之凿凿的感觉。

（三）"天水"的名称在唐开元之后便和行政设置分离，就是说行政设置上没有了天水只有秦州。而1913年废州设县之后，以"天水"取代秦州，盖省县两级别推行，用以前"天水郡"称天水县，比保留"秦州"称"秦州县"或"秦县"名分上好些。同治之前是清代秦州的黄金年代，号称繁荣之区，至而以"拉不完的秦州，填不满的兰州"标榜。而同治之后社会动荡，州城屡遭浩劫，人民国之后动荡局面变本加厉，商肆凋零，经济衰败，事出必然。以上引文在记录街区的同时,还实录了城市没落的实情。

《天水指南》,天水武耀南编,成书于1939年,民国28年秦风日报社铅印本。按编者的意思是为"游历的人们"提供一种"简单明了而便于携带的小册子",因为是导游性质的,所以对交通、名胜、坊巷、舍宿等的记述尤为详备。其"第六章坊巷"说:

> 天水城周围十余里,或曰九里三。北倚天靖山麓,南临藉水,长约五里许,而宽仅里余,城东北有罗玉河环绕而南交于藉流,以故有一支(只)舟之号。大城之东曰东关,雉堞相接,西关在其右,连接大城、西关者曰中城,小西关在西关之右,与西关连,又名伏羲城。北关无城垣,在天靖山之麓,城之北,市巷差杂,房屋不整。
>
> 城内大街一条,由伏羲城直通东关,南大街一条,口仅大城有之。西关有后街一条,较为宽大通达,其他皆坊巷,参差纵横,遍布城中。有可以五相交通者,有只能出入与他毫不连络者,名称亦不显著,甚有稀奇古怪之称,亦无从考其何据。兹求其容易明了起见,仍按旧名列表于后,并定其方向,俾客于此间者便于行往云尔。

《天水指南》所言,是对30年代城市面貌的概述,另外对城内交通情形记载较详,而最有特色的就是列表的街巷名称,兹原文照录之:

名称	方向	名称	方向
官墙里	东关大街北	当铺巷	东关大街北
爷寺巷	东关大街北	周家大巷	东关大街北
下周家小巷	东关大街北	瓦窑巷	东关大街北
十方堂巷	东关大街南	曹家崖	东关大街北
草厂(场)巷	东关大街北	上周家小巷	东关大街北
夏家大巷	东关大街北	夏家小巷	东关大街北
粉坊院	东关大街南	饮马巷	东关大街南

续表

名称	方向	名称	方向
城壕沿	东关大街北		
北东城根巷	大城大街北	吴家角落	大城大街北
东仓巷	大城大街北	钟楼巷	大城大街北
北城根	大城华清门内	树兰林	大城大街北
砚房背后	大城树兰林内西	西仓巷	大城大街北
南东城根	大城大街南	阮家巷	大城大街南
阮家街	大城大南街东	衢巷里	大城阮家街内
侯家巷	大城阮家街内	刘杂面巷	大城阮家街内
东马巷	大城大南门内东	西马巷	大城大南门内西
大南街	大城中南街	学街	大城大南街西
马郎巷	大城大街南	箭场里	大城学街南
学巷	大城大街南	宪家楼巷	大城大街南
南宅子	大城大街南	北宅子	大城大街北
城壕	中城大街北	重新街	中城大街北
北城根	中城重新街内北	皮巷子	中城大街北
杂货巷	中城大街北	果集巷	中城杂货巷北
山货市	中城后巷子北	猪羊市	中城大街南
台子上	中城水城门内西	亲睦巷	中城台子上西
下河里	中城大街南	河滩里	中城大街南
北水路巷	西关大街北	后街里	西关北水路巷内西
澄源巷	西关后街北	杨家楼	西关大庆门内西
皂角树巷	西关杨家楼北	林家巷	西关后街北
白土崖	西关杨家楼西	石头巷	西关大街北
康家大院	西关大街北	戏楼巷	西关大街北

续表

名称	方向	名称	方向
杨家大院	西关大街北	大李家巷	西关大街北
刘家巷	西关大街北	姚家巷	西关大街北
折桂巷	西关大街北	南城巷	西关大街南
赵家大院	西关大街北	陈家巷	西关大街南
北店子巷	西关大街北	小李家巷	西关大街南
梁家空什字	西关大街北	作坊巷	西关大街北
石家巷	西关大街南	南店子巷	西关大街南
南水路巷	西关大街南	空院子	西关大街南
古人巷	西关大街南	漆家坑	西关大街南
漆家小巷	西关大街南	董家巷	西关大街南
庞家巷	西关大街南	孙家大院	西关大街南
白家大院	西关大街南	杨家寺巷	西关大街南
二郎巷	西关大街南	韩家巷	西关大街南
朱家后川	西关大街南	南填毡巷	西关大街南
关公巷	西关大街南	北填毡巷	西关大街北
醉白楼巷	西关大街北	玩月楼巷	西关大街北
榆树巷	伏羲城大街北	任家台子	伏羲城大街南
胡家书房	伏羲城大街北	大巷道	伏羲城大街北
小巷道	伏羲城大街北	称家巷	伏羲城大街北
枣园巷	伏羲城大街北	马房巷	伏羲城大街北
南巷子	伏羲城大街南		
安沟里	北关大街西	刘家堡子	北关安沟北
阎家各劳	北关大街北	穆家坑	北关阎家各劳北
中和巷	北关大街北	砖窑上	北关中和巷北

续表

名称	方向	名称	方向
连家巷	北关大街北	冯家巷	北关后街北
夏家巷	北关大街北	白家堡子	北关后街北
任家园子	北关大街东	周家园子	北关大街东
柴集	北关大街西	店子后巷	北关后街北
卢园巷	北关大街北	西方寺巷	北关大街北
上菜园里	北关后街北	牛肉巷	北关大街北
新宫门	北关大街中	梁家巷	北关大街南
官渠埂子	北关大街东		

据表,东关 15 巷,大城 24 巷,中城 12 巷,西关 42 巷,伏羲城 9 巷,北关 21 巷,总计 123 巷。城市交通脉络表露无遗,而街巷名称内涵丰富,从中可见民情、功能、氏族、方位等。

《天水县志》《天水指南》所记都是 30 年代以前的县城情况,距县城解放尚余 10 年。而甘工委 1949 所编《天水城市调查》有关于天水县城的记述正好可接续《天水县志》和《天水指南》的相关内容。其概述部分说:

> 天水城垣为一长约九里、宽为二里之长方形,由东至西,为东关、大城、中城(即新城,回民多居此)、西关、伏羲城等五层。南北二关亦在城墙内,除中城至西关间之城门拆除外,其余每一层均有城门阻隔。去年(四八年)夏末,复于每一巷通口条筑栅一道,入夜戒严后即上,不得互相通过。

“甘工委”的全称是中国共产党甘肃工作委员会,是党的地下组织,《天水城市调查》乃区工委为迎接天水解放而编,目的是向西进的中国人民解放军入主天水提供基本情况,有“志”的性质,内容全部是 1949 年天水多方面的“现状”。从上述记述看,县城除增有了“栅栏”之类的戒严举措外,城之外观和布局并没有什么两样，就是说 1949 年天水解放为止，天水城市的城堡形式照旧，比较完整地保留了明清以来形式的格局。

八、说明与总结

本文冗长不堪，且前后风格不统一，这里请允许我解释一下。冗长完全是为了将天水古城的历史尽可能说清楚，算一笔总账，让大家更好地了解天水这座历史文化名城过去走过的路；风格不统一是因为元朝以前的材料不论是正史还是地方志直接记述天水古城形制的资料少而又少，爬梳钩沉是必需的，于是论证的成分自然就多；二是因为明清时期尤其是清代现存的地方志均对州城专列条目，有相当分量的记述，就无需乎我再多言，让材料说话，原文抄录加上必要的说解就可以了。现在冗长且前后风格不一的拙文该结束了，最后总结这么几条：

(一)据《山海经》《水经注》的记载，再证之以城区出土的文物，天水古城的源头上邽城址应在今天水城区。曲解天水放马滩地图，将上邽定在今麦积区的说法不可取。

(二)天水古城所在南北两山相对，藉水中流，川原狭长(宽 1~1.5 公里)，故而地处藉水之北、北山脚下的城，只能呈长条形状，也只能是东西向发展。如宋代的三城，明清的五城都是东西向排列。北魏是五城环形相结的“团城”，而此团城也应是东西向长方形的团城。《水经注》上邽的“五城相接”和明清的“五城相连”没有沿革关系。上邽城在北魏时的“五城相接”是中城和四个子城的关系，是环形相接；而明清时期的秦州城五城相连，是东西向条形相连。

(三)天水古城当关陇之会、介雍凉之间，长期以来是西越陇山的第一大州，也是陇右一大都会，历来人口众多。杜甫《秦州杂诗》有“降奴兼千帐，居人有万家”的说法，粗略估计，城居人口无疑在五万之上。北宋时秦州城东西居民及军营附郭而居者就有万余家，人口数量无疑在唐代之上。而明代城居及附郭而居者也在 5 万之上，清代尤其是康乾盛世，人口更是超过明代。民国时期尤其是抗时期，天水城人口大增，接近十万人。解放前夕，城居人口约八万人。纵而观之，天水的城居人口一直在 5~10 万人之间。

(三)中国的城池或土筑、或土筑外包以砖石,每隔几十年都有自然崩塌的情况。天水城处地震断裂带上,每百年都有一次较大的地震;天水又是战略要地,历史上战事频作,于是古城一直是建了毁、毁了再建的状态下存在。不同的时代城址是有变化的,但从先秦的上邽开始,天水古城之城址,东面不过七里墩,西面不过天水郡,这是城址移动的大范围。而罗玉河之西至坚家河之间地段明显高出其他地段,且比较平整,当是建城的主要范围。而唐宋的中心可确证在今大城、东关一带。

(四)1950 年为方便交通,扩大城市面积,开始逐步拆除秦州城墙,至 1971 年旧城基本拆除完毕。[①]改革开放后,旅游热兴起,尤其是丽江古城、平遥古城产生经济效益后,人们不由怀念起五城相连形制独特的秦州城。往事成云烟,后事犹可为。城垣虽毁,而西关一带古巷民居尚存,希望再也不要一方面喊叫古建筑多么多么重要,一方面又在一片开发声中将古建筑清理干净。古巷民居是城市的血脉,是城市发展的坐标和见证,理应受到尊重,理应完好保留。陈谷子烂芝麻大考特考天水古城的历史,所希望的就是在天水历史文化名城的保护过程中派上些许用场,让城里城外的人了解天水的确是一座文化底蕴深厚的古城,有着辉煌而光荣的历史。今之人应保护好、建设好,以不辜负其国家历史文化名城的称号。

【附记】1987 年走出校门,落户天水,迄今在这座城市生活工作了 25 年,颇有些感情,时常想着为我的天水城立一个大传,名之曰《秦州城记》或《天水古城记》什么的(书名还没有完全想好),以全面展示其地理人文各个层面的状况和曾经的存在,以考述其或兴盛或衰落的沧桑历史,以为其未来的走向和发展留一个参照坐标。相关资料收集多了,沿着古城发展主线先勾勒了一个轮廓,没想到这个"轮廓"勾勒得有些太大了,文章长得没地方发表,正好来个全文入集。

①《天水市城乡建设志》,兰州:甘肃人民出版社,1994 年,第 29~30 页。

成纪县治迁徙讨论

陇西成纪自秦汉建县以来数度迁徙,[①]最终南迁到秦州,并于明洪武二年(1369 年)废止。对于成纪南迁之史实,学界是公认的,道光《秦安县志·建置》即提出"治平成纪"、"显亲成纪"、"秦州成纪"的成纪三迁说。现争议不休的是南迁的一些细节问题,如汉成纪何时一度撤销,何时由今甘肃静宁的治平川迁到今甘肃秦安显亲川,何时再由显亲川迁到甘肃今天水的藉河川等,还有一个连带问题——秦州徙治和成纪的关系及南迁实情如何。对于这些问题,学术界笔墨官司不断,但多是糊涂官司,越辨越糊涂。当此之时,对相关资料重新审视,予以廓清,实属必要。因为,成纪是一个历史名县,直接关系着一些重大历史事件和历史名人的定位。

一、道光《秦安县志》成纪三迁说平议

道光《秦安县志》,严长宦修,刘德熙、张思诚纂,成于道光十七年(1837 年),道光十八年付梓。本志的主纂者刘德熙为四川长宁(今四川长宁县)人,道光十三年(1833 年)进士,是时任秦安县令严长宦的朋友,道光十六年来甘,应严之邀主纂《秦安县志》。此公精于考证,对一些悬而未决的问题"亲履山川,引证经史",成纪三迁说就是实地调查和史料结合的产物。本志卷 2《建置》附考说:

> 成纪县治,初在静宁州西北八十里之治平川,继在今秦安县北三十里之显亲川,最后乃入今秦州。核旧州县志俱未详。按:成纪以庖牺氏孕十二岁而生得名,汉即其地建县,《后汉书·隗嚣传》注云"成纪在今陇城县西北"是也。此治平之成纪也。后汉分

①汉武帝元鼎三年(前 114 年),析陇西郡新置天水郡,天水郡辖 16 县,其中有成纪县。而《史记》数处有汉文帝十五年"黄龙见成纪"的记载,说明"成纪"汉初已存在。《史记·李将军列传》:"李将军广者,陇西成纪人也。其先曰李信,秦时为将,逐得燕太子丹者也。故槐里,迁成纪。"马非百先生据此,将成纪定为秦时故县(《秦集史·郡县上》,中华书局,1982 年,第 585 页)。近年来,秦封泥时有发现,而尚未见有"成纪"字样者。为保险起见,我们姑且定其为汉县。

为显亲侯国,魏晋为县川,由是有显亲之名。元魏时成纪废,显亲亦并安夷。显亲暂复,终废周宇文氏,遂即其故治西北重建成纪。唐开元中,秦州地震,徙治于此,《唐书·地理志》所云"秦州徙治成纪显亲川"是也。此显亲成纪也。继郡县悉废于陷吐蕃八十年中,大中收复,乃即旧雄武城建今秦州治,并成纪徙而倚焉。后天水郡废,兼以成纪名郡,此秦州之成纪也。……夫开元之徙,徙州以寓县;大中之徙,徙县以倚州。州所寓者,周所迁之成纪也,与州治无涉也;县所倚者,唐所建之秦州,时上邽改镇,故徙成纪附州治,非成纪本治也。

对这一大段考证,临洮张维先生是反对的:"志于沿革、古迹考证颇详,然谓汉成纪县在今静宁西北之治平川,后周始迁于显亲川,殊为无据。成纪之县自汉迄周未闻迁移。"[①]张先生是言差矣!虽然,成纪迁徙在《隋书》以前的正史"地理志"中"未闻迁移",即没有明确记述,但迁徙之事实在一些相关之史料中暗含(后文将详证),并非是刘德熙妄下结论;且汉成纪之治所在治平川即《水经注》所言之"成纪水"河谷,城址至今犹存,"治平成纪"之说是成立的。当然,刘德熙的考证远非完美,如注汉成纪言:"在静宁川西北八十里之治平川"即是大误,因为治平川在今静宁(原静宁州治地)之西南治平乡一带,而非西北。对此,光绪《秦州直隶州新志》卷24《附考》详加辨析,"《秦安县志》据《后汉书》注成纪在陇城县西北、《水经注》'陇水流经瓦亭南'之文,谓成纪初在静宁西北八十里之治平川,继在秦安北三十里之显亲川,最后乃入今秦州,其言甚辨析,然谓汉至后魏之成纪在静宁西北,实臆说也……""秦州志"的辩驳是有道理的。然而,对照康熙、乾隆《静宁州志》关于静宁州到治平川的里数,均言"八十里",列举几条资料就能说明这一问题。康熙《静宁州志·形胜》有言:"(州)又南十里至靳家寺,十里至营屯寨地,又二十里至威戎镇……自威戎而西,迤南四十里至治平川,接通渭界。"[②]"十里"加"十里"加"二十里"再加"四十里"正好就是"八十里"。又,乾隆《静宁州志·堡寨》"治平故城"条言:"在州南八十里之治平川"。[③]都可证"八十里"是对的。所以,"西北八十里"实"西南八十里"之误。

①张维《陇右方志录》,北京:大北印书局,民国23年,第56页。
②黄廷钰撰修,魏柏树点校,康熙《静宁州志》,兰州:兰州大学出版社,1996年,第17~18页,第20页。
③王烜续修,魏柏树点校,乾隆《静宁州志》,兰州:兰州大学出版社,1996年,第365页。

颇疑失误源自刻者，而校者不审，使“成纪县治初在静宁州西北八十里”成为“臆说”，在这一点上刘德熙可能有些冤枉。不过，刘之所谓“元魏时成纪废”、“大中收复，乃即旧雄武城建今秦州治”等语大有商榷之处。

综而观之，刘之“成纪三迁说”在大方向、大关节上是正确的，其首倡开拓之功不可磨灭。后代学者论及成纪问题，或在细节上有所创见，而谁也不可能无视“三迁说”。当然，“成纪三迁”说在三迁的具体时间确定、地点定位上不周祥之处也是显而易见的，上列光绪《秦州直隶州新志·附考》对成纪迁徙有补考，而不周详之处也是显而易见的。这些，下文将进一步讨论。

二、汉成纪县废止之时间及相关问题

《隋书》卷29《地理志》说：

> 成纪，旧废，后周置。有龙马城、仙人峡。

“成纪”指的是汉成纪。“旧废”是说以前撤销了。这都是追述之言，基点是“后周置”，言明“成纪”在后（北）周之前废。后周起公元557年，迄581年，存在区区26年，如在本朝用不着“旧”呢“新”呢的，无论是以“旧”指前朝的惯例，或后周短命的事实，“旧”只能是指后周之前的某朝。

那么，到底成纪“旧废”于那一朝呢？我们用缩小包围圈的办法分层予以框定。可以肯定，成纪在东晋十六国时是存在的，史籍中屡见不鲜。如《晋书》卷125《乞伏乾归载记》有云：“（吕）光又伐之，咸劝其东奔成纪，乾归不从。”事在东晋太元二十年(396年)。乞伏乾归的根据地在苑川即今甘肃榆中境，吕光在河西，吕光东侵，故乾归部属有“东奔成纪”的提议，可见成纪位置还是相当重要的。

东晋十六国而下，便是统一黄河流域的北魏了。由于《魏书·地形志》中不列成纪县，于是古今绝大多数学者认定成纪废于北魏。本文第一部分所引刘德熙考证有“元魏时成纪废”等语，光绪《秦州直隶州新志·附考》亦有“自西汉至唐天宝之成纪县，在此中间虽暂废于后魏，重修于后周……”等语。对类似的主流观点，杨守敬《水经注疏》提出不同看法，在纂疏《水经

注·渭水》"瓦亭水又南,经成纪县东"一语时加按语:

> 守敬按:《地形志》不载成纪县,而孝昌中,吕伯度败杜粲于成纪,是孝昌以前,成纪未废,故不称故城。此与下成纪故城,明是两城,而《地形志》脱之,所以张瀛暹有《延昌地形志》之作是也。①

杨守敬之后,其孝昌之前"成纪未废"的观点并未得到认同,如谭其骧《中国历史地图集》"东晋十六国·南北朝时期"分册即不标成纪县;②再如史为乐主编,迄今历史地名类词典中规模最大的《中国历史地名大辞典》"成纪条"亦记"北魏废"。③相关的地方志及论文也是众口一词,均言汉成纪"北魏废",兹不赘述。但紧抠史事,我们不得不佩服杨先生明察秋毫,其据《魏书》卷 59《萧宝夤传》吕伯度败杜粲于成纪的史实,断定"孝昌以前,成纪未废"无疑是正确的。同时,他一并指出,《水经注》所记"成纪"和"成纪故城"是两码子事,"明是两城"。不过杨先生的高见并未将相关问题说透,如成纪到底废于何时?我们还有必要对吕伯度败杜粲于成纪的史事再行料理一番。北魏孝明帝正光五年(526 年),以匈奴人莫折大提、莫折念生父子为首的秦州起义爆发,莫折念生自称天子,置官建号,势力一时席卷关陇。随后,北魏以萧宝夤为大都督入关镇压,和起义军相持于陇山一线。正当战局吃紧之时,起义军内讧,莫折念生部将吕伯度倒戈,在胡琛的支持下,攻击莫折念生,于是就有了一条杨守敬提及的、为众所忽视的、于我们判定汉成纪位置及其废于何时有决定意义的重量级资料。

> 胡琛以伯度为大都督、秦王,资其士马,还征秦州,大败念生将杜粲于成纪,又破其金城王莫折普贤于水洛城,遂至显亲。念生率众,身自拒战,又大奔败。

事在北魏孝明帝孝昌二年(526 年),距北魏分裂仅 8 年。文中的胡琛,乃

①清杨守敬《水经注疏》(中),南京:江苏古籍出版社,1989 年,第 1482 页。

②谭其骧主编《中国历史地理图集》第五册"东晋十六国·南北朝时期",北京:中国地图出版社,1982 年。

③史为乐主编《中国历史地名大辞典》(上),北京:中国社会科学出版社,2005 年,第 961 页。

拥兵割据称王高平的敕勒族酋长。初,吕伯度据显亲反莫折念生,实力不济,便投奔身在高平(今宁夏固原)的胡琛,在其支持下,攻击莫折念生。由所引资料可以看出,其进军线路大致是,由高平西向越陇,再自北而南——先成纪——次水洛城——最后是显亲。通过前引资料及其进军线路和次第,至少我们还可以得到两个方面的信息。

其一,北魏一朝,汉成纪是存在的。而据《隋书·地理志》"旧废,后周置"的记载可判定,废成纪者肯定是北魏之下、北(后)周之上的过渡王朝西魏了。

其二,由进军线路成纪→水洛城→显新的次第,结合《水经注》可判定此三古城的大致方位。也可判定北魏时的汉成纪依旧在水洛城西北的成纪水(今甘肃静宁李店乡的治平河,又称南河)流域,水洛城之西南则进入今甘肃秦安县境,显亲无疑在今秦安显亲河谷(今名同)。

下面,我们以水洛城为中心对成纪的位置做进一步的讨论。水洛城治所在今甘肃庄浪县县城(水洛镇)。北魏水洛城(亭)原址上,北宋刘沪所筑水洛城址轮廓至今依旧可见。①对照《水经注》,城北即是水洛水(今名水洛河),南则是犊奴水(今名南河),二水在今庄浪县城西南会合,流经石门峡(此段《水经注》称石门水)后汇入今葫芦河。水洛城当上陇孔道番须道要冲,北魏以降,一直是军事重镇。其名称《魏书》凡五见,《周书》凡三见,除吕伯度攻莫折念生经此地之外,北魏孝庄帝永安三年(530年),魏骠骑将军、雍州刺史尔朱天光征讨王庆云、万俟道洛,孝武帝永熙三年(534年)魏夏州刺史宇文泰征讨侯莫陈悦,关键性的战役都发生在水洛城,陷水洛而陇右平。宇文泰的进军路线为:从平凉上陇,首陷水洛城,次陷略阳,最后围侯莫陈悦于上邽,悦逼迫自杀,这和吕伯度的进军路线基本相同,都是沿葫芦河(瓦亭水)南下。宋代,水洛城依然是陇右最重要城堡之一,《宋史》凡十七见,《金史》凡六见。宋仁宗庆历三年(1043年)十月至四年三月,北宋名将刘沪在原址上增筑、补葺,成新水洛城,达到了"以通秦(州)、渭(州)之路"的效果,从而形成了东连渭州(今甘肃平凉),南通秦州,北以陇干为屏障的陇右防御体系。行文至此,似脱了题,但下笔千言的目的就是要说明,经关中上陇,凡历瓦亭、鸡头、番须道而南下秦州者,都必须经水洛城,而成纪由水洛城西北治平川南迁显亲川、最后迁至秦州之方向线路正与此同。水洛城位置定死这后,再回过头审视吕伯度还征秦州之时

①陈守忠《刘沪筑水洛城及相关事迹考》,《宋史论略》,兰州:甘肃文化出版社,2001年,第109页。

“大败念生将杜粲于成纪，又破其金城王莫折普贤于水洛城，遂至显亲”之史实，则成纪位置必然在水洛城之上或平行，由此可论定《水经注》将汉成纪定位在成纪水流域无可置疑。

理清水洛城和成纪相对位置之后，我们还要讨论一个新问题——成纪水流域的成纪故城和成纪的具体位置。先引一段杨守敬的《水经注疏》：

> 瓦亭水又南，迳成纪县东，历长离川，谓之长离水。右与成纪水合，水导源西北当亭川，（守敬按：即今仁当川，在静宁州西南。）东流出破石峡，津流遂断。故渎东迳成纪县故城东，（守敬按：此是汉以来成纪县故城，当称故城，而“县”下却只有一“故”字，盖传抄者落“城东”二字。郦氏每叙沿革在故城之下，故知此有“城东”二字，赵以“故”字下属，非也。）帝太皞庖羲所生之处也，汉以属天水郡，王莽阿阳郡治也。①

首言“成纪县”，次言“成纪县故城”，这中间大有文章。正应了杨守敬先生的天才分析：“是孝昌以前，成纪未废，故不称故城。此与下成纪故城，明是两城……”说白了，北魏之前汉置的成纪县有过迁徙。至于“成纪故城”也就是刘德熙所言“治平成纪”，今人以《水经注》相关记载结合上世纪八十年代以来静宁治平古城之考古成果——历年出土之板瓦、瓦当等秦汉文物，确认古城即是汉成纪故址，具体地点在“今静宁县城南50公里处的治平乡刘河村南的川河台地上。治平河、深沟河在城东约300米处交汇，两河交汇后，古称成纪水（今称李店河），在仁大毛家坡附近注入葫芦河（古为瓦亭水）。”②我们就无须多言了。兹重点寻找北魏尚存的成纪县址。既然《水经注》以“故城”称成纪，则此成纪在北魏之前或迁或废，或降级不为县治，那么北魏的“今”成纪县治又在何处呢？讨论依然从吕伯度的进军线路说起，吕投奔高平胡琛，再上陇攻击莫折念生，其上陇走的必然是距高平最近的瓦亭道（或称木峡关道）。“此道是两汉、魏、晋、南北朝以及隋唐，由关中通向陇右，仅次于陇关道的重要陇山通道，从古高平（今固原）城起西南行，经木峡关陇山隘口，至西瓦亭，然后沿瓦亭川（今葫芦河）南下秦

①清杨守敬《水经注疏》（中），南京：江苏古籍出版社，1989年，第1482~1483页。

②杨铎弼《成纪故城》，魏柏树主编《根在成纪》，兰州：甘肃人民美术出版社，2004年，第13页。

州。这一古道通过陇山时紧靠战国秦长城,在长城内侧,最迟在战国时已形成。"[①]吕伯度上陇"还征秦州"的目的是最终夺取秦州,所走当然是南下秦州最便捷的路——即沿瓦亭水一路南下,在此过程中首先"大败念生将杜粲于成纪",接着"又破其金城王莫折普贤于水洛城,遂至显亲",则此"成纪"必然距瓦亭水不远。基于这样一种基本判断,我们就在接近瓦亭水的成纪水流域寻找迁徙后的成纪。成纪水(李店河)入瓦亭水(葫芦河)处即今甘肃静宁仁大乡之陈家南门村,其上游宋以来有治平川之称的川地即汉成纪治地所在,下游则是明清称仁当川今称仁大川的川地。虽然就现有资料我们无法准确定位迁徙后的成纪县址,但可模糊断定迁徙后的成纪就在今静宁县仁大乡所在的仁大乡川地。

汉成纪县为什么要迁徙,想必和陇右政治中心迁移有关。汉武帝元鼎三年(前114年)从陇西郡析置天水郡,其郡治即在平襄(今甘肃通渭县城西),由关中进入陇右之后,沿成纪水西上,通平襄的道路当然就显得十分重要,那么按近平襄的成纪显然就是要冲所在。东汉以后天水郡治移到冀县(今甘肃甘谷县城西),晋初移到上邽(今甘肃天水市区),接近平襄的成纪的位置便没有那重要了。魏晋以下,秦州成了陇右的政治中心,不论是陇关道,还是鸡头道、瓦亭道,其指向都在秦州。举一例,东晋隆安四年(400年)魏常山王遵袭没奕干高平,干弃其众,率数千骑奔秦州,魏师追至瓦亭,不及而还。那么,远离南北向葫芦河(瓦亭水)干流的治平成纪(治平、仁大之间距离约为45公里)其地位下降是必然的,迁徙至成纪水下游仁大川也就顺理成章了。因为,古来南下秦州之路就是沿葫芦河谷南行的。

三、北周成纪置于何地

《旧唐书》卷40《地理志》"成纪"条说:

> 成纪,汉县,属天水郡。旧治小坑川。开元二十二年,移治敬亲川,成纪亦徙新城。天宝元年,州复移治上邽县。

对"旧治小坑川"一语,学术界看法基本一致,认定就是汉成纪的治地。这

①祝世林《陇山重要古道综述》,载《平凉古代史考述》,平凉:内部铅印本,1997年,第329页。

大有商榷余地，留待后文讨论。继续往下读资料，“开元二十二年，移治敬亲川”，这指的是秦州州治因地震由藉河河谷的天水市区迁到了敬亲川，省略的主语是秦州而非成纪。再下面一句话“成纪亦迁新城”就大有玩味之处了。其一，这里的“成纪”无疑就是汉成纪西魏废后、北周复置的成纪；其二，“亦迁新城”表明，不但秦州迁到了敬亲川的新城，而且成纪县也迁到了新城。那么，州城、县城一并迁治的新城在何处呢？这个，我们能找到答案。据道光《秦安县志·建置》：“显亲川亦云阳兀川（即显新川异名）何氏地掘得石刻，有‘成纪’字，是皆足征也。”是说显亲川何氏地掘得有“成纪”字样的石刻。1965年，秦安叶堡乡杨家沟唐墓发现刻字砖一块，可辨认部分有“□（秦）州成纪县安乐乡安乐里”字样，[①]两者结合足证唐成纪就在今秦安的显亲川。魏晋之显亲川，唐之敬亲川（因避唐中宗李显讳而改），明清之阳兀川，今之显亲川，名异而地同。秦安叶堡乡至今有一名“金城”的行政村（属显亲川），当正是“新城”所在地。地震大灾过后，人们最希望安居乐业，将“新城”所在地命名为金城里，取“固若金汤”之意，自在情理之中。

在将迁到“新城”的成纪定位之后，我们再来找未迁之前的成纪身处何地。贺次君《括地志辑校》有言：

> 成纪，汉县，在秦州成纪县北二里。[②]

就是说在迁至新城的成纪县北有“成纪汉县”或者说新旧成纪县相隔二里。《括地志》，唐太宗子魏王李泰领衔撰，贞观十六年（642年）表上，南宋时亡佚。我们所引则是今人之辑佚本。或有疑问，你考证的是开元二十二年（734年）地震之后新城和故城位置，何而能引93年前的著作。其实，我们所引所谓《括地志辑校》之言实为《史记正义》作者张守节之言，为《括地志》辑佚者误入者。张守节“正义”以详释地理取胜，而其释地理又多依《括地志》，《括地志》则得“正义”而部分保存，而张守节语和《括地志》语多混同而后人不辨也是常事。中华书局标点本《史记》，成纪凡六见，两条说李广、李蔡乃“陇西成纪人”，四条说汉文帝十五年“黄龙见成纪”相关事，其中卷28《封禅书》事关“成纪”一语下引《史记正义》注“案：成纪，今秦州县也。”卷109《李将军列传》事关“成纪”一语下引注“成纪，秦州县。”卷111

①《甘肃秦安县唐墓清理简报》，《文物》1975年第4期；西北师范大学古籍整理研究所《甘肃古迹名胜词典》，兰州：甘肃教育出版社，1992年，第150~151页。
②贺次君辑校《括地志辑校》，北京：中华书局，1980年，第220页。

《卫将军骠骑将军列传》事关"成纪"一语下引注"秦州县也"。四库全书本《史记正义》则于《封禅书》事关"成纪"一语下注"成纪云秦州县也",《李将军列传》事关成纪一语下注:"成纪,秦州县"。今人张衍田之《史记正义佚文辑校》为"正义"辑本集大成者,本书于《孝文本纪》事关"成纪"一语下引"正义"注云"……成纪,在秦州县,本汉县至今,在州北二里。"[1]又对第一个"在"字加按语云:"在,《封禅书》黄龙见成纪句,《正义》云'成纪,今秦州县也。'当以'今'是"。[2]张衍田的辑本重点参考泷川资言《史记会注考证》和水泽利忠的《史记会注考证校补》,此"成纪"条依据的所谓"南化、幻、谦本"均是泷川、水泽引日本所藏北宋之前《史记》三家注本,基本上保存了包括《史记正义》在内的三家注的真面目。《史记正义》凡引《括地志》都标明"括地志云"字样,不标加"案"字则是张守节自注。《史记正义佚文辑校》引《孝文本纪》的这一条关于"成纪"的注就不标"括地志云",则是张守节自注无疑。现在,我们再对照《括志志辑校》"成纪,汉县,在今成纪县北二里"语,即可辨其所谓《括地志》文则完全是张守节注文,而《史记正义佚文辑校》所辑之张文则在辗转流传过程中将文字间顺序完全颠乱,几不可读。《括地志辑校》所谓《括地志》文则正是张守节《史记正义》文之正装版,将它们抄在一起就很好甄别。

《括地志辑校》:成纪,汉县,在秦州成纪县北二里。

《史记正义佚文辑校》:成纪,在秦州县,本汉县至今,在州北二里。

两项比较,第一条13字,第二条16字;第二条比第一条多出"本"、"州"、"今"三字,而"本"、"今"两字外,"州"在第一条中有包含,"本"、"今"两字放到第一条中相关位置可使语义更妥帖。可见分列两书中的佚文都是张守节的自注文,第二条只是词序错乱而已。两厢合并,拨乱反正,我们可以得到这样一条关于《史记正义》"成纪"注的佚文:

成纪,本汉县,在今秦州成纪县北二里。

这就是说在迁至"新城"的今成纪县北二里处有"成纪,本汉县"。

①②张衍田辑校《史记正义佚文辑校》,北京:北京大学出版社,1983年,第43页。

本文第二部分已讨论清楚，按吕伯度的进路线，汉成纪县只能在今甘肃静宁境内古瓦亭水支流成纪水河谷，和今秦安县无涉，秦安虽和静宁相连，而“新城”即金城里成纪之北二里决不会到成纪水(今李店河)河谷。反过来说“在今秦州成纪县北二里”的“成纪”绝不会是汉成纪县。张守节《史记正义》成于唐开元二十四年，即《旧唐书·地理志》所谓“成纪亦迁新城”两年之后，对他那个时代的“今”成纪县治所理应是清楚的。所以，“在今成纪县北二里”的所谓“成纪，本汉县”当正是北周所置的成纪了。北周至于开元，过去近200年，又成纪本汉置，中经废立，误北周成纪为汉成纪也情有可原。对这个成纪的位置，甘肃联合大学马志荣先生、秦安县志办王文杰先生有详考，王文杰先生还做了实际调查，认定在秦安县安伏乡安伏川，并言有残留城址和“安伏家的一座城，叶家堡的半个盆”等民谣。①不过，马、王二先生以安伏川之成纪为汉成纪，这是大有商榷余地的，原因上文已阐明。我们取马、王考定“在今成纪县北二里”的地望“小坑川”即安伏川，而不取其汉成纪在小坑川即安伏川的观点。这是误北周成纪为汉成纪也。安伏川与显亲川相连，为山间盆地，“西靠阳极山，东依锦带山，南接玉钟峡，北带锦带峡，因此，今称安伏盆地。盆地由葫芦河一级阶地构成，阶面海拔1270米左右。葫芦河东岸保留有较完整的二级台地。”②盆地伏家洼堡子梁之阳坡古有女娲宫，疑正是《水经注》注瓦亭水支流石岩水时“水出北山，山上有女娲祠”之女娲祠所在。盆地之南的玉钟峡，古称显亲峡，有伏羲女娲成婚和伏羲演画八卦的传说。这些事实又和《隋书·地理志》“成纪，旧废，后周置。有龙马城、仙人峡”隐义相对。仙人峡盖显亲峡，而龙马城则显然是因龙马负图、伏羲则之而画卦之传说而得名。以此可论定，《旧唐书·地理志》言成纪“旧治小坑川”之小坑川正是安伏川亦即安伏盆地，也就是北周成纪之治所。

对这一论题，光绪《秦州直隶州新志》卷24《附考三》很敏锐地指出：

> 《旧唐书》“志”，成纪旧治小坑川，开元移治敬亲川。敬亲即显亲也。小坑川似即后周重立成纪之治所。

本志的主纂者伏羌王权、秦州任其昌为名扬陇右的硕彦鸿儒，精于考证史事，其功力由此可见一斑。世人以光绪《秦州直隶州新志》为良志，良有以

①马志荣《成纪县·古成纪·伏羲小考》，《甘肃联合大学学报》2006年第4期；王文杰《汉成纪县治考》，《甘肃联合大学学报》2008年第3期。

②秦安县志编纂委员会编《秦安县志》(上)，兰州：甘肃人民出版社，2001年，第109页。

也。

本节最后再附几句。唐开元二十二年的大地震，震中在秦州之藉河川，秦州破坏严重，惊动朝廷，《资治通鉴》卷214，玄宗开元二十二年载："二月壬寅，秦州地连震，坏公私屋殆尽，吏民压死者四千余人，命左丞相萧嵩赈恤。"秦州于是移治于成纪敬亲川。由《旧唐书·地理志》"成纪亦徙新城"一语知，秦州移治之地和北周成纪所徙之地俱是新城，即今秦安县叶堡乡的金城村。秦州地震，"坏公私屋殆尽"，百里之外的安伏川北周成纪也当波及，"亦徙新城"也说明"坏公私屋殆尽"，大震过后，余震不断，作为抗震救灾措施，秦州之北迁原本需要，但属临时安置措施，因此，数年之后的天宝元年又迁回了原治地上邽。而北周所置成纪就在新城"定居"了。显然所谓"新城"是地震之后所建，并不是原有的。至于"新城"为何要选择《旧唐书·地理志》所言的敬亲川，这是否由卜者占祸福、阴阳看风水等因素即现代人所说的"迷信"决定，我们无从知其详。但要清楚，当是时也秦州治地在震，成纪之敬亲川必然也在震，破坏程度大概差不太多。

四、秦州之北迁又南移及成纪之南移

明确见于史册，秦州始置于晋武帝泰始五年(269年)，时州治在冀县(今甘肃天水市甘谷县西)，中暂废，惠帝太康七年(286年)再立秦州，秦州州治、天水郡郡治一并迁移上邽，即今天水市城区。南北朝社会动荡，而秦州治所始终未变，到了唐代因地震而州治临时北迁。

《旧唐书》卷40《地理志》"秦州中都督府"条说：

> 开元二十二年，缘地震，移治于成纪之敬亲川。天宝元年，改为天水郡，依旧部督府，督天水、陇西、同谷三郡。其年，复还治上邽。乾元元年，复为秦州。

《新唐书》卷40《地理志》"秦州天水郡条"说：

> 中都督府，本治上邽，开元二十二年以地震徙治成纪之敬亲川。天宝元年还治上邽。大中三年复徙治成纪。

说明一下，入隋，州郡县三级制变为州县或郡县二级制，有州的时候没郡，有郡的时候没州，州郡名称时有转换，有时称秦州，有时称天水郡，秦州和天水郡并没有统辖关系。上引《新唐书》秦州和天水郡是并列关系，并非像魏晋南北朝时期一样是秦州领天水郡。在秦州和天水郡之间加一顿号就明确了。中华书局标点本在二者之间不加标点，作“秦州天水郡”状，容易使人犯糊涂。

两唐书上有一点说得很明了，秦州之北迁又南移，全是因地震而致，是年为唐玄宗开元二十二年(733 年)。《旧唐书》卷 8《玄宗上》说：“(开元二十二年)二月壬寅，秦州地震，廨宇及居人庐舍崩坏殆尽，压死官吏以下四十(千)余人。殷殷有声，仍连震不止。”又，《旧唐书》卷 37《五行志》：“开元二十二年二月十八日，秦州地震。”又，《新唐书》卷 5《玄宗皇帝纪》：“二月壬寅，秦州地震，给复压死者一年，三人者三年。”又，《新唐书》卷 35《五行志》：“开元二十二年二月壬寅，秦州地震，西北隐隐有声，坼而复合，经时不止，坏庐舍殆尽，压死四千余人。”四条资料说的都是一码子事——秦州大地震。据估算震级达 7 级，烈度 9 度。[①]地震破坏力很强，廨宇即官员办公室及居人庐舍即民房“崩坏殆尽”，压死官民 4000 余人。州署官员没有了办公室，于是迁往“成纪之敬亲川”寄治“新城”。寄治是权宜之计，因此，天宝元年(724 年)即在“成纪之敬亲川”寄治 9 年之后又还治原地上邽，想必是上邽之城垣已修复，官舍已建成，故还治。就是说秦州治北迁又南移了，线索是很清楚的。

没想到《新唐书·地理志》在说完“天宝元年还治上邽”之后，又冷不叮咚地添了一句：“大中三年复徙治成纪”，而又不提此次“复徙治成纪”之后何时迁回上邽，《宋史》也没有明确的记载，于是一连串的问题就来了。

秦州于唐代宗宝应二年(763 年)二月陷落吐蕃，而唐宣宗大中三年(849 年)沦陷吐蕃的秦、原、安乐三州及石门、驿藏、木峡、制胜、六盘、石峡、萧关等七关守将归顺唐朝。同年七月，唐风翔节度使李玭接收秦州。唐升秦州防御使为秦、成两州经略天雄军使。等待了 87 年之久，陇右重镇秦州光复，而为何要在收复的当年将州治要从当“关陇之会、介雍梁之间”的藉河谷地地迁到相对次要的敬亲川呢？要知道，有唐一代，长安西去，经陇坻(又称坂)，取道秦州、渭州、临州、兰州、凉州而通西域之道是东西交通的主干道，唐玄奘西行取经、高适游幕河西、岑参赴安西、杜甫之流寓秦州

①天水地区地震办公室编《天水地震史料汇编》，天水：内部铅印本，1982 年，第 42 页。

均经此道。秦州等陇右诸州收复后，宣宗颁《收复河湟制》有云："秦州至陇州以来道路，要置堡栅，与秦州应接，委李玭与刘皋即便度闻奏。商旅往来，与贩货物，任择利润，一切听从，关镇不得邀诘。其官健父兄子弟通传家信，关司并不得邀诘阻滞。"严耕望先生对此的评论是："置堡栅与秦州接应亦委凤翔节度，并明述官商交通情形。亦正见凤翔至秦州为大道也。"[①]宣宗的诏令是对新复沦陷区人民的惠政，特地强调收复秦州的凤翔节度使李玭等人便宜行事，在要害之处置堡珊以保证秦州至陇州即陇坻道的畅通，政府没有任何必要将丝绸之路重镇秦州的治所迁往他所。否则，如何保证途经秦州的关陇大道畅通。《新唐书》"大中三年复徙成纪"的说法是有必要怀疑的。此一颇显唐突之语，疑其上下均有脱文。

然而，正是有了《新唐书》的这一说法，谭其骧先生主编《中国历史地图集》"隋唐五代时期"分册统统将唐开元之后、北宋之前的秦州标在"成纪之敬亲川"。[②]而学术界也是众口一词，认定北宋之前包括五代十国在内，秦州治所一直在开元二十二年成纪亦迁新城的"成纪之敬亲川"的金城里，即秦安县叶堡乡金城村。事实胜于雄辩！我们有资料证明，秦州在宋之前治在今秦安县境的看法是大错特错的。我们的资料就是晚唐诗人许棠的诗作。许棠(822年~?)，字文化，宣州泾县(今安徽泾县)人。咸通十二年(871年)进士。历泾县尉、虔州从事、江宁丞等。有诗名，为"咸通十哲"之一。今《全唐诗》卷597、598收其诗两卷计154首。由诗我们得知许棠曾于中进士之后的某年奉命来秦州，一路上都有诗作，如《陇州旅中书事寄李中丞》《过分水岭》《陇上书事》《塞下二首》《题秦州城》《隗嚣宫晚望》《成纪书事二道》《边城晚望》等。[③]从诗题即可看出许裳是由陇州过分水岭(即陇坂)到达秦州的，走的就是唐代直至宋繁盛不衰的陇坻道。兹录几首：

过分水岭

陇山高与鸟行齐，瞰险盘空甚蹑梯。云势崩腾时向背，水声呜咽若东西。风兼雨气吹人面，石带冰凌碍马蹄。此去秦州别无路，隔岸穷谷却难迷。

①严耕望《唐代交通图考》(二)，中央研究院历史语言研究所专刊之八十三，1985年，第360页。

②谭其骧主编《中国历史地理图集》第六册"隋唐五代时期"，北京：中国地图出版社，1982年。

③陈贻焮等《增订注释全唐诗》，北京：文化艺术出版社，2001年，第379~402页。

题秦州城

圣泽滋遐徼，河陨四向通。大荒收虏帐，遗土复秦风。乱烧迷归路，遥山似梦中。此时怀感切，极目思无穷。

成纪书事二首

东吴远别客西秦，怀旧伤时暗洒巾。满野多成无主冢，防边半是异乡人。山河再阔千余里，城市曾经一百春。闲与将军议戎事，伊兰犹未绝胡尘。

蹉跎远入犬羊中，荏苒将成白首翁。三楚田园归未得，五原歧路去无穷。天垂大野雕盘草，月落孤城角啸风。难问开元向前事，依稀犹认隗嚣宫。

隗嚣宫晚望

西顾伊兰近，方惊滞极边。水随空谷转，山向夕阳偏。碛鸟多依地，胡云不满天。秋风动衰草，只觉犬羊膻。

打住吧！结结实实当文抄公的目的有五：其一，想说明许棠来秦州的路线就是陇州——分水岭——秦州；其二，想说明此线路就是丝绸之路东段的南路，其至晚唐依旧繁盛，而此路是沿渭水而上的，必经渭河南岸支流藉水谷地秦州；其三，想说明《成纪书事二首》的"伊兰犹未绝胡尘"，《隗嚣宫晚望》的"西顾伊兰近"之"伊兰"即伊州（今新疆哈密）兰州（今甘肃兰州）正是秦州西向直通西域之丝路重镇，也可证秦州的位置原地未动；其四，让大家感受一下杜甫《秦州杂诗》"莽莽万重山，孤城山谷间"的秦州城在"山河再阔千余里，城市曾经一百春"即吐蕃统治八十余年光复之后的边塞氛围；其五，最终想说明，诗中的秦州、成纪、隗嚣宫本在一地，根本不存在《新唐书》秦州"大中三年复徙治成纪"之事。现在再看《成纪书事二首》之二的最后两句：

难问开元向前事，依稀犹认隗嚣宫。

隗嚣宫乃西汉末年成纪人隗嚣所建之宫室，遗址在今甘肃天水市区的北山，北山至今有皇城堡、皇城村。隗嚣败后，宫室所在改建为崇宁寺，杜甫

《秦州杂诗》"秦州城北寺，传是隗嚣宫"正是其地。隗嚣宫位置是定死的，不在秦安敬亲川之成纪，而在秦州之成纪。许棠在成纪"依稀犹认隗嚣宫"只能说明晚唐之时，不但秦州治所在"天宝元年还治上邽"之后原地未动，而且敬亲川之成纪也于某时迁到了秦州治所。

那么，成纪是何时由葫芦河（古瓦亭水）水流域的今秦安叶堡乡金城里南迁的呢？《元和郡县图志》秦州之"成纪县"条说：

> 成纪县中。东南至州一百里。本汉旧县，属天水。伏羲氏母曰华胥，履大人迹，生伏羲于成纪，即此丘也。周成纪县，属略阳郡。隋开皇三年罢郡，县属秦州。皇朝因之。
>
> 瓦亭川水，东去县一十五里。①

似可证唐宪宗元和年间（806~821年）成纪在瓦亭水流域东南至州一百里的今秦安境敬亲川。其实，此时的秦州或成纪都是吐蕃辖区，元和志是在追述皇朝之盛，并不是在写元和时的实情。元和后的长庆二年（822年）大理寺卿刘元鼎出使吐蕃，归来后，成《使吐蕃经见纪略》，有言：

> 元鼎逾成纪、武川，抵河、广武梁，故时城郭未隳，兰州地皆秔稻，桃李榆柳岑蔚，户皆唐人，见使者麾盖，夹观。至龙支城，耋老千人，拜且泣，问天子安否，言倾从军没于此，今子孙未忍忘唐服，朝廷尚念之乎，兵何日来。言已，皆呜咽。②

广武梁即今兰州市西固区之河口，武川历来没有确论，注者多谓"不详"。其实，此武川即《水经注》渭水段之"武城川"或"武阳川"之简称，如"街泉亭"简称"街亭"、"秦州城"简称"秦城"之类。武阳川是今甘肃武山洛门镇和武山县城之间的川道，自古是古驿道所在，是由秦州经渭州，去临州、兰州的必经之道。武城川即今武山县的山丹川，经此可通岷州等地。相较而言，武阳川是正道，而武城川是岔道，故刘元鼎所历之武川当正是武阳川。武川、广武梁、兰州位置确定，则可断定刘元鼎出使吐蕃之路必是陇坻道，所经之成纪和秦州为同一治地。依此，在长庆二年之前成纪治所就在今天水市城区，所谓秦州成纪。至于南迁的具体时间，资料缺乏，不好判断。这

①唐李吉甫《元和郡县图志》（下），北京：中华书局，1983年，第982页。
②唐刘元鼎《使吐蕃经见纪略》，《全唐文》卷716，北京：中华书局，1983年，第7360页。

里，我们大胆设想一下。唐代宗宝应二年河西、陇右完全沦陷吐蕃，其后的某一年吐蕃废秦州治所上邽为镇，于是迁成纪入郭作为秦州的首县。《太平寰宇记》“秦州条”有言：“元(原)领县五，今六，并四寨。成纪、陇城……上邽废为镇，伏羌为寨。”或据此将上邽废为镇的时间定在宪宗大中三年收复秦州之时，这是缺少依据的。本书“秦州条”还有一句莫名其妙的话“成纪原在旧州南一百里”，估计“南”乃“北”之讹，应是“成纪原在旧州北一百里”才符合实情。

做了上述论证之后，我们再补充几条五代十国时候的资料以为旁证。五代王仁裕，乃关陇著名文人，先后在前蜀、后唐等朝廷任职，先后任前蜀秦州节度判官9年、后唐秦州节度判官3年，入仕之前长期在秦州生活，对秦陇掌故非常熟悉。其笔记体著作《王氏见闻录》《玉堂闲话》多记秦州故事，从字里行间都可以看出来——五代时的秦州就在魏晋时的原址即今天水市城区，而非秦安“成纪之敬亲川”。试举几例。

1.《太平广记》卷134《玉堂闲话》“刘自然”条说：

> 唐天祐中，秦州有刘自然者，主管义军案，因连帅李继崇点乡兵捍蜀。成纪县百姓黄知感者，妻有美发，自然欲之，谓知感曰：“能致妻发，即免是行。”知感之妻曰：“我以弱质托于君，发有再生，人死永诀矣。君若南征不返，我有美发何为焉！”言讫，揽发剪之。知感深怀痛愍，既迫于差点，遂献于刘。

简单分析，主管义军案的刘自然是官，其办公地点是秦州的衙门里头，而能闻成纪县百姓黄知感的妻子有美发，最起码秦州和成纪在一地，黄知感能和刘自然对话并献美发于刘自然，说明黄知感就是城民。综合可得，秦州时治成纪县。

2.《太平广记》卷140引《玉堂闲话》“秦城芭蕉”条说：

> 天水之地，迩于边陲，土寒，不产芭蕉。戎帅使人于兴元求之，植二本于亭台间……秦人不识，远近士女来看者，填咽衢路……盖剑外节气，先布于秦城。

盖知秦州城即秦州可简称秦城，五代之时秦州又可俗称为天水，而魏晋以来天水之名可是从未迁移的。

3.《竹庄诗话》卷21引《玉堂闲话》"隗嚣宫"说：

> 秦州城北绝顶之上有隗嚣宫，宫颇宏敞壮丽，今为寿山寺。寺有三门，门限琢青石为之，莹彻如琉璃色。余尝待月纳凉，夕处朝游，不离于是。①

隗嚣宫的位置本节引许棠诗时已说清楚就在今天水市城区北山，遗址尚存，时有建筑构件出土。王仁裕"余尝待月纳凉，夕处朝游，不离于是"，谁还能将秦州治臆断在今秦安"成纪之敬亲川"！秦州定，则和秦州同处一城的成纪五代时就在今天水市城区无疑。又，《玉堂闲话》"道流"条提及"秦州西升观"，所谓"西升观"即纪念传说老子出关西游、成仙飞升而为之，地在今天水秦州区西南，明清名太霄观，其地有升仙台之谓，世传老子于此升仙，乾隆《直隶秦州新志·山川》有载，亦可为一证。又，《玉堂闲话》"老蛛"条有"秦岳之麓有岱岳观，楼殿咸古制，年代寖远。"语，"秦岳之麓"即"秦州城山麓"，岱岳观即泰山庙。秦州古有泰山庙即东岳庙，乾隆《直隶秦州新志》言："东岳庙，在城北凤山之首，山下有行宫。又一在北五十里凤凰山。"今存，就在今天水城之北山麓，也可为一证。

4.《太平广记》卷241引《王氏见闻录》"王承休"条记载一则和秦州、成纪有关，荒唐且很有娱乐性的故事。说蜀后主王衍宠臣宦官王承休觊觎秦州节度使官位，便揣摩好色之徒王衍心事："愿与陛下于秦州采掇美丽。且说秦州之风土，多出国色，仍请幸天水。"这话说到了王衍的心坎上，王承休如愿以偿被任命为秦州节度使。于是检选美女，教以歌舞伎乐，并图画倩影以急递方式传至蜀都。王衍看到美女艳画，心花怒放，选定十月三日出发临幸秦州。时当后唐庄宗同光三年，前蜀乾德七年，即925年。成行之日，前秦州节度判官蒲禹卿叩马泣血极谏，意在阻止，有言"……臣窃闻陛下欲出成都，往巡边垒。且天水地远，峻恶难行，险栈欹云，危峰插汉……陇水声悲，胡笳韵咽。营中止带甲之士，城上宿枕戈之人……麦积崖无可瞻恋，米谷峡何亚连知……"后主竟不从之，按原计划北巡秦州，一路上君臣唱和，好不快活。时为中书舍人的王仁裕有诗曰："前程问成纪，此

①蒲向明《玉堂闲话评注》，北京：中国社会出版社，2007年，第331页。

去尚三千。”王衍自制诗有云:“想到隗宫寻胜处,正应莺语暮春天。”行至利州(今四川广元市境),后唐大军已入蜀境,王衍狼狈逃至成都,不久便成了阶下囚。王承休弃秦州奔回成都,求降不得被杀。简言之,蜀主王衍向往秦州采撷美丽,于是有秦州之行。蒲禹卿谏言中的“麦积崖”即麦积山石窟和米谷峡(“米”疑“来”之讹,秦州城下的藉以河又有“来谷河”之称)及王衍诗中的“隗宫”即隗嚣宫乃秦州之地名或景色,麦积山石窟就在今天水市东南45公里处,可证秦州在天水市城区无疑。王仁裕诗以目的地为“成纪”,可证成纪即秦州治所无疑。顺便摆一条考古性质证据。王承休有妻严氏妖艳绝伦,王衍与之私通,王承休大富大贵,和严氏有相当关系。王承休赴秦州刺史任,严氏随行,因此《资治通鉴》卷273后唐庄宗同光三年条提到王衍执意北巡秦州时言:“王承休妻严氏美,蜀主私焉,故锐意欲行。”一心想到遥远的秦州看望老情人。巧得很!民国30年(1941年)王衍老情人严氏妆镜即现世天水。陇上著名学者天水冯国瑞先生作《前蜀严氏妆镜歌》咏之,诗有云:“……千年古镜出天水,青铜剥落余脂香……山城何处行宫是,法物还凭野史传。秦州谣散芭蕉谢,一例妖红湿杜鹃。”[①]冯先生并有词《眉妩·题天水所获前蜀严氏妆镜,同成都刘子健作》,天水诗人汪青(剑平)先生亦有《前蜀严氏妆镜歌序》记其始末。这一条考古性证据即能确证五代时之秦州治所就在今天水市城区。王衍诤臣蒲禹卿极谏,意欲阻止王衍秦州游乐,故刻意将秦州描绘成蛮荒之地,和穷乡僻壤等同。实际上秦州为交通要冲,殷阜之区,山川风物秀丽,有陇上江南之称,自古就是出美女的地方,谚有云:“秦安的褐子,清水的麻,天水出白娃娃”,“武山的大米,兰州的瓜,天水出的白娃娃”,“武山的大米,清水的麻,天水出的白娃娃”。[②]“白娃娃”肤色上好之美女之谓也。这可作为五代时之秦治所就在今天水城区的民俗证据。王承休所言“且说秦州风土,多出国色”是有根据的。

有晚唐许棠的诗及相关资料为主证,我们可确认,根本不存在《新唐书·地理志》秦州“大中三年复徙治成纪”的故实,秦州于天宝元年还治上邽之后有唐一代就再没迁徙过。有王仁裕的文及相关资料为旁证,我们可确认,五代十国之时秦州治所依旧未动,其和唐天宝后南移附郭的成纪县同在今天水市城区。或误认为吐蕃占领陇右之后大肆毁坏城池, 以牧易农,实际上吐蕃在陇右推行吐蕃化政策是实,军政首领由吐蕃人担任且名

①冯国瑞《绛华楼诗集》,天水:内部铅印本,2000年,第142页。
②天水市地方志编委会《天水市志》(下),北京:方志出版社,2004年,第2259页。

称有变化,但州县还是存在的,如《太平广记》引《玉堂闲话》“石从义”条有“秦州都押衙石从义家,有犬生数子”语,都押衙即是吐蕃职官。估计《新唐书·地理志》“大中三中复徙治成纪”上下脱文,本要说的是成纪徙秦州,结果成了秦州徙成纪。道光《秦安县志·建置》即认为大中收复,徙成纪倚州。其实,我们已通过刘元鼎出使吐蕃事证在大中收复之前就徙成纪州了。要之,这和上邽废为镇徙清水县(今清水县上邽乡)有关,置此不论。

综上,成纪自汉建县,前后四迁至今甘肃天水市城区,进程为:今静宁治平川迁至仁大川是第一迁,俱在成纪水河谷,时在东汉以后;西魏废成纪县;北周在今秦安之安伏川重置成纪,此是第二迁;唐开元二十二年因大地震成纪再迁显亲川之金城里,即今秦安县叶堡乡金城村,此是第三迁;天宝之后的某年盖吐蕃统治之时再南迁至今天水市城区,为秦州治,此是第四迁。第四迁之后,相对稳定,宋元因之。明洪武二年(1369年),省成纪入州。《明史·地理志》秦州条说:“秦州,元属巩昌总帅府。洪武二年属府,省州治成纪县入州。”成纪县废,衙门改制为城隍庙,祀汉刘邦将军纪信,至今巍然坐落在天水市区。乾隆《直隶秦州新志·山川》说“成纪废县,州治西五十步,即今城隍庙处”者是。

至于秦州治,唐开元二十二年缘地震北迁成纪显亲川金城里新城,成纪县同时南迁至新城,即今秦安叶堡乡金城村,9年之后的天宝元年迁回原治地上邽即今天水市城区,从此固定未动。民国二年(1913年),推行省县二级制,撤秦州设天水县。因秦州治所晋之后长期在今天水市区,人们往往依旧雅称天水为秦州,今天水市人民政府所在地名秦州区,以“秦州”命名的商铺、宾馆、饭店等更是随处可见。

有关成纪南迁,秦州北迁的文章也颇有一些,本文为了能尽量简短一些,未列其观点,有些你说你的,我说我的的味道。但我觉得,我们有充足的证据证明唐代天宝元年秦州迁回原治之后原地未动,成纪最起码在晚唐之前已迁到秦州城之后,再就没必要征引那些将成纪迁秦州时间定在北宋、而考定是太平兴国年间抑或元丰年间之类的文章了,也没必要征引将秦州迁回原治地定在北宋初的文章了。没有必要将误入歧途的文章批上一通再摆自己的观点,毕竟建设要比破坏好。

【附记】本文原刊《敦煌学辑刊》2009年第3期。成纪的背后连带着许多历史名人，有关联的几个县争夺成纪名人如火如荼，可以说成纪虽小，干系甚重。我的基本看法：历史名人籍贯比较复杂，应具体问题具体分析，还历史于历史，多些客观，少些意气用事。为此我还写过一首《成纪情结》的新体诗，其中有这么一句："你不属于任何一个地方，只属于有补丁的历史。"

秦窑探寻

秦窑是甘肃天水的一个古瓷窑，由于存世实物稀少，且难于认定，所以历来身世不清，至而陶瓷专家陈万里在其大著《中国青瓷史略》中将其列入“传说中的几处青瓷窑”一节中。[①]也正是因为秦窑身世不清，所以有些陶瓷专著对其只字不提，如中国硅酸盐协会的《中国陶瓷史》[②]、叶喆民的《中国陶瓷史》[③]、冯先铭的《中国陶瓷》[④]等。不过，无论是学术界还是收藏界，对秦窑的探讨从来没有停止过，因为秦窑是北方一处重要的瓷窑，研究北方陶瓷的生产水平、工艺水平不可或缺。出于对乡邦文物古迹的亲情，我对秦窑也是关注有年，专访通人，踏寻窑址，查阅书刊，积累了一定数量的资料，有这些资料撑腰，便斗胆对秦窑的窑址、瓷器特征、烧造时间等发表些许外行人的看法。

一、文人笔下的宋琬藏瓷

宋琬（1614~1673 年），字玉叔，号荔裳，山东莱阳人。史籍上多称“莱阳宋琬”。顺治四年（1647 年）进士。宋琬有诗名，和宣城施闰章被目为“南施北宋”，其著述收入《安雅堂集》。同时，宋琬也有官声，为官之地皆有政绩。顺治十一年春至顺治十四年春（1654~1657 年）任分巡陇右道，驻节秦州（今甘肃天水市）。上任之时，逢秦州大地震，宋自捐薪俸并邮致家财，抗震救灾，补葺震毁之州城城垣。而后主持维修杜甫祠等公用建筑，集王羲之、王献之“二王”书法、刻杜甫陇右诗六十首于石，成“二妙轩碑”；邀伏羌县令王一经重修《秦州志》；修筑藉河河堤；不一而足。离任后士民于城南水月寺造生祠，刻石留像纪念，成为秦州一名胜。宋琬的一生可用“清风良吏，桂冠诗人”八字概括。而作为名诗人、清官的宋琬也始终是一位高品位的收藏家和艺术鉴赏家，在秦州带走好声名的同时，也带走了秦州北山隗

①陈万里《中国青瓷史略》，上海：上海人民出版社，1956 年。

②中国硅酸盐学会《中国陶瓷史》，北京：文物出版社，1982 年。

③叶喆民《中国陶瓷史》，北京：三联书店，2006 年。

④冯先铭主编《中国陶瓷》，上海：上海古籍出版社，1994 年。

器宫遗址出土古瓷器若干件。其后,这些古瓷作为稀见珍品不时在他的诗作和他朋友的诗文中“闪面”。

顺治十七年(1661年),由原分巡陇右道转任直隶永平道的宋琬,本年又调任浙江宁绍道,闲来无事,呼朋引友,在官舍中以所谓“隗嚣宫中物”斟酒待客,一时引为盛事。人宋琬幕的嘉兴才俊秀水朱彝尊(1629~1709年)有幸参与,以笔记体短文记之:

> 顺治十有七年冬十一月,朔,寓山阴之箪醪河,饮于莱阳宋公之廨,斟隗嚣官绿瓷琖劝客,蒸莱鸡为馔,客以醉辞。公出黄子久《浮岚暖翠图》示客,以当解酲……是日,南昌王猷定于一、长洲宋实颖既庭、金坛蒋超虎臣、仁和陈晋明康侯、吴江叶燮星期同观。秀水朱彝尊锡鬯书。①

文人墨客雅聚豪饮,欣赏元代绘画宗师黄公望(字子久)大作,确是宋琬展示宝贝瓷琖的最佳机会。此处所言“隗嚣宫绿瓷琖”当即宋琬秦州离任后带走的古瓷,惜不知其数量多少。不过,按朱文落款,有六人参加聚会,加上宋琬就是七人,用一只瓷琖,无乃太少乎?比一只多是可以肯定的。按:隗嚣宫是西汉末年隗嚣割据陇右时建立的行宫,址在秦州北山,即今甘肃天水市区北山。现在我们再来追踪“隗嚣宫绿瓷琖”等物的数量。宋之挚友王士禄(号西樵,1625~1673年)诗题有云《宋荔裳四汉瓷盏歌》,可证朱彝尊提及的“隗嚣宫绿瓷琖”至少是四只。

又,王士祯(号阮亭,别号渔洋山人,1634~1711年)《池北偶谈》卷14谈艺四“汉瓷银槎”有云:

> 宋荔裳(琬)观察藏汉瓷盏二,内有鱼藻文,云在秦州时耕夫得之隗嚣故宫中,吾兄西樵为作歌。又有元人所造银槎,最奇古,腹有文曰“至正壬寅,吴门朱华玉甫制”。华玉,号碧山,武塘人,见陶南村《辍耕录》。②

王士禄和宋琬同为山东老乡,关系非同一般,宋琬《安雅堂集》中即有和王

①清朱彝尊《曝书亭集》卷50,《四库全书》1318册,上海:上海古籍出版社,1987年,第260页。

②清王士祯《池北偶读》,北京:中华书局,1982年,第346页。

士禄赠答、唱和之诗词文十余首(篇),应该说王对宋藏品的底细是清楚的。而王士祯是王士禄之弟,当兄弟的对老哥的诗词所指应当是清楚的,不应有计数错误,颇疑王士祯文"汉瓷盏二"后脱一"对"之类的字。总之,四只说是能成立的。

又,宋琬联宗族弟宋荦(字牧仲,1634~1713年)《筠廊偶笔》有云:

> 杜诗云"秦州城北寺,传是隗嚣宫。"家玉叔兄分巡秦州,时地震,城北寺裂开丈余,得古磁一窑。年来散去殆尽,仅余碗二、杯一。康熙癸卯冬,玉叔示予于长安。体质厚重,仿佛龙泉窑,古色陆离,如汉玉,酌酒土香可爱。一碗面阔五寸,内外纯素;一碗差小,内波纹拱起,似吴道之画水。杯贮水可一合,有鱼四头,亦拱起,游泳宛然,真异物也。①

康熙癸卯冬即康熙二年冬,为1663年。是年,距宋琬山阴官舍聚饮之"顺治十七年冬十一月",刚好为三整年,这中间有一次大的变故——宋琬被族侄诬告与山东栖霞地区农民起义军首领于七通谋,顺治十八年(1661年)秋被钦差直接从宁绍道任上囚车械系京师审讯。尽管穷治无迹,还是于十月二十二日投入刑部大牢,康熙二年十二月三日离狱,牢狱生活两年零十二天。②离狱之后仍羁留京师,听候发落。是为宋荦所言"康熙癸卯冬,玉叔示予于长安"的大背景。特意强调一下,这里的"长安"说的就是北京,和"日下"、"春明"、"天府"、"宸垣"等一样都是北京的雅喻,绝对不能理解成是今陕西西安。"冬"即十二月,为宋琬出狱后之次月。宋荦不愧为当时和高士奇、卞永誉等齐名的收藏大家,以业内人士的眼光对宋琬藏品的数量、特征翔实记录,至而让我们知道宋琬所得的古瓷是一窑。虽无法确知一窑数量几何,而由"年来散去殆尽,仅余碗二杯一"一语知,数量颇不少;也可知宋琬藏品在杯之外还有碗。至于何以"年来散去殆尽"这从宋琬本人的《罍磁杯》诗中能看出个大概。

> 素磁劚自隗嚣宫,不与柴官哥定同。泛海每邀明月影,试茶偏爱晚松风。千年磨洗鱼龙气,万里追随虎豹丛。此日真同秦缶

①清宋荦《筠廊偶笔》,《四库全书存目丛书》子部第114册,济南:齐鲁书社,1995年。
②宋磊,范韶华,孙钰玮《宋琬墓志考》,《莱阳农学院学报》2004年第3期。

弃,几时还遇楚人弓。[①]

按:诗题下原有自注:“秦州隗嚣宫中物”。本诗作于宋琬系狱时,由于戴罪之身而穷困潦倒,只得变卖藏品度日,感慨之余,诗人有《鬻杯》《鬻觚》《鬻帖》《鬻画屏》等诗十首。知其出售之物尚有带铭文的己父觚、董其昌作跋的唐内府所藏王献之帖、崔子忠《辋川图》二十幅及宣和端砚、明宣德炉等物,[②]还有皮衣等。足见“年来散去殆尽”的主因是迫不得已的“鬻”,不过诗中只提到所鬻的“隗嚣宫中物”是杯,是否还有其他物品,不好直接定论。放大胆子推测——想必是有的,因为是“古磁一窑”散去殆尽,散去的除杯之外,应该有别的物品。至于,“古磁一窑”是否还有宋琬家属为其辩冤或保命,打点相关官员而散失的,就不得而知了。反正,牢狱之灾后,宋琬的藏品就只有“碗二杯一”了。他的好友曹尔堪(号顾庵,1917~1679 年)《古银槎歌赠荔裳》在咏宋琬劫后余藏元至正古银槎时,提及“隗嚣碗”,有“为庆遭逢落公手,甆盌况出隗嚣宫。两美相兼且觞月,干将莫邪亦神物。枕蛇骑虎安足愁,读罢长歌叹奇绝。”等语。[③]

以上宋琬藏品的出土地、数量、流传等的宏观考察,接下来,还应对一些具体问题,如宋琬所谓“隗嚣宫中物”因何得之?瓷杯、瓷碗系汉瓷、唐瓷或是宋瓷等做一番微观分析。因为清人陶瓷专著或笔记谈到古瓷,多征引宋琬藏品,描述均引自宋琬亲友朱彝尊、王士禄、王士祯、宋荦等人诗文,且时有作者本人的发挥,为求真务实,必须对相关问题逐一交待,以正视听。

二、宋琬藏瓷相关问题辨正

1. 关于宋琬隗嚣宫中物因何得之。前文上引王士祯《池北偶谈》言:“云在秦州时耕夫得之隗嚣故宫中,吾兄西樵为作歌。”前文引宋荦《筠廊偶笔》言:“家玉叔兄分巡秦州时,地震,城北寺裂开丈余,得古磁一窑。”王士祯兄王士禄(西樵)和宋荦都曾亲眼目睹过宋琬藏瓷实物,所记都应不差,这两则记述应联系起来看。秦州地震,城北寺即崇宁寺(原为隗嚣宫)裂开丈余,惊现窑藏古瓷,耕夫得之,而后再转到父母官宋琬手中。按:宋

①清宋琬撰,辛鸿义、赵家斌点校《宋琬全集》,济南:齐鲁书社,2003 年,第 470 页。
②清宋琬撰,辛鸿义、赵家斌点校《宋琬全集》,济南:齐鲁书社,2003 年,第 468~471 页。
③清曹尔堪《檇李诗系》卷 26,《四库全书》第 1475 册,上海:上海古籍出版社,1987 年,第 594 页。

荦所记秦州地震发生在顺治甲午年(顺治十一年,1654 年),秦州城垣震毁,官衙民舍倒塌 3762 间,压死 7646 人。[①]宋琬有诗云:“余以甲午初,谬领陇头节。维时值天灾,厚地忽而裂。可怜半秦民,骨肉葬陶穴。板屋尽丘墟,坚城无遗堞。”[②]生卒年和宋琬相仿,同是诗人、词人兼收藏家的刘体仁(号蒲庵,1616~1676 年)在其《七颂堂识小录》言:“国初有发隗嚣墓者,官觉而追之,得陶器数十。见一酒琖于京师,色如龙泉之淡黄者,外皆自然蕉纹,内有团花,沙底,丰上敛下,口径三寸许。”[③]所记虽不涉及宋琬,但显然就是宋琬秦州所得古瓷的另一版本。前文已言及,宋琬系狱时,曾因生计出售过一部分古瓷,刘体仁京师所见的酒琖当正是宋琬珍藏古瓷之一。也正是康熙十七年宋琬和朱彝尊聚饮时所用的“隗器宫绿瓷琖”之一,也正是王士禄《宋荔裳四汉瓷盏歌》所咏瓷琖之一。不过,“外皆自然蕉纹,内有团花”和宋荦所见“有鱼四头”者异,当别是一物。至于“国初有发隗器墓者”云云,显系翻弄古董之人编造的传说,目的是将瓷琖和一度称王割据陇右的枭雄隗嚣挂上线,以抬高其文物价值。实事上,明清以来的“秦州志”记隗嚣宫时从来就没有隗嚣墓一说,隗嚣墓出土陶器之说不足为凭。

2. 关于《凝斋丛话》所记之宋琬藏古瓷。清蓝浦《景德镇陶录》卷九《陶说杂编下》引《凝斋丛话》说:“宋臬使荔裳康熙中分巡秦州时,城北寺基忽裂丈余,得古瓷一窑,同人索取殆尽。癸卯入都,仅余碗二盃一。一碗阔五寸,内外纯素;一碗差小,波纹动荡,似吴道之画;杯贮水可一合,有鱼四头,亦凸,游泳宛然。商邱宋中丞牧仲见之,叹为异物,载入说部。此真古器足贵者矣。”[④]如果和宋荦《筠廊偶笔》对照,则知蓝浦弟子郑廷桂补葺录入的这段文字,就是《筠廊偶笔》的翻版,并且是歪嘴和尚将经念歪了的那一种。于宋琬的事迹全不知晓,一顿乱上。实情是:①宋琬驻秦州时,职官是分巡陇右道,道署衙门在秦州;②宋琬在秦州的时间是顺治十一年(1654年)春至顺治十四年(1657 年)春;③所谓臬使即按察使,宋琬先后两任按察使,一为浙江按察使,时间顺治十八年(1611 年);一为四川按察使,时间康熙十一年至十二年(1637~1638 年),而任分巡陇右道前的职官只是

①清赵世德《秦州志》,康熙二十六年抄本。

②清宋琬撰,辛鸿义、赵家斌点校《宋琬全集》,济南:齐鲁书社,2003 年,第 217 页。

③清刘体仁《七颂堂识小录》,《四库全书》872 册,上海:上海古籍出版社,1987 年,第 122 页。

④清蓝浦,郑廷桂《景德镇陶录》卷 9,《续四库全书》第 1111 册,上海:上海古籍出版社,2003 年,第 415 页。

吏部稽勋司主事，和按察使即臬使无涉。[①]记载宋琬藏瓷还是《筠廊偶笔》最权威。

3. 关于宋琬藏瓷属何代器物。邓之诚先生认为是“宋元物”，他的《古董琐记》辑入“隗嚣碗”一条，在转引《筠廊偶笔》资料之后，加按语一条：“之城按，如所状形制，与今世所传龙泉无异，疑宋元物，非隗嚣也。”[②]临夏张思温先生《壬癸杂录》转录邓先生“隗嚣碗”条，自加一按语：“又近年，临夏县尹家集南宋李序元墓中，出土周显德年制瓷碗，黄釉薄胎，碗内亦有鱼四头拱起也。”[③]《筠廊偶笔》“有鱼四头”说的是杯，而张先生的“有鱼四头”是碗。不过仍可判定此类风格的瓷器五代就有，不限于宋。“周显德”为后周太祖郭威的年号，世宗柴荣再用，恭帝柴宗训三用，不过，其间也就是区区六年多的时间(954~960 年)。世宗柴荣是五代一雄主，居五大名窑之首的柴窑，因柴世宗时所烧而名，并有世宗拟其状“雨过天晴云破处，者般颜色作将来”之说。上有所好，下必行之，想必世宗时，辖境的陶瓷业是发达的。所以，将张先生按语中的“周显德年制瓷碗”定在周世宗显德年(954~957 年)亦无不可。不过，类似张先生按语中的实物只是独此一家，五代后周是否可再往上推，不好把握。下面我们就从藏家和鉴赏家的状物之言语再做判断。

宋琬《瓥磁杯》的描述是：“素磁劚自隗嚣宫，不与柴官哥定同。泛海每邀明月影，试茶偏爱晚松风。”前两句是说，瓷是素面的，风格独特，与世传的柴官哥定等有别；后两句之“泛海”意指瓷泛蓝，“明月影”意指瓷有玉感，“晚松”意指瓷带翠绿色。诗句的描写嘛，未免过于空灵。为对照起见，兹并录宋荦《筠廊偶笔》描述语，总体映象：“体质厚重，仿佛龙泉窑，古色陆离，如汉玉，酌酒土香可爱”；一碗“内外纯素”；一碗“内波纹拱起，似吴道之画水”；一杯“有鱼四头，游泳宛然”。作解如是：①古龙泉窑在今浙江龙泉县境，起于五代，以烧造青瓷闻名。早期烧造的青瓷，胎体厚重，釉色多青中泛黄[④]。宋荦说宋琬藏瓷之体质厚重，便以早期龙泉窑状之。“古色陆离”之“陆离”当指美玉，而非“色彩繁杂”，是说古色似玉之润泽，陆离和“如汉玉”相对。②一碗“内外纯素”不是说纯白，而是素面无花纹。③一碗内“波纹拱起”是说碗有水波文，当属器内印花。唐代有画圣之誉的吴道

①陈冠英，刘雁翔《清风良吏　桂冠诗人——宋琬生平事亦考述》，《天水行政学院学报》2000 年第 4 期。

②邓之诚《古董琐记全编》，北京：北京出版社，1996 年，287 页。

③张思温《张思温文集》，兰州：甘肃民族出版社，1999 年，第 593 页。

④熊寥《中国陶器美术史》，北京：紫禁城出版社，1993 年，第 242 页。

之，山水画以“疏体”闻名，用墨粗而疏，讲究神韵和动感，“似吴道之画水”意指水波纹粗疏但有动感。④“杯贮水可一合”说容量，一升之十分之一即是一合；“有鱼四头”等语是说盛酒之后，杯中凸起鱼纹有如游泳。宋荦更多的是状物之形制、规格、容量等，而色彩说得太笼统。宋琬文友曹贞吉(号实庵，1634~1698 年)称颂瓷杯的词作《台城路·咏隗嚣宫瓷盃》就有些专注色彩的意思了。

丸泥不闭函关路，神功煅来杯斝。色映琉璃，声随哀玉，浅碧嫩黄交射。流霞欲化。想西伯雍容，葡萄倾泻。紫殿基本，何人收拾夜泉下。

千年又成废寺，早霜钟粥鼓，相伴清暇。土啮花斑，鱼吹浪白，过眼兴亡难话。谁堪并价。有铜雀荒台，尚留残瓦。且尽深卮，任更阑烛灺。①

现在我们知道了这只宋荦叹为异物的杯，色彩是“色映琉璃，声随哀玉，浅碧嫩黄交射。流霞欲化。”具体一些，那就是绿中泛黄，隐隐约约还有些泛红，似有些唐三彩的意思。再结合宋荦“体质厚重……酌酒土香可爱”等语，正初创特征。参照陇上产瓷均被归入耀州窑系，而耀州窑起始于唐，且能烧造三彩、青、白等瓷、以青瓷为佳的故实，我们大抵可将宋琬藏瓷上推到唐代。另外，历史上秦州从来就是陇蜀交通枢纽，经济文化交流频繁。有唐一代，蜀中名窑邛窑(邛崃窑)正当繁盛，而邛窑之“邛三彩”更是天下闻名，“邛窑釉下三彩，以米黄或灰白作地，用铜、铁、钴、锰为着色剂，一次高温烧成后，呈黄、褐、绿色彩，由于其装饰艺术效果极佳，又具特色，被称之为‘邛三彩’——绿、黄、褐三彩。与北方用作冥器的唐三彩不同，‘邛三彩’制作的是日常生活器皿。”②此‘邛三彩’肖似曹贞吉描述的绿、红、黄纷杂的“隗嚣宫中瓷杯”，况体厚、色多、“土香可爱”也正是邛瓷的一大特色。由此我们似可大胆断定，宋琬藏瓷当是唐代物。这里再说几句我的臆想，宋琬藏瓷当出自学术界苦苦追寻的秦窑。秦窑始于唐，和创烧于南朝、大兴于唐的邛窑大有关系，和创于唐、大兴于北宋的耀州窑小有关系。宋代，邛窑衰落，而耀州窑繁盛，秦窑风格一转而从耀州。因此，将宋代秦窑归到耀

①清曹贞吉《珂雪词》卷上，《四库全书》第 1788 册，上海：上海古籍出版社，1987 年，710 页。

②秦晴等《文物鉴定与辨伪手册》，上海：上海人民出版社，1996 年，第 141 页。

州系可以(下文将详论),而将唐代秦州窑纳入耀州系似不大可以。

本节之最后,还需辨明一个问题,那就是喜引典故的宋琬和他的朋友始终将所谓秦州北山出土的“隗嚣宫中物”指为汉瓷。上引曹贞吉词中“丸泥不闭函关路”、“想西伯雍容,葡萄倾泻”、“多年又成废寺”等语,就是引隗嚣部将王元泥丸封函谷以抗刘秀的壮语典故和隗嚣宫废为崇宁寺史实,只差没有说瓷盃即是隗嚣亲用物而已。再如前引王士禄、王士祯兄弟径直将宋琬酒杯称“汉瓷盏”,受此数公影响,以后学者在其著作中也多以汉瓷称谓。如徐珂《清稗类抄·鉴赏类》“张叔未藏晋瓦荷盂”条记,乾隆乙卯三月十三日,张叔未购得晋瓦荷盂,视若拱璧,后安邑宋芝山题记云:“此的是汉晋瓷。世上所称古窑,隗嚣宫盌外,更无此匹者,至足宝也。嘉庆戊辰五月。”[①]又如黄濬《花随人圣庵摭忆》引郑叔间《说陶》说:“许书训瓷为瓦器,类篇以为陶器坚緻者……其流传至今,见之著录者,见王渔洋《池北偶谈》,记莱阳宋荔裳藏汉瓷盏二,中有鱼藻文,云在秦州时,耕夫得之隗嚣故宫中。曹贞吉《珂雪词》咏隗嚣宫瓷杯云,‘色映琉璃,声随哀玉,浅碧嫩黄交射’数语,是汉瓷尚青可证。”[②]甚至博雅如邓之诚对此问题也举棋不定,本来在《古董琐记》“隗嚣碗”条中加按语说“疑宋元物,非隗也。”同一书“汉瓷”条又加按语:“此尚在隗嚣碗之前,当亦明器。”[③]又以为所谓隗嚣碗是汉瓷。还如:程先甲《游陇丛记》附《游陇集》有《隗嚣宫》诗云:“隗嚣城外草如烟,零落宫瓷古藻妍。”并附注曰:“隗嚣宫在甘肃,土人常掘得瓷器。”[④]

对如此这般的“汉瓷”说,我们只有两个字——俱误。隗嚣宫是宫殿遗址一带的古称,至今有“皇城”之谓,宋琬在秦州时,所谓宫早已荡然无存。当然,遗址或附近出土瓷器如要说明地点,指为得之隗嚣宫之类亦无不可,但因得之遗址或遗址附近就定其为汉瓷或隗嚣宫中物则大不可。再者,固然中国瓷器发明可追溯到商周时期,但很久一段时间都是陶味很浓的原始瓷,瓷器的最终烧成功是在东汉中晚期,且迄今发现的窑址均在长江南岸今浙江等地。即便是瓷逐步普及的魏晋南北朝时期,北方瓷窑遗址只有在今山东省境发现数处,而瓷器胎质粗糙厚重,釉色暗淡,有碍审美。[⑤]相反宋琬藏瓷乃瓷中精品,器形独特,装饰典雅,光彩照人,就连见多识广

①徐珂《清稗类秒》第9册,北京:中华书局,1986年,第4498页。
②黄濬《花随人圣庵摭忆》,上海:上海古籍出版社,1983年,第301页。
③邓之诚《古董琐记全编》,北京:北京出版社,1996年,第424页。
④陈先甲《游陇日记》,兰州:甘肃人民出版社,2002年,第84~85页。
⑤冯先铭《中国陶瓷》,上海:上海古籍出版社,1994年,第280页。

的大收藏家宋荦也叹之为“真异物也”。这样的精品是汉代可以制作的吗？一句话，宋琬藏瓷只能是唐以后物，绝不会是汉瓷。

三、隗器宫和秦窑

论证了宋琬藏瓷非汉物应是唐产，兹再援引一些陶瓷著作的说法，《景德镇陶录》“秦窑”条说：

> 秦窑：唐代烧造，今甘肃秦州也。相传器皆碗杯之属，多纯素，亦有凸鱼水纹者。①

只要我们留意一下，一看便知“相传”之下的文字依旧是从宋荦《筠廊偶笔》变相抄来的。所不同者是引出“秦窑”这个和耀州窑等窑口处同一层次的名词。后之著作谈到唐瓷时都直接或间接引到这段材料。吴敬仁、辛安潮《中国陶瓷史》说：

> 秦窑：秦州在甘肃天水县，唐时于此烧制陶瓷，相传其器皆碗杯之属，多纯素，间亦有凸鱼水纹为饰者。②

甘肃秦州和甘肃天水县实为一地。清之秦州于民国二年(1913年)推行省县二级制时撤销，改设天水县。这段文字一仍“陶录”而来。另岑仲勉先生《隋唐史》第五十七节《手工业及物产》论述唐代陶瓷生产时涉及秦窑：“此外如山西之平定、霍州，在唐均烧白窑，可知者更有榆次(山西)、留坝南星镇(陕西)、秦窑(甘肃天水)、邛州大邑(四川)、临桂、邕州(广西)等窑。”③文字注释标明引自《景德镇陶录》。沈从文先生《陶瓷杂记九则》之九言：“北方系青、白瓷有几种在著录上虽知名，实物上较少见的，如元魏时在河南烧造的京洛窑，应当是什么形式，从无一定论断……又如唐邑窑、河南南阳烧、邓州烧、秦窑、甘肃秦州烧、耀窑、西安耀州烧、榆次窑……除山西平阳窑黑釉式器物，在形态上常常是拙而秀，相互揉和或黑釉易花，为特

①清蓝浦，郑廷桂《景德镇陶录》卷6《镇仿古窑考》，《续修四库全书》第1111册，上海：上海古籍出版社，1987年，第394页。
②吴敬仁，辛安潮《中国陶瓷史》，上海：上海书店，1984年，第27页。
③岑仲勉，《隋唐史》，石家庄：河北教育出版社，2000年，第541页。

出，其他窑器吾人尚无具体知识可以提出。”[①]“陶瓷杂记”写于1948年前后，均未发表，编者按手稿辑入《沈从文全集》。沈先生提及“秦窑”和“甘肃秦州烧”未标明出自何处，不过按所列的瓷窑名目来看，大抵还是依据蓝浦的“陶录”。于是我们有结论——蓝浦之后大家都同意唐以来陇上有陶瓷产地曰“秦窑”或“秦州窑”。而蓝浦所举之例“碗杯之属”其实就是宋琬藏瓷在牢狱之灾后剩余的“二碗一杯”。那么秦窑是否存在？而秦窑和隗嚣宫到底又是什么样关系呢？让我们带着问号切入窑址问题。

一个基本的事实是宋琬任分巡陇右道，在秦州驻节时，的确得到一批瓷器，而瓷器的出土地正是州城北山的隗嚣宫遗址。那话题就从隗嚣和隗嚣宫说起。隗嚣(？~33年)，字季孟，西汉末天水成纪(今甘肃天水市秦安北)人。好经书，素有名，是一个典型的文人。陇右豪族举兵反抗王莽，嚣被公推为上将军，建号“复汉”，并很快控制天水、陇西等郡，由此名震西州。光武帝刘秀平定关中之后，隗嚣与之时附时离，最后反目成仇。建武六年至九年(30~33年)隗嚣和汉军反复在陇右厮杀，终在刘秀大军压境的情况下，忧愤而卒。隗嚣在天水一带割据，前后十一年。方志所载隗嚣宫有四处：一在天水城北山，一在麦积山植物园，一在甘谷大象山，一在武山洛门西旱坪。此四处遗址均有汉代建筑构件出土，和方志记载及民间传说吻合，可证隗嚣宫的确存在过。现单说宋琬藏瓷出土地隗嚣宫。隗嚣败后，此宫室被改为寺院，唐乾元二年(759年)杜甫流寓秦州，其《秦州杂诗》有“秦州城北寺，传说隗嚣宫。苔藓山门古，丹青野殿空”之诗句，说的就是秦州北山的隗嚣宫。所谓“城北寺”，时称崇宁寺，晚唐诗人许棠有《成纪书事》《隗嚣宫晚望》咏及，有句云：“难问开元向前事，依稀犹认隗嚣宫。”[②]又五代诗人王仁裕《玉堂闲话》“隗嚣宫”条云：“秦州城北绝顶之上有隗嚣宫，宫颇宏敞壮丽，今为寿山寺。”[③]其实这里的隗嚣宫指的就是寿山寺。事易时移，屡毁屡建，入清称北平寺，至今有皇城庙。宫基址附近有村曰皇城村，有古堡曰皇城堡，遗址曰隗嚣城或隗嚣连城。隗嚣亡，隗嚣宫即毁灭，而千百年来，隗嚣宫、隗嚣城的称谓一直流传，诗人凭吊之作更是喜用此称谓，比宋琬时间稍后任职秦州的诗人王际有诗题曰《隗嚣宫》，有云：“咄嗟季孟何为者，今睹遗基向可哀。樵路久迷过辇道，耕犁偶出断碑苔。”[④]称隗嚣宫只是相沿成俗，其实遗址早已成犁耕之山田。即使到了

①沈从文《沈从文全集》(第28卷)，太原：北岳文艺出版社，2002年，第133页。
②陈贻欣等《增订注释全唐诗》卷598，北京：文化艺术出版社，2001年，第395页。
③蒲向明《玉堂闲话评注》，北京：中国社会出版社，2007年，第331页。
④清赵世德《秦州志·艺文》，康熙二十六年抄本。

民国时期，还有人以《隗嚣宫》为题咏叹隗嚣霸业。绕来绕去说这么多，想说明的只有一点，宋琬藏瓷所谓“隗嚣宫中物”就是指隗嚣宫遗址出土之物或者说隗嚣城遗址出土之物。

那么，宋琬之后隗嚣宫遗址到底再有无瓷器出土呢？有，而且是层出不穷。乾隆四年(1739年)西宁道杨应琚入觐，道经秦州，其日记《据鞍录》有言：

> 天靖山之北山观东有王基城，即隗嚣宫也。土人常掘得磁器，极古，多豆绿色。①

杨应琚在秦州只停留了一个下午和一个早上，而在记游历玉泉观时特意记入王基城即隗嚣宫遗址的古瓷，且言：“土人常掘得磁器。”说明此事路人皆知，说明此地瓷器之多，说明宋琬得瓷一窑并非偶然。下面再看地方志是怎么说的。光绪《秦州直隶州新志·地域》说：

> 东北寿山上有古城遗址，传为隗嚣宫。城后为北平寺，杜甫所云“秦州城北寺”者。李吉甫云城北五里有汉高祖庙，隗嚣立，今无考。然得汉瓷者皆于此，理或然也。

这里，所谓“汉瓷”指的就是瓷器，因为是在隗嚣宫遗址上得之便顺势以汉瓷称之。还有，汉代有绿釉陶，正好遗址出土的瓷多呈黄绿色，这也成称“汉瓷”的理由。民国《天水县志·地理志》“隗嚣城”条说：

> 在县城北仁寿山，俗名皇城，后魏崇宁寺。杜甫《秦州杂诗》所谓“秦州城北寺，传是隗嚣宫”即此也。今土人耕地常掘有磁器，识者谓即汉琉璃。

又，民国《天水小志》“隗嚣城”条云：

> 遗址在城东北寿山上，今有堡，称皇城堡，为后世所建。原城与今东关城相连，今草场巷、饮马巷，仍沿今名。后魏崇宁寺亦在

①清杨应琚《踞鞍录》，杨建新《古西行记校注》，银川：宁夏人民出版社，1987年，第336页。

其地，杜甫《秦州杂诗》有“秦州城北寺，传是隗嚣宫”之句。又，嚣于附近建汉高帝庙，今土人常于地中掘得汉琉璃。

这里所谓“汉琉璃”指的还是瓷器，因认定出自汉，故称“汉琉璃”。又，民国《天水指南》“隗嚣城”说：

在城北仁寿山，俗名皇城，童山莽莽，略无遗迹。惟耕者往往掘出宋元各色瓷器，体质厚重，仿佛龙泉窑，古色陆离，如汉玉，花纹隐隐可爱，极为收藏家所贵。

《天水指南》的编著者为武耀南，此公长期在天水城生活，对天水掌故异常熟悉，因此这条资料成色十足，记载瓷器显得很内行。虽然“体质厚重，仿佛龙泉窑，古色陆离，如汉玉，花纹隐隐可爱”等语和宋荦《筠廊偶笔》“体质厚重，仿佛龙泉窑，古色陆离，如汉玉，酌酒土香可爱”肖似，但这绝不是简单的抄袭，而是英雄所见略同。作为内行武耀南的观感和宋荦的相同，他没有人云亦云地说耕者掘出的是“汉瓷”或“汉琉璃”，而是说“宋元各色瓷器”，可见其识见之高。也可进一步证明宋琬藏瓷得自“童山莽莽，略无遗址”的隗嚣城基址，非所谓“隗嚣宫中物”，更不是汉瓷。

通过乾隆以来日记和地方志的记载，知隗嚣城遗址出土瓷器在有清一代和民国时期是常有之事，且各色瓷器数量颇为可观，而且是收藏者的宠物。由此可判定《景德镇陶录》记载的“秦窑”是存在的，而秦窑的窑址就是天水市区北山的隗嚣城遗址。解放后，这一带兴修水平梯田，不时发现砖、瓦、柱基石等建筑材料，多为汉物，且有瓷片出土。天水窦建孝先生曾在北京大学考古专业学习，多年来从事文博工作，是天水老资格的文物工作者，就有关秦窑问题我多次采访过窦先生，他还亲自带着我这个后生实地考察过隗嚣城遗址，指示这是金殿地，那是出汉代柱基石的地方，那些是汉瓦碎片等等，其情可感。先生告诉我，1957~1958 年拆除天水南城墙，由于发现文物，在文化馆工作的他参与清理。在城墙底部的最下层发现唐代文物，如三彩陶，其中有一把茶壶；城墙中层发现一宋代釜，中置豆绿色高足杯三只；再上是黄土夹杂大量碎瓷片的堆积夯筑层，高约 40~50 厘米，长约数十米。他拣得有花纹代表性瓷片三抽屉(后散失)，花纹有荷花纹、牡丹纹、变形草叶纹等。据窦先生分析：其一秦州南城墙濒临藉河，河滩沙质地无法筑墙，所用之土只有从北山运来，历来如此，夹杂大量碎瓷片的城土必来自北山；其二陶片数量惊人，北山肯定有瓷窑，否则无法解释此现象，秦窑在北山隗嚣城一带当无多大问题；其三瓷片颜色介于耀州窑和汝窑之间，较耀窑淡且亮，较汝窑暗，而风格和耀州窑一致，多用刻花装饰，说明宋代是秦窑最为繁盛之时。文献资料再加上窦先生的考古见闻，我们可拍胸脯认定秦窑确是存在的。

天水一刘姓先生，多年从事文物收藏，问及秦窑，他谈到，秦窑天水有三处，一在天水市秦州区平南乡，一在天水市麦积区街子镇，另一处就在人们常提及的天水市城北皇城即隗嚣城遗址。1970年代皇城发现窑藏瓷器，1980年后则在街子、平南发现大量宋瓷，有墓葬出的，也有窨藏的，窨藏者多倒扣在锅下，瓷碗底铸有“王”、“张”、“顾”等姓，还出土过瓷范子。按他的看法，三处秦窑器物从色彩和形制而言，当和耀州同出一系，可能有耀州分窑的意谓，抑或是耀州直接有人参与秦窑烧造。文物收藏者的传言，当然不似考古文章那么严谨，但由于见人之所未见，闻人之所未闻，自有独到之处，录此以为秦窑在天水的旁证。

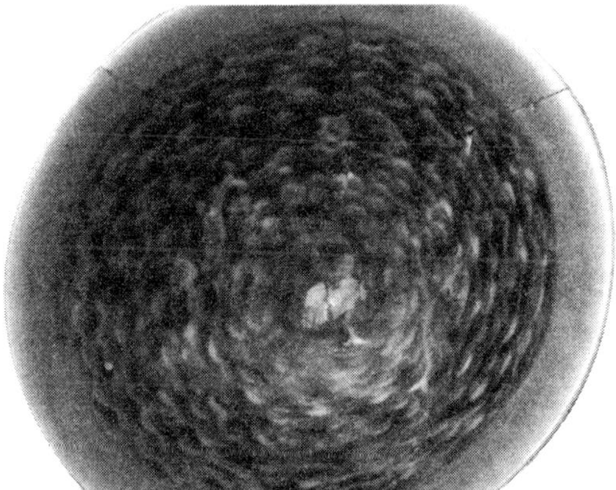

秦窑海波凸鱼纹瓷盏

另外，在采访文物专家、收藏界朋友追寻秦窑之时，我很幸运地得到秦窑残瓷两件：一为淡绿泛黄荷花纹样（内置）大口碗；一为海波凸鱼纹瓷盏（如图）。尤其是瓷盏，绿黄、墨绿泛黑，海波之中有鱼四头，两两相对，摇头摆尾；这和宋荦《筠廊偶笔》所记宋琬藏瓷“杯贮水可一合，有鱼四头，亦拱起，游泳宛然，真异物也”、王世祯《池北偶谈》所记宋琬藏瓷“内有鱼藻纹”完全吻合。而此物就出在天水北山即隗嚣宫遗址所在，真乃天赐机缘。由此可进一步证明游鱼水波纹瓷盏是秦窑之代表性器物，宋琬得自秦州的藏瓷的确出于秦窑，而秦窑窑址毫无疑问就在天水。

国内陶瓷界当数陈万里先生对青瓷研究最有心得，其大著《中国青瓷史略》有言：

> 秦州窑：窑址相传在甘肃天水县境内，但是到今天还不知道窑址地点，而在天水附近却时常有青瓷出土。这些青瓷的制作特点，是在胎上刻划着花纹，然后施以青釉。亦有印花小盘，风格跟耀瓷相同，无疑的它是受到耀窑的影响。青的色泽较淡，而显得光亮明快。①

陈先生所言的“天水附近”实际上就是天水城北山的隗嚣城遗址，而所言：“青的色泽较淡，而显得光亮明快”和上文提到的窦建孝先生来自隗嚣城遗址的瓷片“色泽较耀瓷淡且亮”完全一致。今隗嚣宫遗址山脚有村名瓦窑坡，原以制瓦器出名，其和秦窑大概也有些许联系吧！

四、秦窑的衰败

由文献记载和出土实物来看，秦窑繁盛于北宋当是没有问题的。将创始年代推到唐虽有异义——如陈万里先生即认为秦窑是纯粹的宋窑，这和见到的大量宋代实物有关。但考虑到事物的发展应有一个过程，某一地的瓷业也不可突然兴起，考虑到本文第二部分张思温先生所记临夏出土的五代瓷“亦有鱼四头拱起也”和宋琬藏瓷得自秦州，考虑到和秦州来往频繁的巴蜀唐时正邛窑繁盛之时，且宋琬瓷有“邛风”，将秦窑创始年份定在唐亦无不可。至于秦窑，在北宋繁盛到什么程度，历年出土的大量耀州窑风格瓷器可证，本文第三部分提及的窦建孝先生考古所见大量瓷片可证。至于工艺水平，也是颇不差，否则就不会受到清以来藏家的青睐。

据一些文献记载(本文第四部分罗列)，面世秦窑瓷风格相类，均系宋瓷，宋以后不得一见，可断定秦窑在北宋之后衰败，情形和耀州窑类似。主因应是宋金战争。

南宋一朝，宋金在秦州以南皂郊堡、天水县、吴砦一线长期对峙。南宋建炎二年(1128 年)金人占领秦州，至嘉熙三年(1239 年)蒙古攻金占有秦州，其间长达 112 年，秦州绝大部分时间由金人统治。南宋虽数度克复秦，

①陈万里《中国青瓷史略》，上海：上海人民出版社，1956 年，第 49 页。

而实际控制时还不足两年。金人占有秦州期间，州城最大的变故是南宋绍兴元年(1131 年)金将张中彦为抗击宋军反击，将秦州城移至北山腰，固险筑垒，以控制入川道路。“秦州当要冲而地不可守，中彦徙北山，固险为垒，今秦州是也。”[①]其中“固险为垒”处正是隗嚣城遗址所在。宋员兴宗《西陲笔略》“秦州徙北山”条有云：

> 距秦州数十里外皆平川，所谓秦原是也。承平时，四城周望之巍巍，一都会也，邑屋甚壮。既陷敌之久，余民居止什一，敌遂徙城北山，若一堡然。北山即隗嚣故宫，杜少陵所谓“秦州山北寺，故迹隗嚣宫”乃其地也。然山径最险，敌既城其上，若控以兵，则秦陇亦未易窥也。刘海适掩其不备得之，所谓先声夺人，迅雷不及掩耳者欤！[②]

就这样隗嚣城遗址一带的陶瓷工场因战争需要而变成了激战壁垒，其命运可想而知。再者，南宋一朝在秦州城移到北山后，宋金围绕州城拉锯激战，宋军曾于绍兴元年至绍兴二十三年(1131~1161 年)先后五陷秦州，窑场正是战斗最惨烈的地方，在这种形势下，瓷窑何而能独存？宋金对峙争斗期间，或有意破坏敌方生产场地，或将熟练工匠掠走，或有民族自尊心的工场主不甘异族统治而迁徙原本正常，因此秦窑的衰落因山崩地裂式的社会动荡而成为不可避免之事。

我采访时，前文提到的刘先生言天水西南的平南和天水以东的街子发现大量窑藏或墓葬秦窑青瓷(详情参见本文第三部分)，而今街子镇和平南乡在绍兴议和之后，正好划为宋地，属南宋天水县(今天水市秦州区天水镇)辖。由此，我有一揣测，秦州城北的秦窑毁败之后，宋人利用秦州逃难而来的工匠在今平南和街子再建两个窑场，继续生产耀窑风格青瓷，以满足前线边陲军民之用，以和金作榷场贸易之物。

五、秦窑瓷器的交易与收藏

有关秦窑瓷器的交易与收藏，资料星星点点，兹就资料所见，以时间为序罗列。

①《金史》卷 79《张中彦传》。

②南宋员兴宗《九华集》卷 24《西陲笔略》，《四库全书》1158 册，上海：上海古籍出版社，1987 年，第 203 页。

清光绪三十四年(1908年),芬兰探险家马达汉深入甘肃内地进行他所谓的“考察”活动,4月15日之日记写秦州见闻时说:

北面山顶上有几座土丘,据说是皇城的遗址。听说该城是汉朝时期一位名叫魏修(笔者按:应是隗嚣,译误)的贵族所建,他获得了某种不完全独立的地位,他的手下有多达31个头目。他以卓著的战功闻名四方。当地老百姓把他当做皇帝似的谈论他,秦州地区的小孩都知道他的名字。一家杂货店卖各种茶杯和别的瓷器,说是皇城出土的文物。①

这则日记可证,至少清代晚期,秦窑出土之瓷器在市面上大量流通,于是被马达汉特意写入日记。可证秦窑瓷在收藏界有一定的品牌效应。

民国14年(1925年),陶瓷学家陈万里随美国敦煌考古队赴敦煌等地考察文物,路经兰州,停留期间,考察古迹,收购文物,少不了还要探亲访友,其4月15日之日记写兴赏甘肃政务厅长谢刚杰(次洲)藏品事。

次洲厅长则收藏丰富,入其室琳琅满目,美不胜收……磁器以秦州出土宋磁为多,铜器最少,余选得十数种为之摄影……。②

可见,在20年代初秦窑瓷乃权贵珍藏之物。

民国28年(1939年),陶瓷学家傅振伦应邀随中国代表团由四川经天水赴兰州,飞莫斯科参加东方文化艺术馆展览会。次年,回国再经天水回四川,记行日记中有四处提到秦窑。民国28年8月7日之日记说逛兰州文物商店之经历:

(兰州)南街有几家旧书店和古玩铺。保定聚古斋陈某正在此采购古玩,瓷器则秦窑和陇上窑。成雅斋收藏较多,有李文斋者,善在葫芦上刻字画。③

①马达汉著,王家骥译《马达汉西域考察日记》,北京:中国民族摄影出版社,2004年,第497页。

②陈万里《西行日记》,兰州:甘肃人民出版社,2002年,第55页。

③傅振伦《蒲稍沧桑——九十忆往》,上海:华东师范大学出版社,1997年,第128页。

又，8月9日记事：

> 同日，兰州中苏友好协会干事崔少轩代表总干事吕同仑（字昆生），在国民党省党部集中陕甘宁青征集的参加莫斯科艺术展览会的出品，举办甄别会。其征集品有公私所藏的古代文物、拓本、照片资料，有当代手工艺品和土特产。古物中有周鼎（公元前826年）、唐碑、雕当（750~850年），秦窑瓶。①

又，1940年3月14日由莫斯科再回兰州记事：

> 在（兰州）衙前街西朝房16号，访问了年已57岁，同兴德古董铺经理单子清，谈到瑞典人安特生发现仰韶文化原委，还买了六朝写经，秦窑、陇上窑等古瓷，又买到左宗棠71岁照片。②

又，4月5日天水记事：

> 下午4时至天水，住宝华旅馆，访北大同学枣强尹彤墀……夜初观"影子戏"。闻邑人胡某好古，于当年正月上元日举办秦窑瓷展览。③

所谓胡某，当是胡心如（1877~1940年），字恕轩，今天水市秦州区人，曾任甘肃省第三中学校长、甘肃省陇南中学校长等职。博学好古，雅好收藏。著有《恕轩纪闻》《恕轩杂录》《恕轩随笔》《恕轩文存》等。

综合傅先生的日记片段，知秦窑瓷或为外地古董商收集贩卖，或为官方征集和周鼎等物同列备送莫斯科参展的文物，或为游历中国之探险者、考古者采购，或为当地好古者收藏，好不热闹，说明一个问题——因秦窑瓷艺术水准一流而为藏家趋之若骛之外，存世数量也是不少的。

直到50年代初，还有类似的记录。1953年，文化部社会事业管理局组织麦积山勘察团考察天水麦积山石窟。《考察团工作日记》7月26日条载：

①②③傅振伦《蒲稍沧桑——九十忆往》，上海：华东师范大学出版社，1997年，第130页、第137页、第138页。

> 赴麦积山车辆未备就,仍留天水。团员由猪羊市旧货滩,见有汉唐小镜及宋磁碗,据说都是后山古墓所出。碗口张而底小,多作蟹壳色,也有乳白的,据说是秦窑出品。向专署建议,后山古墓勿令卖古董的随意发掘。[1]

猪羊市今已改建为天水市中心广场，是民国以前天水有名的日杂旧货市场,有古玩店铺,金石、瓷器、书画一律经营[2],50年代初继续经营。蟹壳色乃秦窑特征之一,至于乳白者,很可能是古董商冒用“秦窑”品牌以抬升价值。

六、小　议

以上文字,缠七绕八,是否起到解惑作用,没有把握,最怕的就是越解越惑,为简明计,总结这么几点:

第一,有关秦州瓷的议论,最早是从宋琬得自秦州隗嚣宫(隗嚣城)遗址的秦州藏瓷引发的。宋琬是清初的名诗人,大才子,他的交游圈自然少不了名士,如朱彝尊、王士禄、王士祯、宋荦、曹尔堪等,说来也怪,这些名士都兼诗人、词人、收藏家于一身,朋友之间赏宝、鉴宝本出自然,歌之咏之记之也在情理之中，于是宋琬藏瓷信息便借助这些文学家朋友诗文的流播而不胫而走。后之好古之人谈到陶瓷便不时援引之作为例证,少不了还想当然地发挥几句。但以得自隗嚣宫遗址即以为隗嚣宫中物或汉瓷的判断则是完全错误的。而根据器型、色彩等特点评判,宋琬藏瓷盖产自唐代。

第二,蓝浦师徒的《景德镇陶录》在古瓷窑中列入秦窑,明确窑址在甘肃秦州,系唐窑,而所举产品之例正是没有点名的宋琬藏瓷。自是以后,涉及秦窑均直接间接引自蓝浦之说。就现有资料,不好判断蓝浦之说由来自何,但绝非编造。宋琬藏瓷和秦窑是大有关系的。自乾隆以来,方志、日记相关记载都将土人常掘得瓷器之地都指向隗嚣宫或者说是隗嚣城——这个宋琬藏瓷出土的地方,可谓传承有序。结合考古见闻,我们即可判定,隗嚣宫所在就是秦窑所在。为直观起见,做一图示:

---

①《文物参考资料》1954年第2期。

②窦建孝《猪羊市变迁》,天水市政协文史资料委员会《天水文史资料》第五辑,1990年。

宋琬藏瓷→ 隗嚣宫=隗嚣城（连城）=皇城 / 崇宁寺→寿山寺→北平寺 ←土人常掘的瓷器

秦（州）窑

第三，秦州当关陇之会，介雍梁之间，历来和巴蜀及关中在经济文化方面有很深渊源。宋琬藏瓷之色彩和唐代鼎盛时代的邛窑类，可以谨慎认为唐代的秦窑属邛窑系；入宋，邛崃窑衰而耀州窑大兴，秦窑又转而师法耀州窑系，因出土实物绝大多数是宋物，于是也有学者认定秦窑为宋窑。宋以后不见秦窑实物，联系到宋金对峙金人将秦州城迁至秦窑所在的隗嚣城遗址这一故实，可判定秦窑的衰败是宋金战事所致。

第四，晚清以来，由于风格独特，古色可爱，收藏秦窑瓷成为好古者和收藏家的时尚，也成为古玩店的宠物，更成为天水所出瓷器的一种品牌。但由于面世的秦窑瓷大多数是和耀州瓷风格相类的宋瓷，于是乎相互混淆在所难免，而某些玩家或经营者为提高藏品价值有意以存世较多的耀州瓷冒充难得一见的秦窑瓷也是常有之事。再者，天水本地的藏家或经营者民国以来形成一种习惯——只要出自天水境，瓷器无论何代、何种风格大多名之为秦窑瓷，这样就造成秦窑瓷鉴别的极大混乱，也就造成陶瓷界有无秦窑的疑问，这些问题都不是单纯打笔墨官司能解决的。我们期待着秦窑窑址能在某一天现世。秦窑窑址的发现之日，就是秦窑瓷真相大白天下之时。

【附记】本文原刊《中国陶瓷》2010 年第 5 期。由于文章较长，发表时按杂志社要求我“割肉”也似地砍去 5000 多字，这里入集的是没有删节的足本。文中提到的、我多次请教过天水窦建孝先生，作为被采访专家做过两期天水电视台“人文天水”《寻找秦州窑》(上、下)节目，之后窦先生撰文《秦州窑初探》，在 2010 年 8 月 25 日《天水日报》发表，内容较我请教得到的资料更为详细，谨全文附录以为对拙文的补充。

窦建孝《秦州窑初探》

古代的秦州瓷窑，是我国北方著名的瓷窑，1952 年出版的《中国陶瓷史》把秦州瓷窑列为我国古代北方四大名窑之一。1954年我在北大学习考古时,我的老师陈万里先生曾嘱托我,回到天水后要多注意秦州瓷窑遗存的挖掘。为了探究秦窑,我曾访问过不少地方老人和学者,后来我曾找到了天水著名的泥瓦匠杨天长先生,他在解放前的四十多年中,工余时经常在北山瓦窑坡一带挖掘古玩瓷器。经他手卖给猪羊市古董商的宋元瓷器就有四十多件,其中以碗杯最多。1956年拆除大城南城墙时,我和当时文化馆文物保管员胡楚白先生,在南城墙东段的(今胜利巷一带)夯土层中,捡到了数百块宋瓷残片。这些瓷片大多为宋代青瓷,胎体薄而均匀,瓷质坚硬,做工精细,花样繁多,有雕花、刻花、印花等;图案有荷花、牡丹、菊花、双鱼戏水、缠枝花卉等。这段夯土东西长约50米,厚约60公分,这些筑城夯土可能是从北山根和瓦窑坡一带运来的粘土。因南城墙外全为河滩砂土,无法筑城。在距地表五米处的夯土层中,还发现了大量的灰土,土层中夹杂有很多宋瓷残片、木炭渣、烧结土块等杂物。根据这一情况,我认为这些夯土可能来源于瓷窑或窑场附近的堆积层。这对研究秦州瓷窑的窑址,提供了重要线索。在这段灰土层中还发现了一个宋代大铁釜,铁釜中有三个宋代青白瓷高足杯,造型独特,做工精美,可能是当时筑城工人烧水煮茶时留下的遗物。在夯土层的下面距地表两米处,又发现了两件破损的唐代三彩瓷茶具,这也是筑城工人留下的遗物,这对研究秦州瓷窑和筑城历史提供了重要的实物例证。1966年在瓦窑坡山脚下还发现了两个宋代青瓷碗,一个完整,一个残破。一同出土的还有一万多枚宋代大观钱币。1971年修人防工事时在西关忠义巷口,四米多深的地下,挖出了一个制作精美的豆青色宋瓷雕花瓶,根据它的瓷质色泽和制作特点分析应为秦窑产品。2004年市防疫站修建大楼,市建公司施工员黄学成先生在工地打桩时,在距地表六米深的桩眼下发现了大量宋瓷残片。这些瓷片的颜色全为豆青色,一个桩眼下就有半袢笼之多。它的胎质色泽和宋琬先生当年描述的隗嚣宫出土的瓷器质地、色泽基本相同。2009年4月在皂郊炉子村宋代遗址的断崖灰层中,发现了大量的宋代豆青瓷残片和残瓷器,瓷胎瓷质和市防疫站出土的瓷片相同。

国内许多陶瓷专著,对秦州瓷窑都有明确记载。清代著名学者蓝浦所著《景德镇陶瓷录》"秦窑"一条有这样记载:"秦窑,唐代烧制,今甘肃秦州也。相传皆碗杯之属,多纯素,亦有凸鱼水纹者。"被国内陶瓷界誉为"中国陶瓷之父"的陈万里先生,在其著作《中国青瓷史略》中说道:"秦州窑,相传在甘肃天水县境内,但是今天不知道窑址地点,而在天水附近常有青瓷出土,这些青瓷的制作特点,是在胎上刻划着花纹,然后施以青釉,亦有印花小盘,风格跟耀州瓷相同,无疑受到耀窑影响,青的色泽较淡,而显得光亮明快。"

清代大收藏家宋荦所著《筠廊偶笔》中有这样的记载:“杜诗秦州城北寺,传是隗嚣宫。家玉叔兄分巡秦州时地震,城北寺裂开丈余,得古瓷一窑,年来散失殆尽,仅余碗二,杯一,体质厚重,仿佛龙泉窑,古色陆离,如玉镯,土香可爱,真异物也。”文章中所指玉叔兄是指清顺治时在秦州担任陇右兵备佥事的宋琬,城北寺即今瓦窑坡香山寺。

天水是伏羲文化的发祥地,渭河河谷两岸交通发达,又是汉唐丝绸之路的重镇,是沟通中西文化的纽带。由于它独特的自然地理条件,渭河峡谷两岸的黄土山崖,有丰富的瓷石资源,天水城北的瓦窑坡、牛家山、孙家坪一带的断崖层中瓷石资源最为丰富。这种外表呈白色、灰白色、黄白色有玻璃状光泽,这种块状物,天水人称它为老壶莹,城郊许多地方都能采到。我上学时全市许多学校的老师,经常代领学生到上述地带采挖老壶莹,把它背回学校,煅烧后制造粉笔。这种老壶莹正是烧造瓷器的重要原料。因为它是一种以石英石、云母为主体,含有若干长石、方解石的岩状矿物。我国最早的瓷器,均由瓷石制作。瓷石含氧化钾、氧化钠含量低的多用于制胎,含量高的用来制釉,含量在5%到1%的可宜于制细白瓷,1%到3%的宜于制青瓷,3%到8%的可制黑瓷,它的火候度在1300度以上。

解放后的六十年中,天水出土了大量的宋元瓷器,仅市文化馆在八十年代前征集到的宋元瓷器就有166件,其中出土于北山瓦窑坡一带的有34件,种类有碗、杯、瓶、盘、粉盒、瓷枕等。这些瓷器多为宋代青瓷,也有少量的白瓷和黑瓷,还有一些挂彩的天青色元代瓷碗,它们大多胎体均匀,胎质灰白纯净,釉色光亮如镜,碗体叩之有金石声,应为秦窑产品。现将有代表性的几件介绍如下,供研究参考。

一、青白瓷碗:北山瓦窑坡出土,碗高8.9厘米,敞口,微鼓腹,口沿直径17.2厘米,通体施釉,圈足不露胎,圈足高,2.2厘米,圈足底径7厘米,碗体制做精细,釉色光亮,胎薄均匀,瓷质坚硬叩之有金石声,碗外精工雕刻百折纹,碗内雕缠枝牡丹,线条流畅,具有明显写意画法。该碗使用时间较长,有明显使用痕,是一件难得的晚唐时期白瓷精品。

二、荷花纹青瓷碗:天水北山出土,碗高6厘米,敞口,微鼓腹,碗口直径15厘米,圈足高0.8厘米,圈足底径5厘米,碗外通体雕刻一朵露放的荷花,花瓣雕工粗放有力,栩栩如生,釉色光亮明快,胎体较厚,胎质灰白纯净,无杂物,是一件晚唐时期秦窑代表作。

三、宋青瓷小碗:天水皂郊出土,敞口薄胎,碗高4.4厘米,碗口直径13.5厘米,足胎外露,通体施釉,足底有削痕,胎质灰白纯净,胎体内外施釉,碗体薄而如纸,叩之声音清脆,为秦瓷精品。

四、青瓷刻花大碗：天水太京出土，敞口斜腹，通体施釉，碗高9.8厘米，碗口直径25厘米，圈足高0.6厘米，圈足底径7厘米，圈足露胎无釉，胎质灰白纯净，碗内雕刻缠枝牡丹，线条生动有力，碗外刻百折纹，线条规整，叩之有声，是一件不可多得的宋瓷精品。

总之，就古代秦瓷窑而言，亦是一个极其重要的历史文化元素。古今瓷窑研究者多所著录，而且又出土了大量的瓷片、瓷器，都证明了秦窑确系唐宋时代我国北方著名的瓷窑。遗憾的是迄今秦窑尚未引起更多人的关注和研究。我写这篇文章的目的意在抛砖引玉，能引起更多的人关注秦窑。

【再附记】关于秦窑，天水刘大有先生力主——所谓秦窑瓷只是个传说，是张冠李戴的耀州瓷。原因有三：一是秦州附近缺乏能烧制瓷器的瓷土，二是没发现瓷窑遗址，三是现所见各种资料所言秦窑的形状纹饰正是耀州窑的特点和风格。其有文《秦州窑考》，见所著《古泉物文》，内部铅印本，1989年。另，兰州岳维宗先生(天水籍)有关于秦窑的两篇随笔短文——《无比珍贵的秦州古瓷》《秦窑何处寻》，分别发表于1992年2月15日及2001年7月9日《天水日报》，力主秦窑实有其窑其事。

第二辑 求真三国

蜀汉北伐战略与凉州刺史设置

蜀汉立国,先后以马超、魏延、姜维遥领凉州刺史,而当时凉州为魏国所有,设凉州刺中只能是虚衔而已,似乎意义不大,但如将蜀汉此举和以兴复汉室为最高目标的北伐战略联系起来考究,则可窥知其中另有深意在焉。兹就凉州刺史之设置及其属范围,凉州之军事地理位置及其特产,凉州之于蜀汉北伐的重要意义及其凉州刺史的人选等一并论说之,以揭示马超等人遥领凉州刺史的"深意"。

一、蜀汉凉州刺史遥领范围

要弄清蜀汉凉州刺史的遥领范围,还得从源头上说起。凉州设置,始于汉武帝元封五年(前 106 年),至于为何名之曰凉州,按《晋书·地理志》的说法:"凉州,以地处西方,常寒凉地也。"《尚书·禹贡》有九州说,名称为:冀、兖、青、徐、扬、荆、豫、梁、雍;《周礼·职方》也有九州之说,较《禹贡》少徐、梁而多幽、并,其中都没有凉州。汉帝杂用《禹贡》《职方》之制,兼有徐、梁、幽、并,易雍州为凉州,成十一州;再加新开辟的朔方、交趾,终成十三州之数。这时候的州并不是行政区划,只是监察区。十三州,准确的说法应是十三州刺史部。州设刺史,为秉承皇帝旨意的监察大员,任务是奉"诏条"定期巡行郡国,监督郡太守为主的地方官员。刺史秩六百石,一州一刺史,位卑而权重,但无随员也无治所,说白了就是皇帝钦差的"耳目",实质就是下情上达。我们论说的凉州刺史部督察范围为:安定、天水、陇西、金城、武威、张掖、酒泉、敦煌八郡。①

两汉之际,州之名称,刺史秩级几经变动。成帝绥和六年(公元前 8 年),下"更名牧,秩二千石"之诏。哀帝建平二年(公元前 5 年),州牧复改刺史。哀帝元寿二年(公元前 1 年),刺史再改州牧。王莽当政,因《尧典》

①《汉书·地理志》没有注明凉州刺史部之范围,学术界历来有八郡、十郡两说,争议之焦点在武都和北地两郡之有无。本文从谭其骧先生《中国历史地图集》八郡说。武都属益州、北地属并州就山川地貌而言似比较合理。

“肇十有二州”之文，置十二州牧，改凉州为雍州。从刺史到州牧，一个显著的变化是，州牧在监察权而外有了行政权，成为地方最高行政长官。总的趋势是，武帝之后刺史监察范围逐渐扩大，权力也逐渐扩大，秩级由六百石上升到二千石，最终由“虚”而“实”，由监察大员而成为行政长官，这都是权限不断扩大的必然产物。一些资料表明，西汉末，刺史已经有了治所，当然也就有了随员。①

光武中兴，于建武十八年(42 年)改革地方行政制度，废州牧设刺史，恢复州监察区的性质。并改莽置雍州回复凉州之名，当时凉州刺史部监察范围为郡十、属国二，分别是：陇西、汉阳、武都、金城、张掖、酒泉、敦煌，张掖属国、居延属国。②光武废州牧设刺史，意在削减地方权力，而东汉的刺史和西汉相比，权力还是越来越大了。刺史终年在州，不亲自入京奏事，有治所、僚佐，督察而外，民刑诸政，无不总揽。③另外，州境有事，还可以领兵打仗。刺史名为监察官，其实与行政官没有两样。

黄巾起义之后，因戡乱之需，汉灵帝中平五年(188 年)“改刺史新置牧”。此次改制，确定了州刺史一方大员的地位，当然其实质还是对既成事实法律上的追认。献帝兴平元年(194 年)，“分凉州河西四郡为雍州”。④献帝十八年(213 年)，恢复古制，拼凑九州之数，“省司隶校尉及凉州，以其郡国并属雍州”，⑤自三辅至西域皆属雍州。

曹丕即魏王位，雍凉分设，⑥雍州辖冯翊、京兆、扶风、北地、新平、安定、广魏、天水、南安、陇西十郡；凉州辖金城、西平、武威、张掖、酒泉、敦煌、西海七郡。黄初中还曾分置秦州，不久即废。从此，终三国之世雍凉并存。

这里论辩一事——东汉凉州刺史的治所何在。传统观点认为是汉阳郡之陇县，⑦地在今甘肃张家川回族自治县境。细辨史料，总觉着不太合理。试举几例。《三国志·魏书·杨阜传》言：

超率诸戎渠帅以击陇上郡县，陇上郡县多应之，惟冀城奉州

①③严耕望《中国地方行政制度史——秦政地方行政制度》，上海：上海古籍出版社，2007 年，第 282 页、第 290 页。

②《后汉书》卷 113《郡国志五》。

④⑤《后汉书》卷 9《献帝记》。

⑥《三国志·魏书》卷 15《张既传》说：“是时不置凉州，自三辅拒西域，皆属雍州。文帝即王位，初置凉州，以安定太守邹岐为刺史。”

⑦《后汉书》卷 113《郡国志五》汉阳条之陇县言：“陇，刺史治，有大阪曰陇坻。”

> 郡以固守……州别驾阎温循水潜出求救，为超所杀，于是刺史、太守失色，始有降超之计。

是明言冀城乃州、郡治所，刺史、太守同居一城。本年乃建安十七年(212年)，刺史指凉州刺史、太守指汉阳太守。又，《三国志·魏书·阎温传》有言：

> 阎温字伯俭。天水西城人也。以凉州别驾守上邽令。马超走奔上邽，郡人任养等举众迎之。温止之，不能禁，乃驰还州。超复围州所治冀城甚急，州乃遣温密出，告急于夏侯渊。……

“乃驰还州”、“州所治冀城”铁证凉州的治所是冀城，古冀城址在今甘肃甘谷县城西。或言，以上两条资料只能证明汉末凉州治在冀城，何能证东汉一朝凉州治在冀城。

这里我们再摆一条资料。《后汉书·酷吏传·樊晔传》言：

> 隗嚣灭后，陇右不安，乃拜晔为天水太守，政严猛，好申韩法，人有犯禁者，卒不生出狱，吏人及羌胡畏之。道不拾遗。行旅至夜，聚衣装道旁，曰“以付樊公”。凉州为之歌曰：“游子常苦贫，力子天所富。宁见乳虎穴，不入冀府寺。大笑期必死，忿怒或见置。嗟我樊府君，安可再遭值。”视事十四年，卒官。

冀府寺即天水太守的冀城官衙。这里的凉州非大地域概念，乃专指凉州刺史的治所，“凉州为之歌曰”就等于“天水为之歌曰”也等于“冀县为之歌曰”。举一例，三国时荆州、南郡、江陵州郡县三治合一，往往以荆州称江陵。《三国志》所言的刘备借荆州，所借其实就是江陵。可见东汉伊始，凉州治所、天水郡治所、冀县治所是三治合一的，都在冀县城。

解决了外围问题，现在再绕到我们的论题上。曹魏文帝黄初元年之后，河西四郡加金城郡成凉州，而蜀汉每每攻击的目标关中也好，陇上的天水、陇西也好都是魏雍州之域，和蜀汉反复厮杀的郭淮、陈泰都曾领雍州刺史衔。东汉末，马腾马超父子、韩遂称霸凉州，当时凉州的范围不包括关中，地域实为陇右加河西，也就是史书上时不时提到的西州。以马超领凉州刺史,在蜀汉认定所承是汉室之旧,而非曹魏之新。所以,虽然蜀汉北伐兵锋所向的陇右或关中都是雍州地域,而蜀汉主将遥领的勋衔依旧以“凉州刺史”称之。再就是,多次远征西北的蜀汉大军实际上很少涉足以姑臧为治所的凉州区域。而无论是诸葛亮还是姜维都意欲断陇西而有之,因此蜀汉设想中的凉州刺史遥领地域还包括魏金城之西的凉州。另,依“隆中对”的两路北伐战略,益州之兵应出秦川即关中,如是则蜀汉设想中的凉州刺史遥领地或当然包括关中。换句话说,潼关以西都是蜀汉凉州刺史的遥领地域,这一地域即曹魏的雍州加凉州。每次蜀兵北出,与之对敌的魏军主将都加“督雍、凉诸军事”衔,曹真、司马懿、赵俨、夏侯玄、郭淮、陈泰、司马望相继为之,[①]足见曹魏在对敌斗争中是视雍凉为一体的。

二、凉州军事地理位置、物产及其对蜀汉北伐的重要性

蜀汉为什么要始终紧盯凉州不放?这是由其北伐战略最高目标兴复汉室决定的,也是因为凉州重要军事地理位置和独特的物产决定的,试依次述之。

建安十二年(207 年),寄人篱下的刘备在襄阳隆中三顾草庐,拜会卧龙先生诸葛亮,纵论天下大势,诸葛先生导演了千古绝唱“隆中对”,为志存高远的刘备指明了奋斗方向——在兼跨荆、益的前提下,南抚夷越、西和诸戎,再相机而动,荆州之军向宛洛,益州之众出秦川,分进合去,逐鹿中原。由此可见,“西和诸戎”是蜀汉立国的既定方针。这里的诸戎乃西方少数民族的总称,主体是雍凉氐、羌,尚有月氏胡等胡人。东汉一朝,羌人反汉斗争延续七八十年,范围波及关西诸郡。静下心来想一想,东汉顷覆,貌似黄巾起义而致,实则动摇其根基的正是旷日持久羌汉战争,战争耗了汉廷的财力和精力,奄奄一息的汉王朝,再让黄巾军一闹腾就彻底分崩离析了。羌人起义最终被镇压,但羌人散居雍凉各郡的格局并未有太多改变,仇恨犹存,战斗力犹存,不解决好羌人问题,谁都别想睡安稳觉。无论是神机妙算的诸葛亮,还是雄才大略的刘备,谁都清楚,“西和诸戎”不单单是政治口号,也是进军中原战略不可或缺的环节。由于羌人所居正当魏之雍凉、蜀依旧所称的凉州,所以西和诸戎其实就是凉州问题。

凉州阻山带河,丝绸之路贯穿全境,民族成分复杂,劲悍习俗流韵不

①郭淮、陈泰曾先后为雍州刺史。

绝。塞外风光,异物丰饶。民勤稼穑而尚勇力,既是畜牧甲于天下,又是精兵的渊薮。如班固《汉书·地理志》言:“天水、陇西山多林木,民以板为室屋,及安定、北地、上郡、西河,皆迫近戎狄,修习战备,高上气力,以射猎为先……汉兴,六郡良家子选给羽林、期门,以材力为官,名将多出焉。”这里所说的六郡就是魏雍州之域,汉心目中的凉州之域。有兵有马,不争何为。

从历史上看,周起陇东,秦兴陇右,最终掩有天下。高祖据巴蜀、汉中,出秦川,平陇西,按秦旧迹而君临万方。隗嚣借“天水完富、土马最强”而割据称霸。这其中固然人谋起主导作用,而地利作用绝不可小视。尤其是高祖因巴蜀定关中而成帝业的成功范例,更是勾起无数英雄的无限向往。刘备、诸葛亮梦寐以求的也是依高祖故事兴复汉室。在战略的天平上,凉州显得何其诱人!接下来,我们举几个实例说明凉州之于王业的重要性。

永初元年(107年),第一次羌人大起义在酒泉郡爆发,烈火迅速蔓延至凉州诸郡及三辅地区,局面完全失控。永初四年,大将军邓骘提议弃凉州收缩防御线,而“并力北边”。多谋善断的虞诩坚决反对,上言太尉李修说:

> 凉州既弃,即以三辅为塞;三辅为塞则园陵单外,此不可之甚者也。谚曰“关西出将,关东出相”。观其习兵壮勇,实过余州。今羌胡所以不敢入据三辅,为心腹之害者,以凉州在后故也。①

极言凉州不可丢,否则,险既弃,关中则成了斗争前线,都城就暴露在了羌兵的大戟长枪之下。中平六年(184年),边章、韩遂称兵陇右,司徒崔烈以赋役繁复提议放弃凉州,傅燮坚决反对,厉言:

> ……今凉州,天下要冲,国家藩卫,高祖初兴,使郦商别定陇右。世宗拓境,列置四郡,议者以为断匈奴右臂。今牧御失和,使一州叛逆,海内为之骚动,陛下卧不安寝。烈为宰相,不念为国思所以弭之之策,乃欲割弃一方万里之土,臣窃惑之。若使左衽之虏得居此地,士劲甲坚,因此为乱,此天下之至虑,社稷之深忧也。②

两位名士之语,其中心意思是,凉州得地利,为关中屏障,也是关东之后

①《后汉书》卷58《虞诩传》。
②《后汉书》卷58《傅燮传》。

院；且居民士风壮猛，便习兵事，精兵是其特产。凭借这两点，凉州万万弃不得。

话题拉回到蜀汉北伐战略上，作为进攻方的蜀汉一方，冲出盆地攻凉州而有之，才有本钱逐鹿中原。事实证明，凉州是可以依托的。诸葛亮首次北伐，“凉州诸国王各遣月支、康居胡侯支富、康植等二十余人诣受节度，大军北出，便欲率将兵马，奋戈先驱”。①“蜀汉延熙十年(249 年)凉州胡王白虎文、治无戴等率众降，卫将军姜维迎逆安抚，居之繁县。”②此两例说明，凉州除地可用外，人也可依。

对于凉州的重要性，诸葛亮、刘备而外，蜀汉大臣中识时务的明眼人也是很清楚的。建安二十二年(217 年)，法正献策刘备攻取汉中，述说攻取汉中的意义：“克之之日，广农穗谷，观衅伺隙，上可倾覆敌寇，尊奖王室，中可蚕食雍凉，广括境土，下可以固守要害，为持久计。”③法正所谓“上可”即“隆中对”的“汉室可兴矣”，而“中可”就是出兵雍凉拥而有之。这也是北伐战略的最高目标和次高目标，而实现最高目标，雍凉是必须拥有的。法正之策和“隆中对”实乃英雄所见略同。

法正之后，资深名将赵云也是一个明眼人。孙权袭取荆州，刘备欲东征，赵云谏言：“国贼是曹操，非孙权也，且先灭魏，则吴自服。操身虽毙，子丕篡盗，当因众心，早图关中，居河渭上游以讨凶逆，关东义士必裹粮策马以迎王师。不应置魏，先与吴战；兵势一交，不得卒解也。”④赵云所言“早图关中，居河谓上游”正是曹魏雍凉之地。按赵将军的意思，应正视荆州已失两路北伐不可复得的现实，暂置不论，当因刘备帝室之胄的名望、天下士民对汉室还有一定幻想的人望倾力北伐，吞并雍凉，而后出关以争锋天下。其实，当是时也，已没有了“上可”、“下可”之别，这成了唯一正确的战略方针，惜乎刘备不从，最终导致东征惨败，身死白帝城。蜀国的鼎盛期因人谋不济而一闪而过了。人物凋零之后，理想主义者诸葛先生只能苦撑局面，鞠躬尽瘁，死而后已。五次北伐，遮断陇右、东下关中的目的明确，而实力所限，貌似热闹，确有隔靴搔痒之嫌。

当然，曹魏对蜀汉的意图也是一清二楚的，屯重兵于狄道、上邽、祁山、陈仓、长安一线，遣名将严密防守，并设置雍凉都督统一调度，使蜀汉

①《三国志》卷 33《蜀书·后主传》注引《诸葛亮集》载刘禅诏书。
②《三国志》卷 33《蜀书·后主传》。
③《三国志》卷 37《蜀书·法正传》。
④《三国志》卷 36《蜀书·赵去传》裴松之注引《云别传》。

挑战屡屡无功而返。

总之,凉州是焦点,谁拥有了凉州,谁就有了主动权。

三、蜀汉的几任凉州刺史

蜀汉第一位领凉州刺史勋衔的便是声名赫赫的马超,此人是系长期盘踞凉州的老军阀马腾之子。祖父娶羌女,有羌族血统。马腾受抚后,马超代父统军,称雄西州,成为曹操的心腹大患。如杨阜言:"超有信、布之勇,甚得羌胡心。"[①]马超在凉州根子很深,有勇有谋,搅得关西多年不得安宁,曹操感叹:"马儿不死,吾无葬地也。"反曹失败后,马超南依张鲁,而张胸无大志,不得重用,徒受猜忌。时刘备攻益州首府成都正酣,当用人之际,于是乎英雄相惜而相与,马超自然而然投奔到了反曹"老革命"刘备帐下。成都城坚,刘璋顽抗,交兵持久,一时难解。刘备暗自交接马超,并助之以兵,迅速参加攻城战,守者不知实情,惮于凉州兵的威名,惮于马超的威猛,"城中震怖,璋即稽首"。[②]马超很潇洒地绕城一周,吓崩了成都城。建安二十四年(219 年),马超领头表荐刘备称汉中王,受封左将军,(是为当年刘备封号),假节。刘备即帝位,便以马超为骠骑将军,领凉州牧,进封斄乡侯。在册封词中说:"海内怨愤,归正反本,暨于氐、羌率服,獯鬻慕义。以君信著北土,威武并昭,是以委任授君,抗飏虓虎,兼董万里,求民之瘼。其明宣朝化,怀保远迩,肃慎赏罚,以笃汉祜,以对天下。"[③]刘备如此礼遇马超,固然和刘的仁爱有关,但一定程度上和马超显赫的家世有关,更重要的是马超"信著北土"在诸戎中的显赫声望。刘备所看重的就是马超特殊的羌胡背景。此前孙权见刘备已得荆州,讨要其暂借的荆州,刘备的回答很无赖也很干脆:"须得凉州,当以荆州相与。"[④]足见刘备早就盘算拿下凉州了。要夺取凉州,实现"兴复汉室"理想,以马超这样的"凉州通"为前驱,当是不二人选。所以,用马超为凉州刺史最合适不过了。

蜀汉的第二任凉州刺史为勇略仅次于关羽、张飞、马超、黄忠、赵云的魏延。魏延,荆州义阳人,属荆襄集团成员,随刘备入蜀,数有战功。刘备定汉中,知人善任,破格提拔魏延为"督汉中镇远将军,领汉中太守。"委之以防守战略要地汉中的重任。魏发豪言:"若曹操举天下而来, 请为大王拒

①②③《三国志》卷 36《蜀书·马超传》。
④《三国志》卷 32《蜀书·先主传》。

之；偏将十万之众至，请为大王吞之。”[①]他说到做到，不负使命，因地制宜，构建“实兵诸围以御外敌”的防御体系及方法。后镇北大将军王平统汉中，拒曹爽十万大军南侵，承魏延之制抗击，迫使魏军退还。实践证明魏延是一位称职的汉中太守，智勇双全的将军。建兴五年（227 年），诸葛亮平定南中之后，进驻汉中，讲兵论武，准备大举北伐，即以魏延为先锋，“领丞相司马，凉州刺史”。以魏延为凉州刺史，标志着诸葛亮北伐计划的正式实施，目标直指雍凉。次年，诸葛亮大军出陇右，第一次北伐拉开序幕，魏延献突袭长安之策，诸葛亮认为过于冒险，不予采纳，此后魏延为前部，每战必与。另外，于建兴八年和将军吴壹同出羌中，在阳溪大败魏雍州刺史郭淮，当年之勇犹存。而“每随亮出，辄欲请兵万人，与亮异道会于潼关，如韩信故事，亮制而不许。”[②]魏延是一位出生入死的将军，在他看来，北伐的气局应大些，只有仿韩信故事，一举而定三秦，北伐才有成功的希望。长于理民、短于应变将略的诸葛亮，从来都是用兵谨慎，始终不同意魏延博弈式的战法，后世之人自然也就无缘看到魏延再次大展宏图了。围绕魏延的奇谋，古今文人争议不断，到底是良策还是损招，谁也说服不了谁，我们也就点到为止吧。不过，打仗想不弄险而谋求十全必克而无虞的战法，庶几乎没有。诸葛亮病逝，魏延犹大呼杀贼，“丞相虽亡，吾自见在，府亲官属便可将丧还葬，吾自当率诸军击贼，云何以一人死废天下之事邪？”[③]慷慨激昂，欲大显身手。这些举动和丞相临终安排的退军方案格格不入，加上和长史杨仪闹矛盾，造成率所部脱离大队人马抢先回汉中——意欲夺军——致使众叛亲离的恶果，最终为马岱追杀，身败名裂。惜哉！蜀汉良将凋零后，以魏延为北伐先锋、凉州刺史势出必然。观魏延所为，屡次摧破强敌，不失为一位称职的凉州刺史。而异道会潼关之策不得实施，“叹恨已才用之不尽”似也是实情。魏延和诸葛北伐目标一致，实施方案有别，魏延想一举攻定关中，而后收拾陇右；诸葛则是先断陇右，再下关中，孰优孰劣，适可反复讨论。但因内讧而败，给魏延扣一顶反贼的帽子是决不可以的。

蜀汉的第三位凉州刺史是魏国降将姜维。姜维，字伯约，天水冀县人。诸葛亮第一次北伐时归蜀。姜维似乎和诸葛亮很有缘分，虽为降将，甚得信任。归顺当年即被封为当阳亭侯，本传特别提及时年二十七岁。诸葛亮还特意在信中对心腹——丞相府长史张裔、参军蒋琬言：“姜伯约忠勤时事，思虑精密，考其所有，永南、季常诸人不如也。其人，凉州上

①②③《三国志》卷 40《蜀书·魏延传》。

士。”[①]又言：“须先教中虎步兵五六千人。姜伯约甚敏于军事，既有胆义，深解兵意，此人心存汉室，而才兼于人，毕教军事，当遣诣宫，谨见主上。”[②]确有相见恨晚，喜不自胜，赞不绝口的意谓。永南即李邵之字，诸葛亮南征时为治中从事，本年卒；季常乃马谡长兄马良之字，刘备东征孙权，马良联络武陵蛮，遇害。马良诸人属有识见的纯文人，而姜维既通郑氏学，又敏于军事，属文武双全的干将，当然要高人一筹。诸葛以姜维和永南、季常类比时，此二人已故去，可见他评价人物还是很注意方式方法的。东汉时凉州治所就在姜维的老家冀县，于是乎诸葛亮以“凉州上士”称赞姜维。姜维得以重用，固然是其才干使然，而诸葛亮看重的还有他的凉州背景。据顾颉刚先生考证，“羌”和“姜”本是一字，“我们看，天水的姜氏是大族，名人有姜维及姜俭等，可知姜姓本是在西方的。”[③]依此，姜维不但有凉州地望，而且有羌族血统，凉州背景是相当厚实的。诸葛亮在世时，姜维升迁至中监军征西将军。蒋琬执政，姜维领军连年北伐，攻掠区域较诸葛亮时更西，多在洮水、河曲一带，意欲利用自己熟谙西方风俗的优势策动羌人共攻曹魏，以图大事。延熙六年(243 年)，蒋琬上书讨论北伐方略，“今魏跨带九州，根蒂滋蔓，平除未易……辄与费祎议，以凉州胡塞之要，进退有资，贼之所惜；且羌、胡思汉如渴，又昔偏军入羌，郭淮破走，算其长短，以为首事，宜以姜维为凉州刺史。若维征行，衔持河右，臣当率军为姜维继镇。”[④]当此之时，老成持重的蒋琬深知要撼动曹魏这棵根基稳定的大树，姜维的凉州背景成了可利用的最佳资源。本年，姜维迁镇西大将军，领凉州刺史。费祎执政，军事政策较蒋琬更为保守，姜维每于兴兵大举，费祎常予以裁制，与兵不过万人，于是他这个凉州刺史也就不得申其志。费祎卒，姜维进位大将军，数兴大军北伐，矛头直指雍凉结合区域，屡败屡战，百折不挠。他坚信以雍凉羌胡为盟军，即完全是可以和魏国分庭抗礼。“维自以练西方风俗，兼负才武，欲诱羌、胡以为羽翼，谓自陇以西可断而有也。”[⑤]然魏之雍凉乃重点防御地区，兵精粮足，加上邓艾等良将坐镇，姜维北伐，虽小有斩获，但“陇以西可断而有也”的局面始终没有降临。而弱小的蜀国最终被他的老冤家邓艾攻灭，最终姜维借用野心家钟会反魏乘机复蜀的计划也未能变为现实，为乱军所杀，身死宗灭，成为一个悲剧性人物。当然姜维

①②⑤《三国志》卷 44《蜀书·姜维传》。

③顾颉刚《昆仑传说和羌戎文化》，《古史辨自序》，石家庄：河北教育出版社，2000 年，第 659~660 页。

④《三国志》卷 44《蜀书·蒋琬传》。

的悲剧和魏延不同，姜维死于敌手，而魏延死于“我”手。无论结局如何，姜维同样是一位称职的凉州刺史。不惧艰辛，锐意北伐，至于收效甚微，只能说时也，势也。他的奋斗精神是让人敬佩的，邓艾也不由赞叹“姜维自一时雄儿也。”

四、小　结

综而观之，蜀汉三任凉州刺史设置乃“隆中对”北伐战略及其按时势调整后以雍凉为打击重点的北伐政策，在人事任用方面的具体体现，目的就是占有雍凉，进而逐鹿中原。三任刺史，都是不同阶段的猛将，所用皆称得人，魏延虽无凉州背景，但有成功镇守攻魏桥头堡汉中的经验，诸葛亮北伐每为先锋，也是一时之选。蜀汉所指的凉州即曹魏的雍凉地区，不但得地要之先，且有战马、精兵、羌谷这些战争的主导资源，从来为有识者看重。蜀汉要揭掉捂在北伐路上的盖子，非拔凉州不可，是为设凉州刺史的深意。而在曹魏，一些智谋之士对蜀汉的战略意图也是相当明了。举一例，延熙十八年(255 年)，姜维出狄道，大败魏雍州刺史王经，魏军死者数万，征西将军陈泰赴援，姜维退还。事后，心有余悸的魏军将领讨论战争经过，“众议以经奔北，城不足自固，维若断凉州之道，兼四郡之民夷，据关陇之险，敢能没经军而屠陇右。”①司马昭评论：“昔诸葛亮常有此志，卒亦不能。事大谋远，非维所任也。”②这些言论可谓知己知彼，蜀军经常面对的就是这些了解自己意图之敌，屡战无功也就在情理之中了。文中“四郡”非河西四郡，而是天水、陇西、安定、北地四郡，这也正是诸葛亮、姜维的用兵重点区域。

以北伐手段最终兴复汉室，这是刘备集团孜孜以求的战略目标。执行过程中有希望也有失望，而蜀汉君臣始终没有等到这一天的到来。历史再一次证明实力决定一切。当然，历史并不是没有给蜀汉机会，当建安二十四年刘备北定汉中称王之时，乃北伐最好时机，而关羽大意失荆州，刘备出昏招伐吴大败，蜀汉实力大损，良机远去。后期北伐貌似热闹，其实都是心有余而力不足。诸葛亮第一次北伐也称得上是次好时机，因蜀汉多年向北没有军事行动，加之“复兴汉室”的政治口号尚有一定的号召力，故“南

①②《三国志》卷 22《魏书·陈泰传》。

安、天水、安定三郡叛魏应亮，关中响震。”[①]然诸葛不用凉州刺史魏延突袭关中的奇策，加之马谡败失街亭，并雍凉吞魏国的次好机会稍纵即逝。从此，北伐只能是尽忠、勉力，自我鼓劲、了心事而已了。

最后总结一句话，蜀汉凉州刺史之设，若论管辖地域，虚衔遥领而已，历次北伐也没有能使“虚”变为“实”，而论其实质，“凉州刺史”这个虚衔却大有实际内容——那就是为吞并雍凉、饮马河洛张本。

【附记】本文原刊《天水师范学院学报》2009 年第 6 期，入集时个别字句有改动。

①《三国志》卷 35《蜀书·诸葛亮传》。

天水三国遗迹丛考

汉建安十三年(208年),刘备三顾茅庐,在襄阳隆中村舍和诸葛亮纵论天下大势,导演了著名的《隆中对》,论定天下三分的格局。同时提出宛洛、秦川两路进军,逐鹿中原的北伐战略。实现此战略的重要条件之一就是"西和诸戎","诸戎"是借用先秦的"西戎"的习惯称谓,这里其实是指包括天水在内的陇右诸郡的羌人。就是说《隆中对》战略已隐约涉及天水。

也就是在建安十三年,诸葛亮初出茅庐,刘备联合孙权抗曹操,取得赤壁之战的胜利,三国鼎立格局初步形成。《隆中对》战略第一目标实现。建安十九年,刘备攻入成都,自领益州牧,跨有荆、益二州。建安二十四年,刘备主动出击,在北线,逼走曹操,取得汉中;在东线,前将军关羽攻陷襄阳。《隆中对》战略第二目标实现。盛极而衰,就在刘备积极准备北伐的时候,关羽大意失荆州,被吕蒙擒杀,孙刘联盟破裂,北伐被迫停顿下来。蜀汉章武元年(221年),刘备亲征孙权,导致猇亭惨败,客死白帝城。刘备时代的结束,标志着蜀汉的鼎盛时期已经渐行渐远了。失去荆州,致使《隆中对》提出的两路北伐的战略也终告失败。但受命于危难之际的诸葛亮是一个理想主义者,在收拾残局、平定南中之后,立即组织北伐。而势单力薄的形势决定了《隆中对》既定的北伐战略必须调整——由两路进击,一举占有关中,改为遮断陇右,控制渭河上游,徐围关中,相机争锋天下。

陇右是关中屏障,迫近羌胡,民风劲悍;士民修习战备,勤于稼穑,历来是兵家必争之地。而天水当关陇之会,介雍梁之间,是陇右的要害所在。秦人因为根本,占有关中,成就霸业;隗嚣因为根本,割据称王。控制天水,西可阻断陇右和中原的联系,东可进图关中,因此,顾祖禹《读史方舆纪要》说:"盖关中要害,常在秦州,争秦州,则自陇以东皆震矣。""关中,天下之上游,陇右,关中之上游,而秦州其关陇之喉舌。"[①]正因为有这样重要的战略地位,加之陇右诸郡士马强壮,又有仇视中原王朝的氐羌各族可以利用,天水就成蜀汉用兵的重点地域。取天下必取关中,取关中必取陇右,取

①《读史方舆纪要》卷59秦州条。

陇右必取天水，成为北伐新战略的轴心。“西和诸戎”从《隆中对》北伐战略的辅助地位上升到主导地位。蜀先后以马超、魏延、姜维领凉州刺史虚衔，表明了其势在必得的决心。

诸葛亮五次北伐，二出祁山，围攻上邽，挺进陇坂，功败垂成。诸葛亮之后，姜维继承遗志，九次伐魏，七出陇右。虽然其战略重心是比天水更西的临洮一带，而“遮断陇右”的北伐战略是一脉相承的，天水依旧是姜维用兵的重点区域。而曹魏始终以祁山、上邽、冀城、狄道、临洮等地为军事要塞，竭力死守，于是天水境内就有了众多的三国古战场遗迹。

一、祁山堡

祁山堡在今天水西南礼县之祁山乡一带。处嘉陵江支流西汉水流域，是由陇入蜀的必经之地。阻山带河，东有铁堂峡之险，南有塞峡（唐称寒峡，今称屏风峡）之要，西汉水（古称漾水）流域平畴万亩，士民殷富。作为战略要地，魏重兵屯守，蜀志在必得。蜀汉建兴六年（228年）春，蜀丞相诸葛亮第一次北伐，以赵云、邓芝为疑兵，出箕谷；亲率大军声东击西，出其不意攻占祁山，陇右震恐。天水、陇西、安定三郡不战而降。接着前锋马谡失街亭，蜀军全军被动，被迫撤回汉中。要说战果，此次战役，一是得到“凉州上士”姜维，二是撤走西县居民千余家。三年之后的蜀汉建兴九年（231年）二月，诸葛亮第四次北伐，再出祁山，以木牛流马运粮，和魏大将军司马懿在祁山、上邽一线接连大战，取得了一系列的胜利，而老谋深算的司马懿依险固守，相持到六月，诸葛亮终因粮尽退兵。这次战役最大的战果是，在木门道射杀劲敌张郃。诸葛亮五次伐魏，二出祁山，祁山由此盛名远播。

《水经注》说：“祁山在嶓冢之西七十里，山上有城，极为岩固，昔诸葛亮攻祁山，即斯城也。汉水迳其南，城南三里有亮故垒，垒之左右犹丰茂宿草，盖亮所植也，在上邽西南二百四十里。《开山图》曰‘汉阳西南有祁山，蹊径逶迤，山高岩险，九州之名阻，天下之奇峻。’……诸葛亮《表》言‘祁山去沮县五百里，有民万户’。”依此判定，“有民万户”的祁山不是一个地方，而是一带地方。据学者研究，祁山的位置大致可以这样界定：祁山在礼县东、西汉水北侧，西起北岈（今礼县平泉大堡子山），东至卤城（今礼县盐官镇）。[①]在祁山的中南部南麓有诸葛亮故垒，今称祁山堡，上建武侯祠。乾隆

①康世荣《祁山辨》，《羲皇故里论孔明——全国第九次诸葛亮学术研讨会论文集》，兰州：甘肃文化出版社，1997年，第261页。

《直隶秦州新志·建置》说:"(祁山堡)东四十五里,与祁山不粘不连,平地突起一峰,高数十丈,周围里许,四面巉削,上平如席,其下为长道河,即葛诸武侯六出祁山时驻师之所。上有武侯祠,春秋祭焉。"

祁山堡武侯祠,创建时间无考。按乾隆《直隶秦州新志·建置》的说法:"(武侯祠)南向,正殿三楹,左右庑各三楹,前为二门,为大门。门前有关帝庙,左右对之。"今存殿宇、塑像、壁画、碑刻等多系明清建筑。庙宇一进三院,中轴线上主建筑有诸葛殿、关羽殿、起佛殿。两厢配有蜀国文臣武将塑像长廊。有历代名人书匾30余面,楹联5幅,碑石20余通。

祁山的厮杀之声已远去千余年,而武侯祠的凭吊者从未断绝,从而也留下了为数众多的吟咏之作。明浙江道监察御史郑国仕《登祁山谒武侯祠》诗云:"斜日沉沉古寺幽,武侯烟祀几千秋。数家瓦舍连城垒,一派清流绕旧洲。官道徒存留马迹,佳城犹似卧龙游。老天何事还延汉,五丈原头星夜流。"[①]感祁山险固,叹英雄功业,"出师未捷身先死,长使英雄泪满襟"。古堡周围有众多关于诸葛亮的传说遗迹,如诸葛九寨、诸葛连城、诸葛点将台、藏兵湾、圈马沟等。总之,有祁山在,就有说不完的诸葛故事。

二、街　亭

蜀汉建兴六年(228年),蜀丞相诸葛亮一出祁山,突袭陇右,天水等三郡叛魏响应,魏朝野震恐,魏明帝西镇长安,亲督诸军救援。救兵、守兵在街亭相遇,魏先锋张郃大败蜀先锋马谡,魏军掌握战局主动,诸葛亮被迫退兵,胜利成果毁于一旦。

亭是秦汉时县辖的一级行政设置(汉高祖刘邦就曾做过泗水亭长),可见街亭本不是一个大地方,魏蜀在此一战而结束陇右战争,街亭由此而名扬千古。这段史事经《三国演义》第九十五回"马谡拒谏失街亭,武侯弹琴退仲达"的演述,"失街亭"和"走麦城"一样成为俗语中失败的代名词。

陇山古称陇坻或陇阪,横亘于关中平原和陇右山地之间,是著名的地理分界线。由关中入陇右必越陇山,而街亭扼陇山峡谷,番须古道、鸡头古道直接和街亭相通,又当古丝绸之路的南大路,地理位置非常重要。蜀有之可直下关中,魏有之则可掩击陇右,所以街亭的得失就成为整个战局成败的关键所在。

①乾隆《礼县志》卷19《艺文》。

据《汉书·地理志》,西汉武帝元鼎三年(前114年)置天水郡,辖街泉县。街泉当是街亭名称的前身,东汉省入略阳,降为亭,始有街亭称谓。县治和亭治应是同一个地方。而《三国志》中所记载的马谡拒守抵挡张郃的地方并不是街亭城,而是城南的山地。《三国志·王平传》有言:“谡舍水上山……”《张郃传》有云:“谡依阻南山,不下据城。”都能证明。

至于街亭的具体地址,颇有争议。一说在今秦安县之陇城镇,一说在今张家川回族自治县龙山镇。唐《元和郡县志》“陇城县”条说:“……又有街泉亭,蜀将马谡为魏将张郃所败。”主陇城说。嘉靖《秦安志》说:“……东首,有二十里曰断山,其山当略阳南北之冲。截然中起,不与众山连属,望其势若断,俯断山镇,陇水经焉。其下为连合川,云川连而山断。”所谓断山镇即今之龙山镇(时属秦安)。清朝乾隆十四年(1749年)秦安知县蒋允焘认为“断”字不祥,更名龙山。主龙山说。但《三国志》并不言马谡扎营的南山和其他山峰隔断,“断”只是“演义”和后人的推测。不过龙山比陇城更近陇山,将马谡的扎营地确定在龙山似乎比陇城更接近常理。然据《元和郡县志》《太平寰宇记》等地志,结合陇城附近出土的“蜀”字铭文弩机、箭镞、行军铁锅等文物综合考查,街亭的治所当在陇城。

另外,康熙《秦州志·城池》说:“……又南为改龙山,改龙寺,俗呼街子口,即古街亭,马谡屯兵处。”街子口就是今天水市北道区的街子镇。天水方言“街”读如“gāi”,“街”和“改”同音。街子镇很可能就是改子镇因读音相似而形成的误写。可以说,街子和街亭毫无关联。再者,街子镇在天水市东南偏僻的东柯谷,根本不是战略要地。因此,“街子说”还够不上一说。

街亭是一座城邑,而事实上,陇城至龙山之间的清水河河谷,地势相对平坦,都具有战略意义,街亭古战场遗址当不出两地之间。且张郃带兵5万,马谡所带的兵也自在不少,成十万人决战,也决非一城一地能容纳,应将街亭治所和街亭古战场区别开来。街亭古战场当是一带地方,而不是一个地方。

三、西县城与空城计

据《三国志·诸葛亮传》,蜀汉建兴六年(228年)诸葛亮击降南安、天水、安定三郡,而前锋马谡丧失军事战略要地街亭,于是“亮开拔西县千余家,退还汉中,戮谡以谢众。”《诸葛亮传》中迁民的“西县”正是历来盛传的施行空城计的西城。

西县是秦民族早期都邑，本名西垂，地在今天水市秦城区西南西汉水上游礼县境内；①秦迁都关中后在其地置西县，西汉、东汉因之。这是一个很古老的县治，历史上相当有名。东汉初年，隗嚣、刘秀大战，隗嚣败逃的西城也即此地。时诸葛亮大军在祁山，临近西县城，所以就近迁民。

关于空城计，诸葛亮本传没有直接记载，裴松之注引《郭冲三事》所言，和空城计相似。蜀汉建兴五年(227年)，诸葛亮屯兵阳平关，派魏延等统帅各路兵马东下进攻魏军，自统1万人守城。司马懿则统帅20万大军西上拒敌，和魏延错道而过，各不相知。司马懿得以径抵城前，蜀军将士大惊失色，不知如何是好。亮则"意气自若，敕军中皆卧旗息鼓，不得妄出幔，又令大开四城门，扫地却洒。宣帝常谓亮持重，而猥见势弱，疑其伏兵，于是引军去北山。明日食时，亮谓参佐拊手大笑曰'司马懿必谓吾怯，将有强伏，循山走矣。侯逻还白，如亮所言。"裴松之自己对《郭冲三事》的这种说法是否定的，注引的目的就是为了辩驳。事实上诸葛亮屯兵阳平关时，司马懿任荆州督都，屯兵宛城，驻防孙吴；至曹真卒后才专制西方军事，之前不曾和诸葛亮对阵，即使对阵也不可能远在天水的西城。

《三国演义》空城计的创作原型当正是裴注非难的《郭冲三事》。诸葛亮虽不曾设空城计，或者说诸葛亮的空城计是否真实尚有疑点，而从《诸葛亮传》上看，他无疑是退兵高手。五次北伐，战果不佳，却从未被魏军追败，倒是魏军每追必败，辄厥上将。西县搬民是诸葛料定魏大军上陇，战事不能速决，割据陇右的兵势不存后做出的退兵计划。

三国时期战乱连年，"白骨露于野，千里无鸡鸣"，所以争夺人口也就成为战争的一项重要内容。蜀小国寡民，所以北伐中屡有迁民举措，此后如蜀汉延熙十六年(258年)，姜维破狄道，即搬迁狄道，河关、临洮三县民还汉中。

四、诸葛军垒

军垒在今天水市区东郊。积土累成，纵横方丈。传三国时诸葛亮于斯台指挥蜀军排兵布阵，故名。

考《三国志·诸葛亮传》裴松之注引《晋汉春秋》，蜀汉建兴九年(231年)，蜀承相诸葛亮二出祁山，亲率大军抵上邽迎战魏大将军司马懿，击败

①对西县的具体位置，学术界说法不一：有的认为在礼县红河乡一带；有的认为在礼县永兴乡和西和县长道镇附近；有的认为在礼县盐官镇以东一带。

其部将郭淮,收割上邽城郊小麦供军食,司马懿不敢迎战,只得敛兵依险固守。表明诸葛亮和司马懿确曾对垒,相持大战。唐《元和郡县志》上邽条说:“诸葛亮垒,俗名下募城,在县东二里。”乾隆《直隶秦州新志·山川》说:“诸葛垒,东二里路南,相传出祁山时,道经天水,筑垒于此……俗谓下募城。其旁有司马懿垒,俗谓上募城。上邽县(八)里有姜维垒。”上邽扼入蜀之咽喉要道,西晋以后,一直是天水郡的郡治、秦州州治所在,因此成为战争的焦点,历史上历经战争有好几十次,而留有遗迹的仅是三国时期,足见人们对三国史事的关注。秦州城郊三军垒设祠祭祀且列入“秦州十景”的就诸葛一垒,又见人们对诸葛亮的关注。

诸葛亮的传奇人生很自然地和军垒融合,为军垒蒙上了浓厚的传奇色彩。传每年农历六月初六日,红日中天,而垒周围竟日不见阴影,故垒又称为“无影墩”。又传垒土奇香喷射,流布四周。还传垒是蜀军行军时钻入鞋子的沙土积成……沧桑变易,已历千载,垒的筑法、用途、神奇征兆以至垒是否为三国时物都不得而知,也无须考究,其实质还不都是出于人们对诸葛亮这个忠贞不屈的英雄的怀恋。与其说军垒是一个军旅战事的标志,还不如说是人们怀念诸葛亮的凭吊场所。

明清时垒周植有古柏,立石碑,设祠举祀。游客诗人瞻仰,感慨万分,遗留大量诗章。清初秦州州判王际有作《诸葛垒》长歌云:“秦之东郭,称为汉垒。卧龙卜居,工有神理。只立孤尊,山不与侣。羽扇指挥,爰以想旅。枕自鸣钟,米自炊釜。智勇兼之,军士起舞。千百年后,奇香入土。居者行者,咸将吊古。吁嗟兮!先生逝矣垒犹存,当日五花与八门。风雨迷离英气著,荒田常若虎豹蹲。先生逝矣垒不朽,沧桑变易高山走。营丘终古镇秦州,将同日月称老叟。吁嗟兮!我遇此垒何以铭,且奠先生一杯酒。铭之曰:撮土无多,忠敬包罗。汉室不祚,侯将奈何。”①

垒曾一度被夷为平地,所在辟为民居。1989年,依原貌恢复之,垒前新立张爱萍将军题写的“诸葛军垒”石碑。

五、木门道

木门道俗称峡门,在今天水市秦城区西南60公里处的牡丹乡木门村。古代山中多木,稠泥河由北向南穿门而过,地势险要。

①清赵世德《秦州志》,康熙二十六年抄本。

考《三国志·诸葛亮传》:蜀汉建兴九年(231年),诸葛亮二出祁山,和魏军主帅司马懿对垒上邽,蜀大军粮草不济,被迫退兵。魏宿将张郃率兵追击,诸葛亮依木门地形设伏兵射杀之。由此,小小的木门便和诸葛的神机妙算,张郃的悲剧一起载入了史册,以至木门附近至今还流传拴马湾即诸葛拴马处之类的故事。木门东侧张家坪出土的魏蜀时期的箭头、刀矛等兵器也很容易使人联想到当年木门激战的场面。

乾隆《直隶秦州新志·山川》说:"木门:西南九十里。汉丞相射死魏张郃处。"而《华阳国志·刘后主传》说:"(建兴九年)夏六月,亮承平旨引退。张郃至青封交战,为亮所杀。"又《太平御览》卷291引袁希之《江表传》说:"亮粮尽,军还至青封木门。郃追之。亮驻军,削大树皮题曰'张郃死此树下。'豫令峡道以数千强弩备之。郃果自见,千弩俱发,射郃而死。"可见青封和木门实指一地,并非异说,青封应该是乡亭的名称。相较而言,《御览》的记述比《三国志》更有趣味。

另外,《水经注·渭水》在记述藉河时列有木门谷水。此水今名普岔沟,发源于秦城区牡丹乡新兆坡,北流于三十甸子注入藉河。木门河谷本是两汉魏晋时期上邽、冀县南下祁山入蜀的通道之一。张郃追击诸葛亮很可能就是沿本河谷前进的。按常理,木门道应在木门河谷,而不在稠泥河谷,那么旧方志关于木门道的定位是否有偏差呢?合理的解释应该是这样的:从藉河流域南下祁山,古代有数道可行,木门道就是其中重要的一条,而木门道作为南下祁山的通道不仅包括木门河谷一段(北木门道),还应包括稠泥河谷一段(南木门道),合起来才是完整的"木门道"概念。事实上,木门河谷和稠泥河谷之间有低矮的分水岭相隔,自古及今都有通道一以贯之。《三国志·张郃传》对其死难是这样记述的:"亮还保祁山,郃追至木门,与亮交战,飞矢中郃右膝,薨,谥曰壮侯。"当时的情形是:诸葛亮退保祁山部署撤兵,张郃贪功,率轻兵急追,诸葛亮得知消息,便令断后精兵就近在南木门道即今稠泥河谷狭道伏击,不但击退追兵,且射杀张郃,终得安全退兵。今稠泥河谷有木门村正是此河谷亦为木门道一段的有力证据。旧方志记载、民间传说的木门道所在言之有据。

张郃,字俊义,河间鄚人。先属袁绍,官渡之战后投奔曹操。曹操非常器重,和韩信归汉相类比。之后征袁潭,破马超,平张鲁,击孙权,屡建奇功,成为和张辽、徐晃等齐名的魏军主将。诸葛亮北伐时,张郃对敌,时常充当先锋，先败马谡于街亭，恢复被诸葛亮击降的南安、天水、安定三郡，其后又接连拒战，成为蜀军的劲敌。陈寿《三国志》对张郃评价很高："郃识变数，善处营阵，料战势地形，无不如计，自诸葛亮皆惮之。"虽如此，诸葛毕竟是诸葛，张郃终没有摆脱木门劫数，魏国的一代将星就在小小的木门陨落了。

六、武侯祠

陇右是诸葛亮用兵的重点区域。平取陇右，争取关中的战略决定了他和天水结下了不解之缘。五次北伐，二出祁山。一举击降天水、安定、南安三郡。二举和司马懿对垒上邽，相持五月。因此天水城郊在后世就有了诸葛亮垒和司马懿垒，城内建有武侯祠。康熙《秦州志》说："武侯祠：天靖山玉泉观内。春秋丁祀。"乾隆《甘肃通志》也说："诸葛武侯庙：在秦州玉泉山。"乾隆《直隶秦州新志·建置》说："诸葛武侯祠：一在东瓮城，康熙中，州人为知州陈应韶立祠，陈不敢居，祀武侯；一在玉泉观，莫详所始，久已倾颓，乾隆四年重修。"由此可知，天水旧有两处武侯祠。

秦州的名宦祠很多，而绝大多数是明清所建，间或有祀唐宋名人的，而唐宋以前的就只有诸葛武侯祠了。可见，千年而下，诸葛亮在天水人的心目中地位依旧是崇高的。祠虽然不太大，只有三间，无法和成都等地的武侯祠相提并论，但至少说明人民群众对这位传奇人物是认同的。于杜甫草堂，民间有俗语说"杜甫淹留地，草堂建起来"，即凡杜甫流寓过的地方都建有草堂，原因是老杜和人民的心是相通的。一个相同的文化现象是，凡是诸葛亮生活战斗过的地方，后世都建有武侯祠，原因是"羽扇纶巾"已是人们心目中智慧的化身。所有的人都需要智慧的力量。天水的武侯祠已荡然无存，神却留了下来。

有趣的是，乾隆《直隶秦州新志》将本不属秦州籍又未在秦州做过官的诸葛亮列在了秦州名宦之中。其理由是："旧志《名宦》有公。予初疑公行军此地，非宦此地也；转念不为专宦而有功地方者皆得入《名宦》。况徽县、两当彼时属汉，则旧志或可无公，而今志必当有也。仍存之。"①其实，诸葛亮在"地方"只是行军打仗，说有功地方，似有勉强之嫌。倒不如说，"诸葛大名垂宇宙"，写入方志，是为地方增光添彩。

①清胡釴，陶奕曾《直隶秦州新志》卷9《名宦》，乾隆二十九年刻本。

七、武城山

三国时，陇右诸郡中，南安郡位置居中，钱粮富足。姜维北伐常受粮草困扰，故争夺南安构成他"遮断陇右"战略的重要步骤。南安郡治为豲道，郡治附近有武城山，是南安东面的一道天然立体屏障，取南安必经武城山。这样，魏蜀关于南安的攻守战就围绕武城山的攻守战展开。

乾隆《甘肃通志·宁远·山川》说："武城山，在县西南，三国魏邓艾拒姜维于此。武城，古县名，山以此名。"综合《三国志》姜维传、邓艾传，蜀汉延熙十九年（魏甘路元年，256 年），蜀大将军姜维统大军进攻祁山，知邓艾严加布防，军势于己不利，随即折返，经董亭（地不详，据资料分析当在今甘肃礼县境）奔袭南安。邓艾料定姜维必袭南安，于是先期到达武城山阻击。姜维进到武城山前，见邓艾军已抢占有利地形，被迫冒险进攻，不能取胜，原定计划受挫。随即乘夜色渡过渭河，沿渭河北山向东急行军，意欲进攻上邽。邓艾识破其计谋，又先期抵达上邽西面的段谷阻击。姜维中伏，败逃汉中。

武城山在今武山县西南，是由许多险峻山峦组成的小山脉，西起今漳县的远门，东至武山县木梯寺一带，绵延 15 公里。蜀军攻南安，西上狄道必经此地。武城山之主峰名铁笼山，高峻奇险，壁石成铁褐色，远眺如铁笼悬挂在云雾之中，故名。山巅至山脚，仅一小路通之，易守难攻。传姜维和邓艾的武城山争夺战其实就是主峰铁笼山的争夺战，民间至今有"姜维大战铁笼山"的说法。据出土文物和地名资料考查，铁笼山确实是一处三国古战场遗址。山脚田地，时有刀、矛、箭头等兵器出土。周围地名多和军事有关。山北有"泄兵山"，传说是姜维引兵攻坚的地方；另一村名"马跛里"，传为姜维战马受伤的地方；还有一村名"八营坪"，传为姜维屯兵之处。

民国《武山县志》载李克明《铁笼山》诗有"试看青青山上草，春来犹献五铢钱"句，意即由于铁笼山是三国古战场，土中遗落有汉五铢钱，每至春天，春草滋生，往往会将土中的五铢钱拱顶抬出土面。由此可窥见当年蜀魏交兵规模的宏大。

八、落门聚

落门聚，史书又称落门或洛门，即今武山洛门镇，是甘肃省著名的大集镇。聚的名称首见于《后汉书·隗嚣传》。时落门聚西旱坪有隗嚣城（俗称避暑城、隗嚣宫），东汉建武九年（34 年）隗嚣的儿子隗纯由冀城败逃至由他控制的最后一个据点落门聚，被汉将来歙攻降，即此地。传汉军与隗纯对垒攻战，汉军粮草积存在今洛门西的四门乡，一日暴雨，军门被洪水卷走，军士沿河寻找，于今洛门镇所在的大南河和渭河的交汇处见到遗物，由此将此地命名为落门，意思是门漂落的地方。应该说，传说是望文生义的。按《尔雅》“筑室既成而祭为落”，所谓门既门户之意，说明此地是交通要冲，战略要地。

今洛门镇在渭河、大南河、响河三河的交汇处，《水经注·渭水》说：“三川统一，东北流，注于渭水，有落门聚。”地处要冲，沿大南河南行即可入陇南达巴蜀；沿渭河西上则可入陇西达河西，东下即可通天水，向来战事频繁。三国时蜀汉大将军姜维七出陇右，两至落门，与魏军激战。洛门镇东面的东梁山，传是姜维扎营结寨的地方，至今称姜家营。

蜀汉延熙十六年（252 年），姜维领兵数万经董亭进围南安郡地，分兵出落门，魏雍州刺史陈泰率大军进抵截击，姜维粮尽退兵。延熙十九年，姜维再次出兵，意欲攻取南安，魏征西将军邓艾占据武城山截击，姜维不能取胜，东下转战落门，还是不能取胜，即乘夜色东下奔袭上邽，又为邓艾伏兵在段谷击败。所以晋武帝司马炎在关于邓艾的平反（艾破蜀后被主将钟会诬为“叛贼”被杀）诏书中有言：“昔姜维有断陇右之志，艾修治备守，积谷疆兵……故落门、段谷之战，以少胜多，摧破疆敌。”①

三国之后，落门因特殊的地理位置，依旧是著名的守战之区。唐代陇右沦陷吐蕃之后，吐蕃专设落门川讨击使一职守落门。北宋设大落门寨；又于今甘谷县磐安镇西设小落门寨。明代，人多认为以“落”为地名不祥，遂改名乐善镇，清因之，间或依旧用“落门”的名称；民国时更名洛门。

①《三国志》卷 28《魏书·邓艾传》。

九、姜维衣冠冢

姜维(202~264年)字伯约,三国时天水郡冀县人。因郡望是天水郡,故史书多称天水姜维。推崇郑玄经学,文武全才。初仕魏,任天水参军。蜀汉建兴六年(228年),诸葛亮第一次北伐时归蜀,深受诸葛亮器重,立即委以重任。诸葛亮病逝后,姜维总领诸军协助大将军蒋琬、费祎共理朝政。延熙十九年(256年),自领大将军,独立支撑岌岌可危的蜀国。统军而后,继承诸葛亮遗志,九次北伐。景耀六年(263年),魏将钟会、邓艾率大军数道南伐,后主刘禅出降邓艾,蜀亡国。姜维伪降钟会,谋图伺机复蜀,事败被杀。

古之冀县即今之甘谷县,今甘谷县六峰乡姜家庄世传是姜维故里,有姜维衣冠冢。传说姜维兵变被杀,暴尸原野,魏派专人监视,不得掩葬。随从设法偷得衣冠靴子,背回故里,家乡人民非常悲愤,依南山筑衣冠冢,靴子别葬冢旁,南山也就有了靴子坪之称。姜家庄的后人为了使他们的先祖魂归故里,特制《招魂曲》两揆,世代传唱,以慰藉这位壮志未酬的大将军。每至祭日,高照明灯,悲唱招魂,曲子哀婉动听,如诉如泣。"姜家庄(哩嘛)灯笼哟,靠南山(哩嘛)灯笼哟,南山(嘛)背后有个水盆盆哟,南山顶上灯笼红。姜家庄(哩嘛)灯笼哟,靠南山(哩嘛)灯笼哟,一棵(吗)松柏一盏灯哟,靴子坪的灯火万年红(魂),万年红(魂)。"另有一首民谣言:"招魂曲,口口传,将军百战终不还,只留靴子坪。葬靴地,名靴坪,后人登上靴子坪,但闻将军马蹄声。"

1988年,甘谷县人民政府组织重修姜维衣冠冢,冢前立杨成武将军题写的"姜维故里"碑,别立"远忠"碑,喻义姜维的远大志向。今墓前所植合欢、松柏已亭亭如盖,时有游人前来凭吊忠魂。

据乾隆《伏羌县志》,甘谷还有一处姜维墓:"姜伯约墓,在西南五十里魏儿沟。"另外,县城还设汉平襄侯姜公祠。康熙时伏羌县令蒋薰组织重修,并作《汉平襄侯姜公祠堂记》。

考《三国志·姜维传》:"魏将士愤怒,杀会及维,维妻子皆伏诛。"只言姜维及其家小全部被乱军惨杀,不言具体葬地。终三国之世,冀县一直是魏国辖区。因归蜀,姜维被魏朝廷视为"叛徒",所以姜维遗体或衣冠在当时安葬于冀县姜家庄是不大可能的。大概是故里后人敬仰这位先贤，故筑冢以资纪念。

甘谷而外，天水的其他地方也有姜维遗迹。据乾隆《直隶秦州新志·建置》，秦州北有姜维垒。另外，据乾隆《直隶秦州新志·山川》，秦州西南的铁堂峡有姜维故宅和姜维祖茔。“铁堂庄：西南八十里，即杜诗铁堂峡。相传为后汉姜维故宅。四山环抱，中一孤冢，传为维祖茔。”《三国志·姜维传》明言：“姜维字伯约，天水冀人也。”很清楚，姜维是冀县人。何为祖茔和故宅在今天水秦城区的铁堂峡？姜姓是天水的大姓，自南北朝至唐，代有人才。疑铁堂峡是天水姜姓的祖茔所在地，被误以为是姜维故里。不论如何，遗迹多正好说明故里人民对这位不屈不挠勇敢斗士的尊崇程度。

【附记】本文原刊于《天水师范学院学报》2004 年第 4 期，发表时本来是十部分，其中有“曹真残碑”一目。之后在翻阅碑帖资料《中国西北地区历代石刻汇编》（天津古籍出版社，2000 年）时，偶然发现这通碑并不是清道光末年出土于秦州东郊，而是出土于陕西西安，和天水没有关系，本来就不是《天水三国遗迹丛考》所应考述的内容。1996 年写作本文时之所以有“曹真残碑”这么一部分，主要是参照张举鹏先生《简述天水出土的曹真残碑》一文（天水市政协文史资料委员会《天水文史资料》1994 年第七辑，第285~290 页）。张先生的文章系回忆文章，可能有误。最近翻阅《鲁迅大全集》，发现鲁迅先生 1915~1919 年整理的辑校石刻手稿中就有“曹真残碑”，在著录碑面、碑阴文字的同时，辑录翟云升《隶篇再续》、端方《匋斋藏石记》、方若《校碑随笔》等相关考释文字，可知本碑“道光二十三年刘燕庭得之长安西门外土中”（《鲁迅大全集》第 22 册学术编，长江文艺出版社，2011 年，第 402 页）。系曹真击退诸葛亮后，雍州士民为其树立的记功碑。有鉴于此，本文入集时删去“曹真残碑”部分。不过，所引冯国瑞《题曹真残碑摹本》诗仍可保留，附录于此。

论才三代后，吾慕诸葛君。天水军垒在，东郊眺斜曛。断甓遗镞外，寂寞清渭滨。街亭与西城，讹误亦可欣。故老传遗事，风流想其人。残碑少长文，魏人颂曹真。铲损“蜀贼”字，识并童稚邻。碑阴端可喜，列举二州民。天水姜尹古，希姓良足珍。不赖此碑存，何由识乡亲？当时收三郡，义气薄高云。西县拔千家，艰险济危军。畏蜀真如虎，宣王安钗裙。鼠窍终粉碎，浩劫念贞珉。

见冯国瑞《绛华楼诗集续编》，天水：内部铅印本，2000年，第153页。

第三辑　试说石窟

王仁裕《玉堂闲话·麦积山》注解

王仁裕，字德辇，生于晚唐僖宗广明元年(880 年)，卒于后周世宗景德三年(956 年)，享年 77 岁。《旧五代史》《新五代史》笼统地说他是“天水人也”，按“周故少师王公神道碑”和“王公墓志铭并序”，[①]准确的里籍应是秦州长道县汉阳里(今甘肃礼县石桥乡)人。此公先后在李茂贞岐及前蜀、后唐、后晋、后汉、后周等朝廷任职，做过秦州节度判官、翰林学士、谏议大夫、户部尚书、兵部尚书、太子少保等官，堪称宦海中的“游泳健将”。不过，无论如何他没有同时代的另一个做官高手——自号“长乐老”的冯道那样讨人厌恶，因为就本质而言，他还是一个厚道的文人。除了忙于做官之外，还忙于写作，留有诗文数百卷。“著述之多，流传之广，近代以来，乐天而已。”[②]乱世文章不值钱，写得多，留下来的并不多，现在能看得到的也就是《全唐诗》卷 736 存诗一卷计 15 首，《开元天宝遗事》4 卷。另有《玉堂闲话》《王氏见闻录》的部分佚文散见于《太平广记》等古籍，计二百多条。我们要注解的、出自《玉堂闲话》的“麦积山”即有幸借《太平广记》得以流传。文如是：

> 麦积山者，北跨清渭，南渐两当。五百里冈峦，麦积处其半。崛起一石块，高百万寻，望之团团，如民间积麦之状，故有此名。其青云之半，峭壁之间，镌石成佛，万龛千室。虽自人力，疑其鬼功。隋文帝分葬神尼舍利函于东阁之下。石室之中，有庾信铭记，刊于岩中。古记云：“六国共修”。自平地积薪，至于岩巅，从上镌凿其龛室佛像。功毕，旋旋拆薪而下，然后梯空架险而上。其上有散花楼、七佛阁、金蹄银角犊儿。由西阁悬梯而上，其间屋。缘空蹑虚，登之者不敢回顾。将及绝顶，有万菩萨堂，凿石而成，广若

①周故少师王公神道碑，现置甘肃省礼县石桥乡斩龙村王仁裕墓前。碑通高 305 厘米，宽 114 厘米。1993 年被甘肃省人民的政府公布为省级文物保护单位。王公墓志铭，1983 年 5 月王仁裕墓地出土，边长 93 厘米。现存礼县博物馆。

②“周故少师王公神道碑”碑文，载《礼县金石集锦》，礼县：内部铅印本，2000 年，第 51 页。

今之大殿。其雕梁画栱,绣栋云楣,并就石而成,万躯菩萨,列于一堂。自此室之上,更有一龛,谓之天堂。空中倚一独梯,攀缘而上。至此,则万中无一人敢登者。于此下顾,其群山皆如培塿。王仁裕时独能登之,仍题诗于天堂西壁上,曰:"蹑尽悬空万仞梯,等闲身共白云齐。檐前下视群山小,堂上平分落日低。绝顶路危人少到,古岩松健鹤频栖。天边为要留名姓,拂石殷勤手自题。"时前唐末辛未年,登此留题,于今三十九载矣。①

这一段作者亲历、记述见闻的笔记体文字,生机勃勃,出神入化,以华美的笔调记录了麦积山石窟五代之前的诸多故实,成为认知麦积山石窟遥想当年辉煌的重要坐标,所以历来受到研究者的重视,在论述麦积山石窟历史和艺术的著述中无一例外都加以引用。杜甫《江南逢李龟年》诗云:"岐王宅里寻常见,崔九堂前几度闻。正是江南好风景,落花时节又逢君。"以此比拟学术界对《玉堂闲话·麦积山》的熟谙程度,非常恰切。但正应了一句成语所言,熟视无睹。用则用矣,引则引矣,但就现行的论著和资料看,对其中的一些内容多有误解,导致在判断隋舍利塔何在、刻庾信铭的七佛阁何在、天堂之洞何在等一些重大问题时出现偏差;再者,这段文字还有"错简"现象,也需要澄清。故本人不藏拙陋,以按层次条列,先注释、后解说的办法,对这一段文字重新料理之。

一、麦积山者,北跨清渭,[1]南渐两当。[2]五百里冈峦,[3]麦积处其半。

【注释】[1]跨:越也。清渭:即渭水,位于今麦积山之北10公里处。渭水的清浊与否完全是由上游植被的优劣决定的。隋唐时陇右大量牧马,森林草原保护较好,故渭水清澈可爱。杜甫《秦州杂诗》之二"清渭无情极,愁时独向东"之"清渭"就是纪实之词。秦陇一带森林大量砍伐是在北宋之后,②对此《宋史》和《续资治通鉴长编》多有记载。所以,五代之时王仁裕所见之渭水也应是清澈的,"清渭"理当是纪实之词。[2]渐:连结。两当:即两当县,北魏置,治所在今甘肃两当县东三十五里杨家店。据《元和郡县志》,两当县"因县界两当水为名。或云,县西界有两山相当因取为名。"而

①《太平广记》卷397《麦积山》,北京:中华书局,1995年,第3181页。文原以"。"断点,为方便阅读,此改用标点符号重标,而断点一依原文。

②北宋太祖建隆二年(961年),秦州知州高防在秦州设采造务,采伐巨木。他的继任者温仲舒等积极响应,无休无止;加之开国功臣赵普等也参与其中,私下贩运,使秦州一带渭河两岸的原始森林在叮叮当当的斧声中化为乌有。

据《方舆胜览》:“两当县东抵京师,西抵益州皆三十六程,故曰两当。”西魏为两当郡治。隋属河池郡,唐属凤州。今之两当县县名仍旧,属甘肃省陇南市。[3]冈峦:指麦积山周围连绵起伏的山峦。

【解说】“五百里冈峦,麦积处其半。”所指决非现在石窟所在的孤峰麦积山,和“北跨清渭,南渐两当”一语综合起来考虑,“麦积山”可能本来就有广义和狭义之分。狭义的麦积山即是麦积山石窟所在的山崖,而广义的麦积山当泛指今麦积山东南方圆数百里内峰嶂纵横、林海茫茫的一片地域。有趣的是,这一区域正好和今甘肃省小陇山林业实验局所辖小陇山林区范围相当。“小陇山林区”恰巧是“南渐两当”括有今陇南市的礼县、两当、徽县,“北跨清渭”包有关山林区,总面积达1245万亩。当然王仁裕是文学家,行文难免有虚夸的成分。考察有关麦积山文献资料,五代之前,石窟所在麦积山每每以“麦积崖”称之,举资料如下:

1. 北魏正始三年(506年),秦州屠各胡王法智、秦州主簿吕苟儿(一说秦州民)造反,攻逼郡县,“(李)焕仍令(石)长乐等由麦积崖赴援,属都督元丽至,遂共平之。”①

2. 北魏正光五年(524年),莫折大提、莫折念生父子据秦州发动起义,李苗上书言:“……今宜勒大将,深沟高垒,坚守勿战。别命偏师精兵数千,出麦积崖以袭其后,则汧之下,群妖自散。”②

3. 北魏永熙三年(534年),秦州刺史侯莫陈悦杀害行台贺拔岳,想起用原贺的部属周惠达,“惠达辞以疾,不见许,乃循入汉阳之麦积崖。”③

4. 西魏大统六年(540年),从子秦州刺史武都王戊在秦州修行的文帝皇后乙弗氏成为宫廷斗争的牺牲品,被敕令自尽,“凿麦积崖为龛而葬”④。

5. 北周天和年间(566~572年),陇右大都李允信为王父造七佛龛,文学家庾信作《秦州天水郡麦积崖佛龛铭》有云:“麦积崖者,乃陇坻之名山,河西之灵岳。”⑤

6. 唐释道世《法苑珠林》有言:“秦州麦积崖佛殿下舍利,山神藏之。

①《魏书》卷36《李顺传》附《李焕传》。

②《魏书》卷71《李苗传》。

③《周书》卷22《周惠达传》。

④《北史》卷13《后妃上》。

⑤北周庾信撰,清倪璠注,许逸民校点《庾子山集注》(中),北京:中华书局,1980年,第672页。

此寺周穆王所造，名曰灵安寺。”[①]

为何从魏至唐称“麦积崖”而不称“麦积山”，以理推之，麦积崖本是石窟即山寺的专称，而麦积山则是今麦积山周围群山的泛称。至王仁裕撰文的五代之后才“崖”、“山”合一了。[②]再举资料数条如下：

1. 第5号崖阁北宋石刻题记云：“熙宁八年三月二十四日，试校书郎赵瞻，自秦州陇城寨薄权陇城县尉，来观麦积山石佛阁，因书。”又有元丰四年（1081年）陕西转运副使蒋之奇石刻题记云：“蒋之奇登麦积山，观悬崖置屋之处，知杜诗为不诬矣。”[③]

2. 第4号崖阁南宋绍兴二十七年（1157年）石刻题记云：“麦积山胜迹，始建于（姚）秦，成于元魏。”[④]

3.《方舆胜览》卷69“天水军”设“麦积山”条目，并释“瑞应院”说：“瑞应院，在麦积山，后秦姚兴凿山而修……”

4. 南宋嘉定十五年（1222年）所刻《四川置制使司给田公据》碑有云：“据天水麦积山瑞应寺住持赐紫明觉大师重遇状……”[⑤]

5. 明崇祯十五年（1642年），立《麦积山常住地粮》碑。[⑥]

6. 清乾隆二十九年（1764年），立《麦积山瑞应寺常住香火田地四至碑记》碑。[⑦]

由这些题记或碑碣可清楚地看出，自宋以后，已没有了广义的麦积山。究其原因，概麦积山周围在北宋之后垦辟日繁，麦积山周围以前没有名字的山峰或地方都拥有了名字，泛称也就没有了必要，麦积山瑞应寺就成了石窟的通行称谓。在中国古代往往有名山泛指的现象，如渭水的发源地、《禹贡》名山鸟鼠山即是，本来是一座山，但很长一段时间内，渭水和洮水之间由一列山脉组成的分水岭（高城岭）都称鸟鼠山，而现在鸟鼠山又缩变成了一座山，地在渭源县城西的禹河源。为提高知名度、发展经济计，甘肃省天水市将北道区改称麦积区，同时又有麦积山风景名胜区、麦积

①唐释道世《法苑珠林》卷38《敬塔部》，北京：中华书局，2003年，第1226页。

②925年，蜀后主王衍计划欲北游秦州，前秦州节度使蒲禹卿竭力劝阻，表中有“……麦积崖无可瞻恋”等语，见《太平广记》卷241《王承休》。可看出五代之时“麦积山”和“麦积崖”还是混用的。

③④《麦积山石窟内容总录》，《中国石窟·天水麦积山》，北京：文物出版社，1998年，第275页。

⑤张锦秀《麦积山石窟志》，兰州：甘肃人民出版社，2002年，第169页。

⑥⑦黄文昆，何静珍《麦积山大事记》，《中国石窟·天水麦积山》，北京：文物出版社，1998年，第268页、第269页。

乡、麦积山植物园等冠以"麦积"的单位,这其实这又是"麦积"在新时代的泛称,目的就是要借麦积山之名而扬名。至于麦积山为何被用为泛称,其根源应该说和麦积山一带的地貌也有相当的关系,天水冯国瑞先生《天水麦积石窟介绍》一文有云:"麦积一词的来源,是因为秦岭正干森林区,起了许多突出的山峰,远远地看,像是农家丰收以后,在广场上堆起的麦积子一样。这些麦积子,不止一个,高低大小,有种种形态,可能是劳动人民给它起了麦积、豆积等名称,象征农民期望劳动成果的思想。"①正因为"麦积"状的山不止一个,也就有了泛称的基础。不过,"山不在高,有仙则灵",不论秦岭一带有多少像"麦积子"的山,而有壮观石窟的"麦积子"只有一个——那就是今之麦积山。"麦积"之专称泛称均由是起。

二、崛起一石块,[1]高百万寻,[2]望之团团,[3]如民间积麦之状,[4]故有此名。

【注释】[1]崛:《说文》:"山短高也。"这是用为高起、突起之意。一石块:意指山为一整石构成。据现代科学实测,麦积山山体由第三纪砂砾岩构成,在喜马拉雅运动中,地壳抬升,径流下切,风化剥蚀,形成奇特形貌。基岩裸露,呈现红色,夹有薄层砂岩及含泥砾岩,大体为水平层。②[2]寻:长度单位,八尺为寻。"百万寻"乃文学家极度夸张之词,和李白的"白发三千丈"相类,没必要较真。据实测,麦积山海拔 1671.4 米,山高 142 米。[3]团团:圆圆貌。天水方言,圆圆个的。[4]积麦之状:就是麦垛子。在古代天水、陇南一带有碾(打)冬场的习惯,夏季麦子收上场之后,反复晒干,然后圆形为基,搭成上大下小的垛子,状类天坛的祈年殿。等冬季农闲之后,再摊在场上打碾。这种习惯的形成,一是脱粒工具落后,工作不能急就;一是天水一带气候湿润(也是主因),夏季多暴雨,一旦塌场(即打碾被雨淋)损失惨重。石窟所在的山体天然造化,的确很像麦垛子,以"麦积"比拟,惟妙惟肖,其发明权,大抵是经常参加生产劳动的农民。

【解说】"麦积"一词最早见于麦积山第 115 窟墨书张元伯开窟造像发愿文,"……麦积□□□□□□□蓄为菩萨造石窟一躯……"③时在北魏孝武帝景明三年(502 年),此后在"北魏法生造像碑"及《魏书》《周书》等正史中屡见(见上文引),均以"麦积崖"称之。可以肯定,至迟在北魏之时,山

①冯国瑞《天水麦积山石窟介绍》,《文物参考资料》1951 年第 10 期"西北专号"。
②张锦秀《麦积山石窟志》,兰州:甘肃人民出版社,2002 年,第 1 页。
③《麦积山石窟内容总录》,《中国石窟·天水麦积山》,北京:文物出版社,1998 年,第 285 页。

即有“麦积”之名。不过,以理推之,其得名时间不限于北魏。小麦古称“来”,是外来品种,商周时引入,秦汉以降北方种植日益广泛。天水陇南一带的河谷地带至迟在三国之时即大面积种植小麦。雍州刺史张既“从征张鲁,别从散关入讨叛氐,收其麦以给军食”;①魏明帝太和五年(231 年),诸葛亮二出祁山攻魏,“乃自帅众将芟上邽之麦”②可证。种麦食麦为寻常之事,以麦喻物也就自在情理之中。以是观之,麦积山应在后秦开凿石窟之前即有“麦积”之名。

三、其青云之半,[1]峭壁之间,镌石成佛,万龛千室。虽自人力,疑其鬼功。[2]

【注释】[1]青云:《史记》卷 79《范睢传》:“须贾顿首言死罪,曰‘贾不意君能自致于青云之上,贾……不敢复与天下事’。”之后多以青云喻高位,也有用以形容山峰高峻的,李白《梦游天姥吟留别》言梦登天姥“脚著谢公屐,身登青云梯”即是。这里“青云之半”是说青云在山之半,极言洞窟之高险。[2]鬼功:有些版本为“神功”。反正都是鬼斧神工之意。如清毕沅《麦积山》:“知是鬼神功,精微列丝缕。”③清任其昌《登牛儿堂》:“得毋鬼神至,斤斧挥大匠。”④等表达的都是同一种感受——麦积奇观。

【解说】这是作者从山下仰观麦积山的直观感受。王仁裕之后,南宋《方舆胜览》卷 69“天水军”之“寺院”条有云:“瑞应院,在麦积山,后秦姚兴凿山而修,千崖万象,转为崖阁,乃秦川胜境。”和王文可相互参看。

四、隋文帝[1]分葬神尼舍利[2]函[3]于东阁[4]之下。

【注释】[1]隋文帝:名坚,隋朝开国皇帝,在位 24 年,年号为开皇(20)、仁寿(4)。[2]分葬:隋文帝是一名虔诚的佛教信徒,登位之后即大兴佛教,仁寿元年(601 年)六月十三日,下诏遣高僧三十人分道携舍利分送指定各州,指令按官府设计图样起塔,并限时十月十五日午时同下入铜函石函。秦州静念寺即麦积山佛寺有幸被朝廷列入起塔之所,于是得分舍利而葬之。“秦州静念寺立塔,定基已,瑞云再复,雪下草木开花。入函光照声赞。”⑤神尼舍利:注意!这是并列关系,不是神尼的舍利。传杨坚在登基之前,有神尼智仙者预言他终将成就帝业,在周武帝毁佛之后重兴佛法。即位之后,文帝“每以神尼为言云:我兴由佛,故于天下舍利塔内,各作神尼

①《三国志》卷 15《张既传》。
②《晋书》卷 1《宣帝纪》。
③④冯国瑞《麦积山石窟志》,天水:内部铅印本,1989 年,第 56 页、第 61 页。
⑤唐释道世《法苑珠林》卷 38《敬塔部》,北京:中华书局,2003 年,第 1278 页。

之像焉。”[①]以是观之，文帝时供奉舍利一定要连带着供奉神尼像。[3]函：盛舍利的匣子。[②][4]閤：通“阁”，“东阁”指东面崖阁，也就是我们现在说的东崖。

【解说】这句话说得很清楚，隋仁寿元年分葬于麦积山的舍利函是在“东閤”之下。但这一说法一直未受到重视，因为大家一致认定今麦积山巅的砖塔即隋塔之所在，而舍利自然是被葬在山巅了。冯国瑞《麦积山石窟志》：“古塔”条说：“塔在麦积山巅，相传为阿育王八万四千宝塔之一。虽不可信，而据石刻，隋文皇仁寿元年再修岩窟，敕葬舍利，建此宝塔，赐静念寺。(《法苑珠林》卷五十三：秦州静念寺立塔，定基已，瑞云再覆，雪下草木开华。入函光照声赞。又志灵瑞云：重得舍利，函变玛瑙。)则此塔最迟当为隋造。”[③]又，张锦秀《麦积山石窟志》山顶砖塔条说：“矗立于麦积山顶之上，周围林木簇拥，为隋文帝仁寿元年(601 年)敕建的佛舍利塔。历经重修，现存砖塔为清乾隆八年(1743 年)由圆慧和尚等重建。”[④]是为继承了冯的看法，补充了一条“现状”资料。而冯所依据的“而据石刻”指的是《秦州雄武军陇城县第六保瑞应寺再葬舍利记》碑，此碑原嵌于牛儿堂崖间，[⑤]左端残缺，现存麦积山文物库房，北宋靖康元年立。主要记载一些和塔及舍利有关的掌故，兹录和我们论题相关的部如下：“……又至隋文帝仁寿元年，再□(开)龛窟，敕葬舍利，建此宝塔，赐净念寺。至大中二年，有先师迥觉大师，寻旧基圣迹，构精蓝。至乾德四年，一百二十年。及赐灵芝一十一本。其年二月，遍山花卉盛开。继至皇祐三年，一百二十八年。又元符元年讼火毁坏寺宇，于建中靖国元年，寺主僧智詷等再建宝塔。又崇宁□年，

①唐释道世《法苑珠林》卷 40 隋王邵《舍利感应记》，北京：中华书局，2003 年，第 1275 页。

②据王邵《舍利感应记》，舍利出京之时“乃取金瓶、瑠琉瓶各三十，以瑠琉瓶盛金瓶，置舍利于其内。”在舍利送达指定的三十州之后，敕“三十州同刻十月十五日正午入于铜函石函，一时起塔。”就是说出京之时舍利以瑠琉瓶外、金瓶其内的形式盛装，到达目的地之后再转以铜函或石函盛装置舍利塔中。而各州的“感应”情形涉及舍利函的均言“石函”。又据《广弘明集》卷 17《隋国立舍利塔诏》：“诸州僧民普为舍利设斋，限十月十五日午时同下入石函”。盖各州的舍利函都是石制的。

③冯国瑞《麦积山石窟志》，天水：内部铅印本，1989 年，第 50 页。

④张锦秀《麦积山石窟志》，兰州：甘肃人民出版社，2002 年，第 11 页。

⑤据任其昌《游麦积山记》，“第一洞外崖间嵌一断碣，文前十余行尚可读。大略言山上塔为阿育王八万四千宝塔之一，寺即起于其时。此无足辨。至云宋徽宗塔下得舍利数十、灵芝三十本，文即葬舍利记也。君荒臣谄，乃至于此。碑首题曰‘秦州雄武军陇城县第六保’。”

□顶产灵芝三十八本，丞□□(昨)同申州帅，坐□山图进产芝，蒙恩改瑞应寺，免，奖谕。又至靖康元年，管勾僧……彻□台四周地面……请众僧及……。”[①]细品这段材料，只能证明隋仁寿元年在麦积山寺院建塔，并不能证明隋塔就建在山顶。相反，从“至大中二年，有先师迥觉大师，寻旧基圣迹，构精蓝”一语，适可证明隋塔就在山下，因为如塔在山顶，以麦积孤峰而论，山巅范围相当狭小，塔基是一目了然的，完全没必要费力花工夫“寻旧迹圣迹”。再者，“又元符元年讼火毁坏寺宇”一语亦可证明隋塔就在山下，因为如其高高在山顶之上，“讼火毁坏”山下寺院就不会殃及大中二年在隋塔基上重建的新塔。也可能是为了避免再遭火灾，寺主僧智詷在建中靖国元年再建宝塔时将塔址选在了山顶。《四川制置使司给田公据》碑有言：“大隋赐净念寺，大唐敕应乾寺，圣朝大观元年于绝顶阿育王塔傍产芝草三十八本……”[②]记事和上引“再葬舍利碑”年份有差异，而事系同一事，“绝顶”二字可证建中靖国元年之后所造宋塔的确是在山顶，“阿育王塔”是沿用旧称。至此，再引一隋一唐两段资料求证隋塔之所在。隋王劭《舍利感应记》说：“秦州于静念寺起塔。先是，寺僧梦群仙降集，以赤绳量地，铁橛钉记之，及定塔基，正当其所。再有瑞云来覆舍利。是时，十月雪下，而近寺草木悉皆开花。舍利将入函，神光远照，空内又有赞叹之声。”[③]“群仙降集”、“赤绳量地”、“铁橛钉记”这些词语已让人感觉到这是在山下的地上，而不是在山顶的石上。另外，从这段资料还可以看出，“静念寺”的名称在起塔之前就有，并非葬舍利时才赐给的。宋碑“建此宝塔，赐净念寺”的说法不确。又《法苑珠林》卷38《敬塔部》说：“今有名塔，如常所闻。无名藏者，随处亦有。如河西甘州郭中寺塔，下有大佛舍利。及河州灵岩寺佛殿下亦有舍利。秦州麦积崖佛殿下舍利，山神藏之。此寺周穆所造，名灵安寺。经四十年当有人出焉。”[④]明言佛舍利就在麦积山下寺院的殿下。既然佛舍利在山脚下某处，那么藏舍利的塔必然在山下。至于隋塔建在何处，清任其昌《麦积山记》说：“寺东稍平衍，出门即塔院”[⑤]不知是否。总之，

①②张锦秀《麦积山石窟志》兰州：甘肃人民出版社，2002年，第168页、第171页。

③王邵《舍利感应记》，《广弘明集》和《法苑珠林》俱录，而于“感应”部分，《广弘明集》要详于《法苑珠林》，兹据前者摘引。见《广弘明集》卷17《佛德编·舍利感应记》，上海：上海古籍出版社，1991年，第221页。且作者名字也不一致，《广弘明集》作“王劭”，而《法苑珠林》作“王邵”，盖“劭”、“邵”相通之故。

④《法苑珠林》卷38《敬塔部》，北京：中华书局，2003年，第1226页。

⑤任其昌《游麦积山记》，冯国瑞《麦积山石窟志》，天水：内部铅印本，1989年，第70页。

王仁裕“隋文帝分葬神尼舍利函于东阁之下”的说法虽有些含糊，但大方向是正确的。

接下来，还有一件和佛舍利有关的事情需要辨明。天水市南郭寺有一隋塔，世传为舍利塔。1920 年大地震，塔致残，后被陇南镇守使孔繁锦指令拆除，而地宫尚存。据隋《庆舍利感应表》，隋文帝仁寿二年，正月二十三日，再次诏命天下五十三州建立佛舍利塔。在指定的五十三州中有秦州。因为上年麦积山静念寺已起塔，没有必要再建，所以南郭寺塔必是仁寿二年秦州再起的舍利塔无疑。因此“感应表”所列秦州“重得舍利，函变玛瑙”①是指秦州南郭寺舍利塔而言的，和麦积山无涉。前引冯国瑞先生《麦积山石窟志》“古塔”将此条引为麦积山静念寺灵瑞，不确。②

五、石室之中，[1]有庾信铭记，[2]刊于岩中。[3]

【注释】[1]石室：石窟。[2]庾信铭记：指庾信所撰《秦州天水郡麦积山佛龛铭并序》。[3]刊于岩中：刻在石室的岩壁上，即摩崖石刻。

【解说】庾信(513~581 年)是南北朝时期的大文豪，本在梁为官，后出使西魏时羁留长安，仕西魏、北周，在隋文帝篡周的当年卒。此公是著作高手，又身居显位，故“群公碑志，多所请托”。③李允信在陇右大都督任内为王父(即祖父)造七佛龛，请庾信作铭，于是就有了千古传颂的《秦州天水郡麦积山佛龛铭并序》。这篇名人作的名文在王仁裕之后便在麦积山消失了，其失于何时，由何而失，成为一桩公案，引来诸多议论和推测。嘉靖三十九年(1560 年)，分巡陇右道佥事冯惟讷游麦积山，对庾铭不知去向很是遗憾，《游麦积山》诗四首之中三首论及庾铭，有云：“千载庾开府，传闻此勒铭。”④明嘉靖四十三年(1564 年)，改任河南布政司参议的冯惟讷和他的继任者分巡陇右道佥事甘茹领衔重刻庾信铭记，名《重刻麦积山崖佛龛铭序》碑。冯作跋曰：“兹山名胜，独冠陇右。其开轫之始，不可考。而志籍所存，惟子山是铭是古。观其图写山形，摽扬法界，事综理该，辞义典则，而碑版不传，遗文湮灭，乃命工伐石，刊置山隅，将以之同好，俾使后来者有所考焉。”⑤称庾信铭记是“碑版”，乃推测之言。清乾隆时，秦州知州王

①《法苑珠林》卷 37《舍利篇·庆舍利感应表》，北京：中华书局，2003 年，第 1281 页。
②冯国瑞《麦积山石窟志》，天水：内部铅印本，1989 年，第 50 页。
③《周书》卷 41《庾信传》。
④冯惟讷《游麦积山四首》，冯国瑞《麦积山石窟志》，天水：内部铅印本，1989 年，第 39 页。
⑤张锦秀《麦积山石窟志》，兰州：甘肃人民出版社，2002 年，第 177~178 页。

宽游麦积山，有诗云:“路盘七佛洞，龛蚀六朝碑。”①之后的清光绪七年(1881年),秦州进士任其昌游麦积山,作《游麦积山记》,其中有云:“……再西,则又渐下,为洞尚十余。前明中,木栈为野火所烧,榱椽间存,人迹绝不能至。闻僧徒有痴者曾入之,云内多石碑,惜不能名其字。吾意庾子山《佛龛铭》真迹当在其内。”②任其昌所言当是俗称“万佛洞”、“万菩萨堂”的133窟,时梯断栈毁,无法登临,只好心向往之。光绪十五年,任其昌和伏羌王权合纂的《秦州直隶州新志》成,卷24石刻中列“麦积崖佛龛铭”,曰:“相传旧碑存山顶洞中，今不能至。寺中碑则嘉靖甲子陇右道冯惟讷所镌。”进一步认定,庾碑在“山顶洞中”,且以“旧碑”称之。颇疑此老未读过王仁裕《麦积山》文。还要纠正一条,刻碑之时冯的官衔是河南布政司右参议,陇右道是冯此前担任过的官职,碑文上本有“原”字。冯国瑞《麦积山石窟志》推断说:“庾信《佛龛铭》如在东阁之下、石室之中,今则峭壁千仞,七阁龛下层,石室连到,可望而不可攀矣。如在七佛阁上层之散花楼中,则楼已早毁。据《太平广记》所载,在东阁下石室中者可确,架梯攀登,俟诸异日。”③明确庾铭在东崖之某处。而他又在1951年发表的长文《天水麦积山窟介绍》中说:“七佛阁就是现在的上佛阁,尚完好,部分壁画也存在,阁独没有庾信作的石刻。后由明人补刻,在石窟下面的瑞应寺内。传说西阁石窟内石刻甚多,因栈道塌毁,庾铭或者在那里。”④由于上七佛阁不见庾铭,便接受庾铭在西阁的传言,和以前看法相矛盾。

1953年7月,中央文化部社会文化事业管理局组织麦积山勘察团对麦积山石窟进行了长达一个月的全方位考察,与此同时,为便于考察,当地政府抽调人力架通西阁栈道,包括133窟在内的主要洞窟均能通达,但还是不见庾信铭的踪影。最后,在吴作人先生执笔的《麦积山勘察团工作报告》是这样作结论的:“北周大都督李允信为王父(祖父)造七佛龛,是在庾信写的‘秦州天水郡麦积崖佛龛铭并序’里所记。这篇铭记是刻在七佛龛的壁上,五代时还存在(见前注)。后来明朝冯惟讷寻不着原刻,就据原文重刻一石碑,现在这块碑存瑞应寺,已断裂。铭文辞藻很华丽,但不能说

①王宽《麦积山》,冯国瑞《麦积山石窟志》,天水:内部铅印本,1989年,第57页。

②任其昌《游麦积山记》,冯国瑞《麦积山石窟志》,天水:内部铅印本,1989年,第69页。

③冯国瑞《麦积山石窟志》,天水:内部铅印本,1989年,第19页。“东阁之下石窟之中”,《太平广记》中华书局1995年本断如“东阁之下,石室之中”,分属上下文。

④《文物参考资料》1951年第10期“西北专号”。

明好几个‘七佛阁’中哪一个是李允信造的。”①

在诸多诗人扼腕叹息之后，在任其昌、冯国瑞等先生满怀希望推断之后，在传言的洞窟中仍未发现庾铭之后，作出这样的结论，是很有分寸的，也是严格尊重史实的。因为追索庾铭最基本的一点是要将庾铭和“铭”之对象七佛阁结合起来，再有一点就是要和引文中提到的“见前注”即王仁裕《王堂闲话·麦积山》有关记载结合起来。现在让我们回过神来再看王文。“石室之中，有庾信铭记，刊于岩中。”②首先，“铭记”是在石室即洞窟之中；其次，刊于岩中可证“铭记”是壁刻即摩崖而不是碑刻。在此基础上，还应弄清王仁裕的登山线路。细审王文，至迟麦积山在五代时已形成东崖西崖两部分，文中“东阁”“西阁”之称可证，颇疑自五代之后都保持这种格局，东西两崖栈道自成系统，本来就是不相通的。游览路线是先东阁而后西阁。明乎此，一些问题就会迎刃而解。王仁裕在记了东阁之下寺院的佛舍利之后，紧接着笔锋一转记庾信铭记，可断定：其一庾信铭在东崖，和西崖无关，先前庾铭在“西崖碑洞”之类的揣猜本来就是站在不住脚的；其二庾铭是王仁裕登东崖之后记录的所感兴趣的第一景物，其必在东崖的低层或中层，绝非最高层。这样又牵扯出一个大悬案，庾铭的对象七佛阁何在，而找准了七佛阁就找到了庾铭的准确地点。因为，作为七佛阁的铭记，庾铭肯定在七佛阁的石窟中。

麦积山的七佛阁一共有三组，即上七佛阁，中七佛阁、下七佛阁。乾隆《直隶秦州新志》卷2“山川”之“麦积山”条所谓：“岩间有上七佛、中七佛、下七佛，皆凿岩而立。”自冯国瑞先生《麦积山石窟志》出，一种先入为主的理念深入人心——即李允信为王父所建的洞窟就是处东崖最高层的上七佛阁。③尽管如前所引，《麦积山勘察团报工作报告》用“铭文辞藻很华丽，但不能说明好几个七佛阁中哪一个是李允信造的”作结论。但大家好像置若罔闻，一些论著及介绍麦积山的旅游册子都很坚定地沿袭冯说。④时至今日，导游小姐们依然在上七佛阁（004窟）以银铃般的优美声调天天向游客们讲述李允信、庾信铭……从心理因素考虑，人们似乎不愿意让麦积

①《文物参考资料》1954年第2期。

②“石窟之中”数字，有些论著断上和“东阁之下”一语关联，卑意以为应断下和“有庾信铭”记关联。

③冯国瑞《麦积山石窟志》，天水：内部铅印本，1989年，第19页。

④如董玉祥《梵宫艺苑：甘肃石窟寺》，兰州：甘肃人民出版社，1999年，第217页；胡承祖《雕塑之宫：麦积山石窟艺术》，兰州：甘肃人民出版社，2000年，第34页；张锦秀《麦积山石窟志》，兰州：甘肃人民出版社，2002年，第27页。

山最雄伟的洞窟没有主人,没有故事。然而,一个不允回避的事实是,王仁裕先述庾铭,而后用“其上有散花楼七佛阁、金蹄牛角犊儿”再记其所见,可确证庾铭石室“其上”的上七佛阁绝非李允信所造,也绝非庾铭所在。顺治《秦州志》卷3《地理志》为我们展示了一条东崖的旅游线路:“□(远)门而循东麓至瑞应寺,至山寺,又至下七佛堂,级而上至中七佛堂,又至罗汉堂,又级至上七佛堂,傍有石牛、石金刚,工皆奇巧。”和王仁裕所述完全一致,所不同者只不过更加明确一些罢了。其中所言的“傍有石牛、石金刚”正是王仁裕所记的“金蹄牛角的犊儿”,亦即俗称“牛儿堂”的005窟。从拾级而上自下七佛堂(阁)、中七佛(阁)、上七佛堂(阁)的登高顺序也可傍证,有庾铭的七佛堂(阁)只能是中七佛阁、下七佛阁中的某一个,而非上七佛阁。据《麦积山勘察团工作日记》七月三十日条:“……中七佛阁之下,有佛三窟,俗称下七佛阁,佛像重装时代愈近,且曾有人居住,已被炊烟熏毁。其下(指中七佛阁下)三窟不当称七佛阁,惟三窟合计也有七佛,故有此俗称。”①因此,下七佛阁即030号窟应排除。符合条件的就只剩下中七佛阁即009窟了。王仁裕看到庾信铭记刊于岩中的当正是此窟。

另,金维诺先生从人物政治背景、财力和地位、上七佛阁彩绘一直延续到隋、初唐才完成等事实论证了上七佛阁不会是李允信所建。接着,又从艺术考古的角度论证中七佛阁有典型的北周风格,当正是李允信所建的七佛阁,并断定“五代所见《秦州天水郡麦积崖佛龛铭》或其遗迹,在今后的整修过程中,仍有再发现的可能。”②金先生的论说很有见地。我们期待着中七佛阁经后代不断涂绘的岩壁上,会在某一次整修时,庾信铭能露出那张千百年来让历代文人牵肠挂肚的“脸庞”。

六、古记[1]云:“六国共修”。[2]

【注释】[1]古记:古地记、图经之类的地方志。言“古地记”,则起码是唐代以前的地记。唐代以前和天水有关的地记,有迹可寻的只有南朝宋郭仲产所著的《秦州记》和魏太山的《秦州记》,③但此二书留下的散见于各书的一鳞半爪遗文中没有关于麦积山的记载。所以“古记”所指者何书就不能而知了。钱谦益《钱注杜诗》在注杜甫游历麦积山的《山寺》诗时,引北宋《天水图经》云:“麦积山瑞应寺上,山形如积麦,佛龛刳石,阁道萦旋,上下

①《文物参考资料》1954年第2期。

②金维诺《麦积山石窟的兴建及其艺术成就》,《中国石窟·天水麦积山石窟》,北京:文物出版社,1998年,第177页。

③刘纬毅《汉唐方志辑佚》,北京:北京图书馆出版社,1997年。

千余丈。”①所谓“古记云”，就是此类记载。[2]六国共修：即六朝共修。对此，《麦积山勘察团工作报告》的解释是：“所谓六国，我们假如从唐向上追溯，历隋、北周、西魏、北魏以及后秦(384~417年)，恰好是六代。”此言甚是，因为麦积山石窟的开创年代学术界比较一致的看法是后秦，碑刻记载也多是如此，正好可从王仁裕之前的唐逆推至于后秦。②

【解说】对麦积山的创建历史，南宋《四川制置使司给田公据》碑有这样的提法：“始自东晋起迹，敕赐无忧寺，□□□给田供赡。次七国重修，敕赐石岩寺。”至于“七国”何指，有学者认为是前赵、后赵、前秦、后秦、西秦、前凉、北凉七国；③也有学者认为是前秦、后秦、西秦、北凉、北魏、西魏、北周七国，④意见颇为不一。不过，现行“给田公据碑”中的“七国”，在冯国瑞先生的《麦积山石窟志》录文中本来就是“六国”。如冯之录文正确，则以上“七国”的列举本身就是错的。不过，王仁裕所言的“六国共修”和“给田公据碑”所言的“七(六)国重修”，叙述的角度是不一样的。前者是说经“六国共修”始成他所见的景况，意在追溯麦积山石窟的发展史；后者是说“东晋起迹”之后，经过“七国重修”，意在说明麦积山石窟建于何时，所以王文的“六国”和碑文的“七国”(六国)字面相仿，但所指本来就不是一码子事，《麦积山勘察团工作报告》的解释非常在理。

七、自平地积薪而上，[1]至于岩巅，从上镌凿其龛室佛像。[2]功毕，旋旋拆薪而下，[3]然后梯空架险而上。[4]

【注释】[1]薪：粗大的柴火，这里泛指各种木材。[2]镌：琢凿。[3]旋旋：天水方言将逐渐干什么，或一边干什么、同时再干相关的事称“旋”，收割小麦就有“旋黄旋割”的说法。这里的“旋旋”就是天水一带的方言，指从上镌凿龛室、佛像，成一层，则拆薪一层，如是一层一层地凿，一层一层地拆。[4]梯和架：名词动用。梯，阁道间的悬梯；架，水平方向铺设的栈道，麦积山西崖栈道，自古有“十二联架”之称。

【解说】是为介绍建修石窟的方法，当是作者笔录的民间传说。至今，天水一带依然有“砍尽南山柴，修起麦积崖”的农谚，可见这一传说流传广远。本文第一部分已论及麦积山在唐代以前称“麦积崖”，以此为据，可断

①钱谦益《钱注杜诗》，上海：上海古籍出版社，1979年，第349页。

②《文物参考资料》1954年第2期。

③阎文儒《麦积山石窟的历史、分期及其题材》，阎文儒编《麦积山石窟》，兰州：甘肃人民出版社，1984年，第16页。

④《中国美术全集·麦积山石窟雕塑》，北京：人民美术出版社，1988年。

定这一传说在唐代以前即盛行。无独有偶，麦积山西北，与之相距一百多公里的甘肃武山拉梢寺也有类似的传说，言“拉梢”二字就是因为拉树梢累积造窟而得名。此类传说，看似很在理，实际经不起推敲。因为石窟并非一时一人所建，正如王文所言“六国共修”。自然也不可能毕其功于一役，何而能是用积薪之法自上而下整齐划一地修建呢？就石窟考古而论，现发现的建造时代最早的北魏洞窟，高低位置都有，并非统一位于最高层，也可证积薪之说不可取。庾信《秦州天水郡麦积崖佛铭并序》有云：“大都督李允信者，籍以宿植，深悟法门。乃于壁之南，梯云凿道，奉为王父造七佛龛。”①盖古代造窟采用的就是“梯云凿道”即悬空架梯、石壁凿道办法。因为这办法省力、省费、省时间。传言的“积薪”之法，只能是听起来颇有浪漫色彩，而实施起来没有可能的笨办法。想必，建造麦积石窟需大量木料以造栈道崖阁，于是有了“砍尽南山柴，修起麦积窟”的谚语，进而由谚语演绎成了积薪建窟的传说。

八、其上有散花楼七佛阁、金蹄银角犊儿。[1]

【注释】[1]金蹄银角犊儿：麦积山石窟005窟，俗称牛儿堂，廊正壁中间龛外左侧存天王立像一尊，脚踏卧牛，此卧牛正是所谓“金蹄银角的犊儿”。按佛教术语“天王”应称伊舍那天，为十二天之一、十方护法神之一、八方天之一，其形象之一种本来就是或坐或立于牛背上的。②由于牛善良勤劳的品行历来为劳动者喜爱，于是麦积山周围十里八乡的农民便以牛为话题流传许多的传说，多表达希望丰收之意，并亲切地称为“金蹄银角的牛娃”。每年四月八日麦积山香会，除在七佛阁化纸而外，一定要摸一下犊儿，以祈求丰收、安康。其以“金蹄银角”命名，大抵最初妆成之时，犊儿之蹄和角是贴金贴银的吧！可惜不知何时牛角已毁，前蹄并亡。

【解说】这里又扯出一桩公案。散花楼和七佛阁并列叙述，到底是同一窟，还是不同的两个窟呢？对此，学术界大多数人认定是同一窟，即散花楼是上七佛阁的俗称。麦积山勘察团编制的《麦积山石窟内容总录》及现行有关麦积山石窟的资料，均是如此。而金维诺先生提出异议，认为“五代《玉堂闲话》将散花楼和七佛阁并称，显然不是指同一个建筑，如果散花楼就是上七佛阁，七佛龛应是专指另一个刊有庾信铭记的李充（允）信所建

①北周庾信撰，清倪璠注，许逸民校点《庾子山集注》（中），北京中华书局，1980年，第672页。

②弘学《佛教图说》，成都：巴蜀书社，2001年，第412页。

的七佛阁。”①在这里,金先生有一点疏忽,因为《玉堂闲话》在叙述完刻有庾信铭记的石窟之后,言“其上有散花楼、七佛阁”,则二者虽是并列,但位置都肯定在刻有庾信铭记的石窟之上,文中的七佛阁只能是上七佛阁(004窟)。至于上七佛阁和散花楼的关系,理应从散花楼的得名说起。上七佛阁之龛外上方正壁第1号至第7号龛上各有北周所绘飞天一组,其中第2组、第6组壁画都是飞天散花图,其余伎乐飞天周围也是天花漫布,阁名“散花”,当由是而起。也如金先生所言:“在龛帐的上部为七铺伎乐散花飞天,每铺四个天人,有的奏乐,有的散花。天人脸面手足均为薄肉浮塑,衣饰则彩绘。塑绘巧妙地结合在一起,使天人更加矫健活泼。伎乐翱翔于天际,鲜花随乐音而翻舞,成为这一宏伟壮丽佛窟中最吸引人的画面,七佛阁之所以被称为散花楼,也是出于对这些壁画的高度赞美。”②很显然散花楼名由的飞天壁画乃七佛阁的有机组成部分,以散花楼代指七佛阁也是情理中事。③从“七佛阁之所以被称为散花楼……”一语也看出金先生也承认这一点。

虽然《玉堂闲话》将散花楼和七佛阁平列,但如我们不要在其间硬塞一个顿号,保持“散花楼七佛阁”式样,问题不就解决了吗?另外,七佛阁崖壁残存的单檐庑殿屋顶上部遗留有成排的方形,孔显然原是插木的榫眼,是否和七佛阁有关联呢?或就是七佛阁附属的木构建筑部分,突出崖外,高悬半天,加之七佛阁壁间有散花飞天,其以散花楼代称也未可知。散花楼七佛阁并列盖因此之故也。

九、由西阁悬梯而上,其间千房万屋,[1]缘空蹑虚,[2]登之者不敢回顾。将及绝顶,有万菩萨堂,凿石而成,广若今之大殿,其雕梁画栱,绣栋云楣,并就石而成。万躯菩萨,列于一堂。

【注释】[1]千房万屋:王仁裕之前,杜甫《山寺》诗有云:“悬崖置屋牢”。[2]蹑:踩踏。

【解说】这段记述明白如话,无须多作注解。栈道之险、佛窟之多历历在目。重点描绘的万菩萨堂就是133窟,今人称万佛洞,这已被石窟考古所证明,毫无争议。此窟为北魏所创,尽管洞窟壁上的千佛影塑大多已剥

①②金维诺《麦积山石窟的兴建及其艺术成就》,《中国石窟·天水麦积山石窟》,北京:文物出版社,1998年,第176页。

③据冯国瑞《麦积山石窟志》,民国之时,游人登上七佛阁,礼佛者“携表纸于此抛下,飘荡空中,良久落于林际,殊可观,如散花然。习俗久延如此。”这可看做是慕壁画“天女散花”附丽风雅的做法,实与散花楼的得名无关。

落，但窟内大小造像(包括造像碑)加起来有 4953 尊之多①，以万菩萨堂称之，良非虚言。我们要特别注意的是王仁裕已经从东阁即东崖原路返回下山了，而后再绕道西边，由西阁即西崖悬梯而上了，并到了万佛洞。

十、自此室之上，更有一龛，谓之“天堂”。空中倚一独梯，攀缘而上，至此，则万中无一人敢登者。于此下顾，则群山皆如培塿。[1]王仁裕时独能登之，[2]仍题诗于天堂西壁上。[3]曰：“蹑尽悬空万仞梯，等闲身共白云齐。檐前下视群山小，堂上平分落日低。[4]绝顶路危人少到，古岩松健鹤频栖。[5]天边为要留名姓，拂石殷勤手自题。”

【注释】[1]培：埋藏地中曰培，培塿即矮楼。[2]王仁裕时独能登之：王仁裕的《玉堂闲话》已佚，“麦积山”一条赖《玉平广记》得以保存。但这本是王仁裕自撰之文，以“王仁裕………”第三人称记事，颇不合常理，疑这一句话是《太平广记》的编者加的按语。《太平广记》成于太平兴国三年(978 年)，主编就是王仁裕的得意门生李昉，对老师的事迹当是非常清楚的，顺手加一二按语再简单不过了。②[3]仍：疑应是“乃”之讹。[4]平分：堂高日低，只能照到堂之一半，堂上于是一半阴一半阳。[5]鹤频栖：鹤是瑞禽，鹤栖于岩松，松鹤延年，既是祥瑞，也是写实。直到清代还能看到这种现象，毕沅《麦积山》诗有云：“丁丁不见人，烟树响樵斧。惊起鹤一双，远落夕阳浦。”③

【解说】此述登天堂窟的独特感受和题壁留诗的经过。那么，王仁裕登临的天堂洞到底对应现在的那一窟呢？这更是一桩大公案。不过，这一桩公案有些一言堂的味道。自《麦积山勘察团工作报告》做出“再往上走，到了栈道的顶点，就是第一三五号窟，这是西崖能通到的最高处，人们叫它做‘天堂洞’”的结论。④135 窟即天堂洞就成了终极结论，此后的论著都沿袭这种观点，如阎文儒先生的《麦积山石窟的历史、分期及其题材》、李月伯等编制的《麦积山石窟的主要洞窟内容总录》、何静珍的《麦积山石窟大事记》⑤、蒋毅民等的《天水麦积山·图版说明》、黄文昆等的《天水麦积山大事年表》注⑥、张

①张锦秀《麦积山石窟志》，兰州：甘肃人民出版社，2002 年，第 101 页。

②《太平广记》录《玉堂闲话》160 条、《王氏见闻录》31 条，如此大规模地收录王仁裕的著作，自然和王仁裕、李昉的特殊关系有关，王氏此二书也赖《太平广记》使后人能见其梗概。而此二书中以“王仁裕”为题的词条凡三见，估计都是编者所加，因为以自己的名字为题作笔记不太合常理。

③冯国瑞《麦积山石窟志》，天水：内部铅印本，1989 年，第 56 页。

④《文物参考资料》1954 年第 2 期。

⑤以上三文载阎文儒编《麦积山石窟》，兰州：甘肃人民出版社，1984 年。

⑥以上二文载《中国石窟·天水麦积山》，北京：文物出版社，1998 年。

锦秀的《麦积山石窟志》等。果真就没有值得怀疑的地方吗？我的回答是：否！让我们先从何谓天堂谈起。

天堂在佛教经典中和地狱相对，指天上宫殿，洞窟名为天堂，估计和散花楼一样是善男信女的俗称，说明一个问题，此洞在麦积山诸窟中，位置最高，距绝顶最近，由下仰望距天最近。高高在上，独一无二。那么，135窟是麦积山诸窟中最高的吗？否！事实上，135窟和136窟处在同一水平线上，二窟之上还有150、151两个残窟，残窟之上还有累累橛眼，以135窟为天堂洞，无乃太低乎？再者，《麦积山勘察团工作报告》"这是西崖能通到的最高处"只是当时所见的情况，其实，135窟之上当时不能通，不见得过去就不能通，当时没有建筑，不见得历史上就没有建筑。局限于"这是西崖能通到的最高处"来定位天堂洞，在原则上是错误的。最终要找准天堂洞，还得跟着王仁裕的登山线路走，跟着他的笔锋走。王从万菩萨堂(133窟)逛出来之后，言"自此室之上，更有一龛，谓之天堂"。依此，天堂肯定在万菩萨堂之上无疑。可以想见，当时万菩萨堂之上还有别的洞窟，只是非作者"天边为要留姓名"的目的地而被略去。并非万菩萨堂上马上就是天堂，"空中独倚一梯，攀缘而上。至此，则万中无一人敢登者。"对临空所倚之梯的高度，诗中言"蹑尽悬空万仞梯"，尽管这是夸张的描述，但绝不会是三五米吧。[①]而133窟水平方向和135窟的垂直距离也就是几米，何须用"万仞梯"呢？再者，空中所倚的一梯，也不见得一出万菩萨堂就倚在那里，应该是连上一台或数台之后，危梯才倚通达天堂之路。天堂"万中无一人敢登"当然也有虚夸和自鸣得意的成分。不过，王仁裕的青少年时代是伴随"以狗马弹射为乐"度过的，是王大胆，他冒险而登的地方，至少不会人人都能够健步而攀。事实上，被勘察团指定的天堂洞(135窟)中，光王仁裕之后的题记就有20多条，历代都有，数量在所有洞窟题记中名列前茅，下限一直延续到明崇祯三年，[②]而登临者中没有留下题记或根本就不会涂鸦者肯定还大有人在。足见攀登此窟是寻常之事，并非难于上青天，也可反证135窟根本就和天堂洞不沾边。探讨天堂所在，还得更上一层或几层楼。在勘察团之前，冯国瑞先生对天堂洞有过推测，他从天堂洞肯定

①悬梯通达石窟是古人常有的做法，甘肃武山木梯寺就是因以长木梯通达主要洞窟得名。1952年，炳灵寺石窟勘察团为考察之用曾制过一高梯，"9月21日，晴……已搭成一高梯，共4丈多高，横钉短木，共40余数，顶端装有活车，集二三十人之力方可安置"。文载《文物参考资料》1953年第1期。以此做参照，可想见王仁裕提到的"空中倚一独梯"能有多高。

②据麦积山勘察团《麦积山石窟内容总录》，《文物参考资料》1954年第2期。

在所有石窟最高处的基点出发,认为七佛阁之上的正面最高处"有横雕的平凹痕迹一道。其西端凹中有字,似梵文,其下有原来栈道插大梁的孔痕,可能是《太平广记》所说的天堂。"①将天堂定位在东崖的最高处,原则上是对的,而方向上是错的。原因很简单,王仁裕从东崖达散花楼七佛阁之后,先下来,再从西崖攀升到了天堂,而非达散花楼七佛阁继续上升。现在,我们以西崖天堂洞所在为所有石窟最高处作为基点寻找天堂洞。前文已言,135 窟之上连接东崖栈道端上有 150、151 两个残窟,是当年勘察团因栈道未通而没有登临者,而天堂应该是唯一的,不会是平列的此二窟其中的某一窟。二窟之上便是稠密有序的橛眼,大致有 30 多个,显然是昔日建筑的痕迹,在西崖现存的这一组橛眼群之上或左右再没有其他橛眼痕迹,故有独一处的性质,符合作为天堂的条件,这大抵正是我们向往的"天堂"所在。王仁裕在天堂题诗时有"檐前下视群山小,堂上平分落日低"的说法,从"檐前"、"堂上"等词可以看出这是一处特殊的崖阁,小半建筑应是凿崖而建,大半建筑是突出崖面的木构形式,有类河北涉县的娲皇宫。可惜在王仁裕之后不知什么时候毁了,只留下成组的橛眼昭示着昔日的辉煌。真正的天堂毁了之后,在群众的传言中天堂的位置就人为下降了,勘察团的结论应该是受了传言影响吧!

十一、时前唐末辛未年,[1]登此留题,于今三十九载矣。[2]

【注释】[1]前唐辛未年:辛未年即公元 911 年,时唐朝已灭亡 6 年,在中原是朱温的天下,为梁朝乾化元年,这里仍旧用"前唐"称之,一是当时的秦州尚是凤翔李茂贞岐所有,并未归梁;二是出于对故国的怀念。[2]于今三十九载矣。从 911 年下推 39 年,当是 949 年,也就是后汉乾祐二年。时王仁裕 70 岁,在后汉朝廷任翰林学士承旨、户部尚书。追忆当年 32 岁时涉险登绝顶的英姿,油然而生感慨之情。

【解说】在了断了一连串"公案"之后,末了讨论一个无足轻重的问题,王仁裕为何一定要犯痴"天边为要留姓名,拂石殷勤手自题"的登此留题呢?这和他人生道路很有关系。此公自幼丧父,是有名的"混混","既乏师友之规,但以畋游为事"。②据说某一晚梦见以西江水浣洗肠胃,并吞食有文字的碎石,于是心智顿开。25 岁始发愤攻读,数年后便洗心革面成为秦陇间著名的文人,终被秦州长官李继崇辟为从事。这对他一个孤儿来说,是人生的大转折,也是大喜事,应该有纪念的举动。估计他登麦积山和入

①冯国瑞《天水麦积石窟介绍》,《文物参考资料》1951 年第 10 期。
②"周故少师王公神道碑",《礼县金石集锦》,礼县:内部铅印本,2000 年,第 51 页。

仕是同一年。天边留名，预示着一种远大的政治抱负。唐人中进士有雁塔题名的雅俗，王仁裕登高题名也是附丽风雅的雅事。

最后，应该指出，《麦积山》文有“错简”现象。写文章得有逻辑和层次，本文先从山脚视角描述麦积之雄伟，得名之缘由，栈道之壮观等事，而后写东崖登山所见，而后写西崖登山所见，最后点明时间作结尾，思路是很清晰的。但现在通行的《麦积山》文在状麦积总貌的第三段之下、述洞窟建造方法的第六段之上突然插入“隋文帝分葬神尼舍利函于东阁之下”、“石室之中，有庾信铭记，刊于岩中”第四、第五两句，殊不合理，无法解释第六句“古记云六国共修”的对象是何物。本是说石窟是“六国”共修，如按现有的排法就成了庾信铭记为“六国共修”了。这是常人都可避免的错误，而况王仁裕那样的文章高手呢？必是那个马大哈在抄文章之时抄错了行，便使后人过了一个长达千年的愚人节。正确的排法应是：一、二、三、六、七、四、五、八、九、十、十一。按这样的顺序阅读，那就顺畅多了。为直观起见，兹将本文按我们论定的本来面目重新标点、分段，并再抄一遍：

麦积山者，北跨清渭，南渐两当。五百里冈峦，麦积处其半。崛起一石块，高百万寻，望之团团，如民间积麦之状，故有此名。其青云之半，峭壁之间，镌石成佛，万龛千室。虽自人力，疑其鬼功。古《记》云：“六国共修”。自平地积薪，至于岩巅，从上镌其龛室、佛像。功毕，旋旋折薪而下，然后梯空架险而上。

隋文帝分葬神尼舍利函于东阁之下。石室之中，有庾信铭记，刊于岩中。其上有散花楼七佛阁、金蹄银角犊儿。

由西阁悬梯而上，其间千房万屋。缘空蹑虚，登之者不敢回顾。将及绝顶，有万菩萨堂，凿石而成，广若今之大殿。其雕梁画栱，绣栋云楣，并就石而成。万躯菩萨，列于一堂。自此室之上，更有一龛，谓之“天堂”。空中倚一独梯，攀缘而上。至此，则万中无一人敢登者。于此下顾，其群山如培塿。（王仁裕时独能登之）。乃题诗于天堂西壁上，曰：“蹑尽悬空万仞梯，等闲身共白云齐。檐前下视群山小，堂上平分落日低。绝顶路危人少到，古岩松健鹤频栖。天边为要留名姓，拂石殷勤手自题。”

时前唐辛未年，登此留题，于今三十九载矣。

对这篇文字,冯国瑞先生有一段精彩的评论:“读此奇文记载,真令人心神震眩,初疑非人境。及亲履其间,虽有残毁,而泰半皆森然在目,骇如幻境梦影,响壁叫绝。”[①]既如此,我们何妨多读几遍,或许还可从中捣腾出更多的“宝”来。

【附记】本文原刊于《敦煌学辑刊》2006第2期,入集时个别字句及注释有改动。

①冯国瑞《麦积山石窟志》,天水:内部铅印本,1989年,第13页。

天水流传过的敦煌经卷及学者题跋

1900年敦煌藏经洞被发现,从此敦煌石窟的浩劫也开始了。无知的王道士、贪婪的西方探险家以及不负责任的"肉食者们"共同导演了一幕幕浩劫敦煌的丑剧。英国人斯坦因捷足先登,法国人伯希和紧步后尘,肆意掠夺。直到1908年,学部才"痛"下决心,将劫余的经卷一并解送北京。然而从敦煌到北京,沿途一路,大小官府层层设卡,大小官员和经手人雁过拔毛,因为这时候经卷的"价值"已被充分发现,经卷即金钱,经卷在外国人劫夺之后再被中国人自己劫夺。另外王道士打埋伏私藏的经卷,也不断地换成白洋,敦煌经卷在西北大流散。诚如陈寅恪先生言"敦煌者,吾国学术之伤心史也。其发现之佳品,不流入于异国,即秘藏于私家"。①

天水民国时流传的敦煌经卷,内容均为佛经,就是历次浩劫后的流散品。收藏最富的为贾缵绪,其次是胡宗珩、冯国瑞、宋梓诸先生。

一、贾缵绪藏品及题跋

贾缵绪(1871~1936年),字禹卿,一作宇清,清秦州东乡花南埠(今天水市北道区伯阳乡花南村)人,光绪二十六年(1900年)副贡生,曾任四川西充知县。1912年当选为国会议员,1917年之后任甘肃烟酒总办、甘肃教育厅长、安肃道尹、泾原道尹。1926年,辞官归里。贾为人乐善好施,热心地方公益事业,凡文教、实业、民生等项都多所提携。贾收藏经卷多为兰州任烟酒总办和教育厅长时购求所得。在安肃道尹、泾原道尹任内,由于安肃道治酒泉、泾原道治平凉,为丝路大道,也是敦煌经卷流布较多的地方,所得经卷亦在不少。据他为胡宗珩(楚白)敦煌写经所作的跋,其藏经数量在百幅左右。晋魏六朝隋唐历朝卷子皆有,其中不乏精品,且大多有写经题记和年月。关于贾的藏品,冯国瑛在其兄冯国瑞《绛华楼诗集》诗注言:"……吾兄归里,丈(指贾缵绪)恒过从,谈笑移日。丈收藏颇富,敦煌写经

①陈寅恪《陈垣敦煌劫余录序》,陈寅恪《金明馆丛稿》二编,上海:上海人民出版社,1980年,第236页。

有晋魏六朝隋唐五代多卷，皆名贵罕睹。”[①]1934年贾缵绪为胡宗珩藏敦煌经卷作跋，对自己的藏品也来了一个自报家门，全文抄录如下：

> 余昔官兰山，皖人讲佛学者甚嚣尘上，一时敦煌石室藏经应运而出，余亦有嗜古癖，不惜重价，购获很多。既而东北奔驰，中经丧乱，损失者不可以数计。嗣后解□[②]归里，频遭兵焚，其所存者亦仅矣。嗟呼！故藏岂易哉，亦视乎时会如何耳。胡君楚白，近得唐人写经一页，郑重珍藏，视若拱璧，示出题跋，籍昭来兹，反复展玩，虽究佚无多，而神采奕奕，洵属有唐士大夫手笔。余虽同此嗜，反不若胡君以少为贵也。追维往事，不胜感叹，此以见世之搜罗古迹，与古迹之表现于世者，有幸有不幸耳！右诗二章，录呈楚白方家吟正。
>
> 收买唐经近百编，几经浩劫未能全。回思往事增怆感，过眼沧桑欲问天。
>
> 色相空空静悟禅，菩提一卷忆千年。碧纱笼护传佳话，争羡羲之写玉笺。[③]
>
> 兰林山人贾缵绪廿三年九月下浣

据此，其藏品在不断的社会动荡中损失殆尽。1928年邀冯国瑞鉴赏时，已是“仅见数卷”。文中所言藏品损失的原因“既而东北奔驰，中经丧乱，损失者不可以数计。嗣后，解□归里，频遭兵燹，其所存者亦仅矣。”语颇笼统不明。所谓“东北奔驰”当指序者本人职位频繁调动，住址迁徙不定；“中经丧乱”当指1926年国民军驱逐陇东镇守使张兆钾战役，时贾为泾原道尹，驻平凉。令人不解的是经卷并非大宗物品，迁移不难，为何在这些变故中丧失“不可以数计”呢？1926年贾返里之后，至1934年为胡宗珩藏经作跋时9年间的“频遭兵焚”，当指国民军进驻天水、马廷贤毒害天水、马部内讧、川军驱逐马廷贤、川军陕军争夺天水、驻天水陕军内讧、胡宗南中央军进

①冯国瑞《绛华楼诗集》，《西北文献丛书》第174册，兰州：兰州古籍书店，1990年，第402页。诗集1935年由冯国瑛编辑，在北京自费出版，印数不多，现已罕见。1992年客居台湾的冯国瑞弟冯国璘在台重印《绛华楼诗集》，新辑人冯国瑞1935年之后的诗作曲词数十首。

②民国时期的《陇南日报》由于经费紧张，以品质低劣的麻纸印刷，加之已历数十年，往往有一些字无法识读，此处只好以□替代，下文同。

③《陇南日报》民国26年7月10日。

驻天水等事件。贾作为绅士，似乎不受多少冲击，为何经卷在这些“兵燹”中一再散失呢，也让人疑惑。不过现在可以作结论，贾之藏品均不知所终。

对于贾藏品的文物价值，1928年冯国瑞鉴赏之后作写经笺记二则可作参考。

(一)隋人写经笺记

吾乡贾禹卿先生(缵绪)所藏敦煌写经甚富，六朝隋唐五代皆有之，中更兵燹，泰半散佚。昨仅见数卷，以隋经一卷为第一，书法隽逸，书《华严经》卷五十，其尾有题记四行曰：“开皇十七年四月一日，清信优婆夷袁敬姿谨减身口之费，敬造此经一部，永却供愿。从今已去，灾鄣弥除，福庆臻集，国家永隆，万民安泰。七世九远，一切先灵，并愿迟苦获安，神游净刹，罪灭福生，无诸鄣累。三界六道，烈亲六等，普共含生，同日升佛。”四行系行书，风韵婀娜，当为书家杰作，非出经生手者。①

(二)敦煌晋人写经笺记

禹卿先生所藏，此卷真稀世之宝。写《道行品法句经》，凡八章，完整。长卷尾有“咸安三年十月二十日沙弥净明诵习法句”起十七字。东晋简文帝至咸安二年即卒，晋高僧无净明。意者净明诵习《道行品法句经》起始，所写此卷即藏以发愿。②

冯国瑞(1901~1963年)，著名学者，字仲翔，斋名绛华楼，今天水市秦城区人，1927年清华研究院毕业。曾任兰州大学国文系教授、系主任，甘肃师大中文系教授，甘肃省文物管理委员会主任等职。于文学、历史、书法都有很高的造诣，对石窟艺术用力尤勤，做了许多开拓性工作。著有《壮游草》《绛华楼诗集》《天水秦器汇考》《麦积山石窟志》《炳灵寺石窟勘察记》《张介侯先生年谱》《守雅堂稿辑存》等。

二、胡宗珩藏品及学者题跋

胡宗珩(1899~1973年)，天水学者。字楚白，斋名琴庐，今天水市秦城区人。1919年省立第三中学毕业。1935年任《陇南日报》总编，创办《陇光》

①②冯国瑞《绛华楼诗集》，《西北文献丛书》第174册，兰州：兰州古籍书店，1990年，第404页。

副刊，名重一时。终生从事文化、教育工作。

胡所藏敦煌写卷系1926年天水赵绍祖所赠。据胡自己的跋文，经卷"长一米尺，为行二十四，计字三百七十有五"，为残卷，书《大般若波罗蜜多经》。胡获经卷后视若拱璧，引以为荣，即遍请名家题识。1926年至1936年间，先后有苏荩、杨柄睿、吴佩孚、丁佩谷、贾缵绪、冯国瑞、赵绍祖等人作跋。除吴佩孚外，其余均为天水学人。1937年3月5日至7月31日，这些跋文在胡自己主笔的、每周一期的《陇南日报》副刊《陇光》连续刊登，[①]题为《琴庐藏经题识》。兹按作跋顺序将各家跋文全文附录于后。

(一)胡楚白跋

右敦煌写经残卷，赵子尧承绍祖持以赠余者。长可一米尺，为行二十四，计字三百七十有五。闻此物出土于光绪庚子，有番汉释典多种类，皆隋唐五代人墨迹，多为英斯坦因氏所悉，尽载以去，陈诸伦敦博物馆。后八年，法国考古家伯希和游其地，[②]从事搜索，所得当亦不少。迨我政府□□往访，仅余唾余而已。当地寺僧、土人所窃，间有一二完好者，又为海内收藏者重价易去。今则吉光片羽，求之良非易也。此纸虽遭蠹蚀，然经文幸吉无恙。时人得一元椠明钞，莫不视若拱璧，什袭珍藏，矧千载而外之写本哉！一朝得之，殆属天缘，爰挥毫志此，以快生平云尔。[③]

丙寅立冬日天水胡宗珩

(二)杨柄睿跋

写经自何年，深藏石室后。尘劫历河沙，纸墨不曾朽，书经者何人，于今为黄土。一时出尘封，形色自奇古。我闻般若经，能超生死苦。感之萦中怀，弥思彼岸渡。珍重菩提心，请藏图书库。应有金刚王，风云来守护。

楚白同窗以所藏教煌石窟唐人写经《大般若波罗蜜多》残卷

①《陇南日报》为天水的地方报纸，1935年12月创刊，1949年8月停办。

②此句不确，伯希和来敦煌为1908年，是斯坦因1906年盗宝之后的后两年。所谓"后八年"是误将斯坦因1914年再次来敦煌盗宝当成是伯希和了。

③《陇南日报》民国26年6月5日。

索题,因书以答之。①

庚午立冬后二日天水杨柄睿于图书馆之西窗

杨柄睿,天水学者,今天水市秦城区人。曾任天水图书馆馆长。

(三)苏荩跋

世无百岁人,而有千年纸。佛藏放光明,唐经启陇坻。尔来敦煌石室中,发现写经如栉比,十九已属碧眼儿,断简零编得犹喜。胡生素具博古才,一帧参玩不得已,珠巩琳琅楮墨新,保无我佛常护视,君不见宋元椠版多什袭,况此贝叶奇文释家牟尼杰静理。

楚白姻贤,雅好书藏。日前过访,出所藏敦煌石室经残卷嘱题,鄙以笔墨劳人,颇不自由,未遑应命。今函催,即赋此以报,乞与尊翁正之。②

己巳花朝献青苏荩

苏荩,天水学者,诗人,字献青,今天水市秦城区人。著有《爱日堂日记》《梔子诗抄》等。

(四)吴佩孚跋

儒曰"存心养性";释曰"明心见性";道曰"修心炼性",三教原其本宗,始终工夫不离心性。故欲通道经释典者,不根据《四书》《五经》《大学》《中庸》则误入歧途,不知凡几矣,学者慎之。③

中华民国辛未重九日在天水,吴佩孚书

吴佩孚(1873~1939年),北洋军阀。字子玉,山东蓬莱人。1926年被冯玉祥国民军打败后,逃往四川,依附地方军阀。1931年秋,图谋东山再起,率卫队侍从200余人入甘活动。一路经由文县、武都到达天水,拉拢地方势力。盘踞陇南的马廷贤热烈欢迎,在天水九间楼为吴专设"孚威上将军"行辕。未几,闻陕军有驱逐意愿,遂离天水赴兰州。吴跋当是在天水活动时

①《陇南日报》民国26年6月19日。
②《陇南日报》民国26年6月20日。
③《陇南日报》民国26年7月3日。

所作。

(五)贾绩绪跋(见本文第一部分)

(六)丁佩谷跋

有唐一代,人文尉起,天地之著华,至此而为一泄。所以开元、大历诸子群以写经藏塔为不二法门,风云所趋,由来尚矣。于今视唐,千年有余,设获有当时墨迹,岂有不奉为至宝者乎!胡君楚白,赋性风骚,耽情书史,近得《波罗蜜多经》半卷,再三鉴衡,断定唐本,什袭珍藏,遍求题跋,殆欲润色鸿文,宣传古迹。俾弥勒座前,不忘馨香之祝;菩提枝上,永结翰墨之缘。是楚白崇尚经典,尚友古人之意也夫!是为跋。附诗一首:

家声溯远代,令德旧门庭。焚草千秋叶,波罗一卷经。收藏不厌富,文字有余馨。题跋皆佳句,菩提照简青。[①]

乙亥孟夏剑秋丁佩谷题

丁佩谷,天水学者,字剑秋,今天水市秦城区人。民国时曾任国会议员、省议会议员。

(七)冯国瑞跋

晚近以来,西北发现古物甚多,聚沽穷搜,赝品充斥。往往辇来自东,籍名发握,以瞽眩耳目,鼎彝且习视之,遑论其他。敦煌石室写经,至易作伪,而伪造即出于敦煌,首尾完备,书有写经人姓名,而纸质画行,一望而知。然坊间书肆,不仅可惑碧眼客,士大夫且争购之,何也?此本审出唐人写经者手,乌丝虫蛀,尤足为旧物佐证,可宝也!楚白精鉴别,于金石陶瓷近岁皆□求有独到处。今秋还里,与楚白别忽七年矣,出此卷索题,因书数语归之。[②]

二十三年重阳前二日冯国瑞

(八)赵绍祖跋

此卷为予曦囊楚白者,楚白极重视之。一时名人如吴子玉、

①《陇南日报》民国26年7月17日。

②《陇南日报》民国26年7月24日。

贾宇清、冯仲翔诸先生咸有题咏。今年春，奉讳家居，久不托音，楚白命题数语，重违其请，率尔续貂，难免贻笑大方矣。勉题二绝，用之后征。

致煌石室六朝经，虫蛀乌丝□古馨。龙向多君闳愿力，残编持赠伴炉瓶。

兰林微讽降华文，赞叹征□俱轶群。败掷屠万思媚佛，琳漓墨审故将军。①

丙子六月尧承赵绍祖

赵绍祖，天水学者、诗人，字尧臣，今天水市秦城区人。

尽管胡宗珩如此珍重藏品，但此卷仍然不知所终。“文革”中胡被抄家，所藏图书手稿全部被焚，疑藏经亦同毁。

三、其他学者藏品

据我采访调查，民国初年甘谷宋梓藏写经3幅，1926年冯国瑞在甘谷中学任教时作过鉴赏，不知所终。宋梓(1880~1945年)，字子材，甘肃甘谷人。1913年当选国会议员，1925年创办甘谷中学。

另，天水朱据之藏写经1幅，系1930年代贾缵绪所赠，“文革”中焚毁。朱据之，今天水市秦城区人，现为甘肃省文史馆馆员。

另，冯国瑞曾藏写经2幅，其中一幅是贾缵绪所赠，冯在《绛华楼诗集》中有专诗介绍赠品，兹录于此。

禹卿丈以所藏敦煌唐人写《法华经》长卷见赠，斌谢兼题其尾，用任公师自题所藏唐人写《维摩诘经》卷，为教煌石室物，罗瘿公见赠者韵

海潮音沸万壑松，清裂夜半空山钟。喑然寂闻人境灭，观成若定洪涛中。华岩界界遁滓垢，世尊无语天伐功。游戏三昧骋百灵，昆仑芥蒂莲花峰。谁欤乐此托魄魂，我今丧吾净业丰。驱役梵典愧因明，古春寂寂梨云封。峨峨吾乡长沙公，归耕南亩从山农。我亦倦翥恋故林，雨霭霭兮云蒙蒙。溪南孤亭号野史，地天荒老

①《陇南日报》民国26年7月31日。

世偶容。婆婆几人兴不浅，亦有铎阳不老桐。秘籍视予味纯斋，插身似入琳琅丛。就中石室经第一，六朝五季审异同。贶我庄严莲花之长卷，如赢贝荚心忡忡。硬黄盈丈乌丝匀，婀娜刚健劲蓄丰。伊谁之作稽无从，八法浑具更率风。忆昔不准发汲家，漆书不与今文通。洹阳殷墟龟甲屯，孔周莫睹今相逢。流沙坠简千佛洞，地不靳宝胡痴慵。剽盗端为斯坦因，络绎玉关毂纹重。欧人竞夸盛流西，恒沙异典饱碧瞳。吁嗟我国岂陆沉，莽荡神州沙与虫。京国前年窃重珍，殃及商彝与周铜。何况西塞脊且贫，术荒殖废逃虚空。谪戍犹怀铁云老，缬藏赖有崆峒翁。赋此长谢复长叹，隆准挥斧技未工。①

又悉，抗日战争时期，天水成为大后方，流动人口大增，旧物市场猪羊市文物交易活跃，间或有敦煌经卷出售，以“寸经寸金”论价。

国家的命运即文物的命运。敦煌文物的流散从一个侧面反映了清朝末年、民国初年国家动乱、国力贫弱的现实。动乱年代，文物流失是必然的。正如上文贾缵绪跋中所言“嗟呼！故藏岂易哉，亦视乎时会如何耳！”民国时期天水流传过的敦煌经卷尽管为数不少，而多不知所终，令人惋惜感叹。前引杨柄睿跋文说得好“珍重菩提心，请藏图书库。应有金刚王，风云来守护。”文物只有公有文化机构保护才是最安全的。

【附记】本文原刊于《敦煌研究》1999 年第 2 期，本次入集个别字句有更改，同时注释有修订。

①冯国瑞《绛华楼诗集》，《西北文献丛书》第 174 册。兰州：兰州古籍书店，1990 年，第 402~403 页。

第四辑　解读诗圣

杜甫《山寺》诗与唐代的麦积山石窟

现存杜甫诗集中以《山寺》为题的诗作有两首，一作于秦州(今甘肃天水)，一作于梓州(今四川三台县)，我们要讨论的对象是唐肃宗乾元二年(759年)杜甫流寓秦州时游历麦积山石窟所作的《山寺》。内容如下：

野寺残僧少，山园细路高。麝香眠石竹，鹦鹉啄金桃。乱水穿人过，①悬崖置屋牢。上方重阁晚，百里见纤毫。②

唐代国力强盛，佛教也比较兴盛，按理，麦积山之唐代遗迹自当不少，而事实上因受地震等因素的影响，麦积山现存209个洞窟无一是唐代洞窟。唐代遗迹只是在前代洞窟中保留少量雕塑和壁画。唐代的题记也只有6则，且都是标明时间的游人刻划，类“到此一游”。而就图书文献言之，《山寺》一诗而外再无片言只语。所以，如要研究唐代麦积山石窟景况，深入揭示《山寺》所蕴涵的相关信息无疑是必要的，也是必需的。欣赏本诗，乍一看，分明如画；细一抠，雾中看花。诸如“野寺残僧少”的宗教背景是什么？“麝香”是鸟是兽？“金桃”为何种水果？“悬崖置屋”和“上方重阁”所指者何物？等等。此类问题困扰了历代的读杜、注杜之人。北宋以降，注杜诗者从来都有“千家注”、“百家注”之类的说法，而这些“千家”、“百家”之注，具体反映在《山寺》一诗上，相因者多，求实者少，其结果是注释越多越混乱。因此，要想全面揭示《山寺》所蕴涵的相关信息，梳理历代与之相关的“杜注”也是必要的。

一、《山寺》定位

按通行的新旧杜诗注本，一致认定“山寺”即是今甘肃天水市的第一

①“乱水”一作“乱石”。按注者各自的理解，各种版本的杜诗往往任选其一。麦积山前山后均有溪水横流，“乱水”正是其真实写照。

②“纤毫”一作“秋毫”。按注者各自的理解，各种版本的杜诗往往任选其一。“山寺”是写佛寺之诗，而“纤毫”正是佛家用语，因此应以“纤毫”为准。

名胜——麦积山石窟。而1980年代始，随着杜诗研究的不断深入，一些学者对“山寺”即“麦积山”的传统观点提出质疑。[①]其核心证据是——认为清代注家不断称引的“旧注”辗转征引，来历不明，本非确论，终无信征。《山寺》所咏即麦积山石窟，这是我们“揭示”的前提，如《山寺》定位不稳，则论证根基全无，一切都成无本之木。故而，对“旧注”以《山寺》为麦积山的来由追根溯源，辨明真相，貌似累赘，无疑还是必要的。

杜甫一生时运不济，颠沛流离，历尽人间苦难。而其身后，诗文依旧时运不济，亡逸散失，不成全编。现存杜集最早者为北宋王洙搜罗初编、王琪重编刊刻的《杜工部集》20卷。是为以后各种杜集的祖本。宋代，杜诗学大兴，杜甫诗圣地位确立，注杜、解杜之作蜂拥而出。明确提出《山寺》所指者何的是《王状元集百家注编年杜陵诗史》，[②]诗集在注“悬崖置屋牢”时引苏注曰：“苏曰，姚崇梵僧居麦积山下，以岩造成屋，今自为石岩寺。”点出“山寺”所述就是赫赫有名的麦积山。此书成于南宋孝宗时。其中“苏曰”是言引北宋大文学家苏轼之说。诚然，所谓“苏曰”前人已辨明纯系假托，诗集标名的“王状元”即“王十朋”也系假托，均是当时书商迎合大众心理、借助名人以逐利之行为所致。不过，本诗集是现存最早的集注本，“其中保留了许多宋人古注，虽杂伪注，大部分典故注释还是可靠的。”[③]当然，将“山寺”和“麦积山”画等号的“苏曰”就是“宋人古注”之一。抛开苏轼的因素，我们可以这样理解，因有现在已不得见的某种依据，北宋文人在注《山寺》伊始，即将其定位在麦积山，《王状元集百家注编年杜陵诗史》所遵循的就是北宋文人的注释。“苏曰”是假冒苏轼大名，而以“山寺”为“麦积山”的“苏曰”所反映的却是宋代注家一种普遍认识。之后，有佚名编《分门集注杜工部集》、黄希黄鹤父子的《黄氏补千家集注杜工部诗史》，完全继承“苏曰，姚崇梵僧居麦积山下，以岩造成屋，今自为石岩寺”一语，[④]进一步证明宋

①王廷贤《读“陇右诗”志疑》，天水师范高等专科学校中文系编《杜甫陇右诗研究论文集》，兰州：甘肃人民出版社，1995年，第156~159页；张志仁《杜甫陇右诗〈山寺〉新探》，《兰州学刊》，1999年第6期。

②有江苏广陵古籍刻印社1981年影印本，封面标名《影宋编年杜陵诗史》。

③寥仲安《杜诗学》，中国杜诗研究会编《杜甫研究论集》，郑州：中州古籍出版社，1993年，第306~307页。

④南宋《分门集注杜工部集》，《续修四库全书》第1306册，上海：上海古籍出版社，2003年，第221页；南宋黄希，黄鹤《补千家集注杜工部诗史》（补注杜诗），《四库全书》第1068册，上海：上海古籍出版社，1987年，第392页。

代的注家——包括识见高远的黄希、黄鹤父子对“山寺”即是“麦积山”的看法是认可的。

到了南宋，另一个注杜大家蔡梦弼的《杜工部草堂诗笺》则开宗明义，在《山寺》诗题下注云：“《天水图经》，陇城邑南唐杜工部故居、工部之侄佐草堂，在东柯谷南，麦积山瑞应寺上。山形如积麦，佛龛刓石，阁道回旋，上下千余尺。盖麦积山之野色也。鹦鹉，陇外所产。山下水可涉。”[①]又在“野寺残僧少”句下注“寺谓瑞应寺也”。[②]蔡梦弼的这条注释，在进一步认定“山寺”即“麦积山”的同时，引出一则“图经”即地方志资料，以史料证诗，使诗题所指完全突现了出来。此前，成书于南宋绍兴四至十七年间(1134~1147 年)的《杜诗赵次公先后解》在注《秦州杂诗》之十三时引《天水图经》曰：“《天水图经》载，秦州陇城县有杜工部故居，及工部侄佐草堂，在东柯谷之南，麦积山瑞应寺上。”[③]个别文字和蔡注所引不同，一个“及”更加显明地指明——瑞应寺有杜甫及侄佐草堂在焉。《天水图经》早佚。成书于赵注之后、蔡注之前尤袤(1127~1194 年)《遂初堂书目》录《秦州图经》《秦州志》，无《天水图经》之目。而“秦州”、“天水”经常混同使用，颇疑《天水图经》和《秦州图经》是同一书之异名。既然，成于南宋初年的赵注已引到《天水图经》，则“图经”定然出于北宋之前。

按方志之体例可判断，定然是“图经”记载麦积山时将山和杜甫《山寺》诗直接勾连在了一起，于是才有赵次公、蔡梦弼的引证。注中提到的陇城县系五代后唐长兴三年(932 年)复置的陇城县，[④]其治地在今天水市麦积区马跑泉镇西，北宋时辖麦积山，今麦积山尚存北宋靖康元年(1126 年)所立《秦州雄武军陇城县第六保瑞应寺再葬佛舍利记》碑可证，南宋时归金。所谓“陇城邑南唐杜工部故居、工部之侄佐草堂，在东柯谷南，麦积山瑞应寺上”一语则表明杜甫叔侄和麦积山瑞应寺的关系。杜佐在东柯谷有

①②南宋蔡梦弼《杜工部草堂诗笺》，黎庶昌编《古逸丛书》，南京：江苏古籍出版社，2002 年，第 275 页。

③林继中《杜诗赵次公先后解辑校》，上海：上海古籍出版社，1994 年，第 315 页。郭曾炘《读杜劄记》(上海：上海古籍出版社，1984 年，第 117 页)、闻一多《少陵先生年谱会笺》(《闻一多全集》(3)，北京：三联书店，1982 年，第 77 页)引证本条资料时有“旧注：赵傁《天水图经》……”“赵傁曰：《天水图经》……”等语。据林继中考证，所谓“赵傁”和“赵次公”是同一人。“则赵傁云者，无非次公壮年后之称耳。”见上引林著之《前言》，第 25~26 页。

④陇城县始置于北魏，属略阳郡，地在今甘肃秦安县之陇城镇，唐末废。

居所，有杜诗可证；杜甫在东柯谷有草堂，有方志可证①。但在麦积山有草堂，本条资料之外，不见其他史载。不过，也间接表明，流寓秦州之时，一段时间依侄佐而居的杜甫和麦积山是有关系的。退一步讲，从北宋开始，宋人认定杜甫和麦积山是有关系的。为明乎于此，这里再引明分巡陇右道佥事冯惟讷嘉靖三十九年(1560 年)游历麦积山诗以作旁证，其诗题曰："晓发麦积，寻崇果寺旧址，旁有杜公废祠，四山迥合，风气致佳，命僧添田复之。赋此记事。"崇果寺旧址现已难觅，不过，由诗题可判定，山寺旁的杜公废祠绝对和东柯的杜甫草堂是两码事。"晓发"而"越岭"可判定此寺就在麦积山附近。诗有云："故苑余云气，风寒蔓草深。龙盘标四险，虎啸护双林。映日开微霰，披荆越细岑。今朝草堂地，还与赞公寻。"②其"映日开微霰"所言正是太阳初照之景观，结合"晓发麦积"也可判定由麦积到崇果寺是不会太远的。繁盛之时的麦积山瑞应寺是由附近多个寺院组成的大型禅院，石窟附近的香积山、豆积山等都是寺院的组成部分，崇果寺自当也在其中。身为明代名诗人，冯惟讷看到自己寻访的杜公祠成废祠，出于对杜甫的崇敬，行使行政权威，"命僧添田复之"。这些故事都可判定赵次公、蔡梦弼引"图经"所言"杜工部故居及工部之侄佐草堂，在东柯谷南，麦积山瑞应寺上"的说法是有充分凭证的。因为，如前所言，麦积山附近的寺院也属于瑞应寺单元。

赵注和蔡注为"山寺"定位确立了主基调，后来的注杜者纷纷然承接，或全文照搬，或不标赵、蔡名而摘要转引，可能是出于自身理解不同，抑或版本不同，所引内容有个别字句不甚相同，为比照研究方便，兹录数则。元刘辰翁(会孟)评点、高崇兰(楚芳)编辑的《集千家注批点杜工部诗集》有云：

> 梦弼曰：按《天水图经》，陇城县东柯谷之南麦积山有瑞应寺，山形如积麦，佛龛刳石，阁道萦旋，上下千余尺，山下水纵横可涉。③

①南宋祝穆《方舆胜览》卷 69"天水军"条"山川"之"东柯谷"说："绍圣间，栗亭令王知彰作祠堂记云：'工部弃官，寓东柯侄佐之居。'"顺治《秦州志·地理志》说："东柯南五里曰仙嘉岭，下有杜工部草堂，前为子美村，或即北枝村，后为子美泉。其水泛出，探之莫测其底。有东柯河，故有桥，其水北流入渭。至今称胜焉。"

②冯国瑞《麦积山石窟志》，天水：陇南丛书编印社，民国 30 年，第 34 页。

③《集千家注批点杜工部诗集》，《四库全书》第 1069 册，上海：上海古籍出版社，1987 年，第 760 页。

又，钱谦益《钱注杜诗》引云：

> 《天水图经》，陇城邑南，唐杜工部故居。侄佐草堂在东柯谷南麦积山瑞应寺上。山形如积麦，佛龛刳石。阁道萦旋，上下千余丈。①

又，仇兆鳌《杜诗详注》引云：

> 《图经》，阁道萦旋，上下千余丈者，即"山园细路高。"其下水纵横可涉者，即"乱水通人过也。"②

又，清杨伦《杜诗镜铨》引云：

> 《天水图经》：麦积山有瑞应寺，山形如积麦。佛龛刳石，阁道萦旋，上下千余丈，山下水纵横可涉。③

于以上引文，兹不辨其是非。但显而易见，时有偏离初注的现象。如要求其原始，还应以赵次公、蔡梦弼所引《天水图经》为准。

读完了诗注和诗注引用的方志，让我们将目光转向一统志性质的地理总志《方舆胜览》。本志成于南宋理宗嘉熙三年（1239年），时间较蔡梦弼《杜工部草堂诗笺》略后，作者是理学家朱熹的授业弟子祝穆。志书卷69"天水军"下两条目直接和《山寺》相关。其"山川"之"麦积山"言：

> 在天水县东百里。状如麦积，为秦地林泉之冠。上有姚秦所建寺。杜甫秦州《山寺》诗"麝香眠石竹，鹦鹉啄金桃"即此。山之北曰雕巢谷，又有隗嚣避暑宫，对面瀑布泻出于苍崖之间，亦胜景也。又有魏乙弗后墓。李师中诗曰："路入青松翠霭间，斜阳倒影下溪湾。此中猿鹤休相顾，谢傅东归自有山。"④

①清钱谦益《钱注杜诗》（上），上海：上海古籍出版社，1979年，第349页。
②清仇兆鳌《杜诗详注》（第二册），北京：中华书局，1979年，第603页。
③清杨伦《杜诗镜铨》（上），上海：上海古籍出版社，1980年，第254页。
④南宋祝穆撰，施和金点校《方舆胜览》（下），北京：中华书局，2003年，第1210~1211页。

其“寺院”之“瑞应院”言：

> 在麦积山。后秦姚兴凿山而修，千崖万象，转崖为阁，乃秦州胜境。又有隋时塔。杜甫诗：“乱石通人过，悬崖置屋牢。”五代王仁裕诗：“蹑尽悬崖万仞梯，等闲身与白云齐。檐前下顾群峰小，掌上平分落日低。”①

“麦积山”、“瑞应院”在记述时分而别之，其实是一码子事。麦积山说的就是麦积山石窟，而石窟寺是开凿在岩壁上的寺院，石窟寺和瑞应院(寺)合起来就是山寺。作为一方自然人文状况实录的地方志为“山寺”两设条目，两引杜甫《山寺》，研究者总不能视而不见将其强行撕开吧！

《四库提要》对《方舆胜览》有一个评价：

> 书中体例，大抵于建置沿革、疆域道里、田赋户口、关塞险要他志乘所详者皆在所略，惟于名胜古迹多所胪列，而诗赋序记所载独备，盖为登临题咏而设，不为考证而设，名为地记，实则类书也。②

或以此作为依据，证《方舆胜览》失志乘古法，“麦积山”、“瑞应院”所云乃缘诗异说。其实，对四库馆臣的偏颇之议，著名历史地理学家谭其骧先生有一段精彩的驳议：

> 一部书只要内容记载的是地理，就是地记，没有理由说哪几项阙略了就不能算地记。各种地志各有所详所略，并不一样。《提要》所谓他志乘所详的那几项，其实他志乘并不一样都详。《元丰九域志》的建置沿革很简。《舆地广记》根本不载疆域、道里、户口。至于关塞险要，则唐、宋地志都不详。怎么能说阙略了这几项就不算地记？更没有理由说多载了名胜古迹、诗赋序记，就不是地记，是类书。名胜古迹本是地志应有的内容，诗赋序记只要与一地风土有关，当然可以收入地记，怎么能说多了就算类书不算地记？③

①南宋祝穆撰，施和金点校《方舆胜览》(下)，北京：中华书局，2003年，第1210~1211页。

②《方舆胜览》附录《四库全书方舆胜览提要》，南宋祝穆撰，施和金点校《方舆胜览》(下)，北京：中华书局，2003年，第1239页。

③谭其骧《影宋本方舆胜览前言》，南宋祝穆撰，施和金点校《方舆胜览》(下)，北京：中华书局，2003年，第1249页。

很清楚,《方舆胜览》并未因《四库提要》的失实评价而价值降低,更不能以《提要》评价为据而否定《胜览》所列"麦积山"、"瑞应院"的史料价值。正是由于本志"惟于名胜多所胪列,而诗赋序记所载独备"使我们时至今日还有幸能看到宋人关于麦积山石窟的梗概记述。由《胜览》作者祝穆自序知,其"酷好编辑郡志"至于不能自已,"所至辄借图经"。《胜览》就是在这样大样积存以图经为主的各种资料的基础上完成的。我们有理由相信,《胜览》有关"麦积山"、"瑞应院"的记述应是由来有自的。举一例,本志"麦积山" 所引李师中的诗就刊刻在麦积山石窟第 168 号崖阁, 至今清晰可见,系熙宁三年(1070 年)李师中与吕大忠等人同游麦积山时所作。是为麦积山最早有记年的名人题诗刻词。①

千百年来,麦积山和诗圣名诗相映成趣,相得益彰,不知勾起过多少人的美好向往。麦积山现存明嘉靖四十三年(1564 年)所立"甘菇诗碑"有云:"地因庾碣重,寺以杜诗雄。"高瞻远瞩,将杜甫《山寺》和庾信的《秦州天水郡麦积崖佛龛铭并序》等量齐观,并道出"庾碣"、"杜诗"对麦积山石窟的重要意义。

行文至此,我们再换个思路探讨这一问题。

(一)乾元二年(759 年),杜甫流寓秦州作过一首名为《山寺》的诗作该是没问题的。

(二)唐代秦州有史可考的佛寺有崇宁寺(在天水市秦州区北山皇城)、永宁寺(在天水市秦州区东五里铺)、南郭寺(在天水市秦州区南慧音山)、大云寺(在天水市秦州区关子镇)、太平寺(在天水市麦积区甘泉镇)、应乾寺(宋称瑞应寺,即今麦积山石窟)、灵应寺(在天水市麦积区仙人崖)等。②这几座寺院中,永宁寺、大云寺、太平寺建于平地闹市区,称"山寺"的可能完全可以排除。南郭寺、崇宁寺在南北两山浅山头,勉强可以称作山寺,但此两寺从来就不是石窟寺,显然没有"山园细路高"、"悬崖置屋牢"的任何迹象,完全可以排除。所以,能称作"山寺"的寺院只有麦积山的应乾寺和仙人崖的灵应寺了。灵应寺当在今仙人崖玉皇峰南麓,绝壁崖面有高大的悬塑和摩崖小龛遗迹,据考始建于北魏。③乾隆《直隶秦州新志》卷 2《建

①张锦秀《麦积山石窟志》,兰州:甘肃人民出版社,2002 年,第 158 页。

②李芳民《唐五代佛寺辑考》(北京:商务印书馆,2006 年,第 255~256 页)著录秦州佛寺六所:崇宁寺、法镜寺、灵应寺、瑞应寺、太平寺、永宁寺。而其中"瑞应寺"应名"应乾寺",法镜寺当属成州。

③董玉祥《仙人崖石窟》(上),《敦煌研究》,2003 年第 6 期;《北道区志》,兰州:甘肃文化出版社,2002 年,第 255~256 页。

置》所载“千佛洞，东南百里万仞悬崖之上，洞内有泉，不溢不竭，水最清冽，盛暑生寒。”正是此寺，“灵应”二字概因“不溢不竭”的神泉而得。由“千佛洞”之名也可知这是一处以悬塑千佛为基本特征的石窟寺，就现在残存景象观察，连栈道都没有，更无论“悬崖置屋牢”了。因此，灵应寺也可排除。能满足“山寺”条件的就只有麦积山的应乾寺了。①

或以为《山寺》不言庾信铭，王仁裕《王堂闲话·麦积山》不提“山寺”，故而怀疑《山寺》和麦积山的关系。实则诗人就是诗人，我们没必要规定他写什么或不写什么？《全唐诗》有关寺院的诗多的是，全都是诗人托物寄情之作，如以国画作喻，属“写意画”之流，寺院基本上是诗人抒发情怀的凭借物，谁也不能指望通过某一首诗得到方志记物的效果。程千帆先生《杜诗镜铨批抄》对《山寺》的评价公允公正，值得记取。

> 今麦积石窟已大显于世，惜其时公不以椽笔写之。大约为诗亦看机缘，看兴会，不能如《儒林外史》丁言志所言“我不信，那里有这些大名士聚会竟不做诗的也。”②

最后，再提供一条古人带有考古性质的证据。今麦积山第5号崖阁中龛、龛口左侧下部留有北宋陕西转运副使蒋之奇元丰四年(1081年)行书题记一条，云：“蒋之奇登麦积山，观悬崖置屋之处，知杜诗为不诬矣。元丰四年三月二十六日。”③

一句话，各种迹象表明，北宋人始注杜诗之时即根据他们掌握的资料，将“山寺”定格在了麦积山。注释传承有序，有根有据，以“莫须有”的心态棒打“山寺”和“麦积山”这一对联姻千百年的“鸳鸯”，实在是大可不必！

二、“野寺残僧少”的社会背景

麦积山石窟始凿于东晋十六国时期的后秦，中经西魏、北魏、北周、隋等朝，佛教持续兴盛，虽有周武灭佛之举，但就石窟考古情况来看影响不大。至于寺僧人数因资料所限，无法准确判断。兹举一传一碑两条资料，或可见其端倪。南朝梁慧皎《高僧传》卷11《玄高传》有云：

---

①麦积山佛寺，北魏名石岩寺，隋名净念寺，唐名应乾寺，北宋名瑞应寺。

②《程千帆全集》(第九卷)，石家庄：河北人民出版社，2001年，217页。

③《麦积山石窟内容总目》，《文物参考资料》1954年第2期，第29页。

……高策杖西秦，隐居麦积山，山学百余人，崇其义训，禀其禅道。时有长安沙门释昙弘，秦地高僧，隐在此山与高相会，以同业友善。

仅此一例可见麦积山的寺僧数量颇为不少。又，南宋嘉定十五年(1222年)所立《四川制置使给田公据》碑有云：

昨缘开禧兵火之后，于嘉定元年，有忠义首领□□□□李实、强德、张钧等前□□寺搔扰，钱物不满私意，便行扰劫本寺钟锅两件，计铁壹万柒百斤，及将本寺布种二年地利，部领凶徒，各持刃器，强收了当，使本寺僧行数年无食，逃散外方。①

宋代本佛教的衰退期，而锅钟两件即有10700斤，足见寺僧人数也是可观的，由此可想见佛教兴盛之时，僧寺人数当是颇为不少。而《山寺》之首句何而开门见山点明“野寺残僧少”呢？

对此疑问，学界多将原因归结到唐玄宗开元二十二年(734年)的大地震。的确，这是一次罕见的大地震，秦州城城垣官署俱毁，压死吏民4000余人，官署也因此而迁至成纪之敬亲川(今甘肃省安之叶堡川)。②据估算震级达7级，烈度9度。③这次地震对麦积山石窟造成的结果也是灾难性的，窟群中间部分及东崖上部大面积塌毁，从此窟遂成为东西二部。④不过，杜甫游历麦积山是在地震过后26年的唐肃宗乾元二年(759年)，单纯的地震影响不至于此时还“余韵”不绝吧！将杜甫《山寺》从整体上理解为“可证麦积山在开元地震大崩塌之后和尚外流、寺院荒芜，山前乱石嶙峋，周围野兽出没，一片荒凉冷落而又恬静优美的自然风光”⑤是不尽合理的。实际情形是玄宗朝的宗教政策导致了麦积山的佛教由盛转衰，大地震

①张锦秀《麦积山石窟志》，兰州：甘肃人民出版社，2002年，第171页。

②《旧唐书》卷8《玄宗上》：“(开元二十二年)二月壬寅，秦州地震，庙宇及居人庐舍崩坏殆尽，压死官吏以下四千余人，殷殷有声，仍连震不止。”《新唐书》卷35《五行志》：“开元二十二年二月壬寅，秦州地震，西北隐隐有声，坼而复合，经时不止，坏庐舍殆尽，压死四千余人。”《新唐书》卷40《地理志》：“秦州天水郡，中督都府，本治上邽，缘地震徙治成纪之敬亲川。”

③天水地区地震办公室《天水地震史料汇编》(内部资料)，1982年，第42页。

④⑤何静珍《麦积山石窟大事记》，阎文儒主编《麦积山石窟》，兰州：甘肃人民出版社，1984年，第208页。

只是雪上加霜。

初唐，佛教承接隋朝以来的发展势头，非常繁荣，至武则天执政时进入狂热发展期，多达数十万的伪滥僧充斥于世，造寺开窟运动热火朝天，也由此构成严重的社会问题。唐玄宗登基之后，接受宰相姚崇建议，着手整顿佛教。从开元二年(714 年)起，先后颁布《禁创建寺观诏》《禁百官与僧道往还制》《禁坊市铸佛写经诏》《令道士女冠僧尼拜父母敕》等诏令。勒令伪滥僧还俗，严格限制僧尼人数；禁止创建寺院，控制维修旧寺；禁止坊巷之内，开铺写经，公然铸佛；整顿佛寺，约束僧尼……使佛教的发展受到前所未有的扼制。[①]麦积山"野寺残僧少"的状况很大程度上就是玄宗朝抑佛政策的直接反映。地震等自然因素是起作用的，但相对于朝廷的禁佛令即政治原因所起作用当是相当次要的。准确地说，是玄宗朝抑佛政策的主因和地震双重因素导致了"野寺残僧少"的局面。杜甫秦州诗涉及麦积山应乾寺及太平寺、崇宁寺等几座寺院。咏太平寺时有云："招提凭高冈，疏散连草莽。"咏崇宁寺所在的隗嚣宫时有云："苔藓山门古，丹青野店空。"足见在玄宗朝秦州佛寺有整体败落的趋势。玄宗之后，遭"安史之乱"重创的唐朝已是繁盛不再，造大佛、开大窟之风也只能是渐行渐远了，修葺废寺之财力越来越少了，麦积山石窟便"无可奈何花落去"了。

强调一下，麦积山佛教之衰败主要是从"残僧少"三字体现出来的，"野寺"只是"在野之寺"的意思，并无衰败的含义。上古时代就将城中居人称国人，将郊外居人称野人。"野寺"说的是寺院所在远离闹市，僻静安闲，跟大多数人理解的"衰败"是沾不上边子的。唐诗中咏及寺院，"野寺"是常用之词。如岑参《题三会寺仓颉造字台》之"野寺荒占晚，寒天古木悲"、白居易《题报恩寺》之"野寺出人境，秋景属闲人"。杜甫本人咏寺尤其喜用"野寺"一词，如《谒郑文公上寺》之"野寺隐乔木，山僧高居下"、《奉陪郑驸马韦曲二首》之"野寺垂杨里，春畦乱水间"、《游修觉寺》之"野寺江天豁，山扉花竹幽"、梓州所作《山寺》之"野寺根石壁，诸龛遍崔巍"。"野寺"之"野"表达是寺的处所环境，也是一种诗所需要的境界。

①[日本]砺波护著，韩升译《隋唐佛教文化》，上海：上海古籍出版社，2004 年，第 70~83 页；薛平拴《论玄宗朝的宗教政策》，《兰州大学学报》2001 年第 4 期。

三、"麝香眠石竹，鹦鹉啄金桃"

本来是描写山寺的诗，中间插了这么鲜艳的惬意的一联，于平凡中见神奇，这正是老杜的过人之处。联想到他的"暗水流花径，春星带草堂"、"细雨鱼儿出，微风燕子斜"等联句，就知道，在杜甫那里，神来之笔原本很是寻常。针对此二语，浦起龙《读杜心解》评论："山野荒墟中，废寺如画。"[①]是得其真味者。而历代注家纠缠不清的是"麝香"、"鹦鹉"两种动物，和"石竹"，"金桃"两种植物。重三沓四转引，始终道不清，说不明。现在，我们以杜甫好友岑参的诗做参照试解之。

岑参《题金城临河驿》云："古戍依重险，高楼见五凉。山根盘驿道，河水浸城墙。庭树巢鹦鹉，园花隐麝香。忽如江浦上，忆作捕鱼郎。"[②]本诗作于唐玄宗天宝十三载(754 年)，是岑参第一次赴安西途中经金城临河驿时所作。时间在杜甫作《山寺》之前 6 年。杜甫和小他 5 岁的岑参为因文订交的挚友，其《奉答岑参补阙见赠》有云："故人得佳句，独赠白头翁。""白头翁"是杜甫自谓，二人在长安之日，切磋诗文心得，时有往还。联系到这些实情，加之金城、秦州风物相近，即可推断，杜之"麝香眠石竹，鹦鹉啄金桃"其实就是从岑参"庭树巢鹦鹉，园花隐麝香"化出的。[③]岑参描绘的是金城临河驿庭院的景象。临河驿即唐代设在金城关的官道驿站，濒临黄河，既是邮驿站点，也是政府招待所，和唐朝其他地方的驿站一样，花木扶疏，好鸟相鸣，于是岑参有"庭树巢鹦鹉，园花隐麝香"句。这是针对驿站庭院花园而言的。明乎此，则麝香是鸟是兽就很好判断了。试想，如不是专业养殖场，庭院之中能有鹿属的麝吗？再者，"园花"即园中之花木能隐身材高大的麝吗？很显然，岑参诗中的"麝香"是鸟而不是兽。推而及之，由岑参诗化出的杜甫诗中"麝香眠石竹"的"麝香"也是鸟而不是兽。"麝香眠石竹"即麝香眠于石竹。石竹是石竹属多年生草本，高约 30 厘米，茎簇生，直立，上部分枝。叶似小竹叶而细窄，亦有节。花呈鲜红色、白色或粉色。麦积山所在的小陇山林区多有，生于向阳山坡草地及岩石缝间。因花色较多，亦

①清浦起龙《读杜心解》(下)，北京：中华书局，2000 年，第 394 页

②唐岑参撰，寥立注《岑嘉州诗笺注》(下)，北京：中华书局，2004 年，第 475 页。

③另如岑参《与独孤渐道别长句兼呈严八侍御》有"鱼龙川北盘溪雨，鸟鼠山西洮水云"，杜甫《秦州杂诗》之一有"水落鱼龙夜，山空鸟鼠秋"，借鉴成分也十分明显。

被栽于庭院作观赏植物。[1]唐诗不时有咏石竹者,多和寺僧有关。如顾况《道该上人院石竹花歌》:"道该房前石竹丛,深浅紫,深浅红。婵娟灼烁委清露,小枝小叶飘香风。上人心中如镜中,永日垂帘欢色空。"杜甫见到的大抵就是僧院之物,作为寺院标志物之一便引入诗中。弄清石竹为何物之后,试想一下,身材高大的麝能眠于低矮丛生的石竹中吗?也可证麝香是鸟而不是兽。再者,生性机警,喜深山老林生活的麝也是不会眠于道旁或庭院的。《黄氏补千家诗集注杜工部诗史》引苏注云:"麝香,鸟名;石竹,野花。麝香之鸟骨极小,石竹之花微弱丛生而纤短,麝香所以能眠。释者以为麝鹿也,岂能眠于石竹。或以释者为是。"[2]蔡梦弼《杜工部草堂诗笺》云:"麝香,小鸟,陇蜀人谓之麝香鹩,或云鹿也。石竹,绣竹花也。僧舍多种之也。"[3]以上两注可为"麝香"正解。

"鹦鹉"在杜甫秦州诗中凡两见,《山寺》之外,《秦州见敕目……》有"陇俗轻鹦鹉"句。秦陇多产鹦鹉,自古而然。《旧唐书》卷29《音乐志》有云:"鹦鹉,秦陇尤多,亦不知重。"麦积山所在的小陇山林区古代亦多产鹦鹉,据顺治《秦州志》:"又二十里曰仙岭,其岭有仙坪,其平如掌,多猿猴、鹦鹉。"这里所谓仙岭在今甘肃天水市麦积区利桥乡,距麦积山数十里,鹦鹉本飞翔之物,利桥之仙岭有,说明麦积山亦有,明清时有,唐代当大有。旧注多引祢衡《鹦鹉赋》"命虞人于陇坻"或引《异物志》"鹦鹉三种,交州、巴南尽有之"作注,均不得要领。

关于金桃,据《旧唐书》卷198《西戎传》,中亚昭武九姓之一的康国于唐贞观十一年(637年)"又献金桃、银桃,诏令植之于苑囿。"旧注多引本条史料当"鹦鹉啄金桃"之注。其实,康国贡献的金桃,在唐,是金贵之物,只在皇家御苑栽值,唐诗人齐己《寄朱拾遗》有云:"一闻归阙下,几番熟金桃。"其他地方哪有资格栽种。正如谢弗《唐代的外来文明》所言:"目前还没有记载表明,这种金桃曾传播到长安御园之外的地方,甚至就是在御苑中,七世纪之后也没有金桃的存在。"[4]换言之,杜甫每每以"塞上"称之的秦州山野是不会有康国所贡金桃的。《山寺》所谓"金桃"当是麦积山一带

①安定国《甘肃小陇山高等植物志》,兰州:甘肃民族出版社,2002年,第453页。

②南宋《黄氏补千家诗集注杜工部诗史》(《补注杜诗》)《四库全书》第1069册,上海:上海古籍出版社,1989年,第392页。

③南宋蔡梦弼《杜工部草堂诗笺》,黎庶昌编《古逸丛书》,南京:江苏古籍出版社,2002年,第275页。

④[美]谢弗著,吴玉贵译《唐代的外来文明》,西安:陕西师范大学出版社,2005年,第162页。

多产的山核桃、山毛桃之类野果。光绪七年(1881 年)秋,一个和杜甫游历麦积山相同的季节,秦州进士任其昌等游历麦积山,有《游麦积山记》,文中有言:“饭已,导上牛耳堂,取道寺南转西,路稍平,旁有山桃,食之甘酸。”[①]依此,我们可肯定,《山寺》之“金桃”就是当地土产的山桃。

林继中《杜诗赵次公先后解辑校》集赵注《山寺》有云:“此篇实言山寺之景物耳。石竹,山中绣花竹也。麝香、鹦鹉,言僧家所养者。”[②]《杜诗详注》引赵汸云:“鹦鹉二句,本状寺之荒芜,以秦陇所产禽兽花木言之,语反精丽。”[③]我的看法,正如杜诗言“陇俗轻鹦鹉”,麝香、鹦鹉之类大抵不会是僧家所畜,倒是石竹、金桃可能就是佛寺庭院之物。《山寺》引入动植物既不是单纯写景,也不是突出“寺之荒芜”,而是要突出一种佛国的境界。正如常建《题破山寺后禅院》:“曲径通幽处,禅房花木深。山光悦鸟性,潭影空人思。”主旨在禅、在佛。

四、《山寺》所咏和麦积山石窟外观

《山寺》所咏述及麦积山石窟外观的有“山园细路高”、“乱水通人过,悬崖置屋牢”、“上方重阁晚”数语,试对照言之:一来纠旧注谬误;二来进一步揭示《山寺》所蕴涵之麦积山石窟信息。

第一,“山园细路高”。此“山园”不是旧注山上“所以树果也”之果园,而是指寺所依托的麦积山形是“圆”的。而是指寺院建在山脚平地类似“禅房花木深”那样的园。事实上,麦积山巅尖而小,只一隋塔而已,根本不可能有“园”。“细路高”言麦积山石窟石道和栈道。庾信《秦州天水郡麦积崖佛龛铭并序》有云:“鸟道乍穷,羊肠或断。”[④]“鸟道”、“羊肠(小道)”和“细路”完全合拍。明甄敬《登麦积岩三首》有云:“鸟道悬青障,龙宫宿紫烟。”亦可证。

第二,“乱水通人过,悬崖置屋牢”。“乱水”,旧注均称引《尔雅·释水》曰“正绝曰乱”,或引《诗经》“涉渭为乱”作注,似是注解,实则不知所云。实际情况是,麦积山后有发源于香积山的永川河,北流入谓;麦积山前亦有

①冯国瑞《麦积山石窟志》,天水:陇南丛书编印社,民国 30 年,第 43 页。
②林继中《杜诗赵次公先后解辑校》(上),上海:上海古籍出版社,1994 年,第 293 页。
③清仇兆鳌《杜诗详注》(第二册),北京:中华书局,1979 年,第 603 页。
④北周庾信撰,清倪璠注,许逸民校点《庾子山集》(中),北京:中华书局,1980,第 672 页。

一永川河的支流。“南北两涧，分流其下，水声阵阵，如鸣珩珮”。[①]因此，到麦积参佛，度“乱水”是必然的。兹引诗文片段数则即可明了。清王际有《登麦积山》有云：“游罢石云携满袖，一湾流水送余归。”[②]清任其昌《至麦积山》有云：“孤峰立当路，流水绕其足……风泉鸣虚籁，锵锵动寒玉。”[③]民国罗家伦《游麦积山》有云：“午余乘兴策倦马，白雪寒云据远峰。暮色转深溪水黯，石磨号铁火星红。”[④]又在寺院留联云：“行经千折水，来看六朝山”又霍松林《……午后登麦积山……》有云：“绕足千溪水，入眼万壑云。”[⑤]可见《山寺》所谓“乱水”是麦积附近及山下乱流之溪水，朝山之人必经此千折之水。“乱水通人过”指此。“悬崖置屋”是总言麦积山崖面的窟、龛和崖阁，正是王仁裕《玉堂闲话·麦积山》所言“其青云之半，峭壁之间，镌石成佛，万龛千室”之情状。[⑥]“牢”和“乱水通人过”的“过”相对，是动词，是“牢固”之意。《杜诗详注》说成是“牢屋”，不确。现麦积山距地 20~80 米崖面有历代洞窟 209 个，即留存至今的悬崖之“屋”。

第三，“上方重阁晚”。“上方”，郭知达《九家集注杜诗》引赵次公注：“上方，言在山上之方境也。”[⑦]仇兆鳌《杜诗详注》引邵注曰：“上方谓僧之方丈，在山顶也。”[⑧]《辞源》释“上方”为“地势最高之处”并引“上方重阁晚”为证[⑨]。或将“上”和“方”拆开，单释“方”曰“并列，并排”，并将“重阁”释成“一层一层的栈道”。[⑩]俱误！我们始终不要忘记《山寺》是写佛寺的。“上方”实指佛寺本身，与此相对，佛寺住持称“上人”，杜诗中将他在秦州相逢的故旧赞公和尚称“赞上人”即是。对此，我们引丁福宝《佛学大辞典》“上方”条作解：“上方者，原为称山寺之佛寺，今呼住持之人名上方，因其所居在

①任其昌《麦积山游记》，冯国瑞《麦积山石窟志》，天水：陇南丛书编印社，民国 30 年，第 44 页。

②③冯国瑞《麦积山石窟志》，天水：陇南丛书编印社，民国 30 年，第 35 页、第 37 页。

④刘大有《诗人罗家伦抗战时期在天水的诗作》，天水市政协文史资料委员会《天水文史资料》（第五辑），第 140 页。

⑤张锦秀《麦积山石窟志》，兰州：甘肃人民出版社，2002 年，第 282 页。

⑥北宋《太平广记》卷 397《麦积山》，北京：中华书局，1995 年，第 3181 页。

⑦南宋郭知达《九家集注杜诗》，《四库全书》第 1068 册，上海：上海古籍出版社，1989 年，第 364 页。

⑧清仇兆鳌《杜诗详注》（第二册），北京：中华书局，1979 年，第 604 页。

⑨《辞源》（合订本），北京：商务印书馆，1988 年，第 32 页。

⑩李济阻等《杜甫陇右诗注析》，兰州：甘肃人民出版社，1985 年，第 162 页。

寺之最深处也。”[①]原来“上方”之本意就“山寺之佛寺”的专称。兹举唐诗几例作证，刘商《题山寺》有云：“更有思归意，晴明陟上方。”刘长卿《登思静寺上方题修竹茂松》有云：“上方幽且暮，台殿隐蒙笼。”孟郊《苏州昆山惠聚寺僧房》有云：“昨日到上方，片云挂石床。”姚合《谢韬光上人》有云：“上方清净无因住，唯愿他生得住持。”很清楚，“上方”的确就是“山寺”。“重阁”即错落分布在麦积山崖面的层层崖阁建筑。“重阁”作为石窟的代表物进入诗中，一说明崖阁形制独特，蔚为壮观；同时说明唐代的麦积山崖阁数量颇为不少，很是惹眼。崖阁建筑形式是将屋宇建筑(民族的)和佛龛建筑(外来的)完美结合，檐柱在外，龛室其里，可理解为建在悬崖上的特殊礼佛室屋。有些洞窟外面还有木建栈阁。五代之时王仁裕题壁留诗天堂洞(今已不存)就是一处崖阁建筑，其诗有云：“檐前下视众山小，堂上平分落日低。”为清楚起见，再引新编《麦积山石窟志》一段文字加以说明：“洞窟中的崖阁，形式多样，独具特色。所谓崖阁，是指建造于崖壁间的殿堂或屋宇式建筑，主体部分依壁开凿，有的外部还辅以木构部件等。北魏至隋均有开凿。现存庑殿顶崖阁5座，平顶型崖阁2座，廊道式崖阁2座，栈桥式崖阁1座。所有崖阁中，以庑殿顶崖阁最为著名。此种崖阁均为前廊后室，上雕正脊、鸱尾、瓦垅、檐、椽、额枋、斗拱等，下雕檐柱、长廊、窟龛等。其中第4号崖阁(又称“上七佛阁”或“散花楼”)，全长30余米，雕刻精美，宏伟壮观，是现存崖阁中的佼佼者。”[②]“晚”是说登阁时间是夕阳西下时分。《山寺》的最后一句“百里见纤毫”之“纤毫”也是佛家常用语，指极其细微之物。杜甫《夏夜收》有云：“虚明见纤毫，羽虫亦飞扬。”百里见纤毫，是用夸张的手法衬托“重阁”之高危。麦积山石窟现存唐人题记六则，分布在第7窟、第108窟、第114窟、第127窟(二则)、第135窟。这些石窟距离地面较高，想必和唐人喜登高有关。按诗意，杜甫定然是登上了麦积山极高处的某一阁，极目远望，于是有“百里见纤毫”之感。

麦积山石窟名列中国四大石窟之一，而文献资料向来稀少，但在为数不多的文献资料中，以北周庾信的《秦州天水郡麦积崖佛龛铭并序》、唐杜甫的《山寺》、五代王仁裕《玉堂闲话·麦积山》最为重要。大唐盛世，直接描绘麦积景象的资料只杜甫《山寺》一诗，然近年来怀疑之声不断，为正本清

①丁福宝《佛学大辞典》，上海：上海书店，1991年，第434页。
②张锦秀《麦积山石窟志》，兰州：甘肃人民出版社，2002年，第15页。

源,特著此文指明真相——“山寺”只能是麦积山石窟,同时一并对此诗古今注重新审视,力图还《山寺》佛寺之诗的本来面目。在此基础上,诗史互证,力图全面揭示《山寺》所蕴涵唐代麦积山石窟信息,从而勾画出其轮廓,为麦积山石窟史添一诗证。雪潇同志在《当年杜甫在秦州之十三——麦积山》中说:“好多人怀疑杜甫《山寺》不一定写的就是麦积山,但作为一个天水人,从感情上讲,我真希望学者们能通过更为深入与有力的研究和证明:杜甫的《山寺》写的就是麦积山。”[①]这里,我不敢打保票说我的研究和证明就是深入与有力的,但我对《山寺》研究和证明是力图拿证据说话的。到底做到了什么程度,没有把握,一股脑儿端出来,请方家指谬。

【附记】本文原刊于《敦煌学辑刊》2007年第3期,入集时部分字句及注释有改动。

①雪潇《当年杜甫在秦州之十三——麦积山》,《天水日报》,2006年3月30日。

杜甫秦州诗题咏的丝绸之路说解

据《元和郡县图志》，唐代的秦州辖上邽、伏羌、陇城、清水、成纪五县，州治上邽。[①]和现行政区划对照，其辖区大致和今甘肃天水市相当。为有唐一代陇右大都会，人口稠密，经济发达。史念海先生《唐代通西域道路的渊源及其途中的都会》对此有透彻的论述：

> 经过大震关至鄯州的通西域道路上的都会，要数秦州和凤翔府，这一州一府分列陇山东西，都相当繁荣，都各有其独特之处。
>
> 秦州于天宝年间有户两万四千余，不仅超过了凉州，更远非鄯州可比，应该是陇右道中的第一大州。[②]

说到底，秦州的“大”、秦州的“相当繁荣”都是由交通位置即其在丝绸之路上的位置决定的。唐肃宗乾元二年(759 年)秋天，杜甫辞去华州司功参军之职，西行逾陇，流寓秦州。吟咏所及，登临抒怀、咏物思人之外，尚多有描绘山川地貌、民情风俗的诗句，如刘克庄《后村诗话》称颂《秦州杂诗二十首》言：“山川城郭之异，土地风气所宜，开卷一览，尽在是矣。”[③]催生秦州成为大都市的丝绸之路当然更是他题咏的对象。严耕望《唐代交通图考》第二卷《河陇碛西区》说：“杜翁秦州诸诗屡次涉及使驿，盖秦州为西北通安西、北庭，西通河、鄯，西南通岷、洮、松之总枢纽，故使臣驿骑繁忙也。”[④]而历代注家对杜诗涉及的驿使和丝绸之路(驿道)的注解，或专注训诂，无关痛痒；或引经据典，离题万里，所以非常有必要予以廓清，以还原杜诗题咏的深意，以充分理解杜诗的“诗史”韵味，以领略丝绸之路的风情。

①唐李吉甫《元和郡县图志》(下)，北京：中华书局，2005 年，第 980 页。

②史念海《唐代通西域道路的渊源及其途中的都会》，《唐代历史地理研究》，北京：中国社会科学出版社，1998 年，第 365~367 页。

③宋刘克庄《后村诗话》，《古典文学资料汇编·杜甫卷》上编唐宋之部第三册，北京：中华书局，2001 年，第 854 页。

④严耕望《唐代交通图考》(第二卷)，上海：上海古籍出版社，2007 年，366 页。

一、“驿道出流沙”和“万里流沙道”

杜甫《秦州杂诗》之三有句：“州图领同谷，驿道出流沙。”秦州诗《东楼》有句：“万里流沙道，西行过此门。”所谓“驿道出流沙”即驿道通于流沙，和“万里流沙道”一样都是指由长安东来，越陇山，过秦州，再通往西域的丝绸之路。

南宋杜诗注，如《王状元集百家注编年杜陵诗史》、郭知达《九家集注杜诗》等以“流沙，地名”或“西域地名”注之，[①]黄希、黄鹤《黄氏补千家集注杜工部诗史》注为“流沙，即书所谓西被于流沙也。”[②]蔡梦弼《杜工部草堂诗笺》注为：“后汉志，居延泽，古流沙，献帝立为西海郡。”[③]以流沙为地名或西域地名在大方向上没有错，但到底是何地名，不清楚。说明“王状元”注、郭知达注对“流沙”所指终究不清楚。《尚书·禹贡》有句：“东渐于海，西被流沙，朔、南暨声教，讫于四海。”此即黄氏注所言“流沙，即书所谓西被于流沙也”的依据，实际上《尚书》是言九州西部的疆域覆盖流沙荒漠之地，属于模糊语。《尚书·禹贡》又有句“导弱水，至于合黎，余波入于流沙。”这样古人就有了一种固定认识——弱水所入之地唤作流沙无疑，于是《汉书·地理志》张掖郡条有言：“居延，居延泽在东北，古文以为流沙。”此即蔡梦弼注“后汉志，居延泽，古流沙，献帝立为西海郡”的依据。其逻辑是，既然弱水余波入于流沙，而居延泽正是弱水注入之泽，则必是流沙无疑。实际上，弱水“余波入于流沙”是说弱水没于荒漠之中，和杜诗的“流沙”无任何关联。到了明代，钱谦益独辟蹊径，以史证诗，其《钱注杜诗》引《唐六典》为“驿道出流沙”注，曰：“六典，陇右道东接秦州，西逾流沙。注曰，流沙在沙州北，连延数千里。”[④]此后清代的杜诗注随声附和，尽皆援引之，而将个别字词省略，如朱鹤龄《杜工部诗集辑注》注为：“唐六典，陇右道东接秦

①南宋《王状元集百家注编年杜陵诗史》第9卷，扬州：广陵古籍刻印社，1981年；郭知达南宋《九家集注杜诗》，《四库全书》第1068册，上海：上海古籍出版社，1987年，第359页。

②南宋黄希，黄鹤《黄氏补千家集注杜工部诗史》（《补注杜诗》），《四库全书》第1069册，上海：上海古籍出版社，1987年，第388页。

③南宋蔡梦弼《杜工部草堂诗笺》，《丛书集成初编》第2225册，北京：中华书局，1983年，第523~524页。

④清钱谦益《钱注杜诗》（上），上海：上海古籍出版社，2009年，第342页。

州，西逾流沙。流沙在沙州北，连延数千里。”①推其源，钱注语出《唐六典·尚书户部》②，钱谦益援引不错，不过，应作“六曰陇右道……东接秦州，西逾流沙”才算忠实原文。朱鹤龄注将《唐六典》的自注混同于原文就不太地道了。

今人作注，以为旧注事出史籍，因循转引。其实，“东接秦州，西逾流沙”是描述陇右道幅员辽阔，并非是专指交通。《唐六典》的自注“流沙在沙州北，连延数千里”道出了实情，可惜未有人追根问底，弄明白“在沙州北，连延数千里”的流沙到底是何地。按诗意，“驿道出流沙”意在极言沟通西域驿道之漫长，是说驿道都通往流沙、经过流沙了。至于“万里流沙道”，宋以来旧注多以为乃通吐蕃之道或吐蕃所居之地，不确！当然此道经由临州（今甘肃临洮）或兰州（今甘肃兰州）可达吐蕃据有的河湟地区，但这是岔道，诗意旨在歌咏连通西域的丝绸之路主干道。杜甫《高都护骢马行》有句：“功成惠养随所致，飘飘远自流沙至。”③是言安西都护高仙芝威震西域，功成名就，朝廷招致还长安修养。而高“飘飘远自流沙至”所行正是“万里流沙道”，只不过是由西向东罢了。总之，“驿道出流沙”、“万里流沙道”是同一条道——过秦州、通往西域的丝绸之路大道。这从另外一些咏及西域的唐诗中也可以清楚地看出来。比如来济《出玉关》之“今日流沙外，垂涕念生还”、刘言史《病僧二首》之“竺国乡程算不回，病中衣锡遍浮埃。如今汉地诸经本，自过流沙远背来”、高适《送裴别将之安西》之“地出流沙外，天长甲子西”、处默《送僧游西域》之“一盂兼一锡，只此度流沙”、周存《西戎献马》之“影别流沙路，嘶流上苑风”等；再如杜甫《送从弟亚赴安西判官》之“坐看清流沙，所以子奉使”、《八哀诗·赠司空王公思礼》之“服事哥舒翰，意无流沙碛”等。可见无论是西域求法的僧人，还是西域任职的官吏，或是由西域而来的贡物，都是要经流沙道来往。至于《东楼》所咏“万里流沙道”何而“西行过此门”，《杜诗详注》言：“（东）楼当驿道，故征西者皆过此门。”④其说甚是。秦州城处藉河河谷，川道狭窄，受这种特殊地形的影响，秦州城呈东西长扁的矩形状，而贯穿全城的主街也就正对东西城门，直到清朝还是这种格局。所以，西行之人当然是要东门进而西门出了。

在论定了杜诗“驿道”和“流沙道”就是汉代以来连通中土和西域的丝

①清朱鹤龄《杜工部诗集辑注》，石家庄：河北大学出版社，2009年，216页。
②唐李林甫等《唐六典》卷3《尚书户部》，北京：中华书局，1992年，第68页。
③本诗及下文未注出处的唐人诗作均出自中华书局1960年版《全唐诗》。
④清仇兆鳌《杜诗详注》（第二册），北京：中华书局，1979年，第601页。

绸之路主干道之后，接下来我们再依据相关资料对长安至安西间的重要城市和名关险隘做一列举：长安→凤翔(今陕西凤翔)→陇州(今陕西陇县)→陇山→大震关→秦州→渭州(今甘肃陇西)→高城岭→临州(今甘肃临洮)→兰州→金城关→凉州(今甘肃武威)→甘州(今甘肃张掖)→肃州(今甘肃酒泉)→瓜州(今甘肃瓜州)→沙州(今甘肃敦煌)→玉门关→莫贺延碛→伊州(今新疆哈密)→大患鬼魅碛→西州(今新疆吐鲁番)→交河(吐鲁番西，一度为安西都护府所在地，由交河向北可达北庭都护府所在地庭州)→铁门关(在今新疆库尔勒)→龟兹(今新疆库车县，唐北庭都护府所在地)。如严耕望先生言："此驿道由安西都护府东经凉州，至长安，虽甘州以西多行沙碛，乏水草，多风险，然行旅不绝，商业交通甚盛，不但为唐室控制西域中亚之大孔道，亦为国际贸易、文化交流之大动脉。"①唐玄奘西行求法，岑参西行安西都护府供职走的就是此道。兹摘录《大慈恩寺三藏法师传》片段以领略杜诗所咏"万里流沙道"的悠长与艰险，并判定"流沙"确指之地。

> 贞观三年秋八月……时年二十六也。时有秦州僧孝达在京学《涅槃经》，功毕还乡，遂与俱去。至秦州，停一宿，逢兰州伴，又随去至兰州。一宿，遇凉州人送官马归，又随去至彼。停月余日……凉州为河西都会，襟带西蕃、葱右诸国，商侣往来，无有停绝……时李大亮为凉州都督，既奉严敕，防禁特切……乃昼伏夜行，遂至瓜州……法师因访西路。或有报云：从此北行五十余里有瓠芦河，下广上狭，洄波甚急，深不可渡。上置玉门关，路必由之，即西境之襟喉也。关外西北又有五烽，候望者居之，各相去百里，中无水草。五烽之外即莫贺延碛，伊吾国境。闻之愁愦，所乘之马又死，不知计出，沉默经月余……自是孑然孤游沙漠矣。唯望骨聚马粪等渐进……从是已去，即莫贺延碛，长八百余里，古曰沙河，上无飞鸟，下无走兽，复无水草。……自念我先发愿，若不至天竺，终不东归一步，今何故来？宁可就西而死，岂归东而生。于是旋辔，专念观音，西北而进。是时四顾茫然，人鸟俱绝。夜则妖魑举火，烂若繁星；昼则惊风拥沙，散如时雨。虽遇如是，心

①严耕望《唐代交通图考》(第二卷)，上海：上海古籍出版社，2007年，第494~495页。

无所惧，但苦水尽，渴不能前。是时四夜五日无一滴沾喉，口腹干燋，几将殒绝，不复能进，遂卧沙中默念观音，虽困不舍……至第五夜半，忽有凉风触身，冷快如沐寒水。遂得目明，马亦能起。体既苏息，得少睡眠。即于睡中梦一大神长数丈，执戟麾曰："何不强行，而更卧也。"法师惊寤进发，行可十里，马忽异路，制之不回。经数里，忽见青草数亩，下马恣食。去草十步欲回转，又到一池，水甘澄镜澈，下而就饮，身命重全，人马俱得苏息……即就草池一日停息，后日盛水，取草进发，更经两日，方出流沙到伊吾矣。①

由此可知玄奘离京西行，有秦州僧人孝达陪伴，且在丝绸之路重镇秦州住过一宿。由此也可知，杜诗"驿道出流沙"和"万里流沙道"所咏的"流沙"正是玉门关和伊吾即伊州之间的大沙碛莫贺延碛即今之哈顺戈壁。是为"西域"的起点，又是大沙碛，正好可代表通西域道路之艰险，于是唐代诗文涉及西域道路，动辄有"流沙"字样。天宝十三载(754 年)，岑参赴北庭都护府度莫贺延碛，对此流沙道有切身体会，其《日没贺延碛作》云："沙上见日出，沙上见日没。悔向万里来，功名是何物。"②

二、"从天此路回"

《秦州杂诗》之八有句："闻道寻源使，从天此路回。牵牛去几许，宛马至今来。"诗句所咏依旧是秦州驿道即过往秦州的丝绸之路，不言秦州而秦州自在诗内。下面我们依次对此四句诗做一说解，以探究"从天此路回"之"路"所指者何。

先说寻源使。张骞第一次出使西域，备极艰辛，北道出使，南道而回，两遭匈奴扣留，13 年后方才还朝(公元前 139~前 126 年)。虽因大夏安于现状未完成"断匈奴右臂"的使命，但带回诸多有关西域的信息，大大扩展了汉王朝的地理视野。其最引人注目的是认定和田河上游是黄河之源，如《史记·大宛列传》言："于阗之西，则水皆西流，注西海；其东水东流，注盐泽。盐泽潜行地下，其南则河源出焉。多玉石，河注中国。"这是轰动一时

①《大慈恩寺三藏法师传》，杜斗城《陇右高僧录》，兰州：兰州大学出版社，1993 年，第 265~271 页。

②唐岑参撰，陈铁民、侯忠义校注《岑参集校注》(上)，上海：上海古籍出版社，1979 年，141 页。

的大新闻,后人便将出使西域的使者称寻源使。对于这件事情的原委,陈桥驿先生《水经注记载的异地同名》有详尽解说:

> 昆仑山从一座神话中的山岳成为一座实有的山岳,为时在公元一二六年以后的汉武帝时代。根据《大宛列传》所记:“汉使穷河源,河源出于阗,其山多玉石,采来,天子案古图书,名河所出山曰昆仑山云。”这里所说的汉使是张骞,天子当然指汉武帝。这里所渭河源,实际上就是现在塔里木河支流之一和田河的上源。至于这个错误是由张骞造成的,抑或当时当地确有这样的传说,那就不得而知。但总是张骞把这个错误传出来的。而汉武帝对照古图书,就这样把今和田河源所出的山岳名为昆仑山。至于当时所案的是些什么图书,司马迁是了解事情始末的。他说:“今自张骞使大夏之后也,穷河源、恶睹本纪所谓昆仑山者乎?故言九州山川,《尚书》近之矣,至《禹本纪》《山海经》所有怪物余不敢言之也。”……这实际上就是清末李慈铭所说的:“自《山海经》有河出昆仑一语,于是张骞凿空而汉武求之于阗葱岭矣。”①

“从天此路回”之“天”可以理解为天上,也可理解为天际或天涯。在古人的观念中,河源是通天的,具体地说就是连通天河的,至少唐代以前有一种观念是这样。李白《将进酒》有云:“君不见黄河之水天上来,奔流到海不复回。”刘禹锡《浪淘沙》云:“九曲黄河万里沙,浪陶风簸自天涯。如今直上银河去,同到牵牛织女家。”是说九曲黄河自天而来,如逆流而上,就能通达天河,拜访善良勤劳的牵牛织女一家。既然认定河源通天,那么寻源之人一定到了天上,自然是从天而来的。总之,“闻道寻源使,从天此路回”两句是说:听说想当年出使西域的使者完成寻源使命之后,从遥远的天际回来就是经过此路再到长安的。

再说“牵牛去几许,宛马至今来”句。诸解沿用宋人旧说,公认“牵牛”典出西晋张华《博物志》所载乘槎泛海上天的传说故事。《博物志》早佚,于这段故事,诸注家所引字句亦不尽相同,这里采用《全唐诗典故词典》转引如下:“旧说天河与海通,近世有人居海上者,年年八月有浮槎去来,不失期。人有奇志,立飞阁于查上,多赍粮,乘槎而去。十余日中,犹观星月日

①陈桥驿《水经注研究》,天津:天津古籍出版社,1985年,第349页。

辰，自后茫茫忽忽，亦不觉昼夜。去十余日，奄至一处，有城郭、屋舍甚严。遥望宫中多织妇，见一丈夫牵牛渚次饮之，乃惊问曰：'何由至此？'此人具说来意，并问此是何处。答曰：'君还至蜀郡访严君平则知之。'竟不上岸，因还如期。后至蜀，问君平曰：'某年月日，有客星犯牵牛宿。'计年月，正是此人到天河时也。"[①]固然，这则离奇的故事中有"牵牛"字样，但直接借此以释"牵牛去几许"未免牵强。杜甫将"牵牛"和"宛马"对举，和张骞挂上钩，完全是因为此故事在流传过程中，那个原本无名无姓的乘槎探险者不知不觉被换成了张骞，无名英雄成了有名英雄。据学者研究，今人可见张骞乘槎寻河源的故事最早的版本源自南朝萧梁之宗懔《荆楚岁时记》。[②]同时代的诗人庾肩吾、庾信父子也有相关的诗作。庾肩吾《奉使江州舟中七夕诗》有云："九江逢七夕，初弦值早秋。天河来映水，织女欲攀舟。汉使俱为客，星槎共逐流。莫言相送浦，不及穿针楼。"[③]庾信《七夕》有云："牵牛遥映水，织女正登车。星桥通汉使，机石逐仙槎。隔河相望近，经秋离别赊，愁将今夕恨，复著明年花。"[④]诗中有"牵牛"、"织女"，也有"汉使"即寻源使，也就是张骞。可证在南朝萧梁之前，张骞乘槎寻访河源直达天河与牵牛（牛郎）织女会面的故事的已完全形成。既如此，"牵牛去几许，宛马至今来"就好理解了。原来"寻源使"、"从天"、"牵牛"、"宛马"所言皆是一人一事——即张骞通西域、寻河源。诗人的逻辑是，秦州驿道连通张骞出使的西域，而远在西域的河源连通天河，则很自然就由寻源使而联想到天，由天联想到天河，由天河又联想到牵牛织女之故事。至于"牵牛去几许"的设问，句型和《古诗十九首·迢迢牵牛星》"河汉清且浅，相去复几许"相类，是说家住天河的牵牛抬头即见，但时间上、空间上都距我们非常遥远。按字面理解，是说牵牛到底距我们有多远啊。而"宛马至今来"是说异域的佳品如西域大宛国的良马"宛马"等物依然源源不断通过"此路"（秦州驿道）输入中土。汉武帝太初四年（前 107 年）得大宛国汗血马，武帝名之曰天马，作《天马歌》有云："天马徕，从西极，涉流沙，九夷服。"[⑤]"涉流沙"正是过秦

①《全唐诗典故辞典》，武汉：湖北辞书出版社，2001 年，第 592 页。

②郑阿财《敦煌文献中〈张骞乘槎〉故事之探讨》，《法商学报》1986 年第 21 期；陶喻之《张骞乘槎故事源流考》，《民间文学论坛》1989 年第 2 期；邓绍基《典实和传说：古代文学作品中的张骞》，《阴山学刊》1995 年第 1 期。

③钦立编《先秦汉魏晋南北朝诗》（下），北京：中华书局，1998 年，第 1995 页。

④南朝徐陵编，清吴兆宜等校注，穆克宏点校《玉台新咏笺注》（下），北京：中华书局，1985 年，第 350 页。

⑤《汉书》卷 22《礼乐志》。

州的“万里流沙道”。如果得其意而妄其形，则知诗人所要表达的意思是，牵牛距我们是那么的遥远，梦幻缥缈，亦即张骞的寻源伟业已成为历史，而当世芸芸众生依旧受用西域涌来奇珍异品。昔人已去，功业长存。

关于河源自何，既是地理问题，也是中华文化史的大课题，在此有必要稍微探究一下。《尚书·禹贡》称：“导河积石，至于龙门”，是说黄河流经积石，河源并不具体。接下来就有了《山海经》的河出昆仑说，“又北三百二十里，曰敦薨之山……敦薨之水出焉，而西流注于泑泽。出于昆仑之东北隅，实惟河原。”其实“敦薨”就是“薨敦”指的还是“昆仑”，而昆仑也就是“混沌”。[①]由此可见河源昆仑之“昆仑”其隐喻意就是不清不楚、糊里糊涂，《山海经》等典籍的河源之地昆仑山是在《禹贡》“导河积石”基础上幻想的结果。张骞出使西域，带来了河源新说，汉武帝钦定他认为的河源之地和田河所出之山为昆仑山。到了东汉，《汉书·西域传》又在张骞倡导的河源之外，加上葱岭(帕米尔高原)河源。“西域……东则接汉，厄以玉门、阳关，西则限以葱岭。其南山，东出金城，与汉南山属焉。其河有两源：一出葱岭出，一出于阗。于阗在南山下，其河北流，与葱岭河合，东注蒲昌海。蒲昌海，一名盐泽者也，去玉门、阳关三百余里，广袤三四百里。其水亭居，冬夏不增减，皆以为潜行地下，南出于积石，为中国河云。”认为昆仑、葱岭二源合一，向东流注蒲昌海(罗布泊)，而后南向潜流由积石山重新冒出。黄河伏流重源说确立，也为大家接受，如地理学名著《水经注》就因袭这一观点。[②]隋唐时期，中央王朝实力强劲，实际控制地域扩展。隋大业五年(609年)，隋炀帝亲征吐谷浑，所置新郡之一名河源郡(今青海兴海东南)，表明当时已基本确认河源之地在今青海境内。唐贞观九年(635年)，太宗以李靖为西海道行军总管分道征讨吐谷浑，其中侯君集、李道宗一路“历破逻真谷，逾汉哭山，经途二千余里，行空虚之地。盛夏降霜，山多积雪，转战过星宿川，至于柏海，频与虏遇，皆大克获。北望积石山，观河源之所出焉。”[③]贞观十五年(641年)，文成公主入藏，吐蕃赞普松赞干布“率其部兵次柏海，亲迎于河源”。[④]星宿川即星宿海，地在今青海曲麻莱县麻多乡境内；柏海即今青海扎陵湖。上引两条资料足以说明唐人官方意识已抛弃了河源西

①叶舒宪，萧兵，郑在舒《山海经的文化寻踪》(上)，武汉：湖北人民出版社，第892~904页。

②《〈水经注〉记载的黄河》，陈桥驿《郦学新论——水经注研究之三》，太原：山西人民出版社，1992年，第189~190页。

③《旧唐书》卷73《侯君集传》。

④《旧唐书》卷207《吐蕃上》。

域的伏流重源说，认定今青海星宿川为河源之地。长庆元年(821 年)，大理寺卿刘元鼎出使吐蕃，有《使吐蕃经见纪略》，①以亲历见闻描述了河源山川风土，最终形成唐人的河源星宿川说。可以判定，在杜甫生活的盛唐时代，知识界、至少博雅君子理应知晓河源西域的伏流重源说乃是谬说，而以民间传奇故事形式流传的张骞乘槎寻河源说仍然有相当的市场，且比正宗的河源星宿川说更为人们喜闻乐见。敦煌莫高窟第323 窟(初唐)即有张骞出使西域壁画，敦煌写本 P.3910《新合孝经皇帝感辞》插有一段咏张骞寻河源、遇西王母、见牛郎织女的辞曲；另，S.5547《前汉刘家太子传》也插有一段张骞奉使寻河源、西王母赠支几石的故事；另，敦煌写本《古贤集》亦有歌咏张骞寻河的诗句，有云："张骞奉使寻河路，王母乘龙戴宝华。叹念阎浮汉武帝，赍粮奉命度流沙。谁见牵牛别织女，唯闻海客镇乘槎。"②敦煌一隅尚且如此，可以想见张骞乘槎寻河源故事在唐代流传的广远。以诗证诗，《全唐诗》收有咏及张骞的诗作多首，其中就有张骞乘槎寻河源典故，如胡曾《咏史诗·黄河》之"博望沉埋不复旋，黄河依旧水茫然。沿流欲共牛郎语，只得灵槎送上天"、薛能《黄河》之"人间无博望，谁复到穷源"、廖融《梦仙谣》之"星稀犹倚虹桥立，拟就张骞搭汉槎"、唐彦谦《蒲津河亭》之"烟横博望乘槎水，日上文王避雨陵"、钱珝《江行无题一百首》之"难逢星汉使，乌鹊日乘槎"、韦庄《夏口行寄婺州诸弟》之"谁道我随张博望，悠悠空外泛仙槎"等。杜甫对张骞凿空西域、一使寻源的功业推崇备至，诗中多次为其大唱赞歌。如《寄岳州贾司马六丈、巴州严八使君两阁老五十韵》之"讨胡愁李广，奉使待张骞"、《赠王二十四侍御契四十韵》之"伏柱闻周史，乘槎有汉臣"、《秋日夔府咏怀奉寄郑监李宾客一百韵》之"途中非阮籍，查上似张骞"、《有感五首》之"乘槎断消息，无处觅张骞"、《秋兴八首》之"听猿实下三声泪，奉使虚随八月槎"等。杜甫乃"读书破万卷"的大师级诗人，对河源问题他没有就实而就虚，不采用河源星宿川正说，言之凿凿以张骞为乘槎寻河的主角，完全是诗情需要，诗作感染力需要。任何时候传说都要比史实更加生动。在诗人看来推高英雄人物并神化之是必需的，似乎只有神化张骞才能彻底突出其功业。宋元以降，人们对河源的认识进一步明确。明洪武十五年(1382 年)，宗泐和尚奉使西藏，途径河源地区，有《望河源》诗曰："汉使穷河源，要领殊未得。遂令西戎子，千古笑中

①刘元鼎《使吐蕃经见纪略》，《全唐文》卷 716，北京：中华书局，1983 年，第 7360~7361 页。

②郑阿财《敦煌文献中〈张骞乘槎〉故事之探讨》，《法商学报》1986 年第 21 期。

国。”①耻笑归耻笑,而张骞乘槎的故事依旧频频出现在各式各样的艺术形式之中,诗文戏曲之外尚用于瓷器、玉器、金银器等的装饰纹样,至而地名、人名也用此典故。张骞乘槎,一则雅俗共赏、耐人玩味的仙话。张骞寻河源,乘槎上天,会见西王母、牛郎织女一干仙人的故事情趣盎然,“闻道寻源使,从天此路回。牵牛去几许,宛马至今来”的诗句自然也是情趣盎然了。

三、“弱水应无地,阳关已近天”

除以上直接吟咏驿道的诗作之外,杜甫秦州诗还有一首间接吟咏驿道的诗作——《送人从军》。“弱水应无地,阳关已近天。今君渡沙碛,累月断人烟。好武宁论命,封侯不计年。马寒防失道,雪没锦鞍鞯。”诗题为“送人”但笔墨更多的是落在了从军道路之艰难上,而从军之路正好就是过往秦州的丝绸之路。杜甫流寓秦州的乾元二年(759年)正当吐蕃气焰嚣张之时,唐廷为应对危难局面,临时征兵发往西北要塞以加强防务,于是就有了“送人从军”的一幕。此诗有句句涉及“路”,此路又和我们说解过的“驿道出流沙”、“万里流沙道”、“从天此路回”的“路”有所不同,歌咏的对象当是出阳关西域境内的丝绸之路南道。试做说解。

关于“弱水应无地,阳关已近天”。弱水,《尚书·禹贡》有载,也是《禹贡》中唯一的西流之水。据顾颉刚、刘起釪《尚书校释译论》:“综诸家考述,大抵获知弱水发源于今甘肃山丹县焉支山西麓,穷石之东,西北流至张掖,合来自祁连山之羌谷水后,亦称张掖河。继向西北流,经今高台县,过合黎山西南,亦称合黎水。经合黎峡口折而向北流,经酒泉东的金塔县东北,过巴丹吉林沙漠西部,即所谓‘入于流沙’,最后东北入于居延海。”②无地,《杜诗镜铨》:“应无地,谓当地尽处。”③即地之尽头。岑参《过碛》:“为言地尽天还尽,行到安西更向西”可佐证。《后汉书·西域传》大秦国条:“或云其国西有弱水、流沙,近西王母所居处,几于日所入也。《汉书》云‘从条支西行二百余日,近日所入’,则与今书异矣。”弱水在大秦西(古罗马国)当是谬说,但将“日所入”和弱水联系起来,也可说明弱水就在天边地尽头。在交通不发达的古代,中土之人看来,有流沙、弱水的西域当然是远在天边地尽头。阳关,“关名。在唐寿昌城西十里(一云六里)。东北距沙州城一

①胡阿祥,彭安玉《中国地理大发现》,济南:山东画报出版社,2004年,第121页。
②顾颉刚,刘起釪《尚书校释译论》,北京:中华书局,2005年,741页。
③清杨伦《杜诗镜铨》(上),上海:上海古籍出版社,1980年,第266页。

百三十里。西汉武帝时置，为都尉治所，当敦煌通西域南路之要隘。晋及后魏置阳关县，北周废，唐置戍。今属敦煌县南湖乡古董滩。P·5034记其遗址东南二十步，南北二十七步，今已无存。因在玉关之南，号曰阳关（P·5034）。S·5448《敦煌录》认为即故玉门关，又云其关后移州东。"①《元和郡县志》说："阳关，在（沙州寿昌）县西六里，以居玉门关之南故曰阳关。本汉置也，谓之南道，西趋鄯善、莎车。"②近天，接近天边。又，岑参有诗"走马西来欲到天"。"已近天"和前一句"应无地"互为表里，同义，可解为"天边地尽头"，极言所戍之地之遥远，犹如"天涯海角"。

关于"今君渡沙碛，累月断人烟。好武宁论命，封侯不计年"。沙碛，沙漠砾漠之合称。《说文》："碛，水渚中有石者。"即浅水中的沙石。由此，沙碛本身就有流沙之意。唐代，由敦煌通往西域的道路，多经玉门关、阳关西行，而不论是西出玉门关，或是西出阳关，首先遇到的问题就是"渡沙碛"。而西出阳关之路是遵循汉代通西域的南道而行，可达石城（汉楼兰）于阗等地。度南道"沙碛"的情况可通过一些西游高僧的传记见其梗概。《高僧法显传》说："法显等五人随使出发，复与宝云等别敦煌。太守李浩供给度沙河。沙河中多有恶鬼热风，遇则皆死，无一全者。上无飞鸟，下无走兽。遍望极目，欲求度外，则莫知所以。唯以死人枯骨为标帜耳。行十七日计千五百里，得至鄯善国。"③《高僧传》卷3《译经》："（释智猛）出阳关，西入流沙。凌危履险，有过前传。遂历鄯善、龟兹、于阗诸国，备瞻风化。"④显然，此二高僧所走的正是西出阳关的丝绸之路南道，唐代依旧使用，所谓"流沙"正是"今君度沙碛"的"沙碛"。对此沙碛，《周书·异域》在记述鄯善国时捎带着有一段更详尽的描述，"鄯善，古楼兰国也。东去长安五千里。所治城方一里。地多沙卤，少水草。北即白龙堆路。魏太武时，为沮渠安周所攻，其王西奔且末。西北有流沙数百里，夏日有热风，为行旅之患。风之欲至，唯老驼知之，即鸣而聚立，埋其口鼻于沙中。人每以为候，亦即将毡拥蔽鼻口。其风迅驶，斯须过尽。若不防者，必至危毙。""累月断人烟"有夸张的成分，但也是"沙碛"难度的真实反映。"封侯"句用班超投笔从戎、立功西域典故，还是和"路"有瓜葛。《后汉书·班超传》"（班超）投笔叹曰：'大丈夫当立功异域，以取封侯。'"

关于"马寒防失道，雪没锦鞍鞯"。西出阳关之道多险隘，春秋二季雪

①《敦煌学大辞典》李正宇所撰词条，上海：上海辞书出版社，1998年，第339页。
②唐李吉甫《元和郡县图志》，北京：中华书局，2005年，第1027页。
③④杜斗城《陇右高僧录》，兰州：兰州大学出版社，1993年，206页、第220页。

深,道路常常不通。诗之末尾两句说的就是这种情形,援引《沙洲地志》可证。“一道南路,从镇东去沙州一千五百里,其路由古阳关向沙州,多缘险隘,泉八所,皆有草。道险,不得夜行。春秋二时雪涤,道闭不通。”[①]引文中的“镇”指石城镇,为汉代楼兰国,隋置鄯善镇,唐高宗上元二年(675年)置石城镇。资料所言是石城东入阳关之路,正乃“西出阳关无故人”的丝绸之路南路,只是叙述的基点不同罢了。将“阳关已近天”和“雪没锦鞍鞯”联系起来看,“读书破万卷”的诗人通晓西域地理,是实写从军之人“渡沙碛”之难。在秦州虽是秋天,而在西域,当“胡天八月即飞雪”之时,所以有“马寒防失道,雪没锦鞍鞯”的叮嘱。鞯,马鞍垫子。鞍鞯一词,重心在鞍上,指的还是马鞍子。甘肃天水方言的“笔砚”指的其实是笔,并非笔和砚,理一也。

杜甫的秦州诗不但咏及丝绸之路,同时咏及驿使的繁忙、咏及丝绸之路风情物产……在诗圣笔下丝绸之路多姿多彩,令人神往。如咏驿使者有句:“城上胡笳奏, 山边汉节归”、“稠迭多幽事, 喧呼阅使星”、“羌童看渭水,使客向河源”、“传声看驿使,送节向河源”等;咏烽火者有句:“警急烽常报,传闻檄屡飞”、“夕烽来不近,每日报平安……照秦通警急,过陇自艰难”、“烟火军中幕,牛羊岭上村”、“候火云峰峻,悬军幕井干”、“羌女轻烽燧,胡儿掣骆驼”等;咏丝路风情者有:“降卤兼千帐,居人有万家。马骄朱汗落,羌舞白题斜”、“羌女轻烽燧,胡儿掣骆驼”、“羌妇语还笑,胡儿行且歌”、“胡笳楼上发,一雁入高空”等;咏及丝路风物者有:“一县葡萄熟,秋山苜蓿多”、“南使宜天马,由来万匹强”、“塞柳行疏翠,山梨结小红”等。高尔泰《寻找家园·敦煌莫高窟》在追记丝路重镇敦煌的繁荣时说:“想当年异国商贾云集,周边羌胡来归,毡庐千帐,土屋万家,鸣驼骄马,绿酒红裙,繁荣真如一梦。”[②]由杜诗来看,以此比拟陇右的另一丝路重镇秦州也是恰如其分。天水市区南山石马坪遗存粟特人墓地,出土石棺床两具都可证唐代的秦州乃陇右国际性的大都会。

【附记】本文原刊于《敦煌学辑刊》2007年第3期,入集时个别字句有改动。

①郑炳林《敦煌地理文书汇辑校注》,兰州:甘肃教育出版社,1989年,第48页。
②高尔泰《寻找家园》,广州:花城出版社,2004年,第180页。

杜甫《石龛》诗与八峰崖石窟

八峰崖石窟，在今甘肃省西和县城东南35公里处，位于石峡镇西侧山岭之中，与仇池山相望。石窟开凿在八峰之一西峰半山腰高约15米、长约60米的天然岩穴之内，又称峰腰石窟。或建于南北朝时期。[①]全窟分上下两层，上层10龛，下层4龛。1960年因火灾，木建筑全部焚毁，1980年代之后渐次修复。现存残损造像数十尊和部分壁画。本石窟史志记载不多，能说明问题的资料更少，于是一些相关研究纷争不断，其最大的争议就是杜甫《石龛》所咏是否为八峰崖石窟。对此，古人注释不清，今人莫衷一是。拙文将就这一问题展开讨论，论证《石龛》所咏无疑就是八峰崖石窟。

一、《石龛》诗及其旧注

唐乾元二年(759年)秋，杜甫流寓秦州(今甘肃天水市城区)，约三个月之后因生活无着南下同谷(今甘肃成县)，其间作纪行诗十二首，《石龛》即为其中之一。诗云：

> 熊罴咆我东，虎豹号我西。我后鬼长啸，我前狨又啼。天寒昏无日，山远道路迷。驱车石龛下，仲冬见虹霓。伐竹者谁子，悲歌上云梯。为官采美箭，五岁供梁齐。苦云直竿尽，无以充提携。奈何渔阳骑，飒飒惊蒸黎。[②]

所谓石龛就是石室，诗虽以“石龛”为题，但除“驱车石龛下”一语外，再未涉及石龛的任何内容。

关于石龛的地望及石龛为何物，宋代杜诗注如《王状元集百家注编年

①孙晓峰《八峰崖石窟散记》，《丝绸之路》2000年第5期；王百岁《陇南八峰崖内容总录》，《敦煌学辑刊》2005年第4期。

②北宋王洙《宋本杜工部集》，张元济辑《续古逸丛书》，南京：江苏古籍出版社，2001年，第150~151。

杜陵诗史》、郭知达《九家集注杜诗》等都只字不提，作视而不见不状。蔡梦弼《杜工部草堂诗笺》在本诗诗题“石龛”下注音曰“苦含切”，[①]此外不着一字。到了黄希注、黄鹤补注的《黄氏补千家集注杜工部诗史》即《补注杜诗》终于有了一条关于石龛地望的注释，其“石龛”诗题有注曰：

鹤曰石龛在成州近境。同是乾元二年作。[②]

“成州近境”显然系推测之词，但在前贤对诗题注释缺如的情况下终于给出了力所能及的注释，也属难能可贵了。较黄注成书稍后的《方舆胜览》卷70同庆府山川目石龛条说：

在成州近境。杜甫诗：“熊罴咆我东，虎豹号我西……飒飒惊蒸黎。”[③]

这无疑是黄注的翻版，所不同者只是附《石龛》全诗于后而已。

明代的杜诗注如单复《读杜诗愚得》、张綎《杜工部诗通》等注释对石龛也是只字不提。间或有注者，如林兆珂《杜诗钞述注》说：

石形似龛，在成州近境。[④]

主体还是黄注的翻版，所不同者是对石龛外观的描述“石形似龛”——石的形状像龛一样，其实还是不知所云。

有清一代，一些注本依旧沿袭宋人看法，如钱谦益《钱注杜诗》有云：

《方舆胜览》：“石龛，在成州近境。”[⑤]

有些注本则避而不注，如朱鹤龄《杜工部诗集辑注》、张潜《读书堂杜工部

①南宋蔡梦弼《杜工部草堂诗笺》，《丛书集成初编》第2225册，北京：中华书局，1983年，第574页。

②南宋黄希，黄鹤《黄氏补千家集注杜工部诗史》(《补注杜诗》)，《四库全书》第1069册，上海：上海古籍出版社，第146页。

③南宋祝穆撰，施和金点校《方舆胜览》(下)，北京：中华书局，2003年，第1223页。

④明林兆珂《杜诗钞述注》，《四库全书存目丛书》集部第4册，济南：齐鲁书社，1997年。

⑤清钱谦益《钱注杜诗》(上)，上海：上海古籍出版社，1979年，第103页。

诗集注解》、杨伦《杜诗镜铨》等；有些注本如浦起龙《读杜心解》则以“亦无考”敷衍。[1]以广博著称的仇兆鳌《杜诗详注》终于给出了一条别样的注释：

> 龛，苦含切，石塔也。《阿育王传》“山龛石室”。沈佺期诗“危峰石作龛”。[2]

而这其实算不上是地名注释，只能说是无奈之下的词义说解。

由以上列举可知，旧注或者说古人对石龛的认识大抵只限于自宋以来争相引用的“在成州近境”一语。事实上这也是一个模糊语，依据是基于杜甫“无衣思南州”发秦州的南行——以“南州”即成州为行经之地的南行。杜甫从秦州出发，至石龛，中间还有7“站”：赤谷、铁堂峡、盐井、寒峡、法镜寺、青阳峡、龙门镇，加上起始“站”秦州，和行经“站”石龛，已行经秦州至同谷（今甘肃成县）之间12“站”中的9“站”（剩余3“站”为积草岭、泥功山、凤凰台），于是黄鹤便有石龛在“在成州近境”的判断。不过我们要指出，杜甫流寓秦州、同谷时成州的治所不在同谷，而是在上禄（今甘肃西和县城北）。总之，说石龛“在成州近境”还悬猜得不算太离谱，但距正确还有相当的距离。

顺便说一句，正是由于旧注对石龛地望不清不楚，使关于杜甫的一些著名传记无所适从，于是如冯至的《杜甫传》不做注解，而陈贻焮《杜甫评传》以“方志载西安镇在成县镜，唐杜甫诗‘驱车石龛下’即此。未知确否”搪塞。[3]

二、地方志对八峰崖石窟的记载

《大明一统志》不设石龛或八峰崖的条目，乾隆元年成书的《甘肃通志》也不设石龛或八峰崖之类的条目。记载八峰崖石窟最早的方志当推乾隆《西和县志》，其卷1《山川考》说：

> 八佛崖，县南八十里，峭壁危峰，群山左右，松柏苍翠，上产香水。

又，其卷1《古迹寺庙》之古迹说：

①清浦起龙《读杜心解》（上），北京：中华书局，1961年，第78页。
②清仇兆鳌《杜诗详注》（第二册），北京：中华书局，1979年，第687页。
③陈贻焮《杜甫评传》（中），北京：北京大学出版社，2003年，第534页。

八佛崖寺，县东南八十里，在石峡关西南，又名八峰崖。

两条资料只是单纯记载佛寺，对佛寺与杜诗《石龛》的关系只字未提。

如章学诚言："地近则易核"，民国36年成书的朱绣梓所撰《西和县志》终于有了一个比较明确的"态度"——八峰崖石窟也就是峰腰石龛和杜甫所咏的石龛是大有关系。①其卷2《舆地志中》名胜目之峰腰石龛条说：

峰腰石龛，在县南八十里，八峰排列，松柏苍翠。山腰有石龛一带，龛前栈道悬空，怯者望而却步，游人至此，辄有出尘之想。邑人张志诚诗叙云："八峰耸峙，突兀雄奇，远望之若鸳偶雁行，近即之如星罗棋布。曲崖为龛，深窟作洞，面面有玲珑之观，峰峰有俊俏之态。石磴栈道则凿险而盘行，梵宇道宫则悬空而结构，以天造地设之形势，加钩心斗角之经营，纯系妙出自然，岂是工极人力。松柏掩映，禽鸟曲歌，时见出岫之云，并作无心之侣，洵天然之胜境，亦游览之伟观也。其诗曰：

八峰天外峙，一峰独崔巍。佛殿横山腰，玲珑亦壮哉。所惜人工少，犹未尽翦裁。建设如得宜，可以更见才。造物于山水，位置亦欠赅。若使在大邑，生面当别开。弃置在僻壤，可谓屈其材。安得夸娥氏，为之一移来。

附杜工部《石龛》诗曰：熊罴咆我东，虎豹号我西……

将杜甫诗附在峰腰石龛词条之下，清楚地表明杜甫所咏正是峰腰石龛即八峰崖石窟——虽然词条没有"杜甫行经峰腰石龛"之类的字样。也就是说民国之时西和县人已意识到杜甫曾到过八峰崖石窟。

三、关于"石龛"的定位的纷争

1980年以后，随着改革开放逐渐深入，地域文化研究随之繁荣。一些

①八峰崖石窟是现在的叫法，本石窟在民国之前有多种叫法，如乾隆《西和县志》称八佛崖寺、八佛崖、八佛岩，民国《西和县志》称蜂腰石龛、八峰崖寺。石窟内现存光绪四年重建碑又称八府岩吉祥寺，碑名《重修八府岩吉祥寺碑序》，文有云："忆西固所八府岩吉祥寺，不知创自何代，考自嘉靖年间寺塔（？）重建，名曰八峰、名曰八佛，碑、金钟犹有存者。及至大清，士民相传有江南道郑真人募化八府之善资，移寺建修于岩，因名八府岩。寺之称名不一，而为善之心则一。"

地方学者将研究的目光更多地投注到凸显地域特色的杜甫陇蜀纪行诗上来，或考证、或考察，力图廓清杜甫由陇入蜀的准确线路或者说线路上的“站点”。这样的努力有些产生了令人信服的成果，如《法镜寺》之地望考证；而有些则是越说越乱，如《石龛》地望之考证。

这里先列举“肯定派”。如韩博文、陈启生《陇南风物志》说：

> 八峰崖在西和县城东南32公里处，位于石峡乡西侧山岭之中，与仇池山相望。登高俯瞰，群山间八峰突起刺天，飞崖凌空劈雾，故名八峰崖。其中一崖相对高程200米，山腰有天然岩穴，高约15米，深60米，称峰腰崖石龛。唐代大诗人杜甫于公元579年经陇南入蜀由秦州（天水）赴同谷（成县），途经“石龛”作诗曰：“熊罴咆我东，虎豹号我西……”①

近年来，各地旅游热兴起，西和官方凡介绍或推介八峰崖石窟，都要强调诗圣杜甫途经八峰崖石窟作《石龛》诗云云。

再列举“犹豫不决派”。如李济阻等《杜甫陇右诗注析》说：

> 石龛：犹石室，在石壁上凿成的洞阁，这里是杜甫经过的一个地方……《西和县志》：“蜂腰石龛在县南八十里，杜工部有石龛诗。”遗址在今甘肃西和县南八十里石峡公社西山上，又名八峰石龛。据此，《石龛》诗应在龙门镇之前。②

文中的《西和县志》正是我们前面所引的朱绣梓所撰《西和县志》，实际上此县志原文中并无引文所谓“工部有石龛诗”一语，而是用附杜甫诗于“峰腰石龛”词条之后的办法标明此石龛即是杜甫所咏的《石龛》。李之引文只能说是原意转述，并不是原文援引。③其说“据此，《石龛》诗应在龙门镇之

①韩博文，陈启生《陇南风物志》，兰州：兰州大学出版社，1996年，第76页。

②李济阻，王德全，刘秉臣《杜甫陇右诗注析》，兰州：甘肃人民出版，1985年，第269页。

③李济阻先生在其《秦州至同谷道上的辙印——杜甫陇右行踪通考系列论文之三》对《杜甫陇右诗注析》注《石龛》时所引的民国《西和县志》的引文做了更正，“峰腰石龛，在县南八十里，八峰排列，松柏苍翠，杜工部有石龛诗。”见《杜甫陇右诗研究论文集》，兰州：甘肃人民出版，1995年，第71页。李先生引述的《西和县志》资料被研究此问题者不断转引，事实上这还是原意转述，并不是原文援引，因为县志原文也没有“杜工部有石龛诗”一语。

前”是因为按杜甫陇蜀纪行诗次序,《龙门镇》本来在《石龛》之前,如果将石龛对应为西和的八峰崖石窟,那么《龙门镇》就落在了《石龛》之后(李济阻先生所著《杜甫陇右诗注析》以《大清一统志》、乾隆《成县新志》等旧志对龙门镇的错误记述为依据,将杜甫所咏的《龙门镇》定在了八峰崖石窟所在石峡镇之南成县的府城集即今纸坊镇府城村)。而“注析”坚信龙门镇的定位没有错,那么只有人为调整纪行诗的次序了。事实上,以今之成县纸坊镇府城村为古龙门镇,属旧志误解,从根子上是错误的。对此,李先生在以后的研究中做了纠正。[①]又,高天佑《杜甫陇蜀纪行诗注析》说:

①旧志以成县纸坊镇府城村为古龙门镇的说法,始于《大元一统志》,其卷584成州之古迹有云:“龙门镇,杜甫有诗‘石门云雪隘,古镇峰峦集’之句。在同谷县,后改为府城镇。”这属于因为府城有龙门寺而形成的误解,已为学术界摒弃。李济阻先生自己也做了纠正,其《杜甫陇右诗中的地名方位示意图》说:“龙门镇,杜诗各种注本和地方志书除阙然不注者外,大多认定龙门镇为成县西七十里的府城集,我们在《杜甫陇右诗注析》和《杜甫陇右行踪通考》中也依之不疑。然而近年来重新审视却发现这一论断是有问题的。因为府城集在成县西七十里,而排在《龙门镇》和《石龛》之后的《积草岭》中却有‘卜居尚百里’的话。据我们近年来仔细考证,杜甫自秦州赴同谷和自同谷入蜀的两组共二十四首纪行诗编次井然,没有错舛现象。过去,在未找出更充分的论据之前,我们便断言《龙门镇》同《石龛》等诗排错了次序,是很不慎重的。相信清代人编的《一统志》和地方志书而置杜诗中的描写于不顾,遂铸成大错。在西和县有一种传说,说位于青羊峡同石龛之间的坦途关(旧作坛土关)正是杜甫诗中的龙门镇。笔者闻之亲赴实地考察,见坦途关四周群峰攒聚,村口有相公、女壕二山耸立如阙。附近至今有一段公路仍在‘厂’字形山崖下通过,说明古代这里山下行路困难。村旁山上存有唐开元间《新路颂》摩崖一块,称这条在杜甫到来之前不久修的新路‘空连白云,而是悬垂,危梁跨道,……’显然是条栈道,就在山腰上我们还发现了栈道痕迹,凡此都同杜公该诗的描写相吻合:‘细泉兼轻冰,沮洳栈道湿。石门云雪隘,古镇峰峦集。’其地现在还有校场坝、小营盘、大营盘、仓坪梁等地名,也出土过一些古代兵器,都可以作为昔时曾于此设镇屯兵的佐证。基于此,我们认为定龙门镇为坦途关比定其为府城集要合理得多。”文见《杜甫研究学刊》2002年第2期。学术界对杜诗《龙门镇》的地望还有其他看法,刘满先生《杜诗地名龙门镇考》主张龙门镇应是今西和县南“坦途关”之下的石峡镇,见刘满《河陇历史地理研究》,甘肃文化出版社,2009年,第452页。另,张希仁先生近几年接连发表《杜甫陇右诗〈龙门镇〉考》、《杜甫陇右诗〈龙门镇〉再考》力主龙门镇是今西和之“石峡街”即石峡镇,文分别见《天水行政学院学报》2010年第3期、《天水师范学院学报》2011年第4期。我的观点,有唐开元年间的《新路颂并序》作证,龙门镇还应是石峡镇北10里的“坦途关”为宜,参见蔡副全《唐〈新路颂并序〉摩崖释考》,《天水师范学院学报》2010年第4期。

石龛：即石室，指凿壁而成的洞窟，此处为地名……又民国《西和县志》云："峰腰石龛，在县南八十里，杜工部有石龛诗。"其故址在今甘肃省西和县南40公里之石峡乡西山，又名八峰龛，亦即八峰崖石窟。然察之地理，若确定石龛为今西和县八蜂崖石窟，则应置《石龛》诗于《龙门镇》之前，与杜诗编次不符。今有人考证：成县沙坝乡"观音崖石龛，自然景观和地理特征与杜甫《石龛》诗意相符，故今曰圣泉寺，即杜甫诗中的"石龛"（详见赵国正、张炯之《杜甫同谷诗编》页24）。此为新见，聊备一说。①

这是完全因袭《杜甫陇右诗注析》的说法，在此基础上又加入《杜甫同谷诗编》的"新见"，从而多了一"见"。事实上《杜甫同谷诗编》"新见"在充分肯定龙门镇即是府城集的基础上人为开设了一条新线路让杜甫走，不能成立。②又，胡大浚、王为群《杜甫诗歌研读》说：

此诗为秦州赴同谷纪行诗第九首。石龛，就是石窟。佛徒凿山成洞，构建寺庙以奉佛。陇右为佛教东传的重要通道，自西至东遍布石窟。《方舆胜览》卷七十："石龛在成州近境。"是。今人多据民国《西和县志》："峰腰石龛在县南八十里，杜工部有《石龛》诗"之说，指西和石峡乡八峰龛为杜《石龛》本事，将本篇移置第八首《龙门镇》之前。疑误。杜甫秦州赴同谷、同谷至成都两组纪行诗"皆以纪行为先后，无复差舛"（仇注引崔德扶语）。行程历历可考。近年成县赵国正等提出新说：成县沙坝乡观音崖石龛、即圣泉寺为杜诗中的石龛，可参。③

这是觉着随意改变纪行诗次序太草率，于是以"八峰龛为杜《石龛》本事"便"疑误"。"疑误"了只有另找对应点，于是乎便半推半就支持赵国正等《杜甫同谷诗编》"圣泉寺为杜诗中的石龛"说。

以上"犹豫不决派"的三段资料，时间依次为1985年、2002年、2011年，认识越来越模糊，以至于没了结论。

再其次列举"另找出路派"。作为"一方之全史"之新编《西和县志》在

①高天佑《杜甫陇蜀纪行诗注析》，兰州：甘肃人民出版，2002年，第87页。
②赵国正，张炯之《杜甫同谷诗编》，内部铅印本，1998年，第22页。
③胡大浚，王为群《杜甫诗歌研读》，兰州：甘肃人民出版，2011年，第261页。

八峰崖石窟之外另外找到一处可做“石龛”的石窟，文曰：

双石寺石龛，位于县南石峡乡坦途村河西山麓。双石如笋耸立，高约10米，中宽约2米，早年建筑无存，但遗迹犹在。上下5道桩眼很规则地依次排列，清晰可辨。杜甫路过此地时所留诗句：“驱车石龛下”，即指此龛。唐《新路颂》摩崖就镌刻南侧壁岩上。①

新县志放弃民国以来的《石龛》所咏即八峰崖石窟的说法是基于1990年代以来甚嚣尘上的一种新说——八峰崖石窟在石峡镇西面的崇山峻岭之中，根本不可能“驱车石龛下”。既如此，则要找一处能在近旁驱车的石窟，于是就找到了“县南石峡乡坦途村”和南行道路隔河相望的“双石寺石龛”。事实上，新县志所谓“双石寺石龛”原本是一中间有裂缝(有一米多)的巨石，石壁上今遗是有“桩眼”，但根本不可能建什么石窟寺，以“双石寺石龛”名之，不知何据。2010年我借带学生在西和石峡镇石峡中学实习之机，专程两次考察石峡镇北坦途村新县志认定的“双石寺石龛”，②采访坦途小学一名当地教员，言开裂的巨石上本来建有财神殿，已毁坏多时，石脚下堆积的破砖烂瓦即是，当地有谚语曰：“石头双柯叉，金运银马挂。”看！这不是正好和财神有关系吗？西和县南石峡河谷过坦途村的古道乃清代以前入川的必经之道，客商往来不绝，于“双石”之上建一座精巧的财神殿，那是最自然不过的是事。由此可知，所谓“双石寺石龛”查无实地也，而“上下5道桩眼很规则地依次排列，清晰可辨”者当是修建财神殿时——为使辅助建筑能立于双石之上而架设的——木桩毁坏后的孑遗。类似新编《西和县志》的新证使得后之研究者更加犯难，于是就用和稀泥的办法兼容并包。宋开玉《杜诗释地》说：

石龛　地名。在今甘肃西和县东南40公里石峡镇。有两处，一在石峡村西山上，今名八峰石龛、峰腰石龛。一在坦途关，今称

---

①新编《西和县志》，西安：陕西人民出版社，1997年，645页。

②坦土村写法混乱，西和旧志称坛土关或谭土关，今人写作坦途村、坛土村、坦土村。现在公路旁树立的村牌作“坦土村”，而小学名作“坛土小学”，但没有“坦途”一说，而研究者总喜欢写作“坦途关”，是否想当然地认为“坦土”、“坛土”是“坦途”之误而径自改之，不得而知。

> 双石寺石龛。《方舆胜览·利州西路·同庆府》:“石龛,在成州近境。”肃宗乾元二年(759年),杜甫从秦州(今甘肃天水)赴同谷(今甘肃成县)曾经过此地,作有《石禽》诗。1947年版《西和县志》:“石龛,在县南八十里,八峰排列,松柏苍翠,山腰有石鑫一带,杜工部有《石龛》诗。”①

这样的表述貌似全面,却使得读者无所适从。

四、杜甫所咏石龛就是八峰崖石窟

在列举和综合分析了关于石龛位置的“肯定派”、“犹豫不决派”、“另找出路派”之后,我旗帜鲜明地支持“肯定派”。但本文之前所有认为杜甫所咏石龛就是八峰崖石窟的“肯定派”其实都是对民国《西和县志》的继承,并没有说明石龛和八峰崖石窟可以对应的所以然,这也是造成学术界认识混乱,出现“犹豫不决派”、“另找出路派”的重要原因,的确需要以理服人。现在,我们试从三个方面说明《石龛》所咏之所以是八峰崖石窟的理由。

其一,石龛不是普通的石穴,而是石窟。吴汝钧《佛教大辞典》释龛说:“掘岩崖而成室,把佛、菩萨的像安放在里面便成龛。”②台湾《佛光大辞典》释龛说:“龛,指凿石崖为室,以安置佛像之所。”③丁福宝《佛学大辞典》释佛龛说:“佛龛,佛寺也。《鸡林志》:‘龟山有佛龛,林木益邃。’传云:‘罗汉三藏,行化至此。’俗亦谓供佛之小室曰佛龛。”④综合佛教词典言,所谓石龛即石上所凿之龛,以安置佛像者也。山崖凿窟龛安置佛像,这不是山寺即石窟寺还能是什么?《石龛》一诗虽然通篇不见一个佛字,而所指只能是佛寺,因为说到底石龛就是山崖之寺的专称。或以为石龛也可以是路边普通的可见之洞穴,这是脱离唐代石龛所指语境的想当然耳,不足为凭。下面我再从唐诗有关“石龛”的诗入手,讨论石崖到底是不是石窟寺。《全唐诗》包括杜甫《石龛》在内有含“石龛”的诗计14首,⑤全部和佛教、石窟有

①宋开玉《杜诗释地》,上海:上海古籍出版社,2004年,第199页。
②吴汝钧《佛教大辞典》,北京:商务印书馆国际有限公司,1992年,第565页。
③慈怡《佛光大辞典》,台北:佛光文化事业有限公司,1988年,第6910页。
④丁福宝《佛学大辞典》,上海:上海书店出版,1991年,第1180页。
⑤以下所引诗句,均录自彭定求等编,中华书局编辑部点校《全唐诗》(增订本),北京:中华书局,1999年。

关。摘句列举如下：

王维《送方尊师归嵩山》："仙官欲往九龙潭，旄节朱幡倚石龛。"

戴叔伦《游少林寺》："步入招提路，因之访道林。石龛苔藓积，香径白云深。"

司空曙《雪二首》："王屋南崖见洛城，石龛松寺上方平。"

白居易《游悟真寺诗一百三十韵》："一息幡竿下，再休石龛边。龛间长丈余，门户无扃关。"

张祜《石头城寺》："山势抱烟光，重门突兀傍。连檐金像阁，半壁石龛廊。"

刘沧《题龙门僧房》："僧宿石龛残雪旁，雁归沙渚夕阳空。"

刘沧《游上方石窟寺》："一声疏磬过寒水，半壁危楼隐白云。雪下石龛僧在定，日西山木鸟成群。"

徐铉《题碧岩亭赠孙尊师》："积霭生泉洞，归云锁石龛。"

齐己《新秋霁后晚眺怀先公》："孤峰磬声绝，一点石龛灯。"

齐己《送泰禅师归南岳》："石龛闲锁白猿边，归去程途半在船。"

齐己《荆渚感怀寄僧达禅弟三首》："邻峰道者应弹指，藓剥藤缠旧石龛。"

齐己《荆州新秋寺居写怀诗五首上南平王》："石龛闲锁旧居峰，何事膺门岁月重。"

齐己《奇清溪道者》："万重千叠红霞嶂，夜烛朝香白石龛。"

通过这些和石龛关联的"佛诗"完全可以断定，石龛所咏就是石窟寺。而龙门镇而下，唐代上禄、同谷之间积草岭而上的今石峡河谷值得记述、有必要一看的石窟寺，仅八峰崖石窟而已。换句话说杜甫经过的石峡河谷只有一处石窟——那就是八峰崖石窟。据研究，此石窟开凿大抵和法镜寺石窟同时，都在南北朝时期。登石窟之上，仇池国的大本营仇池山历历在目，故石窟极有可能是仇池国的官方寺院。寺北向阳处有一平缓坡地至今名称寺湾，为大吉祥寺遗址，有柱顶石、残碑、琉璃碎瓦、铺地砖等遗物。[①]石窟

①孙晓峰《八峰崖石窟散记》，《丝绸之路》2000 年第 5 期；王百岁《陇南八峰崖内容总录》，《敦煌学辑刊》2005 年第 4 期。

寺建在距地面160米得天然岩穴中,高15米,宽60米。是典型的石龛。

其二,“驱车石龛下”是特殊情境下的虚写乎,没必要死扣以找能在其下驱车的石窟和石龛对应。今八峰崖石窟在西和县石峡镇南山中约四公里处,过石峡河沿南沟行进约一小时即可步行至八峰山下。窟龛高悬,山谷幽深,溪水有声,峰峦峻峭,要说在石龛下行车也几乎不可能,更别提驱车奔驰了。但我们要清楚,杜甫是诗人,不是考古学家,“驱车石龛下”不是考古学意义上的实录,只是言说以车代步的他由秦州往同谷的路上到石龛去过而已,是实情虚写。用“驱车”二字表明的是一种特殊的行旅心态,和诗人一贯的“囊中恐羞涩,留得一钱看”以苦为乐的达观态度是一致的。诗人游法镜寺“神伤山行深,愁破崖寺古”,又一座风景绝佳的崖寺展现在面前了,喜好游览的他当然要“驱车石龛下”,游而览之了。“驱车”正表示其迫切的心情。当然,诗嘛,还有些渲染、扩张的成分,将不能驱车的地方臆想为“驱车”而笔之于诗也是寻常之事。对于杜甫是否过“石龛下”,还可以找旁证说明,其诗中有“为官采美箭,五岁供梁齐。苦云直簳尽,无以充提携”的伐竹者诉苦语,肯定是其采访所得,这需要停留,需要时间。既然停留了、有时间了,就可以展游兴看石龛了。至于杜甫是如何观光石龛的,白居易《游悟真寺诗一百三十韵》可做比照:

> 元和九年秋,八月月上弦。我游悟真寺,寺在王顺山。去山四五里,先闻水潺溪。自兹舍车马,始涉蓝溪湾。手拄青竹杖,足踏白石滩。渐怪耳目旷,不闻人世渲。山下望山上,初疑不可攀。谁知中有路,盘折通岩巅。一息幡竿下,再休石龛边。龛间长丈余,门户无扃关。仰窥不见人,石发垂若鬟。惊出白蝙蝠,双飞如雪翻。回首寺门望,清崖夹朱轩。如擘山腹开,置寺于其间。入门无平地,地窄虚空宽。房廊与台殿,高下随峰峦……①

地有不同,但情境完全一致,去八峰崖石龛也需沿山沟小溪溯水前进,度滩有水声,拄杖攀岩路。总之,作诗看兴会,看情绪,兴高采烈了,思绪张扩了,就会觉着任何地方都可以驱车,如羲和驱日车一样任意遨游。不要说“驱车石龛下”了,即便是有“驱车石龛上”的诗句也是可以理解的。

其三,牛运震《徽县寄兖郡亲友书》相关记载可为旁证。牛运震(1706~

①《全唐诗》(增订本)卷429,北京:中华书局,1999年,第4777页。

1758年),清代著名学者。字阶平,号真谷,世人尊称空山先生。清山东滋阳(今山东兖州市)人。雍正十一年(1733年)进士。乾隆三年(1738年)任甘肃秦安知县,乾隆六年受命兼任徽县知县。此时石龛所在的石峡河谷依旧是秦州通往成县、徽县的官方驿道,牛兼任期间牛数次来往徽县,均取此道。其《徽县寄兖郡亲友书》述及行路难之所见,有云:

有峡焉曰青阳峡,皆猛虎之所踞,卧而啸舞也。自秦趋徽必于是取道焉。披草寻路,则虎迹如箕,往往与马蹄交错。风晨雨夕,闻其负隅而嗥,足下地为之殷殷震鸣。白昼公行道上,黄尾闪飏,见人则磨牙而喜。陇人有事于徽,必且结伴,祷山神,持械刀,然后得过。[①]

其情状和杜甫《石龛》诗之"熊罴咆我东,虎豹号我西。我后鬼长啸,我前狨又啼。天寒昏无日,山远道路迷。驱车石龛下,仲冬见虹霓"何其相似。再者熊罴、虎豹等动物,乾隆《西和县志》卷2《物产》有载,均可证杜诗所列动物是写实。而青阳峡古今同名,在今西和石峡河谷,既如此,可确证当年杜甫由秦州南下赴同谷必经石峡河谷无疑。陇蜀纪行诗中三首《青阳峡》《龙门镇》《石龛》三首即是记述峡谷见闻之作。而峡谷之中的佛教胜境,仅八峰崖石窟而已,《石龛》所咏不是八峰崖石窟还能是什么?

最后我们录一则新编《西和县志》对我们定位对象八峰崖石窟的记述以为文章的结尾。

八峰崖石窟,位于县南35公里石峡乡西侧八峰崖的天然石穴中。窟高约15米,宽约60米,全窟分上下两层,上层10龛,下层4龛。建造宏伟,塑像齐全,壁画浮雕完整。1960年因被火焚,窟建筑烧毁殆尽。现存宋、明、清佛像70余尊,明万历碑1通,清光绪碑5通。1985年群众集资修葺,新建栈道及山门房舍,开放游览。[②]

①牛运震《徽县寄兖郡亲友书》,《牛空谷文集》,《清代诗文集汇编》第305册,上海:上海古籍出版社,2008年,第81页。

②新编《西和县志》,西安:陕西人民出版社,1997年,第644~645页。引文中"清光绪碑5通"不确,明万历碑之外,应为光绪四年重建碑及捐资碑2通,民国15年重建碑及捐资碑2通碑,1989年《石龛》诗碑和重建碑各1通,另有不辨年份的残碑2通,共计8通。见王百岁《陇南八峰崖内容总录》,《敦煌学辑刊》2005年第4期。

今八峰崖石窟镶有一通《石龛》诗碑，落款时间为“一九八九年仲春”，另外石窟所在山谷外面石峡镇东公路山岩旁立有一通《石龛》诗碑，落款为“一九九六年，西和县委宣传部、文化局，石峡乡政府，陇南民政矿共建”。《石龛》诗的合理定位是西和县文化建设的大事，也是杜甫陇蜀纪行诗研究的大事，“拨开云雾见青天”实属必要。

【附记】本文原刊《敦煌学辑刊》2013 年第 1 期，入集时个别字句有修改。

杜甫陇蜀纪行诗《积草岭》地理位置讨论

杜甫陇蜀纪行诗由秦州赴成州纪行共有诗12首,其中第10首为《积草岭》,诗云:

> 连峰积长阴,白日递隐见。飕飕林响交,惨惨石状变。山分积草岭,路异明水县。旅泊吾道穷,衰年岁时倦。卜居尚百里,休驾投诸彦。邑有佳主人,情如已会面。来书语绝妙,远客惊深眷。食蕨不愿余,茅茨眼中见。①

咏积草岭山形地理,抒发即将到达目的地的欣喜心情。《读杜心解》解说:

> 亦上下各八句。上八,四写积草之状,四叙入界之路及形役之困,以挑下文。下八,开出别致。行已及境,渐有及次之喜,早为收局张本也。②

于本诗,争议最多的是积草岭位置,古人、今人各给答案,各述理由,但又说不清、道不明,扯皮扯了千八百年,至今还定不下个调子。这里我们不及其余,专门就积草岭的位置讨论之,以期此问题由混沌走向比较明了。

一、通行本《积草岭》诗题下所谓"原注"并非杜甫所注

讨论木皮岭的位置得先从《杜诗详注》等通行本的题下注"原注,同谷界"说起。③这几个字相当重要,因为有"原注"二字标识,表明这是杜甫的自注。虽然光凭这几个字我们没办法彻底解决积草岭是谁的问题,但起码给我们定了一个点——以便猜测的点。

①北宋王洙《宋本杜工部集》,张元济辑《续古逸丛书》,南京:江苏古籍出版社,2001,第151页。
②清浦起龙《读杜心解》(上),北京:中华书局,1961年,第79页。
③清仇兆鳌《杜诗详注》(第二册),北京:中华书局,1979年,第688页。

不过，追根子问到底，这几个字似乎来路不明。杜诗祖本王洙《杜工部集》就没有这个“原注”，[①]再如杜诗早期注本《王状元集百家注编年杜陵诗史》、郭知达《九家集注杜诗》、《门类集注杜诗》等也不收这个“原注”。[②]现在可见有“原注”的本子始自蔡梦弼的《杜工部草堂诗笺》，其《积草岭》诗题下标注“同谷界”三字。[③]这是蔡先生自己的研究成果，还是他见到某一古本后移植过来的杜甫自注，单凭蔡的本子不便轻易作出结论。下面，我们再找找旁证。

蔡注本稍后有黄希黄鹤父子的注本《黄氏补千家集注杜工部诗史》，四库全书称《补注杜诗》，其《积草岭》诗题下加有一条较长的注释：

> 鹤曰，诗云“卜居尚百里，休驾投诸彦，邑有佳主人，情如已会面”则积草岭在同谷县边境，公将到县，得县令书，故云。[④]

此注不提“原注”，其“则积草岭在同谷县边境”显然系注者以诗意为本推断出来的研究成果。思路是因为诗人进入了同谷界，所以才能得到“来书语妙绝”的书，似乎还有邑令在边境致书欢迎的意思。[⑤]和蔡梦弼《积草岭》诗题下的“同谷界”比较，“积草岭在同谷县边境”只是“同谷界”的扩展和通俗化，含义是完全一样的。插一句，推断“佳主人”为同谷县令以黄氏父

①北宋王洙《宋本杜工部集》、张元济辑《续古逸丛书》，南京：江苏古籍出版社，2001 年，第 151 页。

②南宋《王状元集百家注编年杜陵诗史》卷 11，南京：江苏广陵古籍刻印社影印本，1981 年；南宋郭知达《九家集注杜诗》，《四库全书》第 1068 册，上海：上海古籍出版社，1987 年，第 108 页；南宋《分门集注杜工部诗》卷 11《纪行门上》，《四部丛刊》集部。

③南宋蔡梦弼《杜工部草堂》，《丛书集成初编》第 2225 册，北京：中华书局，1983 年，第 575 页。

④南宋黄希，黄鹤《黄氏补千家集注杜工部诗史》（《补注杜诗》），《四库全书》第 1069 册，上海：上海古籍出版社，1987 年，第 146 页。

⑤这里是顺着黄氏父子的思路说，我对“来书语妙绝”的“来书”另有看法。此“来书”当系杜甫在秦州时同谷“佳主人”的来信，并非诗人在积草岭接到“佳主人”的来信。道理很简单，旅人行色匆匆的赶路，行无定所，如何寄书，又如何接到来书。“语妙绝”应指书信言同谷风物妙绝，并非花言巧语的客套话。积草岭既是成州汉源县和同谷县的界岭，那么一过积草岭则目的地同谷在望，诗人一高兴自然而然便联想到了秦州接到的“来书”。

子最早,不少注者将发明权授予清人,错了!①

通过以上分析，我们就会发现黄氏父子的研究成果和蔡梦弼置于诗题下的标注完全相当,这很大程度上说明"同谷界"还真的不是杜甫的自注。而元代高楚芳编《集千家注杜工部诗集》不辨是非,径直将蔡梦弼《积草岭》诗题下的"同谷界"标注为"公自注,同谷界",②清代的注本便跟着将错就错,造成了混淆视听的不良后果。按实际情况,清人所言的"原注"只能理解为某些宋本注者的原注,而非杜甫的原注。钱谦益《钱注杜诗》以注史事地理见长,其注积草岭云:

积草岭,《通志》"岭在旧天水同谷之间。"③

钱注的底本是成书于南宋绍兴三年的吴若校刊《杜工部诗集》,钱注不录所谓"原注"而引《通志》作注,说明钱对"原注"的也不认可,也说明吴若本也没有所谓"自注"。"原注"和"公自注"的说法均靠不住。至于钱注所引《通志》疑为嘉靖《陕西通志》,甘肃地域明代归陕西辖。

二、蔡梦弼等人注积草岭在"同谷界"的看法可以接受

原本蔡梦弼"同谷界"的诗题标注是考证积草岭所在的唯一"稻草",否定了"同谷界"的"公自注",我们似乎只有手脚无措了。不过,不必着急,

①这里也是顺着黄氏父子以佳主人为同谷县令的思路说,我对"佳主人"为何人另有看法。杜甫大历五年诗《长沙送李十一衔》有"与子避地西康州,洞庭相逢十二秋"句,同谷县一度为西康州,大历五年(770年)上推十二年,正好为杜甫寓居同谷的乾元二年(759年),因此"佳主人"很可能就是李十一衔即李衔。另,杜甫《同谷七歌》其六有句:"山中儒生旧相识,但话宿昔伤怀抱"所谓"山中儒生"也应是"避地西康州"的李衔。李衔和秦州近郊隐居的阮昉、东柯谷隐居的杜佐一样同属隐士之流。就涉及李衔的几首诗诗意推测,李衔很可能云游到过秦州,和流寓中的杜甫相知相识。回到同谷或者说率先云游到同谷之后,寄书渲染同谷尤其是栗亭的种种好处,于是引发了杜甫南行的兴趣。李既为隐士,其清贫可知,无力帮扶杜甫一家也是可以想见的。施鸿保《读杜诗说》那种认为"佳主人"乃"狡情薄分一流",专门为杜甫下套,诱使他陷入困境,就有些失之偏颇了。

②元高楚芳编《集千家注杜工部诗集》,《四库全书》第1069册,上海:上海古籍出版社,1987年,第779页。

③清钱谦益《钱注杜诗》(上),上海:上海古籍出版社,1979年,第104页。

细玩诗意,“山分积草岭”其实是因“界”而起的描述边界情形的言语,古代县境之间有界碑,如甘肃武山、礼县交界就曾出土过北宋崇宁三年界碑一通,上书“宁远县交界”字样;[①]而杜诗中的此“界”又是因名叫积草岭的山岭而分的,故有此语。另,诗中“卜居尚百里”一语只能是特定地点距卜居地的里程。杜甫南下,其目的地就是同谷,到了同谷边界自然要松上一口气,哎呀呀!再有一百里……。当然很可能同谷界的界碑上还有标明县界至同谷之间的里数。据诗意,我们完全可以大胆猜想杜甫在积草岭旁见到了一块类似“宁远县交界”的书有“同谷县交界”之类的界碑。“山分积草岭”所行之地是上禄(杜甫行经时的成州治所),将行之地是同谷。因此,虽然杜甫并未自注“同谷界”,而蔡梦弼、黄氏父子的研究成果“同谷界”和“积草岭在同谷县边界”是完全可以接受的。

三、旧方志记载的积草岭位置十分混乱

关于积草岭之地望,《大明一统志》《大清一统志》不载。乾隆《成县新志》卷1“山川”说:

> 积草岭,《通志》“在天水、同谷之间。”唐杜工部诗云:“山分积草岭,路异明水县。”

杜甫本来就是由秦州经铁堂峡西的今甘肃天水镇(唐末建县,杜甫路住时尚未有县)去同谷的,积草岭当然在天水、同谷之间,《通志》的解释说和不说一个样。成县旧志记载不清,而徽县几部旧志都有关于积草岭的记载。嘉靖《徽郡志》卷1《舆地志》说:

> 积草岭,北四十里,杜甫有诗。

又,嘉庆《徽县志》卷1《疆域》之“山水”说:

> 积草岭,今无考。(旧志《秦州志》作东北三十里。杜甫诗“山分积草岭,路异明水县。”明水县,今白水江,岭当与江相接,其在

①天水市政协文史资料委员会编《天水文史资料》第九辑,2002年,第26~27页。

> 西南而不在东北也，明甚。《郡国志》谓“此岭之外东西别行，东则同谷，西则鸣水。”说或近是。《通志》“在天水、同谷间”，更误矣。）

民国《徽县志》卷1《舆地志》全文照抄嘉庆志。《徽郡志》将积草岭定位在县北四十里，不知何据。嘉庆《徽县志》所言“秦州志作东北三十里”之秦州志，指的是乾隆《直隶秦州新志》，其徽县山水部分文作“积草山，北四十里，杜甫住此，有诗。”和嘉庆《徽县志》所引不尽相同，但可以看出此条是因《徽郡志》改造而来。杜甫由秦州南行的目的地是同谷、栗亭，其行进路线和徽县（唐代河池县）无涉。在徽县境内定点积草岭，从根子上就是错误的。嘉庆《徽县志》以“今无考”做结论，态度严谨，而辨析的一段文字越说越乱，全无方位感，不知所云。总之，关于积草岭的地理位置，旧方志毫无作为。

四、积草岭的合理位置应是“西和县东南边境薤韭山的南脉”

今之研究者主要依据“山分积革岭，路异明水县”试图找出符合此条件的那座山梁，力求使这座本无解的山梁有解。或以为积草岭就是今甘肃成县纸坊镇和沙坝乡之间的殿山梁。①我的看法，杜甫由上禄（杜甫流寓同谷之时改称汉源）而来，自石龛行进途经积草岭，下一站便是泥功山，而此山古今同名，可以确知它就是今甘肃成县西北二郎乡境内的泥功山（又称泥公山，俗称牛心山），作为同谷界山的积草岭只能在泥功山西面找，因为上禄县是在同谷县西北面。以殿山梁为积草岭说置古今同名同地的泥功山于不顾，另找出路，将积草岭硬放在了西南面，使本来位置很清楚的泥功山没有了着落。只此一点，殿山梁说大可商榷。

1995年，在中国杜甫研究会主办的杜甫陇右诗研讨会上，西和何元元先生提交题为《杜甫仇池行考》的交流论文，我对其杜甫游览仇池山的说法不敢偶同，但对文中有关积草岭的论述十分偶同。

> 那时的“同谷界”，即上禄县和同谷县之界，也基本上符合今天的西和县和成县之界。因为八峰石龛和泥功山不变，其两地交界的“岭”是很稳定的，至今西和老百姓便道走成县去，仍沿这条

①赵国正，张炯之《杜甫同谷诗编》，内部铅印本，1998年，第28~29页。

> 路通过其他山峰无法取代的两县之界，即'同谷界'上的积草岭，也就是现在西和县东南边境薤韭山的南脉，这是两地千百年来的天然分界线。杜甫路线与积草岭同谷界线的交叉点，即杜甫具体走过的路径，很可能是花桥子进沟的庙儿埡，只要亲临其地，便可一望而知。"①

何文未见正式发表，而其中不乏真知灼见，特此征引之。何文的线路是从杜甫石龛沿今石峡河（《水经注》称龙门水）南下，至石峡河和六巷河（《水经注》称洛溪水）交汇处，再逆六巷河进沟，就到了泥功山西边的薤韭山南脉，翻越山梁即可到达泥功山。今六巷河谷的六巷乡正是汉代的上禄县所在，能做县城治所说明此地古代地理位置、交通位置都是应是比较重要的，由此东向越山至泥功山理应有古道，也为行政所必需。这也是我支持何说的主要原因。

【**附记**】本文系杜甫秦州诗历史地理研究系列论文之一，入集时尚未发表。

①《杜甫仇池行》，《何元元文集》，内部铅印本，2005年，第22页。

杜甫陇蜀纪行诗《泥功山》臆解

杜甫陇蜀纪行诗由秦州赴成州纪行共有诗12首，其中第11首为《泥功山》，诗云：

> 朝行青泥上，暮在青泥中。泥泞非一时，版筑劳人功。不畏道途永，乃将汩没同。白马为铁骊，小儿成老翁。哀猿透却坠，死鹿力所穷。寄语北来人，后来莫匆匆。①

对于本诗，古人注，今人也注，但基本上都是才子佳人小说式的前千人一面，没有新意或少有新意。既如此，何妨来二三点臆解，江湖乱道，以求歪打正着。

一、关于泥功山的位置

1. 旧注泥功山的位置注释评议

关于泥功山的位置，南宋蔡梦弼《杜工部草堂诗笺》在《泥公山》诗题下引北宋乐史《太平寰宇记》率先加了一注：

> 按《太平寰宇记》，雷牛、泥功、玉山三山皆在栗亭界。②

点了泥公山的名。稍后南宋祝穆《方舆胜览》卷70同庆府之山川目列泥公山条目，详尽记述：

> 泥功山，在郡西二十里。唐贞元五年权置行州，今有旧城基。泥公庙乃石像天成，古怪殊甚。唐赵鸿《泥公庙》诗："立石泥翁状，天然诡怪形。未尝私祸福，终不费丹青。"杜甫诗："朝行青泥

①北宋王洙《宋本杜工部集》，张元济辑《续古逸丛书》，南京：江苏古籍出版社，2001，第151页。

②南宋蔡梦弼《杜工部草堂诗笺》，《丛书集成初编》第2225册，北京：中华书局，1983年，第576页。

上，暮在青泥中……”[①]

按理说，有这么完整的一目方志词条，泥功山地望应该不成问题了。而事实并非如此，请看清人的做法。

钱谦益《钱注杜诗》并引《太平寰宇记》《方舆胜览》为泥功山作注，还引入《元和郡县图志》卷22山南道之兴州长举县青泥岭条“在兴州长举县西北五十三里接溪山东，即今通路也。悬崖万仞，上多云雨，行者屡陷泥淖，故曰青泥岭”为《泥功山》之“朝行青泥上，暮在青泥中”之“青泥”作注，[②]其实还是在为泥功山作注。钱氏这个头开得很不好，一个泥功山嫁了“三个人”，不知其在栗亭界乎？同谷境乎？长举县乎？积极一些考量，大概是老钱自己犯糊涂，将他认为相关资料全堆上，让看官自个儿决断。朱鹤龄《杜工部诗集辑注》作注，减省钱注《太平寰宇记》一条，新增《新唐书》卷44《地理志》一条，其余因之。[③]仇兆鳌《杜诗详注》继承《杜工部诗集辑注》的做派，同时增引明王嗣奭《杜臆》一条以增加注释权威性。

《杜臆》，成州八景，泥公山、凤凰台居其二。公诗止言其泞，不言其胜，何耶？[④]

不过，钱注、朱注、仇注均以《元和郡县图志》青泥岭条注《泥功山》之“青泥”，但都没把话说死——泥公山一定就是青泥岭。而浦起龙《读杜心解》不但有列举，且有专证，文曰：

《唐书》有泥公山，在同谷西境。今为考从前来路，多从东北来。旧注引泥公证泥功，恐非。此云泥功，即是青泥岭之别名也。[⑤]

①南宋祝穆撰，施和金点校《方舆胜览》（下），北京：中华书局，2003年，第1223页。
②清钱谦益《钱注杜诗》（上），上海：上海古籍出版社，1979年，第104页。引文个别文字和原著不同，见《元和郡县图志》（上），北京：中华书局，1983年，第571页。
③清朱鹤龄《杜工部诗集辑注》，保定：河北大学出版社，2009，第260页。和钱注对照，朱引《方舆胜览》是节引，只保留“在（同谷）郡西二十里”一语。其《新唐书》卷44《地理志》一条引如“《唐书》，贞元五年，于同谷西境泥公山，权置行（成）州。”
④清仇兆鳌《杜诗详注》（第二册），北京：中华书局，1979年，第690页。《杜臆》原文作：“古云：‘成州八景楼，泥公山与凤凰台居其二。’公诗止言其泞，不言其胜，何也？又云：‘山上有泥功庙，石像古怪。’岂以称胜耶？”见《杜臆》，上海：上海古籍出版社，1983年，第111页。
⑤清浦起龙《读杜心解》（上），北京：中华书局，1961年，第79页。

认为引《方舆胜览》证泥功山大可不必,泥功山本来就是青泥岭。引文所谓“从前来路,多从东北来”,其实是清代的来路,清之前来路主要从西北来。接着浦注又在引证的《元和郡县图志》青泥岭条下加一按语:

长举县即长庆中以鸣水县省入者,其在同谷东境无疑。而前篇之鸣水,在同谷东,益信。①

“前篇之鸣水”指《积草岭》“路异明水县”一句,不知浦注何以能得出在“在同谷东”的结论。不论长举县或是鸣水县都在唐代的兴州,即今陕西略阳境,在同谷之南,河池之东。杜甫是要经过泥功山到同谷县去的,“一岁四行役”的第三行役秦州至同谷之行不可能悬空越过同谷县经过长举。蒲之注证全非。杨伦《杜诗镜铨》以浦注为奇货可居,在《泥公山》诗题下注“浦注:《元和郡国志》:‘青泥岭在兴州长举县西北五十三里……’”赞同浦注论证,依浦注坐实泥公山就是青泥岭。②

以上列举清代的五大注,将《方舆胜览》叙述清楚的泥功山条目,推来推去,最终弃置不用,最终以《元和郡县图志》青泥岭条目替代之,敲定泥功山就是青泥岭。青泥岭在今甘肃徽县东南,古今同名。如泥功山真的就是青泥岭,那老杜去同谷就不得不成为空中飞人,而且要飞几个来回。

2. 今人泥功山位置认识评议

清算完了古人,事情还不算完,因为今人还在重复或恢复古人的错误。

李济阻等《杜甫陇右诗注析》辨析旧注之误,并指出泥功山就是成县西北四十里牛心山。③之后,李先生又在《秦州至同谷道上的辙印——杜甫陇右诗行踪通考系列论文之三》泥功山部分对旧注的错误详加辩驳,但最终对《杜甫陇右诗注析》论定的泥功山对应的今地又加以否定,“从石龛到成县,中间有的是低小而容易翻越的小山,古人似乎没有必要把道路开辟在高大险峻的牛心山上,因此说牛心山就是泥功山是证据不足的。”④而事实上,今之牛心山是泥公山南麓的一座山头,而泥功山古道是从山麓经

①清浦起龙《读杜心解》(上),北京:中华书局,1961年,第79页。
②清杨伦《杜诗镜铨》(上),上海:上海古籍出版社,1980年294页。
③李济阻等《杜甫陇右诗注析》,兰州:甘肃人民出版社,1985年,273~274页。
④李济阻《秦州至同谷道上的辙印——杜甫陇右诗行踪通考系列论文之三》,《杜甫陇右诗研究论文集》,兰州:甘肃人民出版社,1995年,第76页。

过，并不需要到高峻的山上去跋涉。明乎此，的确没有必要怀疑古今同名的泥功山就是杜甫所咏泥功山的结论。

另，孙启祥《〈泥功山〉属秦州纪行诗吗？》一文先是"证"泥功山就是青泥岭，而后揣猜论证杜甫纪行诗编次不一定准切，秦州、同谷纪行诗并非一定各为 12 首。[①]还有，宋开玉《杜诗释地》列泥功山、青泥岭二词条，方位都记为"在今甘肃成县东北，徽县西南交界"，又在"青泥岭"词条下引用杜甫《泥功山》词句，事实上还是混泥功山和青泥岭为一山。[②]咱们不说"成县东北"、"徽县西南"是否能有交界，也不试着对泥功山即青泥岭的论点指谬。只是强调一点，古今同名的泥功山就在今成县西北的二郎乡境内矗立着，从唐朝至于今世，一贯如此。意图通过论证使泥功山漂移至今徽县东南的青泥岭去并使之重合的做法，从根子上是错误的。想要突现奇迹，只能期待想当年帮助过愚公搬走太行王屋二山天神再施援助之手了。

3. 泥功山的确切位置

其实，求证关于泥功山的确切位置，不必求新，应该求古，因为古人已基本考清，见前引南宋祝穆《方舆胜览》卷 70 同庆府之山川"泥功山"条。这里再补充一条清黄泳《成县新志》的资料，其卷 1《山川》有云：

> 泥功山，县西北三十里，上有古刹，峰峦突兀，高插青霄，周围数十里林木丰蔚，鸟兽繁多，採猎者无虚日。氐人杨灵珍据此归款于齐。唐贞元元年权置行成州。咸通中成州刺史赵鸿诗云："立石泥翁状，天然诡怪形。未尝私祸福，终不费丹青。

此泥功山，亦作泥公山，俗称尼姑山、牛心山，或称二郎山等，位于甘肃成县西北水源涵养林区的二郎乡境内，距成县县城 24 公里，距西和县城 35 公里。泥功山海拔 2016.6 米，山顶今存古代庙宇遗迹多处，怪石嶙峋，绝巘凌空。泥功山南麓云梯寺尚存清代碑刻五通，其中清光绪八年(1882 年)赵增寅撰文碑名《重修泥功山云梯岩全寺全观略序》，亦可证泥功山古今名称一致，位置未变。[③]如今泥功山已辟为风景区，区内有针阔乔木树种 230 余种，动植物资源极为丰富，常有大气对流形成晨雾或雨霁，构成云海仙山的壮丽自然景观。

①孙启祥《〈泥公山〉属秦州纪行诗吗?》《杜甫研究学刊》2006 年第 4 期。

②宋开玉《杜诗释地》，上海：上海古籍出版社，2004 年，第 199~200 页。

③蔡副全《杜甫陇右诗两地名考辨》，《天水师范学院学报》2010 年第 3 期。

古今注者将成县西北泥功山和今甘肃徽县东南的青泥岭归到一处者大有人在，盖《元和郡县志》“悬崖万仞，山多云雨，行者屡逢泥淖，古号青泥岭”[①]的记载和杜诗《泥功山》“朝行青泥岭，暮在青泥中”的描述“长”的实在太像了。事实上，徽成盆地周遭山地多含腐殖质，土呈青褐色，遇雨泥泞是寻常之事，有河名青泥河，而泥功山北就有沟名烂泥沟。泥功山和青泥岭只是像，只限于像。长得像，并不是同一座山。

二、关于“朝行青泥上，暮在青泥中”句式来由

青泥：青黑污秽之泥。“朝行青泥上，暮在青泥中”是说泥功山青泥分布之广，给人的感觉——山是由青泥堆成的，无处不青泥。“朝行……暮在……”这样的句式民间歌谣多见，如北朝歌谣《陇头歌辞》之“朝发欣城，暮宿陇头”、[②]晋刘琨《扶风歌》之“朝发广莫门，暮宿丹水山”、[③]北朝民歌《木兰辞》之“朝辞爷娘去，暮宿黄河边”、“旦辞黄河去，暮宿黑水头”[④]等。

唐诗像“朝……暮……”模式的诗句还颇有一些，如沈佺期《从崇山向越常》之“朝发崇山下，暮坐越常阴”、[⑤]张九龄《夏日奉使南海在道中作》之“朝发高山阿，夕济长江湄”、李白《秋夜宿龙门香山寺……》之“朝发汝海东，暮栖龙门中”、储光羲《华阳作贻祖三咏》之“朝行敷水上，暮出华山东”、顾况《从江西至彭蠡入浙西淮南界道中寄齐相公》之“朝行楚水阴，夕宿吴洲东”、刘长卿《太行苦热行》之“朝辞羊肠坂，夕望贝丘郭”、元稹《八骏图诗》之“朝辞扶桑底，暮宿昆仑下”、白居易《客中月》之“朝发渭水桥，暮入长安陌”、司空曙《送高胜重谒曹王》之“朝辞郢城酒，暮见洞庭人”、韩翃《赠别王侍御赴上都》之“朝辞芳草万岁街，暮宿春山一泉坞”、张震《宿金河戍》之“朝发铁麟驿，夕宿金河戍”、无名氏《王昭君》之“朝辞汉阙去，夕见胡尘飞”等。一句话，“朝……暮……”这是一种古人常用的民歌句式。

①唐李吉甫《元和郡县志》(上)，北京：中华书局，1983，第570页。
②清沈德潜《古诗源》，北京：中华书局，1963，第325页。
③清沈德潜《古诗源》，北京：中华书局，1963，第177页。
④清沈德潜《古诗源》，北京：中华书局，1963，第326页。
⑤以下所引唐人诗句均来自《全唐诗》(增订版)，北京：中华书局，1999年。

三、关于《泥功山》疑难字句解释和创作源泉

1. “泥泞非一时，版筑劳人功”句

版筑：以版而筑，亦作板筑。夹版对偶，中填泥土，以杵础实，谓之版筑。版筑方法古代应用广泛，筑城、筑屋、筑路尽皆用之，于是徭役劳作也可用“版筑”指代。这两句是说山道泥泞不是一时半会了，而是由来已久，意想“版筑”使面貌彻底改观，只能是徒劳人功，即甘肃天水方言：“瞎费工夫”。这里“版筑”不能看死——认定就是以版筑之法筑路，宏观上理解成整修道路就可以了。至于类似南宋蔡梦弼《杜工部草堂诗笺》“此地盖为水所荡汩，四时常泥泞，故以版夹其两旁而筑之也”的解释，未免太实诚了，太想当然了。

2. “小儿成老翁”句

蔡梦弼《杜工部草堂诗笺》以“小儿经此轻捷无所施，亦成老翁之状”作解，误！后之注者也跟着误。事实上，这是极度夸张道路泥泞难行，是说此路能将小儿折腾成老翁。这两句可和“朝行”两句相对照看，“朝行”两句是因，而这两句是果。

3. 关于创作源泉

《泥功山》诗题有山，而诗句全然不见山，里里外外以一泥字贯穿。朝行青泥，暮在青泥；亘古泥泞，版筑徒劳；不畏道远，泥烂道没；白马污黑，小儿走老；哀猿死鹿，为泥所陷；转告来者，切勿匆匆。

本诗句式独特，语调轻快，不见典故，明白如话，诗风明快，纪行而无“我”，记难而不苦，定然是在借鉴当时流传、今已失传的古代泥功山行者歌谣基础上略加改编而来。因此之故，清新、活泼、诙谐、夸张，渲染行路难而丝毫感觉不到行路难。诗中意象如梦如幻，似乎大山专门设置恶作剧游戏，以青泥烂死过往人物，而后满脸坏气哈哈一笑。我猜想行者歌谣的原版应在这四句里：“朝行青泥上，暮在青泥中。白马为铁骊，小儿成老翁。”当下流传民谣有云：“二郎泥功山，离天三尺三。鸟儿飞不过，猴儿不敢攀。”①有点相映成趣。

这里举两个民谣入诗的例子，作为《泥功山》本为民谣入诗的辅助证据。例证一：《水经注》卷34《江水》记黄牛山和黄牛滩说：

①蔡副全《杜甫陇右诗两地名考辨》，《天水师范学院学报》2010年第′期。

> “江水又东，迳黄牛山，下有滩，名曰黄牛滩。南岸重岭叠起，最外高崖间有石，色如人负刀牵牛，人黑牛黄，成就分明。既人迹所绝，莫得究焉。此岩既高，加以江湍纡洄，虽途迳信宿，犹望见此物，故行者谣曰：‘朝发黄牛，暮宿黄牛；三朝三暮，黄牛如故。’言水路纡深，回望如一矣。”①

其中民谣“朝发黄牛，暮宿黄牛；三朝三暮，黄牛如故”寥寥十二字，将山峦叠起、水路纡深之态活脱脱勾画出来。受此影响，李白借鉴行者歌谣作《上三峡》曰：“巫山夹青天，巴水流若兹。巴水忽可尽，青天无到时。三朝上黄牛，三暮行太迟。三朝又三暮，不觉鬓成丝。”②

例证二：教科书上老师要求背诵的选自《水经注》的《三峡》文字，其中有句“有时朝发白帝，暮到江陵，其间千二百里，虽乘奔御风，不以疾也。”、“故渔者歌曰：巴东三峡巫峡长，猿鸣三声泪沾裳。”③杜甫以之为素材，创作《绝句》：“朝辞白帝彩云间，千里江陵一日还。两岸猿声啼不住，轻舟已过万重山。”

从以上例证也可知民谣入诗在唐代诗人创作中并不罕见，杜甫本人也喜好以民谣入诗。

臆解至此，落款曰：方家一哂。我顽固地认为，注解此诗要超脱一些，空灵一些，思维应跟着“囊中恐羞涩，留得一钱看”那样的境界走，不要死抠泥功山的“泥”——真把什么人给烂死了。老杜爱诉苦，但从来不缺少顽皮和冷幽默。我们也就不要太拘泥而抹煞风景了。

【附记】本文原刊《天水师范学院学报》第2012年第4期，入集时重新修订。

①北魏郦道元撰，陈桥驿校证《水经注校证》，北京：中华书局，2007，第793页。
②李白撰，瞿蜕园，朱金城校注《李白集校注》（第三册），上海：上海古籍出版社，1980年，第1278页。
③北魏郦道元撰，陈桥驿校证《水经注校证》，北京：中华书局，2007，第790页。

杜甫与栗亭及其草堂考

唐肃宗乾元二年(759年),是杜甫一生最为动荡的一年,所谓“一岁四行役”——春天由洛阳回华州为一行;秋天由华州到秦州为二行;冬天由秦州到同谷(甘肃成县)为三行,再由同谷南下成都为四行。这其中由秦州到同谷就涉及栗亭,其《发秦州》有句“栗亭名更嘉”;由同谷南下成都也涉及栗亭,其《发木皮岭》诗有句“首路栗亭西”。诗人纪行,两咏栗亭,缘分不浅。栗亭,北魏置县,不久废为镇,唐代属成州同谷县。五代后唐复置,元代设栗亭管民司。明代裁撤,不复设立县级建置,隶属徽州,清仍之。地在今甘肃省徽县城西24公里的栗川乡境内。伏镇河、红川河穿流其间。依山傍水,川原宽阔,物产丰饶,自古为陇南富庶之地。综观诗意,杜甫向往栗亭,也的确曾在栗亭留住。正是因为有了杜甫栗亭留住的故实,后世便建有纪念杜甫的祠宇——杜甫草堂,也称杜公祠、杜少陵祠、杜工部祠,确切地址在今徽县栗川乡杜公行政村山根自然村。现在的问题是,学术界对杜甫的卜居地到底在同谷还是栗亭有异议;还有,提及陇右杜甫草堂不是秦州东柯草堂便是成州同谷草堂,对栗亭草堂因不清楚其光辉历史几乎忽略不计,没有给予应有的地位。兹就以上问题一并讨论并考证之,以为杜诗研究提供些许资料。

一、杜甫的栗亭缘

乾元二年(759年)十月之交,杜甫在秦州寓居了三个多月之后,因衣食无着,踏上了南下同谷的路,其《发秦州》题下特意标注“乾元二年自秦州赴同谷县纪行十二首”。[①]诗在说明流寓同谷原因“无食问乐土,无衣思南州”的同时,极力赞美栗亭:“栗亭名更嘉,下有良田畴。充肠多薯蓣,崖蜜亦易求。密竹复冬笋,清池可方舟。虽伤旅寓远,庶遂平生游。”但单纯以诗人的赞美为依据,就断定诗人南下是直奔栗亭而去,那就有些欠妥了。

①北宋王洙《宋本杜工部集》,张元济辑《续古逸丛书》,南京:江苏古籍出版社,2002年,第149页。通行本作“乾元二年自秦州赴同谷纪行十二首”,没有“县”字。

实际上，诗人自注“自秦州赴同谷县纪行”已清楚地表明他所问之乐土、所思之南州所指的具体目的地就是“南州”即成州属下的同谷县，①别无他意。也合《旧唐书》卷200《文苑下》杜甫本传之“甫寓居成州同谷县”一语。再请注意“自秦州赴同谷县纪行”之“县”字，已经将栗亭排除在外，因为栗亭当时只是同谷县属下的一个镇，非县也。不过，细玩诗意，“栗亭名更嘉”之“更”字又透露出这样一层意思——有“名更嘉”的栗亭在，这不又多了一种选择。“更嘉”是比较得出的结论，前面比较的对象就是同谷县。“更”字还表明——“我”不但对同谷县了解，对栗亭的山川风物也是了如指掌。无食无衣之人尤其是诗人看到栗亭的“栗”，立刻神思飞动，想到了“下有良田畴”的世外桃源。

有一个事实，北宋以后同谷东南七里凤凰台下、飞龙峡畔建有杜甫草堂，同谷东五十里的栗亭川里同样建有杜甫草堂。我的基本看法，杜甫寓居同谷，在凤凰村、栗亭川都停留过，北宋时杜甫诗圣地位确立，于是乎留有遗迹和传说的寓居地就有了草堂。凤凰村、栗亭川两地在北宋都建有杜甫草堂，说明北宋人已认定杜甫在此两地都曾寓居。

乾元二年(759年)寒冬腊月，杜甫还是因为衣食无着，再次流徙，由同谷南下成都，有诗《发同谷县》，题下特意标注：“乾元二年十二月一日自陇右赴剑南纪行”。②发同谷之后的第二站便是栗亭，其《木皮岭》有句：“首路栗亭西，尚想凤凰村。”这是诗人以自述的方式点出自己的两个寓居之地。杜甫因经济困难，想着换个地方生活，于是“自秦州赴同谷县”，途中经过积草岭，有诗云：“卜居尚百里，休驾投诸彦”，这个“百里”如果看成是积草岭至同谷县城的距离那就太长了，因为积草岭在唐上禄、同谷交界，即今甘肃西和县六巷乡、成县二郎乡交界的薤韭山南麓，此岭至成县的距离也就是五十里左右。如果有联系到杜甫《发秦州》诗极尽赞美之辞的栗亭，这个栗亭在同谷县城东五十里，旧志有明确记载，《大明一统志》卷35巩昌府之古迹说：

①杜甫《发秦州》“无食问乐土，无衣思南州”之“南州”是相对秦州而言的，指秦州以南的州，也就是在秦州之南和秦州相邻的成州。杜甫“发秦州”之时，成州为下州，辖上禄、长道、同谷三县，州治上禄，在今甘肃西和县城北。许多有关杜甫流寓同谷的著述，误认为当时同谷就是成州治所，事实上成州为州治的时间是唐咸通十三年(872年)，已经到了唐代晚期。

②北宋王洙《宋本杜工部集》，张元济辑《续古逸丛书》，南京：江苏古籍出版社，2002年，第152页。通行本作“乾元二年十二月一日自陇右赴成都纪行十二首”，“剑南”作“成都”，多出“十二首”三字。

> 栗亭废县，在成县东五十里，本后魏兰仓县地，五代唐时置栗亭县，属成州，宋因之。元以县置金洋州，后并废。

两个五十正好凑够“卜居尚百里”之数，给人感觉杜甫真的是直奔栗亭而去。而结果呢？到了凤凰台，他的脚步停了下来。自秦州赴同谷十二首诗整整齐齐，每一首都以所经地名为诗题，依次是：秦州—赤谷—铁堂峡（以上三地在今甘肃省天水市秦州区境）—盐井（在今甘肃省礼县境）—寒峡—法镜寺—青阳峡—龙门镇—石龛（以上五地在今甘肃省西和县境）—积草岭（在今西和县和成县交界）—泥功山—凤凰台（以上二地在今甘肃成县境）。据古县域，唐代秦州至同谷县之间，有长道县、上禄县。本组纪行诗的最后一首是《凤凰台》，可确证他在凤凰台便歇脚了。《凤凰台》之“尚想凤凰村”的这个凤凰村就在凤凰台下。凤凰台下、凤凰村旁有潭名万丈潭，又叫凤凰潭，而凤凰台就附着在凤凰山上；凤凰台下积水成凤凰潭的河水《水经注》名凤溪水。历代方志记载得非常清楚，和凤凰台有关的这些“凤凰”全都在唐同谷今成县东南不远处。①

那么，到底是什么原因致使杜甫没有直接抵达《发秦州》特意提及的栗亭，而率先卜居在了凤凰台下的凤凰村呢？是凤凰台周围霞飞雾落、清丽可人的风光吸引？还是《积草岭》提及的“邑有佳主人”之佳主人的热情推荐或挽留？这些我们不得而知。反正诗人同谷寓居的第一站选在了凤凰村。②《发同谷》有句“停骖龙潭云，回首虎崖石。”其中的“龙潭”即飞龙潭也就是凤凰潭，虎崖即是凤凰村后的山崖，可证其“自陇右赴剑南”的始发地即起点还是在凤凰村。《钱注杜诗》注《万丈潭》诗题说：

> 唐咸通十四载，西康州刺史赵鸿刻《万丈潭》诗。又题《杜甫

①凤凰山是唐宋同谷、今成县东南的一列山，石质，草木繁茂，峰秀山奇，同谷杜甫草堂对面蔚然而神秀者即是凤凰台，乃凤凰山的组成部分。台下积水成潭者便是万丈潭，宋代又称凤凰潭。凤凰山靠东山崖上者为唐代的大云寺，宋元称凤山寺或凤凰山寺。明清时代的成县八景，因杜诗而著称者有三景，分别是：子美草堂、深潭飞龙、高台凤鸣。至于凤凰台至同谷的距离，或言十二里、或言十里、或言七里，所指都是同一地，应以七里为准。乾隆《成县新志》卷1《形胜》说：“凤凰山，在县东南七里……”又说：“凤凰台。在凤凰山下，石耸特出，汉时有凤凰栖其上。唐杜工部诗云‘亭亭凤凰台，北对西康州’即此。”

②凌宇，田雪《杜甫卜居栗亭地理考》，力图证明杜甫不曾在同谷凤凰台下凤凰村停留，而是始终在栗亭寓居，立论、结论都显牵强。文载夔州杜甫研究会编《秋兴》第17期，2010年。

同谷茅茨》曰："工部栖迟后，邻家大半无。青羌迷道路，白社寄盂盂。大雅何人继，全生此地孤。孤云飞鸟什，空勒旧山偶。"鸿曰："万丈潭在公宅西，洪涛卷石，山径岸壁。"如目见之。[①]

赵鸿当代人言当代事，指认杜甫同谷茅茨，刻《万丈潭》诗于"旧山偶"，言之凿凿。都说明杜甫寓居同谷东南的凤凰台下凤凰村可信无疑。

现在我们再拿杜甫《木皮岭》之"首路栗亭西"说事。杜甫"汉源十月交"由秦州出发，仲冬(其《法镜寺》诗有句"仲冬见虹霓")抵达同谷县，"乾元二年十二月一日自陇右赴剑南"，这期间是否还到其他地方去过、寓居过呢？很有可能。因为杜甫骨子里就是一位流浪诗人、理想主义者，秦州寓居期间就曾漫游境内名胜，在同谷期间曾专程去两当过访老朋友吴郁的"江上宅"，[②]而去两当必须经过同谷东面25公里处的栗川亭。栗亭那可是一个他梦寐以求可以和秦州东柯谷相媲美的好地方，停留数日或寓居些时日完全有可能。就地理而言，由凤凰村东去，地势平缓，交通便利，过红川(旧称横川，以酿酒而闻名)越低缓的草坝梁即可到达栗亭。杜甫对栗亭是那么的神往，走起来也很方便，何乐而不为走上一趟呢？

二、"杜甫栗亭诗"释疑

在初步论证杜甫曾在栗亭停留之后，我们再来讨论一首唐朝当代诗人写当代事的《栗亭》诗。诗云："杜甫栗亭诗，诗人多在口。悠悠二甲子，题记今何有。"[③]诗题下有注云："赵鸿刻石同谷曰，工部题栗亭十韵，不复见。"其作者就是前所引题《杜甫同谷茅茨》的作者西康州刺史即成州刺史赵鸿。探讨杜甫和栗亭的关系，这首诗超级重要。刻石有云"工部题栗亭十韵"是说杜甫写有一首以栗亭为题的诗，共计"十韵"，也就是二十句(诗二句为一韵)，"不复见"当然就是当时看不到了。诗之前两句"杜甫栗亭诗，诗人多在口"大意是说杜甫有以"栗亭"为题的诗，"诗人"即写诗之人或好

①清钱谦益《钱注杜诗》(上)，上海：上海古籍出版社，1979年，第98页。

②严耕望《唐代交通图考》(第三卷)，上海：上海古籍出版社，2007年，第838页；梁晓明《杜甫自秦州入蜀行迹补证》，《杜甫与徽县》，兰州：甘肃人民出版社，1994年，第76~81页；曹雁鹏《杜甫由同谷县赴两当赴吴郁宅的可能性》，天水杜甫研究会编《杜甫流寓陇右1250同年纪念专刊》，2009年，第106~110页。

③《全唐诗》(增订版)卷607，北京：中华书局，1999年，第7066页。

诗之人多有记诵传说。第三句“悠悠二甲子”这是说从“我”在成州刺史任内了解到杜甫有“栗亭”诗的时间，上溯至杜甫流寓同谷的时间，其间相差“悠悠二甲子”。一甲子为60年，那么二甲子就是120年。杜甫流寓同谷的759年再加上120年，即为878年，对应的年号纪年为唐僖宗乾符五年，这个年份和赵鸿任成州刺史的时间咸通十四年(873年)合不上，因此“二甲子”是约数，不必太较真。“题记今何有”显然是指有关杜甫“栗亭”诗的题刻，以“今何有”的口气，显然是“题记”已“今不复见”了。解读赵鸿诗，我们能得到这样的信息——杜甫有栗亭诗刻石成碑或题刻摩崖，百年悠悠，题刻已不知沦落何处。由诗意考察，赵鸿似到过栗亭。本文所引二诗之外，赵鸿还有一诗名《泥功山》，和杜甫诗同题，《全唐诗》收赵诗三首，全和杜甫有关，说明赵鸿和大历年间最早收编《杜工部小集》的润州刺史樊晃一样是一位崇杜之人，利用工作之便观俗采风，调查杜甫遗迹、逸闻自在情理之中。杜诗两次提及栗亭，赵刺史当然也就关注栗亭，于是就有了“诗人多在口”的那些关于杜甫栗亭诗的情况。我们纳闷的是，既然有杜诗题记即题刻存在，为何不足“二甲子”就生生杳无音信了呢？不过，无论如何，赵诗可说明杜甫和栗亭真的是有关系。当然，单就杜甫《木皮岭》“首路栗亭西”一语，也可明确看出诗人曾在栗亭停留过。

三、栗亭草堂沿革考略

俗言“杜甫淹留地，草堂建起来”，杜甫路过栗亭并停留宿止，于是就有了关于杜甫的传说，当然也就有了杜少陵祠、杜少陵钓台等古迹。关于杜甫在同谷的遗存，脉络比较清楚，草堂尚在，历代遗碑众多。其始建于著名文学家晁说之做成州知州时的宣和三年(1121年)，由同谷县令郭慥负责创修，成州知州晁说之作《濯风轩记》《发兴阁记》《成州同谷县杜工部祠堂记》以记其事。[①]草堂历经重修，至今尚存。而关于杜甫在栗亭的遗迹，鲜为人知，因为草堂在1950年代即被毁坏，兹略做考述。

关于栗亭草堂的创建时间，徽县旧志没有记载，今人根据北宋文学家贺铸(1052~1125年)《寄题栗亭县名嘉亭》长诗推断为北宋，很有启发意义。但都忽视了一条非常重要的创建资料，准确地说是没有发现。南宋祝穆《方舆胜览》卷69天水军山水目东柯谷条有云：

①北宋晁说之《嵩山文集》卷14，《古典文学资料汇编·杜甫卷》上编唐宋之部第一册，北京：中华书局，2001年，第153~157页。

在天水县。杜甫诗:"传道东柯谷,深藏数十家。"又,"瘦地翻宜粟,阳坡可种瓜。"绍圣间,栗亭令王知彰作"祠堂记"云:"工部弃官,寓东柯侄佐之居"。①

这条理应是记述栗亭草堂创建的资料一直被后来者张冠李戴,臆断成秦州东柯谷兴建杜甫草堂的首要证据,古人继承,今人援引。如明何景明《雍大记》卷10《考迹》记古迹时说:

东柯谷,在秦州旧天水县,有杜甫诗(祠),绍圣间栗亭令王知彰作《祠堂记》云:"工部弃官寓东柯谷,侄佐与之居"。②

所引《祠堂记》其实就是《方舆胜览》的转述版,而"有杜甫诗(笔者按:"诗"应是"祠"之误)"几个字表明何认为《祠堂记》是专记东柯草堂的。有学者在考证东柯草堂始建时间时,首当其冲引用继承《方舆胜览》并曲解其意的《雍大记》以为证据,推论东柯草堂"可见,此草堂当始建于宋哲宗(赵煦)绍圣年间(1094~1098年)。"③

关于《方舆胜览》所引王知彰的《祠堂记》,明代徽州人郭从道按自己的理解径直扩展为《秦州东柯谷杜少陵祠记》,其所撰嘉靖《徽郡志》卷5《秩官志》说:

王知彰,为栗亭令,尝作《秦州东柯谷杜少陵祠记》。

这可算作是曲解《方舆胜览》的"激进派"。事实上,这种"扩展"大可商榷,经不起推敲。《方舆胜览》引用王知彰《祠堂记》,只是在记述东柯谷时以碑文证明杜甫在此寓居过,碑文有云"工部弃官寓东柯谷,侄佐与之居",不及其余,怎么能望"东柯谷"条目而生《祠堂记》是《秦州东柯谷杜少陵祠记》之意。简单分析,因为王知彰是宋代成州属下的栗亭县令,人家秦州有了建设工程是不会请他去作文的。治下那个地方建设工程竣工,请人撰一篇什么记,那可是抬举人的事情,为之者都是当地的父母官,摊不到其他地方去。据《宋川陕大郡守臣易替考》,绍圣间任秦州知州者是吕大忠、游

①南宋祝穆撰,施和金点校《方舆胜览》(下),北京:中华书局,2003年,第1210页。
②明何景明撰,吴敏霞等校注《雍大记校注》,西安:三秦出版社,2010年,第131页。
③马银生,高天佑《陇右杜甫草堂考》,《天水师范学院学报》2001年第6期。

师雄、陆师闵等,[1]这些人可都是文章高手,秦州的文化建设工程,用得着请其他地方的知县撰文吗?显然是王知彰的《祠堂记》在记述杜甫的苦难历程时追述到了他在东柯谷的生活情况,故"胜览"的撰者祝穆引用之。《祠堂记》是简称,在没有新资料佐证的情况下,很难猜出"记"的全称。如果一定要猜想,推测王知彰的记为《成州栗亭县杜少陵祠堂记》模样或许相仿。王知彰既然是栗亭令,辖区内有什么标志性建筑,应士绅之邀作一篇"记"出来,理固宜然。一句话,《祠堂记》应是栗亭草堂的《祠堂记》,非秦州东柯谷草堂的《祠堂记》。《祠堂记》适可证明栗亭草堂始建于北宋哲宗绍圣间,即1094~1098年间。这个时间比同谷草堂的建造时间北宋徽宗宣和三年(1121年)还要早。是为有资料可证的陇右第一草堂。

弄清楚了栗亭草堂的创建时间,现在让我们回过头来再从前面提到的贺铸长诗《寄题栗亭县名嘉亭》中间去"寻宝"。关于本诗的缘起,贺铸有序曰:

> 邑令赵洋更此新亭名,取杜甫《同谷紀行詩》"栗亭名更嘉"之句。因其亲熊希邈求吾诗。癸酉九月,将扶疾东下,感而为赋。[2]

其"癸酉九月"应为宋哲宗元祐八年,即1093年,这个年份刚好在栗亭令王知彰作《祠堂记》之前。似乎可以这样推想,邑令赵洋是一位热心人,任内极力想在杜甫停留过的栗亭留一点纪念物,于是将新建之亭以杜诗之句取名"名嘉亭"。工作结束后写信介绍情况,托人请求大文豪贺铸给予表彰,作滕子京向范仲淹求记岳阳楼的姿态,于是贺写诗作寄题之。正好他的继任者王知彰也是一位热心的杜甫崇拜者,于是继承前任余绪在名嘉亭的基础上创建杜甫草堂,并自撰《祠堂记》记述建祠始末。《寄题栗亭县名嘉亭》有几句是写其"现状"的:

> 环堵久芜没,斯亭名尚传。茂宰怆怀古,增崇殊过前。雕甍揭长帘,下容十客筵。嫩岚隔春丛,清竹鸣夏蝉。风月有高兴,写兹武城弦。

大意是说亭所在原有的建筑年久失修,破败不堪,在任县令补修增筑之,

①李之亮《宋川陕大郡守臣易替考》,成都:巴蜀书社,2001年,第470~471页。
②傅璇琮主编《全宋诗》第19册,北京:北京大学出版社,1998年,第12537页。

使之焕然一新，规制超前，且园内景色宜人。从中也可以看出名嘉亭不是孤零零的单体建筑，而是包括亭在内的一组建筑，有一定的规模。

元代栗亭设栗亭管民司，不隶属成州，成为“特区”。元至正年间调整行政区划，栗亭划归徽州管辖，设置栗亭镇。无论是栗亭草堂还是名嘉亭，都无史迹可寻，无史籍可查。这大概和元代的文教远逊宋代有关，因为文化遗迹保存很大程度上得借助于爱文化有权势的地方官。当然也可能和栗亭地位没有宋代重要有关。

明正德年间(1506~1521 年)，按察御史潘仿重新创建栗亭草堂。事见嘉靖《徽郡志》卷 3《祀典志》庙宇目。“杜少陵祠，在栗亭西，正德中御史潘公仿建。”创建的动机是潘在视察过栗亭时，杜甫托梦，与潘梦中相见，于是“遂就地建祠而祀之”。[①]明郭从道《徽郡志》卷 7《人物志》之“流寓”叙述杜甫流寓情形，谈到杜少陵祠“草堂郁郁，遗像岩岩，望着兴思，谒者增慕”所言正是正德中巡按御史潘仿的重建成果。由于元代之前栗亭草堂荡然无存，所以明清旧志都将潘仿的重建说成是创建。

明万历年间(1573~1620 年)，徽州知州左之贞主持重修。童华祖《重修杜少陵先生祠堂记》说：“万历中，州牧左公慕其芳躅，又为之重修……。”[②]

清康熙五十六年至五十八年(1717~1719 年)，经洮岷陇右道童华祖倡议捐资、徽州知州周元良等支持捐资，地方名士张思敬主持，对破废的杜少陵祠重修。事见童华祖《重修杜少陵先生祠堂记》。[③]“祠堂记”记述重建之前的少陵祠“迄今越百有余年，风雨飘摇，岁久剥蚀，唯余残壁颓垣，渐成瓦砾场矣！”而对重修后的现状没有记述。

清乾隆六年(1741 年)，秦安县令兼摄徽县知县牛运震主持重修杜少陵祠。事见牛运震《栗亭川杜工部祠堂记》。[④]对重修始末，“记”中有述：“乾隆六年，运震摄符是邑，按部之暇，控骖栗亭，穆然子美之高风，肃造堂室，瞻拜遗像。葺其缭垣，置守祠二户，并购田十亩以供春秋享祀之事，诚以伸予二十年来服膺子美之素。过其旅寓之土，犹将如亲其衣冠、聆其声咳，谨而志之勿忘也。”关于牛运震在徽县的政绩，嘉庆《徽县志》卷 4《职官志》有载，“牛运震，字真谷，山东滋阳进士，乾隆六年以秦安知县来摄徽事，专

①②新编《徽县志》附录五碑记类，西安：陕西人民出版社，2003 年，第 1092 页。

③新编《徽县志》附录五碑记类，西安：陕西人民出版社，2003 年，第 1092~1093 页。

④牛运震《空山堂文集》，《清代诗文集汇编》第 305 册，上海：上海古籍出版社，2009，第 151~152 页。

务读书训士，士子皆亲授业，数月间，声誉翕然。修杜公祠，捐置守祀田。于书记文勒石，为士林宝贵，亦以慕其人也……”县志将“修杜公祠”作为政绩之一特意提出来，可见地方人士对其弘扬杜甫文化工程的认可；将“于书记文勒石，为士林宝贵”作为亮点之一特意提出来，可见地方人士对其博学雄文的认可。

清嘉庆十二年至十四年(1807~1809年)，徽县知县张伯魁倡议，地方名士梁负栋主持重修杜少陵祠。重修主堂、献殿，新建修祠门、耳房，并在牛运震赡庙田十亩的基础上再增设十亩。重修之前，“祠宇倾颓，享祀俱废，无人过而问之。余拜祠下，触目兴怀。”事见张伯魁《重修杜少陵祠堂记》。①“祠堂记”还追述前任建修情况：“今重修祀堂三间，明州牧左公建也；献殿三楹，国朝观察童公建也；赡田十亩，前令牛公置也，详于碑石，久为民所占，今复归于祠。”张是浙江海盐人，系张元济祖上，在徽县知县任上八年，有政绩。张也是杜甫的忠实崇拜者，任内曾考察杜甫入川线路，所至均有诗作。《谒杜少陵祠》云：

> 栗亭祠下一溪横，心不忘君死亦生。伊昔麻鞋见天子，而今麦饭荐名卿。青泥岭外崎岖路，白水江边风雨声。低首瓣香颓宇拜，草堂樵叶满诗情。②

参拜之时，草堂尚未修复，于是只能“低首瓣香颓宇拜”。

清光绪十六年至光绪二十六年(1890~1900年)，栗川主持杜少陵祠祭祀的“会”内同仁及栗川士绅捐款、募捐重修杜少陵祠。这次重修是在经同治、光绪兵火之人祸与光绪年地震之后，原建筑几乎全毁，于是在附近易地重建，其实等同创建。建大殿、献殿。事见王倜《重修杜少陵先生祠堂记》碑。③民间募捐创修，经费没有保障，断断续续，以致重修费时达10年之久。

民国29年(1940年)，当地民众等集资重修杜少陵祠，创修“乐舞楼台”。事见《县治西三十里杜公祠为创修乐楼并历述建祠始末序》。④

1953年，土地改革，杜少陵祠即杜甫草堂被分配给一范姓人家，毁塑

①②张伯魁《徽县志》卷8《艺文志》，嘉庆十四年刻本。

③此碑横卧栗川乡杜公行政村村山根自然村栗亭草堂故址杜公井旁，碑文内容约略可辨。

④此碑横卧村委会计划生育站草丛中，上半部分约略可辨，下半部分模糊不清。

像，房屋挪作他用。1976年拆卷棚即过厅，1979年改拆杜甫享堂，草堂彻底损毁。2008年我带学生在伏家镇中学实习，学校距杜公村大约10里地，得暇两次专程探访草堂遗迹，不见昔日祠宇香火，偶见包围于村落之中遗址上的残碑断瓦，心怅怅焉。

四、栗亭草堂之外的其他杜甫遗迹

以事系年，杜少陵祠兴衰基本可见。接下来我们再叙说明清时期民众对杜甫行止栗亭的看法和其他遗迹。明郭从道撰嘉靖《徽郡志》卷7《人物志》流寓说："唐杜甫。从道曰：'杜甫避禄山关中之乱，入秦州居东柯谷，又徙居栗亭。'或曰'少陵不终于此，似非所寓。'予谓少陵当时徙居栗亭，久而始去。今栗亭有祠，有钓台，其集有'栗亭'诗，不谓之寓可乎？噫！草堂郁郁，遗像岩岩，望者兴思，谒者增慕，不可不谓之寓焉。"从道即郭从道，栗亭人，明代徽州达官硕儒，对家乡的掌故非常熟悉。其《人物志》流寓一目写杜甫，完全不及杜甫的生平经历，只就杜甫是否留寓过栗亭发表高论，理由很充足地说当地有草堂可瞻拜，有钓台可思古，有这些遗迹在，当然可以论定杜甫曾寓居此地。所谓"钓台"即少陵钓台，传说是杜甫钓鱼的地方，地在杜少陵祠南山木皮岭下的元店峡内，河岸石崖上凿刻"宛在中央，少陵钓台"八字，没有落款，凿刻时间不详。从"从道曰"可知至少在明代栗亭有不少关于杜甫的传说和遗迹。嘉庆《徽县志》卷1《疆域》山川目说："少陵钓台，元观峡内。唐乾元中甫居同谷，过夏栗亭，垂钓于此。"又，本志《疆域志》坛宇坛壝目杜公祠条也有"唐杜甫居同谷，避暑栗亭元店峡"的说法。[①]杜甫仲冬时节抵达同谷，腊月初南下入蜀，何而能在栗亭过夏，元店峡避暑？况且杜甫来同谷、栗亭是流亡，不是找乐子，哪儿还能避什么暑。撰者显然是受了晚唐以来连绵不断、越传越多的传说影响，才有了"避暑"说。

客观看待，从《发同谷》之"首路栗亭西，尚想凤凰村"知，多才多情多难的诗人对其寓居过的栗亭和凤凰村很是眷恋，但还是因生计所迫一步一回头地走了。千古而下，"爱国情最挚，忧民心更慈"的风范永存，诸体皆能"清词丽句必为邻"诗文永存。有祠宇纪念，有遗迹传说最是正常不过了。直至今天，栗川乡除了杜少陵祠、少陵钓台遗迹之外，尚有村名杜公

①清以来甘肃的省府州县志记述杜甫栗亭遗迹都有类似说法。

村、校名杜公小学、井名杜公井，崇杜敬杜传统依旧。乾隆《徽县志·人物》之流寓立《杜甫传》说："杜甫，字子美，关辅饥，弃官客秦州，寓居东柯谷，结草堂居之，中有泉焉，称子美泉。负薪拾橡栗自给，其后往来栗亭、同谷间。今栗亭、同谷俱有草堂遗迹……"本则传记将杜甫行迹和遗迹记得头头是道，"其后往来栗亭同谷间"的说法很客观，这大概正是杜甫寓居同谷时的生活状态。

【附记】本文原刊《西北师范大学学报》2013年第2期。

杜甫陇蜀纪行诗《木皮岭》地理位置讨论

《木皮岭》是杜甫陇蜀纪行诗之一，作于乾元二年(759年)由同谷(今甘肃成县)南下成都途中。为便于讨论，录全诗如下：

首路栗亭西，尚想凤皇村。季冬携童稚，辛苦赴蜀门。南登木皮岭，艰险不易论。汗流被我体，祁寒为之暄。远岫争辅佐，千岩自崩奔。始知五岳外，别有他山尊。仰干塞大明，府入裂厚坤。再闻虎豹斗，屡踞风水昏。高有废阁道，摧折如短辕。下有冬青林，石上走长根。西崖特秀发，焕若灵芝繁。润聚金碧气，清无沙土痕。忆观昆仑图，目击玄圃存。对此欲何适?默伤垂老魂。①

不过，我们讨论的焦点不在诗意，而是诗作吟咏的对象木皮岭的地望。因为，这个问题困惑古人、今人许多年，深入讨论之，定然会有“灯越拨越明”的效果。

一、宋至清杜诗旧注关于木皮岭的注释梳理

蔡梦弼《杜工部草堂诗笺》在《木皮岭》题下注：

木皮岭，在兴州。贾耽《皇华四达记》：木皮岭，在栗亭东。②

又，黄希、黄鹤父子的《黄氏补千家集注杜工部诗史》注：

鹤曰：岭在成州之西境，入蜀忙道经此。诗云“季冬携童稚，

①北宋王洙《宋本杜工部集》，张元济辑《续古逸丛书》，南京：江苏古籍出版社，2002年版，第152页。

②南宋蔡梦弼《杜工部草堂诗笺》，《丛书集成初编》第2225册，北京：中华书局，1983年版，第588~589页。

辛苦赴蜀门。”当是乾元二年十二月作。①

两条注释都指示出了木皮岭的方位。客观评述，蔡注引唐贾耽说靠谱，而“在兴州（今陕西略阳）”说法不确。因为在唐代去兴州必须经过同谷和兴州之间的河池县，而据《木皮岭》诗“首路栗亭西”、“南登木皮岭”等句，木皮岭当就在同谷之栗亭附近，不可能远在兴州。黄注“岭在成州之西境”则是指错了木皮岭所在的方位。因为杜甫由同谷“辛苦赴蜀门”的乾元二年（759年），成州治所在上禄（今甘肃西和县城北），不在同谷（今甘肃成县县城）；即使以黄氏父子作注时的南宋成州（此时州治在同谷，即今甘肃成县县城）定位，木皮岭只能在成州东境，不可能是西境，因为杜甫是在同谷东面的栗亭“首路栗亭西”之后再“南登木皮岭”的。

《方舆胜览》卷70同庆府“山川”目说：

木皮岭，在郡东二十里。《郡志》：“黄巢之乱，王铎置关于此，以遮秦陇。路极险。”杜甫有诗“首路栗亭西，尚想凤皇村……”。②

又，《方舆胜览》卷69凤州“山川”目说：

木皮岭，在河池县西十里。详见成州。杜甫发同谷，取路栗亭，南入郡界，历当房村，度木皮岭，由白水峡入蜀，即此。③

同庆府“山川”目所言“在郡东二十里”是说木皮岭在成州同谷县东二十里，而凤州“山川”目所言“南入郡界”是说进入凤州所辖地域，实际是进入了唐宋时期的河池县境。这里要特意指出的是，《方舆胜览》木皮岭“在郡东二十里”说不确。北宋乐史《太平寰宇记》卷150成州栗亭县条说：“栗亭县，东五十里。二乡。本栗亭镇地，后唐清泰三年六月于秦州奏置栗亭县。”④又，北宋王存《元丰九域志》卷3秦凤路成州栗亭县条说：“中，栗亭。州东五十

①南宋黄希注，黄鹤补注《黄氏补千家集注杜工部诗史》（《补注杜诗》），《四库全书》第1069册，上海：上海古籍出版社，1987年，第150页。

②南宋祝穆撰，施和金点校《方舆胜览》（下），北京：中华书局，2003年版，第1223页。

③南宋祝穆撰，施和金点校《方舆胜览》（下），北京：中华书局，2003年版，第1213页。

④北宋乐史撰，王文楚等点校《太平寰宇记》（第六册），北京：中华书局，2007年版，第2907页。

里。二乡。泥阳一镇。有雷牛山、栗亭川。”①由“寰宇记”、“九域志”引文知，栗亭在“州东五十里”即成州县治同谷县东五十里，这和现在成县至栗川的里程相当，无疑是正确的。而据前文蔡梦弼《杜工部草堂诗笺》引贾耽《皇华四达记》，木皮岭在栗亭东。就是说木皮岭在栗亭东不远处。因此《方舆胜览》“在郡东二十里”说显然是将里程短了。钱谦益不辨《方舆胜览》是非，其《钱注杜诗》二条并作一条引，“《方舆胜览》：木皮岭，在同谷郡东二十里，河池县西十里。杜甫发同谷，取道栗亭，南入郡界，历当房村，度木皮岭，由白水峡入蜀，即此。黄巢之乱，王铎置关于此，以遮秦陇。路极险阻。”②钱注不但二条并作一条引，还将有些地方有“顺”了一下。《方舆览胜》木皮岭辞条，有方位，有行走路线，很是完整，经过钱注删繁就简改编，不但完整而且完美，于是乎清代的一些注杜名著如《杜工部诗集辑注》《杜诗祥注》《读杜心解》《杜诗镜铨》等都跟着钱注走。③

末了再提一下，宋注和清注之间还有一条有“个性”的明代注解，王嗣奭《杜臆》注解木皮岭说：

> 《方舆志》云：“在成县，地极险要，亦入蜀要路。”《名胜志》又云：“在徽州西十五里。”未知谁是？④

《方舆志》是明代那部方志的简称不详；《名胜志》当是《大明统一名胜志》。明代的徽州即宋代的河池，王注以明朝的行政设置指方位，比《方舆胜览》的“河池县西十里”多出五里。这条注解清人注杜弃而不用。

二、徽县旧志关于木皮岭的记载

明代以来现存的徽县旧志对明郭从道《徽郡志》卷1《舆地志》之“山川”目说：

①北宋王存撰，王文楚等点校《元丰九域志》（上），北京：中华书局，1984年版，第128页。

②清钱谦益《钱注杜诗》（上），上海：上海古籍出版社，1979年版，第108页。

③清朱鹤龄撰，韩成武等点校《杜工部诗集辑注》，石家庄：河北人民出版社，2009年版，第266页；清仇兆鳌《杜诗详注》（第二册），北京：中华书局，1979年版，第706页；清浦起龙《读杜心解》（上），北京：中华书局，1961年，第83页；清杨伦《杜诗镜铨》（上），上海：上海古籍出版社，1980年版，第302页。

④明王嗣奭《杜臆》，上海：上海古籍出版社，1983年，第114页。

木皮岭，西十里。唐黄巢之乱，王铎置关于此，以连（遮）秦陇路。山极险阻。唐杜甫自同谷经栗亭，度此入蜀。有诗。

很明显，本词条还是由《方舆胜览》改造而来，没有任何新内容。郭是明代徽州栗亭人，也是地方名儒。郭主纂的方志关于木皮岭的词条没有新内容，说明当是时也，当地人对杜甫过境入蜀的线路也不大清楚。又，乾隆《徽县志》之山川目说：

木皮岭，在县西三十里，与成县连。杜甫发同谷，取路栗亭入郡界，历当房村度此岭，由白水江入蜀。有诗。唐黄巢之乱，王铎置关于此，以遮秦陇。

除向西的距离增加到三十里之外，全然是《方舆览胜》的影子。又，嘉庆《徽县志》卷1《疆域》之“山水”目说：

木皮岭，西南三十里，一名柳树崖，脉与龙洞山联属，石径层沓，人马登涉崖坎，艰于行。（木皮岭在河池西，杜甫发同谷，取路栗亭，南入郡界，历当房村，度木皮岭，由白水峡入蜀。黄巢之乱，王铎置关于此，以遮秦陇。路极险阻）。

虽然，我们圈在括弧中的部分即原文小字双排的注释部分仍然是省去了里数的《方舆胜览》辞条内容，但在穿越了数百年后，我们终于见到了一条有自主知识产权的创新辞条。本志的撰者张伯魁，浙江海盐人，嘉庆七年至十三年（1802~1808年）任徽县知事，致力文教，政绩卓著。张是一位有政绩的好官，也是一位敬慕杜甫道德文章的“杜迷”，任内重修栗亭杜少陵祠堂，并亲历考察他认定的杜甫入川所经过的木皮、龙洞、地坝等山岭及白水江等地，且留有诗作。其《木皮岭》云：

木皮高插天，栗亭即首路。孤臣去悠悠，欲泣乡园树。攀援手不牢，飞下尻已蹉。牵藤上危梯，横衫阻仄过。云生双足下，风疾三关影。惊闻虎豹声，险绝逾秦岭。莫伤行路难，但觉催人老。何处访故交，相逢在积草。①

又，其《木皮岭吊杜少陵》云：

铁镢缘虚壁，空中身自轻。浑忘垂老力，犹作少时情。履险非知命，临危或近名。深怜千载下，岂敢负平生。②

张是一位注重实地考察的知情者，于是就有方位确定的"木皮岭"。同时，依旧坚持杜甫"由白水峡入蜀"说。

1980年代，徽县当地的一些杜诗研究者对木皮岭进行了实地考查，并撰写了相关论文，综合其研究结论，木皮岭即今徽县栗川、大河二乡交界的龙洞山脉，其主峰在今徽县栗川乡境内，因山上盛产木兰树（又名木莲，皮可入药，名厚朴），又名木莲花掌。山脉北倚龙洞山，南峙地坝山、柳树崖，突兀高耸，正嘉庆《徽县志》所谓"石径层沓，人马登涉崖坎，艰于行。"为古来由栗亭而南入蜀的捷径。③这些结论其实是张伯魁"木皮岭"所记内容的进一步落实，就是说当代人的考查结论和近二百年前这位父母官的考察大致相仿。最大的区别在于张以柳树崖为木皮岭，而今人以龙洞山为木皮岭。不过，此二山是联属的，龙洞山在北，柳树崖在南。据嘉庆《徽县志》卷7《食货志》所附"河池志灾"，嘉庆四年（1799年），白莲教军一部先至横川，而后入地坝、小河厂等处，再经由白水江即白水峡退出徽县境。文曰："六月十一日，贼至横川，十二日入地坝、小河厂等处，至十五日始窜白水江去。"这条资料可强有力的支持经木皮岭有古道可通蜀。但应说明这条艰险的古道是入蜀捷径，是人迹罕至的小道，并非唐代的官方驿道。

行文至此，意犹未尽，再列张伯魁嘉庆《徽县志》有关木皮岭的资料一并附上。本志卷1《舆地志》之"山水"目说："地坝山，西南六十里。突兀高峰，云烟万叠，为邑之西南屏障，杜甫诗'西崖特秀发，焕若灵芝繁。润聚金碧气，清无沙土痕'是也。其山多蕙，亦名兰山。"又说："白水江，西南五十里。自下店之西两川合流，东行里许，折而南达李家河，石渚峪细流入焉。自此入山口，经木皮、地坝诸山左麓，绕出大河堡，又折东南流，达白水峡，曰白水江（入略阳界），又迂回而东十五里，乃与嘉陵江合而南流。"言白水

①②清张伯魁《徽县志》卷8《艺文志》，嘉庆十四年刻本。

③清孙士信《杜甫诗中木皮岭的位置及其他》，《杜甫与徽县》，兰州：甘肃人民出版社，：1994年，第55~61页。

江由木皮山左麓流过，据此可按河流定位木皮山（岭）方位。又，本志卷 8《艺文志》录张伯魁诗文多篇，颇有一些篇章和木皮岭及其入蜀路线相关，除前引的《木皮岭》《木皮岭吊杜少陵》而外，还有《白水峡》《谒杜少陵祠》两诗和《重修杜少陵祠堂记》一文。应该说张伯魁对木皮岭及其他认定的杜甫度木皮岭入蜀的线路是十分清晰的，其《重修杜少陵祠堂记》有言："按祠之南为木皮岭，东望青泥，若俯而即也。"另，其《白水峡》诗有句："杜老诗魂冷未销，何年白水路迢迢。"而这些个清晰就是建立在《方舆胜览》木皮岭辞条"杜甫发同谷，取路栗亭，南入郡界，历当房村，度木皮岭，由白水峡入蜀，即此"基础之上的，是《方舆胜览》说法的具体化。就是说张通过为官的地方之便及编修地方志的需要，亲自考察徽县山水，使《方舆胜览》关于木皮岭的记述进一步坐实，使宋以来的关于杜甫经由木皮岭——白水峡入蜀的说法更加完备。

三、木皮岭而下杜甫该走白水峡道还是青泥道

明确一下，这个小标题要讨论的就是杜甫入蜀时经木皮岭后是否像杜诗旧注、徽县旧志所言那样取道白水峡道。

隋唐时期沟通关中蜀地之间有一条最重要的驿道即散关道，此道正是当年汉王刘邦冲出秦岭一举平定关中的古道，又有嘉陵道等称谓，正所谓国驿大道。1950 年修筑的宝成铁路也基本沿这条古道行进。此路有一段要经过唐代凤州的河池县即今天的徽县，名青泥路，上有青泥驿，艰险为入蜀道路之最，唐代诗人多次咏及。杜甫的老朋友李白在《蜀道难》中将青泥路作为说明蜀道难的典型加以描述："青泥何盘盘，百步九折萦岩峦。扪参历井仰胁息，以手抚膺坐长叹。问君西游何时还？畏途巉岩不可攀。"[①]其后元稹更是有《青云驿》专篇专咏青泥路："岧峣青云岭，下有千仞豁。徘徊不可上，人倦马亦嘶。愿登青云路，若望丹霞梯……"。再如杜牧《李甘诗》之"夜登青泥坂，坠车伤左股"、王周《路次覆盆驿》之"曾上青泥蜀道难，架空成路入云寒"、贝瑜《青泥山》之"溪从沮水流嶓冢，岭接青泥入剑天"等。多次咏及说明一个问题，险是险，但这条青泥路非走不可，青泥岭非越不可。李之勤先生《"故道"释名与考地》对青泥路有一个全面的解释：

①《全唐诗》（增订版）卷 162，北京：中华书局，1999 年，第 1683 页。以下所引唐人诗句均来自本书。

> 青泥路位于唐宋凤州河池县和兴州长举县(今略阳白水江镇东北,与甘肃省徽县接界处的长烽村)接界处的青泥岭。青泥岭在徽县东南,山体为青绿色分化岩石构成,高险峻拔,道路攀折,受雨水冲刷,泥浆皆呈绿色。所以古书曾说它'悬崖万仞,山多云雨,行者屡逢泥淖,故号为青泥岭'。唐朝中期,安史之乱爆发,潼关失守,玄宗仓皇逃往四川,就是取古道过青泥岭的。①

再说得细一些,青泥岭位于今徽县东南嘉陵、大河、虞关三乡镇之间,绵延20多公里。其最高峰名铁山,又称巾子山,海拔1746米,是古代徽州、河池的望山。岭西南依山的一角,有虞关镇,岭上至今有地名青泥店,曾出土驿路文物唐代青泥驿铜印。②我的文友曹雁鹏在地方志办公室工作多年,对这段驿路研究颇有心得,录如下:

> 从徽县城南过水阳乡牟家坝入石家峡进入南山,上典华山,在深沟村涉足于青泥河(深沟河),沿途可见古栈道痕迹。沿着盘山古道上行,下临绝壁深渊,山石犬牙交错。至青泥店(古青泥驿)到太和庵,沿着小径可上达青泥岭铁山峰顶。从太和庵绕铁山西南可下至嘉陵江、虞关,沿途青泥路古栈道痕迹时隐时现,道路崎岖盘桓。若遇云雨天气,这60余里泥泞山道行走起来异常艰难。宋以前各代,在青泥岭半山腰设立青泥驿站供路人歇息。③

知道了青泥路的险峻及重要,我们再来讨论这一段古关道上的必经险道与由陇入蜀道即杜甫《发同谷》题下自注"自陇右赴剑南"道的关联。唐贞元末年,严砺由兴州刺史任山南西道节度使,为解决成州等地戍兵的军粮供给,大治兴州至同谷之间的水道,柳宗元《兴州江运记》引严砺语有云:

> 自长举北至于青泥山,又西抵于成州,过栗亭川,逾宝井堡,崖谷峻隘,十里百折,负重而上,若蹈利刃。盛秋水潦,穷冬雨雪,深泥积水,相辅为害。颠踣腾藉,血流栈道。糗粮刍藁,填谷委山;马牛群畜,相藉物故。餫夫毕力,守卒延颈,嗷嗷之声,其可哀也。

①李之勤《西北史地研究》,郑州:中州古籍出版,1994年,第49页。
②新编《徽县志》,西安:陕西人民出版社,2003年版,第821页。
③曹雁鹏《杜甫在徽县的行程及相关的纪行诗》,唐银生主编《栗亭与杜甫》,西安:太白文艺出版社,2012年,第91页。

若是者绵三百里而余。[①]

请看这条资料涉及的地名连线：青泥山——栗亭川——宝井堡——成州，顺序倒过来不正是杜甫"发同谷"之后的入蜀线路吗？栗亭川和青泥山之间就有杜甫所咏的木皮岭。尽管"负重而上，若蹈利刃"，但青泥山上的青泥路是官方驿道，非走不可。柳宗元的"记"写作距离杜甫入蜀约50年。可见，杜甫当年入蜀，不但要度木皮岭，还得度青泥岭。既然杜甫入蜀的先决条件是度木皮岭、再上以散关为起点经两当、过青泥的官方驿道，那么，《方舆胜览》主张的、宋代杜诗注全体投赞成票的、徽县旧志坐实的"由白水峡入蜀"说不成立。

下面我们再将目光转向白水峡道，说一说杜甫入蜀时到底有无官方驿道白水峡路。据北宋雷简夫撰《新开白水路记》有云：

初，景德元年，尝通此路。未几而复废者，盖青泥土豪辈唧唧巧语，以疑行路。且驿废则客邸、酒垆为弃物矣。浮食游手安所仰邪？小人居尝争半分之利，或睚眦抵死，况坐要路，无有在我，迟行人一切之急，射一日十倍之资，顾肯默默邪？造作百端，理当然耳！向使愚者不怖其诞说，贤者不惑其风闻，则斯路初亦不废也。大底蜀道之难，自昔以青泥岭称首。一旦避险即安，宽民省费，斯利害断然易晓，乌用听其悠悠之谈邪！而后之人见已成之易，不念始成之难，苟念其难，则斯路永期不废矣！[②]

就是说叫白水峡道或白水道的这条路是北宋景德元年(1004年)开凿的，这是一条捷径，开通之后不久便废弃。原因是，路改了原来青泥路一线的旅馆饭店生意清淡，从事商业经营的"土豪辈"挣不到钱，便造谣生事，到处告状，最后给告黄了。还据《新开白水路记》，至和二年(1055年)利州路转运司李虞卿、继任者田谅，会同河池县令王令图、权知长举县令商应祥等拨乱反正，协力再开白水路，"作阁道二千三百九间，邮亭、营屋、纲院三百八十三间，减旧路三十三里，废青泥一驿，除邮兵驿马一百五十六人骑，岁省驿廪铺粮五千石，畜草一万围，放执事役夫三十余人。"[③]几经反复，经

①唐柳宗元撰，吴文治等点校《柳宗元集》(第二册)，北京：中华书局，1979年版，第715~716页。

②新编《徽县志》附录五碑记类，西安：陕西人民出版社，2003年，第1068~1069页。

③新编《徽县志》附录五碑记类，西安：陕西人民出版社，2003年，第1068页。

白水峡的白水道终于彻底开通。[①]此记文以摩崖形式刻于白水峡石壁，在徽县城南大河店乡王家河行政村大石碑。摩崖距地面七米，高2.83米，宽1.83米。撰书于北宋嘉祐二年(1057年)。1993年列为为甘肃省省级文物保护单位。据新编《徽县志》，这条驿道以现在行政区划比照，其所经为徽县境内的十里墩——照碑崖——大河店——王家河——大石碑——白水峡，至陕西略阳的白水江镇。[②]由大河店而下进入白水峡便是悬壁栈道，惊险卓绝，明郭元桂《白水路记》说："其上则铁石镵岩不可凿，其下则溪流湍急不可渡，其路则适当孔道不可断。"[③]道路难行比青泥岭有过之而无不及，没有栈道还真的无法通行。北宋之后白水路取代青泥道成为官方驿道，但青泥道上依旧有匆匆行旅，所以明清之时依旧有不少"过铁山歌"之类的题咏。

《方舆胜览》卷69凤州山川目因为杜甫《木皮岭》诗的缘故，为"木皮岭"写了一条成色十足的词条，宋以后的杜诗注家一致通过争相引用。一直到了清代嘉庆时，"杜迷"徽县知县张伯魁在《方舆胜览》基础上，对杜甫行经徽县之地实地考察，其嘉庆《徽县志》卷1《疆域》之"木皮岭"辞条将《方舆胜览》记载坐实为柳树崖为木皮岭，为之赋予了地域特色。1980年代之后，徽县地方上的杜诗研究者，再行实地考察，将木皮岭位置具体化，指清了"岭"对应的现地即柳树崖北的龙洞山为木皮岭。至此，这一漫长的学术考证过程使木皮岭位置问题基本得以解决，但必须明白一点，《方舆胜览》提出的、张县令坐实的所谓白水峡道在杜甫入蜀之时尚未开凿为官方驿道，樵夫、士人之外不通客旅行商，像杜甫这样一个匆匆而去的旅人是无法通行的，不大可能"由白水峡入蜀"。现在杜诗注者和研究者应该为孤寂的老杜一家由陇入蜀另找出路，而这条出路就在于青泥道，入蜀不走

①北宋前期，在白水峡道未通之前，青泥道仍旧是关中及陇蜀间的要道。北宋名臣赵抃在景佑元年(1034年)及以后的数年中就曾多次路经青泥道。其《过青泥岭》云："老杜休夸蜀道难，我闻天险不同山。青泥岭上青云路，二十年来七往还。"。诗见《全宋诗》第6册，北京：北京大学出版社，1998年，第4265页。

②新编《徽县志》，西安：陕西人民出版社，2003年，第374页。

③新编《徽县志》附录五碑记类，西安：陕西人民出版社，2003年，第1087页。

这条国家级通驿大道，误入歧途是没有出路的。[1]我们的基本思路是杜甫“发同谷”之后经栗亭川“首路栗亭西”之后，先上木皮岭，再渡白沙渡，而后再上青泥岭，接着渡水会渡，从而走出陇右。

【**附记**】本文原刊《大连大学学报》2014 年第 1 期。

①杜甫《木皮岭》有“南登木皮岭”句，毋庸置疑，老杜在栗亭出发之后登木皮岭而度之。我有一疑问，由栗亭去河池上青泥道，其间有比较平坦的道路可行，老杜为何为一定要越艰险异常的木皮岭。具体而言，由同谷往栗亭去河池，所行之地都在今徽成盆地，如细分一下就是成县盆地、栗川—伏镇盆地、徽县盆地，其间只是低缓丘陵状得低山相隔，交通起来很是方便。按现在的行政区划说事，去唐代的河池，只要从栗川东行渡伏镇河，再过一低矮的分水岭即可进入罗家河河谷，此河谷徽县旧志称有上中下三川，是徽县八景所指“川岸柳莺”之处，沿谷地即可达唐代的固镇及现在的徽县县城，从这里就可以登青泥岭入蜀了。2008 年，我带学生在伏镇中学实习，趁机探访栗川杜少陵祠及元店峡的杜公钓台。元店峡是青泥河冲击而成的峡谷，山高谷深，大白天行进其中都有鬼拉人的感觉，而今人所指的木皮岭道即要过元店峡而南登大山。有坦途不走，硬是要自讨苦吃爬南山，这到底是何苦来着。我采访过当地老人，去徽县城从未听说爬南山而行，倒是沿青泥河有一条去徽县的捷径。但问题又来了，走了坦途，那“上有废阁道，摧折如断辕”的栈道又从何落实。这让人郁闷。如《木皮岭》所写就是青泥岭，那险峻、新旧阁道什么都能找齐，那“首路栗亭西”又该如何理解，这也让人郁闷。讨论至此，得不出结，留此疑问以待博雅君子。

《老杜秦州杂诗》碑考析

《老杜秦州杂诗》碑，原立秦州文庙明伦堂(即今天水文庙院内)，20世纪50年代，因文庙建筑改作他用，石碑没入地下，从此不为人知。2002年6月，整修中华东路仿古一条街，下低文庙地面，诗碑重见天日。不久，立于天水名胜南郭寺二妙轩碑廊右侧。南郭寺为唐乾元二年(759年)杜甫流寓秦州时登临之寺，二妙轩碑廊是1998年重建的清代著名诗人宋琬策划以王羲之、王献之"二王"书法刻杜甫秦州诗60首而为之的诗碑(比原帖放大一倍)，更兼碑廊左侧有著名雕塑家何鄂女士创作的杜甫石雕像，人文景观、自然景观相映成趣，相得益彰。

一、民国《天水县志》有关《老杜秦州杂诗》碑记述失误纠正

对于《老杜秦州杂诗》碑，民国《天水县志·艺文》有载，名为"重刻杜甫秦州杂诗"碑。文曰：

> 碑在明伦堂之东偏。高七尺，横三尺有五，厚一尺许。碑面刻杜工部《秦州杂诗》二十首，碑阴刻秦州八景及名胜诸杂咏。系明成化十九年癸卯知秦州事恒山傅鼒重刻。

民国33年(1944年)出版的张维所著《陇右金石录》也收录此碑。不过名为"杜甫诗碑"，说明文字一依《天水县志》。考察本碑，我们发现，《天水县志》对诗碑内容的记述差错累累，甚至标题有误。(一)碑面所刻的杜诗，多达36首，就是说《秦州杂诗》20首之外尚有其他杜诗16首；(二)碑阴所刻，前面是杜诗，计13首，后面附秦州知州傅鼒题咏"秦州十景"诗，县志记述为"碑阴刻秦州八景及名胜诸杂咏"不完整，也不准确；(三)县志著录碑题为"重刻老杜杂诗"显系编者重定而非原标题。既如此，我们有必要正本清源，对《老杜秦州杂诗》碑做一个比较准确的解释。

《老杜秦州杂诗》碑，明成化十九年(1483年)秦州知州傅鼐主持重刻。原立天水文庙，2002年移至天水南郭寺。碑通高225厘米，宽105厘米，厚42厘米。碑面题额《老杜秦州杂诗》，刻杜甫《秦州杂诗二十首》等秦州诗36首；碑阴题额《古今题咏》，刻杜甫《发秦州》等入蜀诗13首，另刻秦州知州傅鼐所题"秦州十景"诗10首。碑以汉白玉制成，保存完好，高大壮观。

二、《老杜秦州杂诗》碑落款中所涉及人员和秦州刊刻杜诗传统

本碑有两组落款，一为"大明成化拾玖年岁次癸卯春三月之吉赐进士出身知秦州事恒山傅鼐重镌"；一为"儒正学正锦城陈睿训导剑门□宪字江□□　郡□□□书"由此可判断，成化十九年(1483年)立碑之事是由秦州知州傅鼐主持，司职教育的学正陈睿和训导□宪协助所为。傅鼐，明北直隶新河人，成化二年(1466年)进士，知州任内颇有政绩，顺治《秦州志·名宦》说：

> 傅鼐，字天和，畿内新河人也。成化间登进士，拜监察御史，左迁同官知县，卓有政绩。迁秦州知州，严以肃政，平以近民，除淫祀，戒游食，重农申教，袪灾弭盗。诸凡学校、舍馆、坛壝、桥梁以次修葺，而州治改作宏丽，甲于他郡。公有感于时，上疏言救荒弭乱廿事，言皆剀切，当旨如议，行于秦，秦人便之。

学正陈睿，四川成都人，成化十一年(1475年)任秦州学正。光绪《秦州直隶州新志·职官》有载，文曰：

> 陈睿，字思诚，成都人，举人。勤课诸士，一时领荐登科者十人。

训导"剑门口宪"之名，因碑漶漫，已无法识读，顺治《秦州志·官师》训导目载王宪，下注"剑人，国子生"。据此，"剑门□宪"肯定是"剑门王宪"。按惯例推理，学正陈睿和训导王宪的工作任务当是督工完成碑刻，包括选诗、

校刊等。至于书者"郡□□□书"已无从考察。不过,平心而论,本碑书法属平常之作,不甚精美。

研究本碑"成化拾玖年……知秦州事恒山傅鼐重镌"落款,还能透露出几条重要信息:(一)既是"重刻",说明在成化十九年之前秦州就有以《秦州杂诗》为主的杜甫诗碑;(二)既是"重刻",说明原诗碑已毁或已佚;(三)既是"重刻",说明刊刻杜诗是秦州早已有之的传统。至于刻诗传统始于何时,由于资料缺乏,已无从确切判断,但从一些相关资料尚能推论出一些蛛丝马迹来。

秦州东柯谷为杜甫寓居之地,东柯草堂自古称胜。南宋赵次公《杜诗赵次公先后解》注《秦州杂诗》之十三时引《天水图经》说:"《天水图经》载秦州陇城县有杜工部故居,及工部侄佐草堂,在东柯谷之南,麦积山瑞应寺上。"①《天水图经》(已佚)至迟成于宋代,所谓"杜工部故居"就是后世的杜甫草堂。据此,可证东柯草堂始建于北宋。宋人对杜甫推崇备至,学杜研杜盛况空前,建杜祠刻杜诗者亦大有人在,其中著名学者黄庭坚、吕大防任职四川时就刻有草堂诗碑,很有可能秦州刊刻杜诗的传统始于北宋。再者杜甫的秦州诗共110余首,而在今秦州境内所作有90余首,具备了刻诗的客观条件;还有《老杜秦州杂诗》碑系原碑毁后的重刊,石碑毁坏起码得数百年时间,由此上推也可作为秦州刊刻杜诗传统始于北宋之旁证。《老杜秦州杂诗》碑之后,清顺治十三年(1656年)驻节秦州的分巡陇右道宋琬主持刊刻二妙轩诗碑(原题"杜诗石刻"),此举肯定是受到傅鼐诗碑的启发而为之,受到传统感染而为之,可以说秦州刊刻杜诗的传统是一脉相承的。直至1998年,天水市人民政府在南郭寺建立以二妙轩碑为主的诗圣碑林,使这一传统又一次发扬光大。

三、《老杜秦州杂诗》碑诗题及本碑所刻杜诗和《杜诗详注》个别字句异同比较

本碑碑面、碑阴均有刻文。碑面诗题为:《秦州杂诗二十首》《月夜忆舍弟》《宿赞公房》《东楼》《雨晴》《寓目》《山寺》《遣怀》《夕烽》《日暮》《示侄佐》《佐还山后寄三首》《赤峪西崦人家》《西枝村寻置草堂夜宿赞公禅室》(二首),共计36首。碑阴诗题为:《寄赞上人》《寒峡》《龙门镇》《凤凰台》

①林继中《杜诗赵次公先后解辑校》,上海:上海古籍出版社,1994年,第315页。

《赤山谷》《青阳峡》《铁堂峡》《法镜寺》《泥功山》《盐井》《发秦州赴同谷二首》《石龛》《积草岭》，共计13首；另外还有秦州知州傅鼐“秦州十景”诗10首，分别为《天水盈池》《麦积烟雨》《伏羲卦台》《诸葛军垒》《南山灵湫》《东柯草堂》《渭水秋声》《石门夜月》《赤峪丹灶》《玉泉仙洞》，都是七言律诗。

抑或是明代杜甫诗集版本繁多，本诗碑和清代宋琬主持刊刻的《二妙轩》诗碑及现在通行的仇兆鳌《杜诗详注》在个别字句上不尽相同，具体情形按其选诗顺序列表如下：

诗题	《老杜秦州杂诗》碑	《杜诗详注》	备　注
《秦州杂诗》之一	胜迹隗嚣宫	胜迹隗嚣宫	“胜迹”二妙碑为“传是”
《秦州杂诗》之三	马骄珠汗落 胡舞白蹄斜	马骄朱汗落 羌舞白题斜	
《秦州杂诗》之四	角鼓缘边郡 吾道欲何之	鼓角缘边郡 吾道竟何之	
《泰州杂诗》之五	南使宜天马 浮云连海没 哀鸣声战斗	西使宜天马 浮云连阵没 哀鸣思战斗	“西使”二妙碑为“南使”
《秦州杂诗》之六	闻道胡茄奏 旌踈鸟兽稀	城上胡茄奏 林疏鸟兽稀	
《秦州杂诗》之八	孤城山峪间	孤城石谷间	“山峪”、“石谷”二妙碑为“山谷间”
《秦州杂诗》之九	喧呼问使星	喧呼阅使皇	“问”当是“阅”之误
《秦州杂诗》之十一	溪风为肃然	溪风为飒然	
《秦州杂诗》之十二	对门藤覆瓦	对门藤盖瓦	
《秦州杂诗》之十三	神鱼人不见	神鱼今不见	“人”、“今”二妙碑为“久”
《秦州杂诗》之十六	檐雨乱淋慢 鸬鹚窥浅水	檐雨乱淋幔 鸬鹚窥浅井	“慢”当是“幔”之误

续表

诗题	《老杜秦州杂诗》碑	《杜诗详注》	备　注
《秦州杂诗》之十七	传声檄屡飞	传闻檄屡飞	
《秦卅杂诗》之十九	读记意仇池 鸊鹈寄一枝	读记忆仇池 鸊鹈在一枝	“意”当是“忆”之误
《东楼》	征西过此行	征西过此门	
《雨晴》	天水秋云薄	天外秋云薄	
《寓目》	胡儿制骆驼	胡儿掣骆驼	
《山寺》	山原细路高	山园细路高	“原”当是“园”之误
《日暮》	羌妇惊且哭 将军别上马	羌妇语还笑 将军别换马	
《示侄佐》	早觉仲容宽	早觉仲容贤	“宽”当是“贤”之误
《佐还山后寄三首》	山晚浮云合 但觉寄来迟 老夫他日爱 葳蕤秋夜少	山晚黄云合 颇觉寄来迟 老人他日爱 葳蕤秋叶少	“夜”当是“叶”之误
《赤峪西崦人家》	路险不自安 出郊已惊目 欲问桃花宿	跻险不自安 出郊已清目 欲问桃源宿	
《西枝村寻置草堂夜宿赞公禅室》	土室延日光 语乐继夜永 昭然林中薪 连色有诸岭	土室延白光 语乐寄夜永 明燃林中薪 远色有诸岭	各种通行本诗题俱作“土室”，而《老杜秦州杂诗》碑作“禅室”或许更适合赞公的和尚身份。“日”当是“白”之误，夜晚哪来日光？“连”当是“远”之误

续表

诗题	《老杜秦州杂诗》碑	《杜诗详注》	备　注
《寄赞上人》	徘徊虎窟上 遥路通林丘	徘徊虎穴上 迳路通林丘	
《寒峡》	云门展绝岸 积祖霾天寒	云门转绝岸 积阻霾天寒	“祖”当是“阻”之误
《龙门镇》	胡雁过林皋	胡马过成皋	“雁”当时“马”之误
《凤凰台》	石径路绝踪 我宁剖心出 饮啄为孤愁	山峻路绝踪 我能剖心血 饮啄慰孤愁	“为”当是“慰”之误
《铁堂峡》	石载厚地裂 修纤无限竹 嵌空天始雪	石与厚地裂 修纤无垠竹 嵌空太始雪	“天”当是“太”之误
《法境寺》	身危通他州	身危适他州	“通”当是“适”之误
《盐井》	物理但自然	物理故自然	
《发秦州赴同谷二首》	无衣思南洲 大卦乾坤内 充肠多著蓣	无衣思南州 大哉乾坤内 充肠多薯蓣	各种注本诗题均是《发秦州》无“赴同谷二首”字样，况本诗为五言排律，是一首，而非两首。《老杜秦州杂诗》碑不知何据。另：“洲”当是“州”之误，“卦”当是“哉”之误，“著”当是“薯”之误

四、关于《老杜秦州杂诗》碑的基本评价

有些诗题不确，排列顺序零乱。一是诗题不确，如《发秦州》诗碑作《发秦州赴同谷二首》。二是排列顺序零乱，所刊诗作顺序和《杜诗详注》等通行本的顺序大相径庭，或另有根据，但诗碑之《秦州杂诗》以“秦州城北寺，胜迹隗嚣宫”为第一首，显然没有“满目悲生事，因人作远游”做第一首更合情理。另外，秦州至同谷道上的纪行诗排列顺序随意性很强，如《发秦州》排在倒数第三的位置，其余如《赤峪》《盐井》《石龛》等的排列顺序都是错乱的(具体排列情况参见前文)。

选诗不够全面，校刊不甚细致。考察诗碑，所刊49首诗作均系秦州诗精品，能够代表杜诗风貌。其选诗范围似乎框定为唐代秦州辖境所做之诗，但《凤凰台》显然是同谷的作品。如果说诗碑所有秦州诗和同谷诗为选择范围，则《同谷七歌》等名作又未能入围，可见诗碑选诗不甚严格。另外，刊刻之时校对不甚细致，出现明显笔误，如“薯”刻为“著”，“魂”刻为“鬼”等。

承接刊刻杜诗传统，启迪流风余韵不绝。诗碑尽管有一些不足，但其最大的功绩就是传承了秦州从宋代就开始的刊刻杜诗传统，受此传统影响，清代著名诗人宋琬天才创意，集书圣王羲之、王献之书法刊刻诗圣杜甫之诗，是为《二妙轩》诗碑，可以说没有《老杜秦州杂诗》碑就没有“二妙”碑。1998年，二妙碑在散失200多年后据珍稀拓本(孤本)复原。2002年夏，《老杜秦州杂诗》碑又在埋灭数十年后灿然现世。现二碑共立杜甫当年登临之南郭古寺，诚一大幸事，难得机缘。

五、“秦州十景”诗及其他

写方志必选“十景”或择“八景”，这是文人雅士最赏心悦目的事情，现存几部秦州志都有“十景”之目，大致一样，略有不同，列举如下：

顺治《秦州志》为：天水盈池、麦积烟雨、伏羲卦台、诸葛军垒、南山灵湫、东柯草堂、渭水秋声、石门夜月、赤峪丹灶、玉泉仙洞。

乾隆《直隶秦州新志》为：伏羲卦台、诸葛军垒、天水灵源、东柯草堂、

玉泉仙洞、南山古柏、麦积烟雨、石门夜月、净土松涛、渭水秋声。

光绪《秦州直隶州新志》为：伏羲卦台、东柯积翠、玉泉仙隐、渭水秋声、天水盈池、南山古柏、净土松涛、麦积烟雨、石山夜月、仙人送灯。

对照《老杜秦州杂诗》碑碑阴罗列"十景"，顺治《秦州志》所载与之完全相同，说明"秦州十景"之目至晚在明成化十九年已定型。在杜甫诗碑上刻"秦州十景"诗，确有些不伦不类，又碑额题名"古今题咏'也是文不对题，但诗碑刊刻者自有理由：

> "秦州十景"诗，延太守傅公天和之所作也。公之文章政事推重当时，间于政暇，咏此"十景"虽不敢比老杜之作，然其抚景书怀，亦足以识一时之盛。

无论如何，"十景诗"保留至今，实在不易，作为考证天水山川名胜的证据，从中的确"亦足以识一时之盛"。兹录和杜甫直接相关的《东柯草堂》作为本文结尾。"结草为堂三两重，几经春夏几秋冬。檐前翠竹堪栖凤，池内金鳞任化龙。野鹤孤松居最乐，山光水色兴偏浓。唐朝英杰如公少，千载今人仰下风。"

【附记】本文原刊《天水行政学院学报》2003年第4期，发表时署名陈冠英、刘雁翔，入集时重新修订。

秦州杜诗石刻二妙碑通考

二妙碑,原刻存甘肃天水名胜玉泉观李杜祠,清康熙年间散佚;1998年依据流传拓本,重刊于杜甫登临过天水另一名胜南郭寺,成为南郭寺一大人文景观。

唐肃宗乾元二年(759年)秋天,杜甫辞去华州司功参军之职,西行逾陇,流寓秦州(今甘肃天水市城区)。民间身份使诗人摆脱了俗务琐事的烦扰,加之秦州独特的山川风物感染了诗人,使之诗兴喷涌,三个多月时间写下登临抒怀、咏物思人、排遣幽情、记录行程的诗作90多首。诗人不幸秦州幸,陇右名州秦州终久未能留住诗人流浪的脚步,三个多月后因生活无着南下同谷、辗转入川,而诗人却为秦州历史留下了诸多光彩夺目的篇章,如刘克庄《后村诗话》称颂《秦州杂诗二十首》言:"山川城郭之异,土地风气所宜,开卷一览,尽在是矣。"当然,秦州人民也没有忘记这位胸襟宽广的爱国诗人,于是在今天水市境内,麦积区东柯谷建有杜甫草堂、社棠镇建有草堂寺,秦州区玉泉观建有李社祠和杜甫草堂,南郭寺建有杜少陵祠。"东柯草堂"、"东柯积翠"从来就是秦州的胜迹,被列入"十景"之中。

杜甫流寓秦州是秦州文化史上的大事件。北宋以降,杜甫诗圣、诗史地位确立,作为杜甫流寓地的秦州刊刻杜诗石碑也就成了传统。现留存者有《老杜秦州杂诗》碑现立天水名胜南郭寺。[①]此碑明成化十九年(1483年)秦州知州傅鼐主持建立,落款有"重镌"字样,可见明代之前还存在过类似的杜甫诗碑,之后就是我们论题所及的"秦州杜诗石刻"了。此碑顺治十二至十三年(1655~1656年)由时任分巡陇右道兵备佥事(驻节秦州)的大诗人宋琬主持建立,因碑系"构求二王笔法"即王羲之、王献之书法或风格相似书法摹勒刻石而为之,诗妙字妙,时人誉之为"二绝"或"二妙"。宋琬是诗碑的主持者、创意者、建立者,下文将不断提及,为便于考述,先简介其生平,而后通考诗碑、拓本来龙去脉及艺术价值等一应事项。

宋琬(1614~1673年),字玉叔,号荔裳,明末清初山东莱阳人。顺治四

①《老杜秦州杂诗》碑原立天水文庙,2002年移至南郭寺。碑通高225厘米,宽105厘米。碑面题额"老杜秦州杂诗",碑阴题额"古今题咏",刻杜甫秦州诗及入蜀纪行诗共计49首,碑阴附刻秦州知州傅鼐"秦州十景"诗10首。高大壮观,保存完好。

年(1647年)进士。清初著名诗人,和宣城施闰章有"南施北宋"之称。初授户部主事。顺治十年(1653年)授分巡陇右道兵备佥事,顺治十一年春到任,驻节秦州。值秦州大地震,竭力拯恤灾民,并捐俸银、家财重修被震毁的城垣。次年,重建杜甫祠,刊刻杜甫诗碑。十三年,倡修《秦州志》。此外还修筑南湖堤坝,人称"宋公堤",政绩卓著。十四年春离任,奉调直隶永平道。后秦州民众在城南水月寺立生祠纪念。著有《安雅堂诗集》30卷,散文和部分诗作收在《安雅堂未刻稿》中。

一、诗碑名称演变

二妙碑原碑残存,碑帖完整,而碑帖不见题名,主持刊刻者宋琬在碑尾有一跋——名《杜诗石刻题后》,以此为据,我们姑且认为碑起初的名称就是"杜诗石刻"。乾隆《直隶秦州新志·名宦》立宋琬传,其中有言:

> 初,琬在官时,重修杜甫草堂,集兰州《淳化阁》及西安碑洞中晋人帖,书杜甫《秦州诗》勒诸石,时称"二绝"。

所谓"二绝"就是说所集的以王羲之、王献之父子二人为主的晋字是一绝,杜甫的诗是一绝,诗绝字绝,合称"二绝"。又,乾隆《直隶秦州新志·杂记》列"少陵石刻"条,说的就是"杜诗石刻",可见此碑尚可简称"少陵石刻"。

推其源,"二妙"的提法始于秦州知州王宽。乾隆四十九年(1784)年,王考证流落僧房的"杜诗石刻",作《二妙轩题跋》以表彰,[①]首先使用"二妙"称谓。跋尾附题诗曰:

> 淳化摹天宝,风流宋荔裳。诗遗百六字,碑获十三行。藤瓦东柯杜,鹅笼西晋王。千秋余二妙,零落赞公房。

所谓"二妙"就是说他认为杜甫被誉为诗圣,他的诗作是天下的妙品;王羲之被誉为书圣,他的书法是天下妙品,于是合称"二妙",和"二绝"同意。王宽认为宋琬当年安置诗碑时是"构亭安石于壁",所以就把诗碑的处所定

① 此文和《题二妙轩帖》诗俱见民国《秦州直隶州新志续编》卷6《艺文》。2014年春在友人处得见王宽《二妙题跋》拓片,其文字和州志所录时有不同,此处及下文引证均以拓片为准。

名“二妙轩”。其实，王宽发现残碑时早就没有“轩”了，王所做的工作只是重新将碑镶嵌在州署的墙壁上，也是没有“轩”的。“二妙”的提法有创见性，与“二绝”比较更典雅，且符合实际，后被《秦州直隶州新志续编·艺文》沿用，收有“二妙轩残碣”条目，不惟诗碑如是称呼，且诗碑拓本也相应的以“二妙”命名。

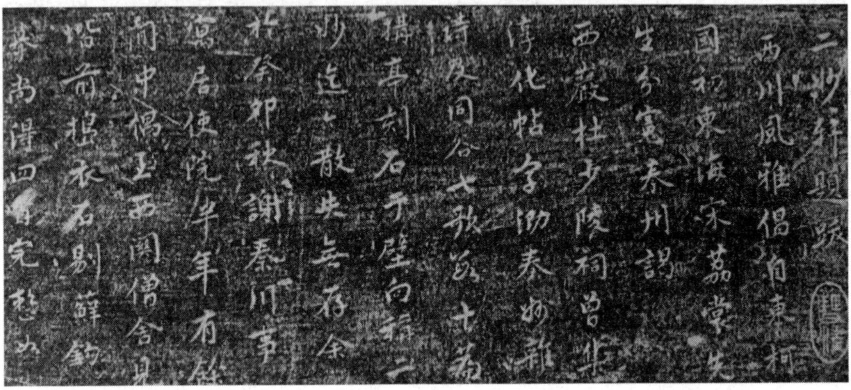

清王宽《二妙轩题跋》拓片（局部）

“二妙”之本意是称赞同时才艺卓绝或才德高尚的两个人。典出《晋书·卫瓘传》，“瓘学问深博，明习文艺，与尚书郎敦煌索靖俱善草书，时人号为‘一台二妙’。”又，“两唐书”言韦维善裁剖，员外宋之问善做诗，故时称“户部二妙”。又，杜甫《范二员外邈吴十侍御郁特枉驾阙展待聊寄此作》诗有云：“暂往比邻去，空闻二妙归。”称范二员外邈、吴十侍御郁为“二妙”。又，金代文坛名宿赵秉文称段克己、段成己兄弟为“二妙”，其诗集合编为《二妙集》。延至清代，风气依然，《清史稿·史申义传》：“史申义，字叔时，江都人。少工诗，与同里顾图河齐名，称维扬二妙。”王宽以诗圣、书圣作品结合的产物为“二妙”，并以之名碑帖，也算是活学活用了。

二、诗碑内容

“秦州杜诗石刻”即“二妙碑”的碑首是杜甫线刻半身像，其次是宋琬的《杜甫像赞》；再其次是正文，刻杜甫秦州、成州诗60首；碑尾是党崇雅、宋琬等人题跋。

所刊杜诗分四个部分。第一部分是《秦州杂诗》20 首，标题为杜少陵流寓诗第一。第二部分是《山寺》1 首、《初月》1 首、《鹦鹉》1 首、《夕烽》1 首、《月夜忆舍弟》1 首、《示侄佐》1 首、《佐还山后寄》3 首、《宿赞公房》1 首、《遣怀》1 首、《废畦》1 首、《除架》1 首、《西枝村寻置草堂地夜宿赞公土室》2 首、《寄赞上人》1 首、《太平寺泉眼》1 首，共 17 首，帖的标题为杜少陵流寓诗第二。第三部分是《空囊》1 首、《别赞上人》1 首、《发秦州》1 首、《赤谷》1 首、《铁堂峡》1 首、《盐井》1 首、《寒峡》1 首、《法镜寺》1 首、《青阳峡》1 首、《龙门镇》1 首、《石龛》1 首，共 11 首，帖的标题为杜少陵流寓诗第三。第四部分是《积草岭》1 首、《凤凰台》1 首、《乾元中寓居同谷县作歌》7 首、《万丈潭》1 首、《发同谷县》1 首、《木皮岭》1 首，共 12 首，帖的标题为杜少陵流寓诗第四。所选诗作《秦州杂诗》至《铁堂峡》42 首作于今甘肃天水市境内，《盐井》1 首作于今甘肃礼县境内，《寒峡》至《石龛》5 首作于今甘肃西和县境内，《积草岭》至《木皮岭》12 首作于今甘肃成县境内。

诗作中《鹦鹉》1 首各种版本的杜诗都选在入蜀以后的诗作中，对此冯国瑞先生的解释是：

> 诸诗惟《鹦鹉》一首各本皆选在入蜀后，泛咏鹦鹉，寄不遇之意，梁权道编在大历元年夔州诗内，顾宸谓此篇写才人失路，托身异族之感，如魏武之于杨修，隋炀之于薛道衡，皆所谓怜复损也，荔裳移入度陇诸篇中，意者亦所寄欤！①

陇山一带直到现在还多产鹦鹉，天水市东南林区古代也多产鹦鹉，杜甫秦州诗《山寺》“鹦鹉啄金桃”可证。宋琬一生命运多舛，家破国亡，两次入狱。选《鹦鹉》到底寄寓些什么，不好推测；不过可以肯定，他对鹦鹉情有独钟，对鹦鹉的境遇充满惋惜和同情，这从他的《鹦鹉》诗中可以清楚地看出来：“雕笼万里托征鞍，辛苦何辞行路难。幽阁恰添娇女伴，方音犹作部民看。且分薄俸供秔稻，莫遣春风瘁羽翰。流水陇头相忆否，朔云边月不胜寒。”②

对照钱谦益《钱注杜诗》、仇兆鳌《杜诗详注》等清代通行杜诗版本，诗碑个别文字与之不尽相同，这些差异完全是版本不同造成的。杜诗版本自王洙《宋本杜工部集》而下，几乎每一首都有异文，用此而不用彼，各有所

①冯国瑞《秦州杜甫石刻记》，文见冯国瑞《绛华楼诗集》诗注附录，民国 25 年。
②清宋琬撰，辛鸿义、赵家斌校注《宋琬全集》，济南：齐鲁书社，2003 年，第 290 页。

本,完全由说解者判定,无所谓谁是谁非。不过,宋琬是大诗人,以诗人眼光裁定的诗自有独到之处。如《秦州杂诗》之二之第二句,《杜诗详注》作"胜迹隗嚣宫",宋作"传是隗嚣宫"。事实上,在唐代,西汉末年所建隗嚣宫室早已湮灭无存,杜甫能看到的只是在遗址上建立的崇宁寺,用"传说"要比"胜迹"恰切。因为,诗人眼前的景象已不是隗嚣宫,即便是崇宁寺也只有"苔藓山门古,丹青野殿空"了,谈不上"胜迹",只能是"传说"。再如《秦州杂诗》之七,"孤城山谷间"也显然比《杜诗详注》的"孤城石谷间"更符合秦州古城的地理位置和实际。可见宋琬对各种杜诗版本有精深研究,裁诗时利用在秦州做官的有利条件,结合当地历史地理、风土人情,判定诗作用字,见地精到,成一家之言。

杜甫秦州诗、成州诗共 110 多首,宋琬为何选取其中的 60 首,这大概和杜甫的年龄有关,杜生于 712 年、卒于 770 年,虚岁 60 岁。且 60 是干支纪年的一个轮回,即民间所谓的六十花甲子。巧合的是宋琬本人恰好也活了 60 岁。

碑尾题跋共 7 则,依次是党崇雅、东荫商、王一经、郭充、聂玠、邓旭 6 人的题跋以及宋琬总跋——《杜诗石刻题后》。[①]

作者除宋琬外,其余都是他的好友,其《安雅堂集》中存有他们之间的唱和诗多首。跋文对宋琬在秦州的政绩、诗碑的建造始末和意义等都有记述,是考证诗碑的第一手资料。题跋按作者手迹刊刻,当然也就成了诗碑的有机组成部分。鉴于跋文字数太多,兹只附作者传略并附宋琬本人题跋供研究者参考。

党崇雅,字于姜,明末清初陕西宝鸡人。天启五年(1625 年)年进士。明朝任户部侍郎,入清后累官至刑部尚书、翰林国史院大学士。著有《鹃失啼》《焚焚草》等。

东荫商,字云雏,明末清初陕西华州人。崇祯九年(1636 年)举人。入清以后隐居不仕。著有《东云雏诗集》《华山经》《洛川志》等。

王一经,字心古,明末清初江南吴县人。贡生。顺治十年(1653 年)任伏羌县令,致力文教,有政绩。离任后闲居秦州南湖,应宋琬邀请纂修完成《秦州志》13 卷。

郭充,初名九围,号损庵,明末清初陕西陇西人。崇祯十年(1637 年)进士。明朝任刑科给事中,入清以后辞官隐居故里。著有《凝思录》。

①各跋文均见《二妙轩碑帖》,兰州:甘肃人民出版社,2000 年。

聂玠,字伯玉,明末清初山西蒲州人。崇祯十六年(1643年)进士。曾任甘肃巡按御史等职。

邓旭(1609~1683年),字元昭,明末清初江南寿州人。顺治四年(1647年)进士。曾任翰林院检讨,出为甘肃洮岷道。著有《林屋诗集》。

宋琬自身是一位大诗人,也是一位杜诗学家,终身崇杜学杜,顺治十一年(即出任分巡陇右道的当年)初冬,在和杜甫离秦相同的季节,他沿着当年杜甫入川路线,巡察陇南,体验诗人的流浪心境,特地拜访成县杜甫草堂,有《同欧阳介庵拜杜子美草堂》等诗。顺治十四年(1657年)之春,宋琬奉调直隶永平道,起程前夕,专程再次沿杜甫入川路线,拜别魂牵梦绕的成县杜甫草堂,因作《丁酉仲春拜别杜甫草堂因宴于有客亭》等诗,有"少陵如可起,为我听吴讴"等句。其《杜诗石刻题后》于建立诗碑之缘起、文化意义都做了说明,情文并茂,全文录此,以便更好理解诗碑内涵。

杜少陵以天宝之乱避地秦州,后乃迁居同谷,渡嘉陵而赴成都焉。当其间关锁尾,妻子流离,拾橡栗以自充,托长鑱而为命,可谓穷矣。顾其诗乃逾益工,格益逾益变。今所传《秦州杂诗》及《同谷七歌》数十篇,忧时闵乱,感物怀君;怨不涉谤,哀不伤激,殆沨沨乎《小雅》《离骚》之遗矣。

余小子备官天水,拜先生之祠宇而新之。尝两登成州之凤凰台,其下有飞龙峡,先生之草堂在焉。群峰刺天,怒涛飞雪,酹酒临流,未尝不慨然想见其为人。皋兰张生长于钩摹之技,因取先生流寓诸诗,集古人书法勒之石,刻成为文,焚一通以告先生之祠。

呜呼!先生之诗,虽童子能训习之,而余区区于此者,其意何居?夫陇山以西,天下之僻壤也。山川荒陋,冠盖罕臻,荐绅之士,自非官居其地,莫不信宿而去,驱其车唯恐不速。自先生客秦以来,而后风俗景物每每见称于篇什,今世之相去又千有余祀矣。地经屡震,陵谷变迁,诗所载隗嚣宫、南郭寺、东柯、盐井之地,秦父老犹能言之。及问以西枝、寒峡、石龛、铁堂诸胜概,则茫然不能举其处,盖其刬削磨灭于荆榛也久矣。爰构一亭,列石于其壁,庶使后人之来此者,按籍而知遗迹之所在。即不必来此,而西州风土，一展卷而在仇池二陇间，犹之读《秦风》而览《车辚》《板屋》之章，宁谨怀古卧游之助云尔哉！是区区之意也夫。[①]

三、书法体裁和集字来源

诗碑字体以行楷、行书为主，辅之以行草、楷书等，集杜诗60首，《秦州杂诗》等篇章集字浑然天成，非常精美。

至于诗碑集字的来源，"秦州志"和相关资料的说法很不一致，碑帖题跋中有两种说法：

(一)宋琬本人题跋的说法是"集古人书法勒之石"。只说是古人，讲得很笼统。

(二)邓旭题跋的说法是"构求二王笔法，命寿之石"。"二王"就是王羲之、王献之父子，"构求二王笔法"是指以"二王"笔法的基调，有者集录，无者用笔法和"二王"风格一致的字代替。

乾隆《直隶秦州新志》、光绪《秦州直隶新志》、民国《秦州直隶新志续编》有四种说法：

(一)乾隆《直隶秦州新志·名宦·宋琬》的说法是："集兰州《淳化阁》及西安碑洞中晋人帖，书杜甫《秦州诗》勒诸石"。光绪《秦州直隶州新志·名宦·宋琬》的说法大致相同："集兰州《淳化阁》及西安碑洞中晋帖字，录《秦州杂诗》勒诸石，时称二绝"。[②]认为集字出自《淳化阁帖》和西安碑洞(西安碑林)的晋帖字。

(二)乾隆《直隶秦州新志·杂记》之"少陵石刻"条的说法和"宋琬传"的又不尽相同："集兰州《淳化阁帖》，晋唐以来名书……"。认为不但有晋字，而且有唐字。

(三)民国《秦州直隶新志续编·艺文》之王宽《题二妙轩帖》诗有："藤瓦东柯杜，鹅笼东晋王"句。"鹅笼"指王羲之书写《道德经》换鹅的典故，认为集字只来自王羲之。

(四)民国《秦州直隶新志续编·艺文》之"二妙碑碣"条的说法是："集《淳化阁帖》字，泐杜诗数十首于石……"。认为集字只取自《淳化阁帖》。

①此文宋琬《安雅堂文集》题名《题杜子美秦州流寓诗石刻后》，宋琬撰，辛鸿义、赵家斌校注《宋琬全集》，济南：齐鲁书社，2003年，第172~173页。

②清宋荦《筠廊偶笔》卷上说："玉叔于秦州建杜工部祠，内刻工部《秦州杂诗》，字皆从陕帖中钩出，各体俱备，时人目为二绝。"

综合分析，集字和《淳化阁帖》关联，和晋字关联，和二王关联。现在能见到的晋人书法全部集存于《淳化阁帖》，涉及晋代各大书法家作品，其中“二王”书法所占份额最多，就卷数来说在整个法帖十卷中独占五卷。而晋人书法在《淳化阁帖》中所占数量在四分之三以上，所以，诗碑集字必然是《淳化阁帖》中以二王为主的晋字，正是邓旭跋文中所谓“构求二王笔法”。对比《淳化阁帖》和二妙碑，参证唐怀仁集王书《大唐三藏圣教序》，可看出本诗碑王书风格鲜明，许多字能找到出处，说明邓说是准确的。邓作跋时尚在洮岷道(沿所甘肃岷县)任上，[①]宋琬索跋时肯定会对诗碑的特点出具说明，也就是我们现在所说的提供材料，在一定程度上，邓说就是宋说，是有权威性的。宋琬所言“古人书法”其实指的还是晋字。书法作为帖流传要数魏晋最早，晋朝的分量又绝对占优，用“古人”两字只是含蓄罢了，意在说明二妙碑集字根基稳固，源远流长。

晋朝尤其是东晋，是中国书法史上一个光辉灿烂的时期。王、谢、郗、庾四大家族，崇尚书学，互相习染，从而推动了汉字书体由单一的隶书向楷书、草书、行书多极化发展并最终定型。评论书法的有“四庾、六郗、三谢、八王”的说法。其中王氏家族更是出类拔萃，《淳化阁帖》中除“二王”外还收有王导、王敦、王洽、王珉、王恂、王坦之、王凝之、王邵等人书法多篇。他们有习书传统，书风一脉相承，所以“构求二王笔法”是有基础的。可以肯定地说二妙碑的集字来自《淳化阁帖》收录的“二王”书法和“二王”书风相一致的其他晋人书法，这也就是“秦州志”中所谓的“晋字”。选字既然以“二王”为主，以“二王”书风为标尺，因此在表述二妙碑集字来源时以“二王”笼统一些概括也是合理的。“秦州志”还提到集字中有唐字，理应也有所依据，唐太宗极力推崇王字，本人也是书法家，初唐王字盛行朝野，因此所谓“唐字”理应还是指和“二王”风格一致的字；西安碑林择出的字理应也是如此，一切皆以“二王”风格为基调。要指出的是，“唐字”和“西安碑洞”中字当是极少部分，当是在的确找不到合适的晋字时才采用的。

这里说明一点，诗碑集字依据的《淳化阁帖》(亦称《淳化秘阁法帖》)是北宋以皇家珍藏书法为蓝本编辑的宋以前历代书法总集，宋太宗淳化三年(992 年)完成，版本留存淳化阁，故名。当时，用枣木版摹刻，拓赐亲近大臣，开始流传。法帖问世 40 多年后的宋仁宗庆历年间，宫中失火，原版尽皆焚毁，初拓宋本身价百倍，两宋以降便成罕见之物。明洪武二十五

①汪超宏《宋琬年谱》，北京：人民文学出版社，2010 年，第 101 页。

年，肃王朱瑛之藩，太祖赐宫廷珍藏宋初拓《淳化阁法帖》一部以为勉励。虽为一帖，实是殊遇，明末肃王朱识鋐有言："我太祖高皇帝分封我庄祖王于甘兰，从御戎羌。而赐之以宋人《淳化阁帖》，无亦以文德足以柔远，干羽可以格苗之意欤！"[①]万历四十三年至天启元年(1615~1621 年)第十代肃王朱绅尧主持将秘藏两百余年的宋本《淳化阁帖》摹刻立石，这就是著名的肃邸淳化阁法帖刻石，拓本称肃府本《淳化阁帖》、肃邸《淳化阁帖》或兰州《淳化阁帖》。刻工精良，版本精美，书法界推为无上珍品。因此，宋琬请皋兰张氏兄弟集字刊刻杜诗，理所当然地选用了肃府本《淳化阁帖》作为蓝本。

四、诗碑落成的时间和摹刻作者

从现存拓片来看，二妙碑在诗作的下部每隔几首就标有数目，料想一定是怕扰乱杜诗的前后顺序而为，自然也就显示出了刻石的数量，也可能有表示"石书"的思谓，即石刻的杜甫选集。据帖，有标码的刻石计 33 通，丈量没有标码(原来应当是有的，碑石在流传中刻痕浅而被磨灭，因此在拓本上反映不出来)帖的长度，再和有标码者对比，诗碑理应还有 3 通，共计 36 通。

诗碑石料的来源，王一经跋中说"辇石购工、不惮千里"，据冯国瑞先生"临二妙轩帖"跋文，[②]石料产自陕西富平，所用是富平青石。富平青石素有"墨玉"之称，石质细腻，结构严密，久经风蚀而不化，是刻石的上乘原料。肃府本《淳化阁帖》摹刻用的就是富平青石。帖中在所集杜甫诗每一辑的后面都有"顺治十有二年孟秋皋兰张正言、张正心摹勒上石"的落款，说明工程始于顺治十二年即 1655 年。十一年春宋琬上任，夏六月秦州大地震。宋琬半年时间赈恤灾民，恢复城垣，当年根本无暇顾；次年他才有精力和财力致力文化建设，这也能说明工程开始于顺治十二年。题跋落款标明时间者为聂玠、邓旭跋以及宋琬之跋。聂跋的时间是"顺治丙申嘉平"即顺治十三年(1656 年)十二月，邓跋的时间是"顺治丁酉孟春"即顺治十四年(1657 年)三月，宋跋的时间是"顺治丙申秋七月"即顺治十三年七月。据资料分析，党崇雅、东荫商、王一经、郭充的题跋都作于顺治十三年。宋是

①林健《明代肃王研究》，兰州：甘肃人民出版社，2005 年，第 75 页。

②冯国瑞"临二妙轩帖"册页，计 86 页，现存麦积山石窟艺术研究所，封面邓宝珊将军题签"杜少陵流寓诗"。

主持人,他的总跋落款最能说明问题,可判定顺治十三年诗碑刻工已完成,只有邓跋还没有上石。因为跋也是诗碑的组成部分,所以诗碑最终完成的时间还应定在顺治十四年春。

刻碑首先要选石,其次是摹勒上石,最后是镌刻。宋琬《杜甫石刻题后》中说:“皋兰张生长于钩摹之技,因取先生留寓诸诗,集古人书法勒之石。”所谓“张生”就是指张正言,张正心二兄弟,二人是长于摹勒的书法家,并非有些书刊上“认定”的是刻石工。实际上刻工在碑帖列有题名——“长安卜栋镌”。卜是著名的篆刻家,顺治三年(1416年)年曾主持镌刻西安碑林《淳化阁帖》。①

五、诗碑的置所和流传情况

诗碑刻成之后的置所,“秦州志”及相关资料有两种说法。

(一)在巡道公署。乾隆《直隶秦州新志》、光绪《秦州直隶新志》之“宋琬传”以为:“自巡道公署废,石刻遂散佚。”无疑诗碑应安置在巡道公署。乾隆《直隶秦州新志》之“少陵石刻”条也有“致署斋中”的说法。巡道公署、署斋均指宋琬办公场所——巡陇右道道署。

(二)在少陵祠。王宽《二妙轩题跋》说:“国初,东海宋荔裳先生分宪秦州,谒西岩杜少陵祠,曾集《淳化阁帖》字,泐《秦州杂诗》及《同谷七歌》数十篇,构亭刻石于壁,向称二妙。”认为诗碑镶嵌在杜少陵专建的碑亭墙壁上。民国《秦州直隶州新志续编·艺文》说:“荔裳分巡陇右时,集《淳化阁帖》字,泐杜诗数十首于石,置之少陵祠。”明确诗碑就在少陵祠。冯国瑞先生《秦州杜诗石刻记》也认为是在少陵祠。②此少陵祠即秦州城北名胜玉泉观的李杜祠,祠内李白、杜甫同祀,又称大雅堂。始建于明嘉靖年间,顺治十二年(1655年)宋琬主持重修。

宋琬重修李杜祠和刊刻杜诗,是相互关联的两项文化工程,都是出于对诗圣的敬仰,所以诗碑理应在杜祠。据宋琬《杜诗石刻题后》,碑刻成以后,“刻成为文,焚一通以告于先生之祠”,可见诗碑和杜祠的关系。文中又说:“爰构一亭,列石于其壁,庶使后人之来此者,按籍而知迹之所在。”据此,则祠旁另外建有碑亭。建造碑的一个目的,就是要使“后人来此者”能欣赏杜甫的陇右诗,同时,为探访杜甫遗踪提供指南。巡道公署是四品官

①赵力光编释西安碑林本《淳化阁帖》帖前“说明”,西安:三秦出版社,1992年。

②冯国瑞《绛华楼诗集》,天水:内部铅印本,2000年,第68页。

的官衙,可不是人人能参观的,如果将诗碑安置在巡道公署,无异于金屋藏娇,怎么能使“庶使后人之来此者,按籍而知迹之所在”呢?显然诗碑应是在杜祠。这个问题宋琬最有发言权。聂玠题跋也最能说明问题:“杜少陵先生足迹半天下……秦州西北阜玉泉观旧有先生祠,余初揽辔兹土,地震之后,摇落丘墟,几同没灭。玉叔宋君慨然欲修复之,并取先生秦陇诸诗勒之贞珉,以为兹土重。”当然,诗碑在巡道公署的说法也应是有因由的。因为诗碑的主持者宋琬对杜诗情有独钟,有可能在诗碑之外另刻一个小规模的副本,安置在巡道公署,以便朝夕欣赏。这正是乾隆《直隶秦州新志》“少陵石刻”所说的“亲为钩写杜工部《秦州杂诗》二十章,镌于石,置斋中”。据此,巡道公署诗碑只刻诗 20 首。

有关诗碑的流传情况,乾隆《直隶秦州新志·名宦》“宋琬传”说:“自巡道公署废,石刻遂散佚,今拓本犹有藏者。”光绪《秦州直隶新志·名宦》“宋琬传”说:“自巡道公署废,石刻遂散轶,好古者惜焉。”又,乾隆《直隶秦州新志·杂记》“少陵石刻”说:“其后道署奉裁,石刻不知散轶何处。”可见巡道公署的废和诗碑的流失直接相关。至于公署的废即裁撤,原因是分巡陇右道合并于洮岷道,公署也就很自然迁往洮岷道治地岷州(今甘肃省岷县)了。陇右道裁撤的具体时间,康熙《秦州志·官师》有明确记载:“自康熙二十四年裁去衙门。”康熙二十四年即 1688 年。官署迁走了,办公地点也就没有了存在的必要,康熙《秦州志》、乾隆《直隶秦州新志·建置》也就不再设“巡道公署”条目了。道署衙门建筑或挪用,或毁坏,或兼并都是有可能的。碑石又不太大,一般每通纵 24 厘米,横 49 厘米,可以随便挪走;有人趁机据为己有,也是非常可能的。因此,巡道公署诗碑散佚的时间上限可以界定在康熙二十四年。

那么,玉泉观李杜祠留存的诗碑又到哪里去了呢?这首先得先考察玉泉观的兴衰变化情况。乾隆《直隶秦州新志·建置》“玉泉观”条说:“莫详所始,久已倾颓。乾隆四年知州李鋐重修。”;又“李杜祠”条说:“始立未详。旧题‘大雅堂’乾隆四年知州李鋐重修。”顺治之后,玉泉观至少在康熙年间、乾隆年间重修过两次,而有关重修的资料中没有提及诗碑的事。不过,既明言玉泉观重修前“久已倾圮”自然也包括李杜祠和碑亭在内,否则就不会有李鋐的重修了。祠堂碑亭损坏,诗碑于是散佚。

李鋐重修玉泉观时,正好西宁道杨应琚入觐路过秦州,二人共游玉泉观，对当时的游览情形及观内文物掌故杨在他的日记《据鞍录》中有详细记述：

……过桥拾阶而上，有元碑，四面书字，石坚白如玉，扣之有声……右旋为诸葛忠武祠，再折为大雅堂，奉李、杜两先生像。有赵松雪字刻四碑，笔力雄建，石坚细，旁无花草拦界，除书字外，余不琢磨，长短宽狭亦不一，可知古人用意在彼不在此。①

杨还是一位书法家，现在所见甘肃天水伏羲庙大碑坊上的“开天明道”四字即其所题，且在游玉泉观时“于观上桥亭及李杜韩魏公祠皆有题焉”，书法家当然会看重书法碑刻，他的《据鞍录》既提到元碑，又重点记述赵雪松（即赵孟頫）诗碑，却只字不提鼎鼎大名的二妙碑，说明此时诗碑已杳无音信了。所以，诗碑散佚时间，最晚也应在乾隆四年之前；本年李鋐重修玉泉观时，旧志言观已毁坏许久了，可推诗碑散佚也是许久了。既然说“久”就不是三年五年而是几十年。康熙十三年（1674 年）吴三桂叛乱，王辅臣部、吴三桂部先后盘踞秦州三年，战乱连年，人民流离失所，玉泉观破坏严重，姚隆运《玉泉观山门碑记》说：

兵焚之余，柏子与马矢（同屎）相杂，门栏榜楔同老车脚，充炊下之用，碧崖丹壑之与屠儿墓园相埒耳。②

玉泉观毁坏和诗碑散佚应当就在此时。

乾隆四十八年（1783 年），秦州知州王宽离任闲居，偶然间在州城东关僧房发现用做捣衣石的二妙碑残石，时仅存诗四首，计 160 字。于是主持将残碑迁移州署，镶嵌在墙壁上，为此专门写《二妙轩题跋》用以表彰，文有云：

余于癸卯秋谢秦州事，寓居使院半年有余。闲中偶至西关僧舍，见阶前捣衣石，剔鲜钩摹，尚得四首完整如故……宋碑距今甫百余年耳，石亡而亭亦久圮……刬削磨没，并此百六十字而尽失之，因移置使院壁间，以存前辈名迹。

①杨建新主编《古西行记选注》，银川：宁夏人民出版社，1987 年，第 336 页。
②康熙《秦州志·艺文》，康熙二十六年抄本。

1912年,黄钺领导秦州起义,废除旧官僚体制,成立甘肃省临时军政府,旧州署即使院于是被废,那么王宽搜集的诗碑又流向何处了呢?冯国瑞先生的《秦州杜诗石刻记》是这样记载的:

> 使院既废,此石何时移嵌孔庙明伦堂西壁,无可考。而裂石凡四,首尾各不联贯。《秦州杂诗》有四首,余则《月夜忆舍弟》《示侄佐》《佐还山后寄》三首、《废畦》《除架》《西枝村寻置草堂地夜宿赞公房》二首,凡五十六行,与王宽所记者异。岂宽后复有人于墙角阶心获残石而汇集于斯焉。①

《秦州杂诗》4首当是从州署即“使院”移来的。文中所计另外9首诗,其实有96行,计480字。加上原来上4首32行160字,冯国瑞先生作记的1934年共存诗11首128行640字,占总帖字数3241的五分之一左右。此后诗碑又逐渐散佚,现残存两通,藏甘肃天水市博物馆。其诗题有:《月夜忆舍弟》《示侄佐》《佐还山后寄三首》,和冯先生所记完全吻合,可证残碑即原孔庙明伦堂西壁镶嵌者。

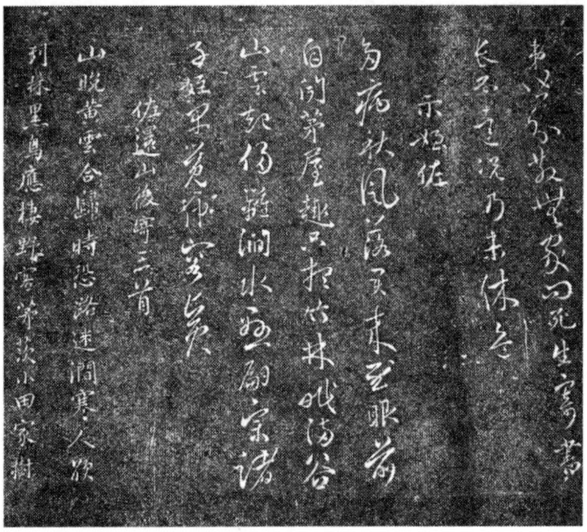

天水市博物馆所藏二妙碑残石拓片

另,现存诗碑拓本还附有一轴副本,收诗25首。顺序是《山寺》1首,《初月》1首,《鹦鹉》1首,《夕烽》1首,《月夜忆舍弟》1首,《示侄佐》1首,《佐还山后寄》1首,《除架》1首,《西枝村寻置草堂地夜宿赞公房》2首;

①冯国瑞《绛花楼诗集》,天水:内部铅印本,2000年,第67页。

《秦州杂诗》之四、之五、之六、之七、之十、之十一、之十二、之十三、之十九、之二十共10首，篇目大致和冯先生《秦州杜诗石刻记》所记明伦堂残碣篇目相似，很有可能残存诗碑有关联。

六、诗碑拓本流传情况

应该说诗碑一经刻成就有拓本。邓旭题跋说：

> 年友宋荔裳赐予墨刻，披而读之，则工部秦州诸篇，得我同然，为之击节不能置。

所谓“墨刻”指的就是“二妙帖”拓本。可知，碑刻完成，宋琬邀请各位友好作跋时，就持拓本相赠。邓跋的落款年份是顺治丁酉孟春，即顺治十四年(1657年)；而其他各跋均作于“顺治丙申”即顺治十三年(1656年)。其实，宋琬持赠邓“墨刻”时，其他作跋者已经有墨刻在案，否则就不会有王一经跋文中“虿尾银钩，书法烨然生动，诗犹是之”及郭充跋“……重摹之石上，勃勃生气，宛当年郾城观剑时”之类赞扬诗碑书法的言语了。因此，诗碑面世之时就是拓本的面世之日，时间都在顺治十三年即1655年。宋琬本人的跋也说得很明白：

> 即使不必来此，而西州风土，一展卷而如在仇池二陇间，犹之读《秦风》而览《车辚》《板屋》之章，宁谨怀古卧游之助云尔哉！

“一展卷”指的就是拓本，就是说没机会到秦州的人也可以通过观赏碑帖文字而了解杜诗和西州风土人情，也能说明宋琬作跋的顺治十三年墨刻已问世。碑建亭安置以后，碑帖便开始大量传拓，流传民间。

现存的《二妙帖》，除题跋个别字迹模糊外，全卷基本完好，无疑是早期拓本。不过，从拓本上也可以看出，有的碑石上下沿呈毛边状，有破损迹象，有些字迹几乎要和碑面持平，显然是反复传拓而致，所以不会是顺治年间的初拓本。对照碑的流传情况，帖的传拓时间最早不会早于康熙年间，大致应该是在玉泉观毁坏前的康熙初年。

诗碑散佚以后,拓本的身价日益高涨,乾隆《直隶秦州新志》用“今拓本犹有藏者”的口吻言其珍贵,表明州志出版的乾隆二十九年(1764年)碑帖已是稀见之物。王宽对二妙碑情有独钟,而在其相关诗文中丝毫看不出读帖的迹象,正如冯国瑞先生《秦州杜甫石刻记》所言“此卷王宽辈恐亦未之见”。民国23年(1934年),冯先生从青海奉亲归里,周酉山先生出示珍藏的《二妙贴》请冯鉴赏,冯于是作《秦州杜诗石刻记》,因以考证碑帖本末。追索来源,周谈到帖原来藏在苏莀家中,系苏莀在安定(今甘肃省定西)任教谕诗收藏。苏莀是晚清秦州进士苏统武的儿子,字岘青(一作献廷,还有作献青的),光绪二十三年(1897年)举人,著有《爰日堂日记》《栀子亭杂抄》。苏莀之前传承情况不详,不过可以定论,周氏的藏品现在已成为孤本。周酉山之后,转由其子周恒先生收藏。1985年甘肃天水市委、市政府筹备在南郭寺建设杜甫陇右诗墨迹碑林,筹备组同志广征博采,文艺界诸贤积极推荐,于是周恒先生将拓本捐献桑梓。筹备组依此拓本在南郭寺放大一倍新刻“二妙诗”碑。碑帖现存甘肃天水市建委档案室,纸本长卷,纵24厘米,横1516厘米。集杜甫陇右诗60首,字3241个。

七、诗碑的艺术价值

就书法而论,“二妙碑”集字主要依据的是肃府本《淳化阁帖》,而肃府本《淳化阁帖》的蓝本是明太祖赐予的北宋皇家初拓本,此拓本的蓝本又是宋皇室秘藏的历代书法大家墨迹,所以集字最接近本源。就是说诗碑的书法是一流的。就所集诗歌而论,杜甫流寓秦州的乾元二年(759年)既是他人生的转折点,又是他诗风的转折点,从此其诗作走向顶峰,确立了诗圣的地位。著名文学家朱东润先生评价说:

> 乾元二年是座大关,在这以前杜甫的诗还没有超过唐代其他诗人,在这年以后,唐代的诗人便很少有超过杜甫的了。①

杜甫秦州诗计110多首,②宋琬以诗人的眼光从这些诗中精选60首,于是就成为精品中的精品。就是说《二妙轩碑帖》的内容是一流的。一流的书法和一流的内容合二为一,自然是妙不可言,称“二妙”名副其实。

①朱东润《杜诗叙论》,北京:人民文学出版社,2006年,第82页。

总而观之，诗碑之妙还在于自身包涵着许多第一：(1)主持人宋琬是清初有名的诗人和学者；(2)杜甫是文学史上最有成就的诗人，有“诗圣”之誉，秦州诗是诗人诗歌生涯巅峰时期的作品；(3)宋琬以诗人眼光裁定的陇右诗是精品中的精品；(4)集字所依据的肃王府《淳化阁帖》有“发帖之祖”的称誉，是同类帖中最好的版本；(5)王羲之、王献之父子是书法史上最有成就的书法家，有“书圣”之誉；(6)负责勾摹上石的张正言、张正心兄弟，是当时兰州最有名的书法家；(7)负责镌刻的卜栋是当时西安最著名的篆刻家，曾在顺治三年(1614年)主持过西安碑林《淳化阁帖》的镌刻工程；(8)刻碑所用的富平青石是西北最好的刻碑石材。

书圣王羲之、王献之，诗圣杜甫，由大学者宋琬策划，超越时空，完美地结合在一起，使诗碑不论从内容还是形式都达到高超的艺术境界。诗圣书圣联袂，唐韵晋墨溢彩。从而使二妙碑及其拓本的《二妙帖》自然而然地成为海内珍品，艺术瑰宝。国内杜甫诗碑颇为不少，二妙碑规模大，创意新颖，而就艺术价值而言绝对要排第一。

【附记】本文是杜甫秦州诗历史地理研究系列论文中的一篇，入集时尚未发表。

第五辑　问学冯门

冯国瑞对甘肃石窟寺的研究及其贡献

民国以前,文人往往在名和字之外再按志趣取号,这是雅事,也是习惯。冯国瑞有好几个号,而其中两个非常别致,一个是麦积山樵,另一个是敦煌长史。这两个号或落款、或钤印,交替使用于书法作品或信札之中,由此可以看出他对甘肃石窟研究的痴迷程度。

冯国瑞,字仲翔,斋名绛华楼,今甘肃省天水市秦州区人。毕业于清华国学研究院,才华横溢,在文史、诗词、书法、绘画等领域都有很高的造诣。终生力学不息,对甘肃地方历史文化、尤其是石窟艺术研究不遗余力,成绩卓著。于其较详的生平,兹借用清华大学本科招生网所列曾经就读该校、声名显赫的国学大师和文史学家传略作一介绍。这个“传略”列入 48 人,有一串令人肃然起敬的名字,如吴晗、王瑶、王力、张岱年、季羡林、林庚、姜亮夫、高亨、雷海宗等,而冯国瑞就荣列其中。

> 冯国瑞(1901~1963),著名史学家。1926 年考入清华国学研究院,大得梁启超赏识。毕业后历任青海省政府秘书长、国立西北师范学院中文系教授等职,解放后历任兰州大学中文系主任、兰州特藏部主任、省政府文教委员会委员等职。冯国瑞对甘肃石窟艺术研究、整理发掘倾注了大量心血,贡献巨大,为甘肃文明和文化史做出了重大贡献。

一、对麦积山石窟的勘察与研究

麦积山石窟和敦煌莫高窟、河南洛阳龙门石窟、山西大同云冈石窟并称“中国四大石窟”,而就在上世纪 40 年代之前,麦积山还尘封在丛林蔓草间,几乎不为外界所知。虽然旧方志将“麦积烟雨”列为秦州十景之一,誉之为“秦地林泉之冠”,但这在很大程度上是文人墨客就秀美景色而散发闲情逸致的产物，而于其历史价值、艺术价值等则无一语及之。千古麦积山似乎在静静地等待冯国瑞一行的到来。

民国30年(1941年)，冯国瑞应西北师范学院之邀(时在四川供职)，来甘任教，途经老家天水小住，遂得暇约集同好赵尧臣、胡楚白、张自振及其弟冯国珍等人于农历四月初九日勘察麦积山石窟。初到名山，历代艺术珍品纷纷映入眼帘，冯大喜过望，观赏造像、壁画，分抄诸刻，不觉日之将暮，至晚方回。之后，翻阅群书，用一月多的时间著成《麦积山石窟志》。于考察和成书始末，他在当年六月所作《麦积山石窟志自序》中有详细的记述，特录如下：

> 顾余生长梓乡，百里名刹，自幼年即耳熟山中事。长而里校旅行，同学归，多津津道其胜，而未一往游焉。比岁倦游里居，董理丛残，校碑湖亭，因有麦积览胜之意。而裹粮虑盗，犹豫久之。王鼎三丈有甘后村别墅，村即古西枝老杜流寓之所栖迟也。东去城六十里而遥，村距山仅二十里。丈欣作东道，诸友同往者赵尧臣(绍祖)、胡楚白(宗珩)及张自振、舍弟国珍，凡六人。晚抵别墅，憩度云亭，亭取杜诗"山云低度墙"意。花木扶疏，地甚幽敞。次晨，策蹇入峡，值浴佛之次日，游人络绎。寺僧具茗餐，登山瞻礼，始于东岩罅见诸石刻。继升石级，摩崖夥颐遍岩际，喜极。贾勇登七佛阁，于石柱及西壁复见题名殆遍。又获见古散花楼藻井画。更拾梯至牛堂，堂西堕毁，与中阁绝，遂返寺。为寺僧题"瑞应寺"榜。悔未能备毡椎之具。寻复登山分抄诸刻，摩挲崖壁，不觉日昃。而无数之摩崖伟迹，窦窟窈冥，尘积藓封，非庋架浣剔不为功。又匆匆穷探诸胜。暮色欲来，僧劝勿宿。揖别山灵，仍返别墅。烛跋酒酣，听雨信宿。归后翻阅群书，自振又为往拓数碑，阅月成《石窟志》，都二万四千余言，山中故实略得五六。①

《麦积山石窟志》完成后，即由青年书法家陈柳洲缮写、陇南丛书编印社石印发行。限于条件，当时只印了300册。但因其特殊的价值而不胫而走，在国内引起普遍关注。《大公报》《益世报》《燕京学报》等先后作了专题报道，《说文月刊》第三卷第十期(1943年)予以全文刊载。麦积山因此而名声大

①冯国瑞《麦积山石窟志》，天水：陇南丛书编印社，1944年，第5~6页。

振，探奇访胜者接踵而至。

《麦积山石窟志》共分十二部分：(1)甘肃诸石窟中之麦积山佛龛；(2)秦汉间麦积山之史迹；(3)西魏大统时之再建麦积山佛龛；(4)北周李允信之建造麦积山七佛阁与庾信之作铭；(5)散花楼遗基间之六朝壁画与藻井画；(6)造像；(7)建筑；(8)六朝唐宋明人之摩崖；(9)宋明清人之石刻；(10)瑞应寺；(11)胜迹；(12)艺术附录。本志字数虽少，而体例完备，于麦积山石窟的历史、地理、人文、造像、摩崖、碑碣、建筑等都做了力所能及的探究，开拓之功值得大书特书。正如冯之好友刘文炳教授在本志序中所言："秦州麦积山石窟之有志，则自天水冯公仲翔始。此志也，将秦汉以来兹山所关之文献，证以群籍，录于现实，虽在岩豁深邃之中，上下古今，批却导窾，靦缕毕见。有此而地方时代文化之史性，继起而征者，自公令之。"①

初识麦积山，麦积山以其特有的艺术魅力深深地吸引了冯国瑞先生，从此钟情于此，寄情于此，与之结下了不解之缘。为清楚起见，兹将相关史实以编年形式罗列如下：

民国33年(1944年)约刘文炳考察麦积山，对石窟逐一编号，并详加说明，绘制石窟平面草图，草成《麦积山石窟报告书》。"报告书"就文物保护提出设计纲要，呈甘肃省政府，期引起当局重视。自此取号"麦积山樵"，意在有生之年和麦积山厮守始终。

民国35年(1946年)假期，约天水专员胡守谦考察麦积山。事后，吁请其拨款修补栈阁围栏，并筑成麦积山馆五间，并请吴稚晖先生题写馆名。

民国36年(1947年)撰《调查麦积山石窟报告书》，载1947年5月26日《和平日报》。约天水县长方定中等考察麦积山。请当地木工文得权以木板绳索等工具攀援探险，发现西崖万佛洞，欣喜之余，乃作《麦积山西窟万佛洞铭并序》，对万佛洞的史事详加考证，文采飞扬，脍炙人口。并于当年刻石立碑。此文和其所撰《麦积山近六年来文艺写作简记》同载1947年9月11日《和平日报》画刊。

1951年所撰《天水麦积山石窟介绍》，载1951年《文物参考资料》第10期。

1952年9月，参加炳灵寺石窟勘察团，考察炳灵寺石窟。工作结束之后，即向西北军政委员会文化部社会文化事业管理处处长赵望云(时任勘

①冯国瑞《麦积山石窟志》，天水：陇南丛书编印社，1944年，第1~2页。

察团团长)、敦煌文物研究所所长常书鸿(时任勘察团副团长)建议,以勘察炳灵寺石窟的人力趁热打铁,勘察麦积山石窟,得到大家一致赞同。在报请西北文化部同意后,遂组成麦积山石窟勘察小组,于当年10月中旬至12月1日用一个半月的时间对石窟进行新中国成立后的首次详细勘察,取得了大量第一手资料。1953年1月,《文物参考资料》以“西北文化部完成麦积山石窟勘察工作,发现具有民族风格和高度艺术价值的雕像和壁画”为题作了报道。勘察小组以常书鸿为组长,组员有西北文化部文物处的范文藻、省文教厅的冯国瑞以及敦煌研究所的段文杰、史苇湘、王去非、孙儒僩、窦占彪。数九寒天,山风呼啸,工作是艰苦的,但大家情绪饱满,冯作为东道主,在其中起了至关重要的作用。当年同行的孙儒僩在《我曾参加过的几次石窟考察》中回忆说:“每到晚上,大家围坐在火盆边上,各人都在整理笔记或画画,有时冯先生给我们讲古人传奇或背诵古诗文,因冯先生满腹经纶,谈笑风生,使我们能够轻松愉快地度过寒夜。”[①]

1953年所撰《麦积山石窟的古代民族文化艺术》,载1953年7月17日《甘肃日报》。本年7月30日至8月31日,中央人民政府文化部社会文化事业管理局组织麦积山勘察团考察麦积山。勘察团由15人组成,团长为吴作人,团员有王朝闻、常任侠、罗工柳、邓白等,都是全国美术、文物等方面的一流专家。冯是唯一的一位以特邀身份参加的甘肃成员,因情况熟悉,为勘察团的工作提供了诸多方便。并于西崖第一二层窟中访得北魏残碑,据他考证,系北魏法生造像碑。并考证此“法生”和洛阳龙门石窟景明四年《比丘法生造像记》之“法生”是同一个人。对此,郭沫若、吴作人等著名学者一致认同。郭沫若为此石碑拓片跋云:“麦积山石窟之发见,为中国美术史增添了宝贵资料。窟为‘良匠’所造成,惜未著其姓名耳。一九五三年十月题魏石造像记后记。由仲翔发现于麦积山。”[②]吴作人跋云:“北魏法生造龛碑之发见,为此次勘察石窟工作中收获之一。虽不能明确认定何龛为法生所造,但与在第115号窟造像须弥座上所发现墨迹‘景明三年’之百余字发愿文、与北周庾信为李允信为王父造龛铭之重要等齐。”[③]事后,冯国瑞被抽调去北京参加考察资料的整理。

1954年所撰《麦积山石窟大事年表》,载1954年《文物参考资料》第3期。

1960年冯国瑞戴“右派帽子”在兰州被监督劳动,仍心向麦积,函告

①孙儒僩《我曾经参加过的几次石窟考察》,《敦煌研究》2000年第2期。
②③张锦秀编《麦积山石窟志》,兰州:甘肃人民出版社,2002年,第221页。

儿孙将天水家藏各类文物五大箱悉数捐献麦积山文管所。赠品以石刻拓片和书画为主,拓片自汉至于民国共143件,其中有大量精品,如《汉画像石拓本》《龙门二十品拓本》《大唐中兴颂摩崖拓本》《昭陵六骏浮雕拓本》《定慧禅师传法碑拓本》《吴玠墓志拓本》等,绝大多数是精品甚至是孤品。书画赠品中有王了望、金农、翁同龢、于右任等人的书法作品及黄公望、董其昌、张大千等人的绘画作品。另有西夏人所绘绢本《西夏古佛图》一件,更是价值连城。还有古瓷多件。

1961年也就是冯国瑞去世前四年,他卧病在床,欣闻麦积山石窟被国务院公布为第一批全国重点文物保护单位,兴奋异常,对探视的亲友说:"素愿已偿,吾将瞑目无憾矣!"①

二、《敦煌莫高窟杂诗》

冯国瑞是才子型的学者,不但是史学大家,且精于诗词。1950年代两次考察敦煌莫高窟,兴之所至,作《敦煌莫高窟杂诗五十首》,②以同一题材作诗50首,这在其诗词创作生涯中是绝无仅有的,从中也可看出他对位居中国四大石窟之首的莫高窟也是情有独钟的,其自号"敦煌长史"也可证明这一点。"杂诗"均为七绝,内容广泛,涉及造像、壁画、题记、史事、碑刻等多方面,是典型的咏史诗。虽然冯国瑞没有关于莫高窟的大块文章,而其对莫高窟的情感及见解都通过诗歌这种特殊的文体展露无遗,兹举几例。

"杂诗"之十二有云:

> 继躅尊师大代强,瓜州刺史东阳王。写经普泰存天壤,更证唐碑记载详。

其诗注说:"《周柱国李君修佛龛碑》有云'乐僧、法良发其宗,建平、东阳弘其迹。'《魏书·孝庄纪》'建义二年八月丁卯,封瓜州刺史元太荣为东阳王。'《周书·申徽令狐整传》俱作东阳王荣,可知刺史东阳王即元荣。石室写本《摩诃衍十八不共法卷》有大代普泰二年东阳王元荣题记。"冯以碑、

①张举鹏《冯国瑞年表》,《冯国瑞百年诞辰学术纪念会会刊》,天水:内部铅印本,2001年,第40页。

②冯国瑞《绛华楼诗集续编》,天水:内部铅印本,2001年,第170~177页。

史、经卷互证,指明碑刻所言的“建平东阳弘其迹”的“东阳”指瓜州刺史东阳王元荣,结论让人信服。

“杂诗”之二十、二十二有云:

莫高本义肇于隋,发愿宏文剩墨题。佳句《小弁》须记取,分明托意在《毛诗》。

沙碛曼蜓势莫高,九层杰阁响云璈。嘉名肇锡原《诗》义,寄兴山泉石室牢。

其诗注说:“根据‘莫高窟’六种文字之至元残碣,以为自元代始有此名,又有以‘莫’当作‘漠’解者。此次在四二三号隋窟正面佛像须弥座正中有隋人墨迹发愿文,中有‘莫高窟’三字,确知‘莫高’解释实见《诗经·小弁》八章‘莫高匪山,莫浚匪泉’。其意甚显。”这是一段精彩的考证,虽寥寥数语,却解决了大问题。冯国瑞的渊博学识体现得淋漓尽致。首先用考察所得的隋人题记否定了“莫高窟”之名始于元代的错误提法和以“莫”为“漠”的卑见。而后指出“莫高本义肇于隋”,早在隋代就有“莫高”的称谓,有题记可证。最后证之以《诗经》,独具慧眼,指出“莫高”源于《诗经·小弁》之“莫高匪山,莫浚匪泉。”

“杂诗”之三十云:

毁宋出唐总是灾,群姝屏列乐廷瑰。娥眉秦虢簪花美,夺得周郎绢本来。

其诗注说:“一三〇唐窟前壁,有乐庭瑰侍婢画,系张大千剥出者。邓白有临本,大似周昉美女簪花图。”本诗涉及的是一桩有关张大千剥落壁画的公案,其中的是是非非,曾经是报纸杂志的热点话题,至今热气不减。而真相到底如何,否认者、肯定者各执一词,各不相让,使读者如坠雾中,无从判断。本诗及诗注或可提供一点证据。冯和张大千是老相识,1943 年张敦煌临摹壁画工作结束后,回川之时顺路游览麦积山石窟,由冯之弟冯国瑛全程作陪,期间为冯作《西山感旧图》《苏子行吟图》。18 年后的 1961 年,冯国瑞在病中，复观《西山感旧图》，感慨万千，作《念奴娇·题大千西山感旧图》。有云："人隔天涯，画行旧梦，看际翠堪摘。髯今何处，纪年徒感余恻。"①词中"髯"指的就是张大千。真所谓睹物思人，情何以堪。从中看出他们之间的交情是很不一般的。剥落壁画，虽然有艺术家因好奇心促使想目睹盛唐气象的因素，但毕竟不是什么好事，冯作为张大千的好友，揭这个"疤"没有相当的把握，恐怕是不会轻易言说的。再者，130 窟壁画所剥痕迹在冯第二次考察敦煌时还赫然在目，故有本诗记其事。诗注中提及的邓白是著名的美术家，1953 年作为中央人民政府所组织麦积山勘察团的成员和冯一道考察麦积山。期间冯、邓有相互唱和诗作数首，《再和东苑邓白韵》有云："呵壁惊临画，看云久倚楼。"冯在诗注中提及邓白有张大千剥出唐壁画的临本，说明对此事的原委是非常清楚的，可再证冯之诗注是有相当可靠度的。冯、张虽然是老朋友，而冯对张的作为大不以为然，于是有"毁宋出唐总是灾"的诗句，可谓诤友。愚以为对张大千剥落部分敦煌壁画一事大可不必为尊者讳，矢口否认；亦不可借题发挥，大肆炒作。张大千先生在异常艰苦的情况下，举家搬迁莫高窟，以坚强的毅力工作两年有余，临摹壁画 276 件，这不但在当时是一大壮举，即使在敦煌学术史上也是一大壮举。就这件事本身来说，张弘扬中国优秀传统文化的举措是大流，而剥落部分壁画的行为只是细枝末节。正如陈寅恪先生所言："大千先生临摹北朝唐五代之壁画，介绍于世人，使得窥此国宝之一斑，其成绩固已超出前人研究之范围，何况其天才独具，虽是临本，兼有创造之功，实能于吾民族艺术上别创一新境界，其为敦煌学领域中不朽之盛事，更无论矣。"②诚如斯言。

"杂诗"之四十八云：

新编四百八十窟，沙漠南移亦足虞。唐代千龛剩今日，发微启秘望前途。

是诗反映冯国瑞对石窟安全的担心和对石窟研究的寄语，涉及的是莫高窟的两大主题——保护和研究，其远见卓识不言而喻。

以上列举"杂诗"五首并逐一说明，所谓窥斑见豹，从中可清楚地看到，冯国瑞的敦煌诗作不是一般发思古幽情、述自然景观的泛泛之作，而

①冯国瑞《绛华楼诗集续编》，天水：内部铅印本，2001 年，第 217 页。
②冯骥才《人类的敦煌》，北京：文化艺术出版社，1997 年，第 223 页。

是精心考察基础上的咏史诗，一定意义上是学术诗。一些诗后的注释或列新发现的题记、或作简明考证，都有相当的学术价值，值得研究者珍视。而其忘我的、一切为学术的工作精神也是值得敬佩的。“杂诗”之十八有云：“折腰行拟穿山甲，竭力看如比目鱼。表里石龛列万象，十年一榻可安居。”

三、对炳灵寺石窟的勘察与研究

炳灵寺石窟位于甘肃省永靖县西南约35公里的黄河北岸寺沟峡北山上。初称唐述窟，唐称灵岩寺，至宋始有“炳灵”之名。最早开凿于十六国西秦，而后历代均有建修，现存窟龛216个，造像约800尊，壁画1000多平方米。是中国有名的石窟寺之一。清嘉庆之后道路交通阻隔，兵燹动乱频仍，窟寺时有损坏，佛事活动中断，终至湮灭不闻。不过，是宝贝就终将有闻名于世的一天。而第一个将目光投注到炳灵寺且作科学考察的还是冯国瑞。民国30年(1941年)他在《麦积山石窟志》之第一部分“甘肃诸石窟中之天水麦积山佛龛”中即提及炳灵寺石窟的前身唐述、时亮二窟，言：“其次则河州之唐述、时亮二窟，今已不知其所在。”[①]佛教讲究机缘，重新认识炳灵寺石窟的机缘终于来了。1951年秋，冯国瑞参加临夏分区的土改工作，出于对文史的热爱，所到之处对当地的名胜古迹、历史文物都有考察，炳灵寺石窟很自然进入了他的视野。得甘肃省委副书记孙作宾同志的大力支持，遂于当年10月3日考察炳灵寺石窟，孙书记亦同行。他们从临夏市出发，乘车由北原至永靖县城，再由永靖县城骑马至唵哥集，以羊皮筏子渡过黄河，进入寺沟峡，便到达心仪已久的炳灵寺。考察卧佛洞、石塔、《水经注》引《秦州记》所言的时亮窟(第169窟)寺遗迹，抄录了相关题记，并做了相应的摄影工作。因条件所限，这次考察匆匆而来，匆匆而去，只有半天时间；又因栈道早毁，无法登临，许多窟龛只能在望远镜中“高瞻远瞩”，遗憾甚多。即便如此，凭借他深厚的史学功底，还是取得了大量的第一手资料，并使许多史籍对于炳灵寺的记载落到实处。作为“开先河”的考察，成就是巨大的。这次考察，能够顺利完成，孙作宾同志的亲切关怀起了至关重要的作用。对此，冯国瑞非常感念，遂有《满庭芳·炳灵寺石窟赠孙作宾书记》一词，对考察情形做了生动描述。

①冯国瑞《麦积山石窟志》，天水：陇南丛书编印社，1944年，第3页。

积山摩天，大河匝地，秋深探穴同行。解鞍呼渡，叫绝两忘形。夹岸蜂房古洞，亘千年未尽凋零。丹青在，雕岩画壁，望里最高层。

纷争南北际，谈兵典午，割据纵横。只残民图逞，乞佛无灵。弹指西秦废迹，渺当时，窟主山精。雄奇甚，振衣再上，愿更作新盟。①

考察结束之后，冯国瑞以考察资料为基础，钩沉群籍，著成《炳灵寺石窟勘察记》，附石窟照片24幅，文物照片9幅，具体完成时间为1952年1月5日。本书共分九个部分：(1) 引言——临夏分区有关历史地理简述；(2)永靖县境炳灵寺石窟的发现与勘察；(3)炳灵石窟实地勘察；(4)炳灵石窟尚存的精华部分；(5)炳灵石窟文献记载考证；(6)胜迹杂述；(7)炳灵石窟创造的历史发展；(8)整理炳灵石窟的初步意见；(9)永靖至兰州的交通。计约3.8万字，引文丰富，卓识新见颇多，兹举数例。

其一，充分注意到地理环境之于石窟的重要意义，对炳灵寺周围的名山大川详加考证，指出临夏市郊的主要河流是古之漓水。“自《明一统志》，误谓漓水在兰州东南十五里，而讹漓水为大夏河，民国于拉卜楞设夏河县，改夏河县为临夏，一误再误，遂致名实混淆，不可究诘！”指出经过和政、宁定两县境东入洮河的广通河，实际上正是古之大夏水。②并指出太子寺、太子寺川的“太子”指的是西秦乞伏乾归之子乞伏炽槃而非秦太子扶苏。

其二，抄录洞窟题记，有“武德二年，龙兴寺释玄……”等字样，对照敦煌写经题记“河州龙兴寺僧明照听写”，指出唐之龙兴寺即后世的炳灵寺，说明莫高窟和炳灵寺在唐代关系密切。

其三，通过对西秦佛事和史事的考证，指出“西秦的两大禅林译经不在炳灵，便在麦积，在炳灵的成分多些。”

其四，按考察推测“天桥”左洞（169窟）当是《水经注》所言的时亮窟。这一结论被以后的考察所证实。

其五，对“炳灵寺”名称沿革做了全面梳理。“炳灵石窟的名称，最早晋初，羌语曰唐述谷，或写作堂述，译意是鬼谷。曰时亮谷，曰积书岩，唐时有

①冯国瑞《绛华楼诗集续编》，天水：内部铅印本，2001年，第207页。
②冯国瑞《炳灵寺石窟勘察记》1952年稿本，第4页。

龙兴寺。宋时有灵岩,有炳灵寺,或写丙灵。至元明人或写冰灵。"[①]并采访同行喇嘛,判定藏语"十万"曰"炳";"佛在地区"曰"灵"。炳灵,即十万佛峡之义。

如此等等,不一而足,从中可窥见本书的价值。本书完成之后,以调查报告的形式分别抄送中央文化部和西北文化部,立即引起两级文化部门的极大关注。同时,冯国瑞还撰有《永靖发现西晋创始炳灵寺石窟》一文,载1952年2月23日《甘肃日报》。不久,《光明日报》转载此文,引起社会关注。

1952年8月9日,新华社西安9日电作了题为《甘肃永靖县黄河北岸山峡中发现古代建筑的石窟》的报道,更是引起全国关注。正因为如此,同年9月15日,中央文化部文化事业管理局、西北军政委员会文化部、敦煌文物研究所在兰州联合组成炳灵寺石窟勘察团,于9月18日至9月28日对炳灵寺石窟进行全方位的考察,勘察团组成人员都是大名鼎鼎的专家,如赵望云、吴作人、常书鸿、李可染、张仃等,冯国瑞先生作为团员参加了这次考察。考察结束后,冯又和团长赵望云、副团长吴作人、常书鸿一道起草了《炳灵寺石窟第一次勘察报告》,"报告"和他的新作《炳灵寺石窟的历史渊源与地理环境》以及旧作《永靖发现西晋创始炳灵寺石窟》同载1953年第1期《文物参考资料》。

总之,冯先生是炳灵寺研究的有功之臣。对此,时任中央文化部文物事业管理局局长的郑振铎先生在为《炳灵寺石窟》(中国书店,1953年)所作的序《炳灵寺石窟概述》中对冯之工作充分肯定:

> 它从隐晦中重新放出光芒来,是在1951年秋天。甘肃省委孙作宾副书记和西北人民图书馆冯国瑞先生因视察临夏分区土地改革工作到过炳灵寺,作了初步考察。冯先生作了一篇报告,在报纸上发表,引起读者们很大的注意。中央文化部与西北文化部即决定派遣专家们,组织"炳灵寺石窟勘察团"前往炳灵寺,作初步考察。[②]

此后,凡追溯炳灵寺石窟学术研究的文章均提到冯国瑞。杜斗城、王亨通《五十年以来炳灵寺石窟研究》说:"提到炳灵寺研究,首先要缅怀甘

①冯国瑞《炳灵寺石窟勘察记》1952年稿本,第48页。

②郑振铎《郑振铎艺术考古文集》,北京:文物出版社,1988年,第500页。

肃天水著名学者冯国瑞先生。”[①]王亨通、邓天珍《炳灵寺石窟研究的过去、现状及未来》说：“50多年前9月那个不平凡的一天，我省著名学者冯国瑞先生沿丝绸古道从河州向炳灵寺走来。在一般人的眼里，家里来一位客人是再平常不过的事了。可是，对炳灵寺来说，冯先生的到来意味着这个千年古刹获得新生，佛祖遇到了‘知音’……冯先生这次有史以来的首次调查研究奠定了炳灵寺石窟研究的范围。回顾50多年以来的研究盖未超出这个范围，都是循着冯先生的研究范围和研究方向进行的，只不过在他研究的基础上更加具体化、细致化、科学化而已。炳灵寺石窟能有许多学者的诸多研究成果，有目前这样良好的研究现状，冯先生功不可灭。”[②]

四、对武威天梯山石窟的考察

天梯山石窟又称凉州石窟，位于武威市东南约50公里的中路乡灯山村大城山南崖绝壁间。因峡邃岫险，山径崎岖，犹如梯状，故名。始创于北凉，下逮隋唐，各代均有建修。至明清，成为喇嘛教寺院。窟前有寺，原名广善寺，又名石窟寺、大佛寺。民国16年(1927年)遭大地震，寺院建筑大多崩毁，于是这一繁盛一时的禅林便湮灭无闻了。

1952年初，冯国瑞在临夏土改结束后，随甘肃省主席邓宝珊视察河西土改工作。到达武威之后，住靖边区张家庄。此地距天梯山石窟不远，调查文物，断定当地人所言的大佛寺就是《法苑珠林》等典籍记载的西凉石窟即天梯山石窟，于是趁便于3月8日由武威唐榴亭副县长陪同，约集朱祖鳌、朱镜麟、谢笠、杨子元等人前往考察。[③]首先采访了石窟寺的李喇嘛，了解到许多故实。考察窟间残存的大佛，按其风格考定乃北凉所创。访得明正统九年《重修凉州广善寺碑铭》，对石窟的沿革、规模、造像进行初步勘察，并做了相应的摄影和测绘工作。俗言：“苍天不负有心人”，的确如此，同行的天梯小学教师杨子元在大佛窟木建椽孔内意外发现了塞椽孔用的西夏文草书文牒、楷书残经墨迹及各种刻本字纸。经整理分类，计有：(1)草书文牒、楷书残经墨迹4页；(2)楷书、行书小型刻本10页；(3)大型

①颜廷亮，王亨通编《炳灵寺石窟研究论文集》，兰州：甘肃人民出版社，2003年，第1页。

②颜廷亮，王亨通编《炳灵寺石窟研究论文集》，兰州：甘肃人民出版社，2003年，第59~60页。

③冯国瑞《武威天梯山石窟图录》，“中国西北文献丛书续编”，兰州：甘肃文化出版社，1999年。

刻本残经13页，与灵武发现的《西夏文大方广严经》相同。这些文物都是前所未见者，对西夏各体文字及版本的研究无疑具有重要意义，也是西夏重修石窟的有力证据。

考察归来，冯国瑞参考史籍，撰文《记武威创始北凉石窟及西夏文草书墨迹与各种刻本》，载1952年5月14日《甘肃日报》。从此，天梯山石窟为世人所知，引起学术界的重视。同年7月，由冯国瑞执笔，草成《武威天梯山石窟图录》，以图为经、录为纬对考察所获图片资料和各类文物资料系统编辑，为进一步考察研究天梯山石窟奠定了基础。难能可贵的是，"图录"还附有《武威黄羊渠水库计划与天梯山石窟的保存问题》一文，就黄羊河水库蓄水后天梯山石窟的保护问题提出了前瞻性看法，体现了其文物保护的远见卓识。

冯国瑞一生多姿多彩，任过教，从过政，但骨子里还是一位文人，一位勤勤恳恳做学问的文人。他是梁启超先生的得意门生，被誉为"西州髦俊"，文学、史学均有所成，出于对乡邦文化的热爱，于甘肃石窟寺研究用力最勤，倾注的心血最多，成就也最大。冯国瑞从民国30年(1941年)《麦积山石窟志》问世始，直至1963年病逝，二十多年始终以研究甘肃石窟艺术为己任，敦煌莫高窟、天水麦积山石窟、永靖炳灵寺石窟、武威天梯山石窟等甘肃著名石窟都进入了他的学术视野，相关论著迭出，尤其是后三石窟，均因冯国瑞首次勘察而显扬于世，其开拓奠基之功泽被学林及社会深且远矣。冯国瑞之所以在石窟艺术研究领域取得惊人的成就，当然和他深厚的学养密切相关，更重要的是他对祖国优秀文化的挚爱和由此而产生的社会责任感使然。正如一首纪念他百年诞辰的诗所言："奇气深衷谁得解，痴迷石窟似情魔。"这种献身石窟艺术的精神是值得我们后学永远记取的。

【附记】本文原刊《兰州大学学报》2006年第6期，入集时部分文字有改动，并对冯国瑞先生考察莫高窟的时间等史实重新修订。

冯国瑞敦煌写经吐鲁番文书题跋叙录

冯国瑞(字仲翔)先生是陇上著名学者,也是著名收藏家,其藏品凡陶瓷、金石、书画、彝器等应有尽有,还有相当数量的敦煌写经及吐鲁番文书,新中国成立后捐赠北京图书馆、甘肃省博物馆等文博单位。《敦煌学大辞典》收荣新江撰"冯国瑞旧藏"条目,有云:"冯氏常年任职甘肃,关心陇右文献掌故,藏有少量敦煌写本,殁后,有九件写本捐献入公,归北京图书馆收藏,其中包括唐写本《春秋谷梁传》。"①另外,作为收藏家的冯国瑞先生还精于鉴定,过眼相当数量的敦煌写经、吐鲁番文书并留有题跋。而其过眼的写经、文书多已散佚,因此,题跋对追寻这些文物的下落、了解其内容,进行相关文献研究,其价值和作用是不言而喻的。兹就现掌握的资料,按时间顺序排比论列。

(一)敦煌石室隋人写经笺记

吾乡贾禹卿先生缵绪所藏敦煌写经甚富,晋魏六朝、隋唐五代皆有之。中更兵燹,泰半散佚。昨仅见数卷,以隋经一卷为第一,书法隽逸,书《华严经》卷五十,其尾有题记四行。曰:"开皇十七年四月一日,清信优婆夷袁敬姿谨减身口之费,敬造此经一部,永却供愿。从今已去,灾鄣弥除,福庆臻集,国家永隆,万民安泰。七世九远,一切先灵,并愿迟苦获安,神游净刹,罪灭福生,无诸鄣累,三界六道,烈亲六等,普共含生,同日升佛。"四行系行书,风韵婀娜,当为书家杰作,非出经生手者。②

(二)敦煌石室晋人写经笺记

禹卿先生所藏此卷,真稀世之宝。写《道行品法句经》,凡八章,完整。长卷尾有"咸安三年十月二十日沙弥净明诵习法句"起十七字。东晋简文帝至咸安三年即卒,晋高僧无净明,意者净明

①季羡林主编《敦煌学大辞典》,上海:上海辞书出版社,1998年,第794页。
②冯国瑞《绛华楼诗集》,天水:内部铅印本,2000年,第27页。

诵习《道行品法句经》起始，所写此卷，即藏以发愿。[①]

按：以上两则题记提及的贾禹卿先生即贾缵绪(1871~1936年)，禹卿其字也，又字宇清，清秦州东乡花南阜(今天水市麦积区伯阳乡花南村)人。光绪二十六年(1900年)年副贡生。曾任四川西充知县。入民国以来，先后任甘肃烟酒总办、甘肃教育厅长、安肃道尹、泾原道尹等职，民国15年(1926年)辞官归里。此公富于收藏，有晋魏六朝隋唐五代敦煌写经多卷。民国17年，冯国瑞清华研究院毕业后回乡邦服务，任省立第三中学(校址在今天水市区)教员，和贾禹卿过从甚密，谈笑移日，于是得观贾之藏品，于是有写经笺记。贾还赠之以《法华经》长卷一幅，冯赋诗致谢，诗题《禹卿丈以所藏敦煌唐人写〈法华经〉长卷见赠赋谢，兼题其尾，用任公师〈自题所藏唐人写维摩诘经卷，为敦煌石室物，罗瘿公见赠者〉韵》。[②]

关于贾禹卿敦煌写经的收藏情况，他本人在民国23年为胡宗珩所藏《大般若波罗蜜多经》题跋时有所交代。文云："余昔官兰山，皖人讲佛学者甚嚣尘上；一时敦煌石室藏经应运而出，余亦有嗜古癖，不惜重价，购获很多。既而东北奔驰，中经丧乱，损失者不可以数计。嗣后解绶归里，频遭兵燹，其所存者亦仅矣。嗟呼！收藏岂易言哉，亦视乎时会如何耳。胡君楚白，近得唐人写经一页，郑重珍藏，视若拱璧，出示题跋，藉昭来兹，反复展玩，虽究帙无多，而神采奕奕，洵属有唐士大夫手笔。余虽同此嗜，反不若胡君之以少为贵也。追维往事，不胜感叹，此以见世之搜罗古迹，与古迹之表现于世者，有幸有不幸耳！右诗二章，录呈楚白方家吟正。'收买唐经近百编，几经浩劫未能全，回思往事增怆感，过眼沧桑欲问天。''色相空空静悟禅，菩提一卷忆千年。碧纱笼护传佳话，争羡羲之写玉笺。'兰林山人贾缵绪廿三年九月下浣。"[③]

(三)胡宗珩藏《大般若波罗蜜多经》残卷题记

晚近以来，西北发现古物甚多，聚沽穷搜，赝品充斥。往往辇来自东，籍名发握，以瞽眩耳目，鼎彝且习视之，遑论其他。敦煌石室写经，至易作伪，而伪造即出于敦煌，首尾完备，书有写经人姓名，而纸质画行，一望而知。然坊间书肆，不仅可惑碧眼客，士

①冯国瑞《绛华楼诗集》，天水：内部铅印本，2000年，第27页。
②冯国瑞《绛华楼诗集》，天水：内部铅印本，2000年，第26页。
③《陇南日报·陇光》民国26年7月10日。

大夫且争购之，何也？此本审出唐人写经者手，乌丝虫蛀，尤足为旧物佐证，可宝也！楚白精鉴别，于金石陶瓷近岁皆□求有独到处。今秋还里，与楚白别忽七年矣，出此卷索题，因书数语归之。

二十三年重阳前二日冯国瑞①

按：胡宗珩(1899~1973年)，字楚白，斋名琴庐，今甘肃天水市秦州区人。民国24年任《陇南日报》总编，创办《陇光》副刊，名重一时。胡之敦煌写经，系友人天水赵绍祖(字尧臣)所赠，经卷“长可一米尺，为行二十四，计字三百七十有五”，什袭珍藏，遍请名家题识，冯国瑞的题记和前文所引贾禹卿的题记便是其中之二。此题记侧重记述敦煌写经的作伪情状和士大夫附丽风雅的习尚，并点明鉴别经卷的要诀，别有风味，从中可见冯作为名收藏家的鉴别功力。

(四)题张宣泽所藏武周《妙莲花观音经》卷

卷长六尺，尾完无缺，有题记六行。文云：“万岁风登元年二月十八日，丰林县沙州道行人张无碍共赵山意在沙州为疹患得，损及七世父母托生西方阿弥陀佛国土，发愿写此经壹卷。愿转赎者，永离三途，所有业障、烦障，悉皆消灭。写经：金明县崇德乡人，精信佛弟子，呼延万恭写。

敦煌释典散如烟，经生书体同千篇。残玑断羽世所重，开卷十九多唐贤。张子所获乃尤物，题记六行尾能全。武氏窃国时无几，犹记万岁登封年。法华精华□王卷，新体字日月地天。丰林金明两废县，补遗史志信可传。五凉希姓著张澎，崇德氏族增呼延。丝栏精整如新制，楮墨相发有余妍。彬州石室武周刻，字迹模糊劳椎毡。偃师章草则天笔，黄流前岁淹升仙。此卷幸存何以故，摩挲真逾金石坚。千劫弹指愿俄项，如参妙谛纪胜缘。②

按：经卷拥有者张宣泽系贵州盘县人，民国27年(1938年)任第八战区政治部第四组组长兼第八战区副司令长官驻兰州办事处处长，民国33年至35年任新疆省政府委员兼迪化市市长。此君乃朱绍良女婿，他在第八战区和新疆任职之时，正是朱绍良任甘肃省政府主席、第八战区副司令

①《陇南日报·陇光》民国26年7月24日。
②《甘肃民国日报》1947年6月25日。

长官及司令长官兼代新疆省政府主席之时。此期冯国瑞任西北师范学院中文系教授(1947年后兼任国立兰州大学中文系教授)。盖题记当作于张宣泽兰州任职之时。经卷题记中的所言的丰林、金明二县,武周时并属延州,北宋熙宁五年(1072年)并入肤施县。其治所,前者在今陕西延安市东北驿镇附近,后者在今陕西安塞县东南沿河湾镇。

(五)题武周《妙法莲花经卷第一》

卷长数大(丈),首阙,尾完整,纸质润厚,微黄色,有楷书题记,分列三行,云:"大周天册万岁元年,岁次乙未,四月戊寅朔,廿一日戊戌,弟子薛崇徽,为尊长敬造。"天册万岁年月日,皆武周新体字。三十四年十二月五日,与陈果青借观卷,欢喜赞叹,得未曾有。估人索值甚昂,留斋中一夕归之。今闻尚在兰州,已频易主矣。邠州石室,有武周石刻多种,广元皇泽寺有武后造像。

邠州石刻记镌华,皇泽冕琉拥翠霞。新体牝朝颁塞上,可怜天下属谁家。

相左相寻喜不支,有人市上袖蛟螭。呼灯火急抄题记,自是吾曹一段奇。①

(六)题《开皇照明经》一卷

卷亦长数丈,首阙,尾完整,低质薄脆。后有行书题记,分列五行,云:"开皇十年九月十日,定州望都县刘思贵、静志寺空暹初校,僧德深二校,僧智明三校,典司功史刘威、司功参军事苻昊。"

照明慧业证传灯,开卷同荃最上乘。古寺知曾名静志,何人续传补三僧。

远戍征人记定州,凝严行楷出钟繇。头衔似尔仍矜重,毕竟苻生逊二刘。②

按:带诗题记(六)当和(五)一样都是冯国瑞先生借观或某处过眼敦煌经卷之后之题记,因欢喜赞叹而录。冯在兰期间和文化界交游广泛,见

①②《甘肃民国日报》1947年8月23日。

多识广。张舜徽先生《爱晚庐随笔》"敦煌古写本说苑残卷"条即专记经冯介绍观敦煌写本事。"余在兰州时,从友人冯仲翔教授处,得知此邦好古之士张君香冰,藏有古写本《说苑·反质篇》残卷,敦煌石室中物也。张君宝爱之,不轻示人,余闻而惊喜,因仲翔之介而走访之。主人发椟出此卷,书法端重,运笔与上虞罗氏景印之《隶古定尚书》残卷略同,而字之工整过之,信为唐以上人写本无疑。主人惠然见假,余因携归校园,取明程荣校刊本、平湖葛氏传朴堂藏明抄本(即《四部丛刊》本)及坊刻诸本杂校之,录为《校勘记》一卷,从知今本致误之由,则传写伪脱者半,凭意妄改者亦半也。复有今本不误而古写本转多伪体者,又不可固守旧钞承其舛谬也。"[①]张香冰即张作谋(1901~1977年),香冰其号也。曾任甘肃省立第一中学校长,作品结集为《新蕉细雨轩诗词集》。张是名教育家,也是名收藏家,据邓明先生考述,张之写本是他的老师杨丙辰任敦煌县长(1933~1947年)时所获,杨卸任后转让于他。[②]民国36年,张携卷去南京,请监察院长于右任、监察委员王新令观赏,于右任题名于后:"民国三十六年于右任、王新令同观于南京"。于和王都是冯国瑞的世交,尤其是王新令(1904~965年),冯以弟视之,情同手足。冯关注过的写本,又由两位老朋友在南京兴赏题名,真是缘分啊!新中国成立后,张失去正式工作,生活无着,大约在1963年将此《说苑·反质篇》残卷转让敦煌文物研究所即今之敦煌研究院,编号为"敦煌三二八"。卷纵28.69厘米,长383厘米,共185行。今印影著录于《甘肃藏敦煌文献》。

此按语已超长,这里一不做,二不休,顺手牵"羊",再录张舜徽先生关于敦煌卷子的笔记《杨贵妃手迹》条,以为探寻当年兰州敦煌写经流行情况提供一点信息。"余往游陇右,讲学兰州,访古探奇,殆无虚日。颇欲得旧写本卷轴以刊正古书,而终不可得。即唐人写经,亦鲜有佳者。盖数十年间为嗜古者搜罗尽矣。镇原老举人慕少堂先生语余:数年前除夕之夜,一寒士手携一卷见示,展阅之下,叹其书法秀丽,知出女中名手。及览至末行有云'大唐某年月日,玉环为三郎写经。'乃杨贵妃手迹,为之伸舌太息,舌久不能收。叩其值,索银元百版不少贬。慕翁处境亦窘,力不能举,未与议价而遽还之,惟长叹累日而已。此必敦煌石室中遗物也,唐人多手抄佛经送至佛洞以祈福免祸,此即贵妃为玄宗所书以祝长生者,初藏佛洞,后乃流落于外。慕翁为人诚厚,所言宜不诬。余在兰州,尝遍访周咨,竟无由踪迹

①张舜徽《爱晚庐随笔》,《张舜徽集》(第二辑),武汉:华中师范大学出版社,2005年,第9页。

②邓明《敦煌卷子〈说苑卷二十·反质〉的来龙去脉》,《档案》2007年第2期。

之。盖历时已久,早为有力者所得而秘藏之,或为外国人攫去矣。”①张舜徽先生民国35年(1946年)应兰州大学校长辛树帜之邀任兰州大学中文系教授,并兼任西北师范大学中文系教授,得和冯国瑞先生相知相识,为同业挚友。

(七)题张玉如思温藏敦煌写本《瑜珈师地论第二十二》

玉如尊人直生,陇上之博学通人也,有《退思堂诗文稿》。此卷闻自官绥远时得之。卷长一丈六尺五寸,首行题《瑜珈师地论》,卷廿三,《弥勒菩萨说》,沙门玄奘奉诏译。次行题十地分中声闻地第十三,初瑜珈处出离地第二十二。末行题《瑜珈师地论》,第廿三及“法镜”二字,当为写经僧名。按玄奘法师往返西域,皆曾驻锡敦煌。译经七十六部,《瑜珈师地论》一百卷,为内典中极瑰伟者。开元释教驻称《弥勒菩萨说》,贞观二十年五月十五日,于弘福寺翻经院译,至二十二年五月十五日毕,沙门灵会、朗浚等笔受。《慈恩传》云,贞观二十年春,幸玉华官。六月,追法师赴官,见于玉华殿。帝问比翻何经论,答近翻《瑜珈师地论》讫,凡一百卷。帝曰:“此论甚大,何圣所说?复明何义?”答曰:“论是弥勒菩萨说,明十七地义。”又问:“何名十七地?”奘举纲题目,陈列大义,帝深爱焉云云。因敕所司简秘书书手写新翻经论为九本,颁与雍、洛、兖、相、荆、扬、凉、益等九大州辗转流通。今敦煌石室写经诸目,当未见有此论,尤可贵矣!他日假校诸刻本,当有所获。

李唐译典几桑门,沙碛往还迹尚存。弥勒决疑空定念,平生俯首一慈恩。

瑜珈十七地精详,百卷玉华举目纲。写本九州早星散,今朝开卷出敦煌。②

按:张思温(1913~1996年),陇上著名学者,字玉如,今甘肃临夏市人。著有《张思温诗选》《积石录》《张思温文集》等。张先生民国29年(1940年)为甘肃建设厅秘书主任,民国36年为甘肃贸易公司协理。此期和冯国

①张舜徽《爱晚庐随笔》,《张舜徽集》(第二辑),武汉:华中师范大学出版社,2005年,第8页。

②《甘肃民国日报》1947年10月25日。

瑞订交,遗著中时有“天水冯仲翔国瑞告余”、“闻仲翔言”等语可为一证,于是有请冯题记珍藏之事。题记中提到的“玉如尊人直生”即张思温的父亲,名张建(1878~1958年),号梅林居士,晚号退叟,斋名退思堂,质生其字也。历任甘肃省议会秘书、宁夏护军使署副官长、绥远都统署参谋长、绥远垦务总局会办兼六县清理地亩局长、绥远烟酒事务局长等职。民国15年辞职,寓居兰州。新中国成立后曾任临夏回族自治州副州长、甘肃省政协委员等职。张建亦为著名学者,文稿由子思温整理为《退思堂文稿》16卷、《退思堂诗稿》42卷。无独有偶,据题记“此卷闻自绥远时得之”,而前题记所述武周《妙莲花观音经》卷的拥有者张宣泽也曾于1935年前后官绥远,任绥远省政府咨议,盖其卷子也得自绥远乎?绥远是敦煌卷子解京所经之地,有经卷流行,事出有因。指出一点,冯题记中言“法镜”当为写经僧名不确,所指应是《瑜珈法镜经》,也称《示所犯者瑜珈法镜经》,是经英国图书馆有藏,编号S·2423。再者题记所言“今敦煌石室写经诸目,当未见有此论,尤可贵也”亦不确,诚然《瑜珈师地论》卷子没有《金刚经》《妙莲华经》那么常见,但也不是绝无仅有。“未见有此论”是因为当时为斯坦因和伯希和劫走的大量经卷写本和北京图书馆所藏写本都还没有整理公布,故不之见也。20世纪70年代以后国内外收藏机构的敦煌写本陆续公布,《瑜珈师地论》还是颇有一些的。据统计“北图有文4、北新934等三十余号,英、法等亦藏有七十余号。”[①]

(八)为陈果青题碛沙《华严经》卷即送其之武昌三首

丽宋千元未易收,华严刊画属陈侯。去帆远载西来意,一笑低眉压卷头。

卧龙经藏欲流涎,往事《虞初》说圣颠。塞上相逢适然耳,南朝经粲冷摊前。

碛砂载记渺图经,野寺平江误远汀。拟办东游君意旨,洲旁试访筑庵僧。[②]

按:陈果青,安徽滁县人。1940年代在兰州期间,任安徽同乡甘宁青监察使高一涵秘书,长于吟诗填词,并工书法,和冯国瑞同好,故相交。新中国成立后,任贵州大学中文系教授,著有《词学词典》《历代文论注释》

①季羡林主编《敦煌学大辞典》,上海:上海辞书出版社,1998年,第714页。
②冯国瑞《绛华楼诗集》,天水:内部铅印本,2000年,第166页。

等。民国36年(1947年),高一涵改任湘鄂区监察使,陈随行,冯题其敦煌《华严经》写本,并兼送行。说卷子得之不易,陈有幸拥有,理当悉心珍藏。题记(五)冯记"三十四年十二月五日,与陈果青观卷",由此见陈也是一位敦煌写本的大好家,一朝得之,当然要"一笑低眉压卷头"了。

按手头掌握的资料,冯国瑞先生关于敦煌写经题记之事应该是说完了,接下来,再说一点和写经有关之事。甘肃省博物馆藏甘博014号《大般涅槃经》卷十二,背有冯国瑞题签"大般涅槃经卷第十二",尾钤一"冯国瑞"白文方形印,纵横各2厘米;"麦积山馆"方形印,纵横各1.8厘米,此当是冯国瑞捐甘肃省博物馆者。①

时下,敦煌吐鲁番文献并称。王素《敦煌吐鲁番文献》关于吐鲁番文献列"冯国瑞旧藏"条目,言:"藏品来自收集及新疆学生李征(重如)的赠送,数量不多,但有唐开元十三年(公元725年)西州都督府牒秦州残牒、唐天宝八载(公元749年)柳中县常平正仓请裁欠粮公文等重要官府文书,还有一些写经残片。冯氏旧藏后来下落不明。"②检阅甘肃省图书馆藏冯国瑞名为《新疆吐鲁番发现唐开元十三年西州都督(护)府高牒秦州为请勘王敬忠旧地残牒》手抄本,其中有吐鲁番文书题记二、吐鲁番发现六朝唐人写经题记一,此当正是王素先生所列"冯国瑞旧藏"吐鲁番文献的题记,虽然我们暂时无法追寻"冯氏旧藏"的下落,但从这些题记中可略见冯藏吐鲁番文书大概。

(九)新疆吐鲁番发现唐开元十三年西州都督府高牒秦州为请勘王敬忠旧地残牒

> 右牒粘合麻纸三张,共长三尺六寸,高存四寸,下部损坏。前七行行书,后三十行楷书,系一千二百年前旧档案的遗存,出于吐鲁番东南三堡。从吐鲁番东行七十五里到胜金口,转南十五里即三堡。其地于唐为西州,郭下高昌所存地,本地人到现在还叫高昌。唐贞观十四年(六四〇)灭高昌国,就其王都"田地城"设西州,地从两汉车师前国起,历五六百年都是首都,唐安西都护也曾三次驻在这里。近五六十年来,欧人格伦尉得尔、勒柯克、斯坦因都在这里一带,发掘考古,捆载而去,这是他们发掘遗余罢了。
>
> 牒为推勘土地事,故由户曹参军副署。唐初的土地制度,必

①《甘肃藏敦煌文献》(第四卷),兰州:甘肃人民出版社,1999年,第373页。

②王素《敦煌吐鲁番文献》,北京:文物出版社,2002年,第111页。

于本乡，家贫营丧葬，可卖“永业田”，远徙才许卖“口分田”；田产虽可买卖，非“远役”、“外任”无人守家的，不许出租或典质。残牒中见“外任”字样，王敬忠在秦州买地，又出租土地，自是秦州人。远官新疆，买卖土地，必须经地方官呈请，无文书的没收田价，田还原主，王敬忠有文契，证其合法取得，那这残牒证《通典》所载的土地令，一一皆合，惟令为开元二十五年，此为十三年，实早行十二年，说明令不是重行立法，只是综合旧制。

又有一事可注意的，租地并文契也留给佃农。牒内指明王敬忠的“庄地一所三顷，城北一段八十亩，东坡一段三十亩，东岭一段七十亩，东渠一段一顷二十二亩，东泽……”这些地名到现在天水，还有旧名称的存在。王敬忠(是)拥有大量土地的地主，外任了边疆武职官吏，仗着势力，用西州都督府的文牒，到秦州都督府，坚持他照旧收租，这一封建地主剥削实证有他历史意义的。

都督高，可能是高仙芝，《(新)唐书》列传第六十：“仙芝，高丽人，父舍鸡初以将军隶河西军，为四镇(龟兹、于阗、焉耆、疏勒)校将。仙芝年二十余，从至安西(安西都护府治高昌)，以父功补游击将军。数年，父子并班。(高)仙芝美姿质，善骑射，父以儒缓忧之。初事节度使田仁琬、盖嘉运等，不甚知名，后复事夫蒙灵察，乃善遇之。开元末，表为安西副都护，四镇知兵马使。”夫蒙灵察无传，《通鉴》开元十四年，九月己丑，以安西副将大都护碛西节度使杜暹，同平章事，仙芝当继杜暹后。残牒，开元十三年的都督高，如是仙芝的话，很可能，但传中没有序及这一较低的官秩，旧史传里，也常有此例，拿纪年推求与史符合。仙芝的重要事迹，在节度西域以后，所谓“度越葱岭，用兵如神”上印度的仙芝行军遗迹，是被人很称赞的。中朝两国的兄弟之邦，在历史的互相亲爱，互相援助的美迹，这残牒也是一件实证。

(十)新疆吐鲁番发现唐天宝八载柳中县常平正仓请裁欠粮申

右“申”高度俱尺许，也是档案的存留，文意系柳中县向都督府申请裁欠粮的文，府批未准，并依数征纳。柳中县印，约二寸，篆书，阳文朱色，“都督仓曹”就是西州都督府的仓曹参军。“主簿判尉录事佐”皆上县职官。县无吏，属于郡，当是与交河郡吏并衔。“功曹行录事参军事”、“广文”是府官批文书的人。《通鉴》记载：“自王孝杰克复四镇，置安西都护府，以唐兵三万戍之，百姓苦其役。”又说：“边将多贪婪寡恩，未可仆数。”由历史传统，对边疆百姓，尤其少数民族，只有加重的压榨剥削，这是一实证的文件。

按：以上所言两件文书系冯国瑞先生所藏，至今下落不明。不过，北京大学荣新江教授得到第一件文书图版照片，经日本国池田温先生和武汉大学陈国灿教授考证，我们可知文书相关情况。池田温考文名《开元十三年西州都督府牒秦州残牒简介》(以下简称“残牒”)，据本文称：“1996 年 11 月在台北市召开第三届中国唐代文化学研讨会，笔者得机会参加，其时北京大学历史系荣新江教授亦与会，示以笔者一件复印照片而建议加以研究，此即本稿主题之残牒也。该照片现藏北京，而明记其为冯国瑞所藏卷。”[①]是言池田温接受荣新江建议，依荣提供的图版资料撰成考文，本文载《敦煌吐鲁番研究》第三卷，结合“类似外型西州文书”对文书涉及的王敬忠、王通子、西州都督高某，西州与秦州的关系，王敬忠秦州庄地等问题都有精到论述，并指出残牒史料价值，“使人能认识开元盛世时唐朝经营西域的实态”，“特别是关于唐代庄地之实例，给读者以丰富的启示，可谓唐代庄园史上之稀有史料。”[②]池田温考文后有陈国灿先生题为《读后记》的补充考文，针对冯国瑞题记，对相关问题再行考证，指出冯之题记对文书的介绍和理解上有多处误解：“(1)跋文对三张麻纸的字数，所云‘后三十行楷书，’当是‘二十行楷书’之误。现存二十行楷书，再加七行行书，正好是三纸，市尺三尺六寸长。若是三十行，当须四纸，长在四尺以上。(2)跋文将庄地各段亩下列的四至位置，因未考虑其下有缺文，致使出现错位断句。(3)对在秦州买地的‘外任’者，同样由于未考虑到下面的缺文，以致误认为是王敬忠，曲解了文书的内容。(4)跋文对‘都督高’推断为高仙芝，也不能成立，《旧唐书·高仙芝传》载‘仙芝少随父至安西，以父有功授游击将军……开元末，为安西副都护，四镇都知兵马使’，一直职任于安西四镇，未曾至西州任都督。此都督高，诚如池田温先生所指出，为大谷 3786(3)号中所列其贯京兆府长安县、开元十二年以试西州刺史、上柱国

①池田温《开元十三年西州都督府牒秦州残牒简介》(附陈国灿《读后记》)，《敦煌吐鲁番研究》(第三卷)，北京：北京大学出版社，1998 年，第 105 页。

②池田温《开元十三年西州都督府牒秦州残牒简介》(附陈国灿《读后记》)，第 124 页。

身份充营田使的高某。”[①]同时指出题记对原文书的研究,颇具参考价值,一是明确指出文书的出土地点是吐鲁番三堡,即阿斯塔那;二是知当年所见文书是粘合在一起的三尺六寸长卷,由此可知文书往来相关信息。陈先生的考文公允敏锐,既指出了冯文的误解之处,又肯定了其可“参详之处”。

另据考文,陈先生在兰州大学历史系讲学期间,多次走访甘肃省图书馆,“曾见一油印出土文书跋语集录本,涉及吐鲁番出土官府文案者有二则,跋语较详,余多为敦煌吐鲁番所出佛经残片,跋语简略。”[②]接着陈对“残牒”题记的来历进行了调查,其《读后记》有云:“对本文书及其跋文的来历,余在兰州时稍有查访,据甘肃省图书馆称,此跋文油印本为五十年代该馆工作之冯国瑞先生所写印。又据西北师范学院何乐夫教授云:这些跋文是冯国瑞在解放前对自己收藏的敦煌吐鲁番文卷所写的跋语,在1957年他将这批收藏交给省图之前,油印了这个跋文集。”[③]陈先生所言“油印的出土文书跋语集录”就是我们前面提及的封面题《新疆吐鲁番发现唐开元十三年西州都督(护)府高牒秦州为请勘王敬忠旧地残牒》的抄本,藏甘肃省图书馆西北文献资料库,内容除吐鲁番文书题记两则、六朝唐人写经题记一则外,尚有《宁夏发现的西夏文物》一文,罗列宁夏等地历年发现的西夏文碑刻、写经及铜器等物,合起来总共13张。本系手抄本,先用铅笔写就,可能是怕不易长久保存,后以蓝墨水钢笔沿铅笔所写字迹勾勒复写而成,见过冯国瑞手稿的人一望便知是冯之字迹,陈先生言“油印本”当是误记。另,陈先生采访的何乐夫教授“这些跋文是冯国瑞在解放前对自己收藏的敦煌吐鲁番文卷所写的跋语”一语误,冯国瑞旧学根基深厚,解放前作文均以文言为之,其文稿著述现存者我均读过,还未发现以纯白话文为之者。而本手稿中的文字,全是白话文,当是解放后写就。再者,“残牒”题记中“这一封建地主剥削实证有他历史意义的”、“中朝两国的兄弟之邦,在历史上是互相亲爱,互相援助的美迹,这残牒也是一件实证”等语,显是迎合解放后日益高涨且紧张的政治形势而“强”加进去的;《新疆吐鲁番发现天宝八载柳中县常平仓请裁欠粮申》中“由历史传统,对边疆百姓,尤其是少数民族,只有加重的压榨剥削,这也是一实证的文件”也是如此。都可证题记作于解放后捐献文物之前。冯国瑞系才子式学者,纯文言文和有类乃师梁启超的浅近文言文都写得非常流畅漂亮,解放后

①池田温《开元十三年西州都督府牒秦州残牒简介》(附陈国灿《读后记》),第127页。
②池田温《开元十三年西州都督府牒秦州残牒简介》(附陈国灿《读后记》),第126页。
③池田温《开元十三年西州都督府牒秦州残牒简介》(附陈国灿《读后记》),第128页。

应形势需要,书信而外多以白话为文,显然不是其所擅长,结结巴巴,缺乏文采,且标点符号错误随处可见。本文所录(九)(十)两则题记,为便于理解,标点均有所改动。

(十一)新疆吐鲁番发现六朝唐人写经

> 吐鲁番不断地发现写经,六朝隋唐皆有,唐人书有纯褚遂良体,为莫高窟写经所少见的。新疆学生李重如携到兰州的很好,并详其继续发现的情况。清末斯坦因大量发掘以后,清代官吏王树枏在迪化也曾注意此事。吐鲁番厅同知曾炳熿,在前人发掘过的遗址中,搜获的遗余不少。高昌经卷的见于王树枏氏《新疆访古录》的,有六朝草书残经、唐上元二年买马私契、仪凤二年的北馆尉牒,还不到鄯善著录的数字之多。近来黄文弼新疆发现古文物,文书一项,他说一九二八年至一九三〇年在吐鲁番所得,以维文为最多,也有汉文写经及公文书残纸。又有李帆群在吐鲁番有高昌古墓的发掘,以很短时间,获文物两箱之多。有人曾得重光二年(五〇一)残卷。这类文件经卷都发现在交河、高昌两故城的坍塌废墟里面,以至断壁悬崖的罅隙里,如胜金口的千佛洞及废堡,零零碎碎都有,与敦煌莫高窟藏经在一窟洞的情况完全不同。将来从事新疆文物的调查,是艰巨而含有重大意义的工作,同时希望边疆同胞自己特别重视这悠久文物的宝藏,对调查保管,有切合实际的具体办法,这些宝贵的文物,再不要遭到分散,是唯一的希望。

按:严格地说,这不是写经题记,应是冯国瑞先生的一则学术笔记。但本段文字涉及一些吐鲁番文书及写经鲜为人知的情况,故录此。文中言:"吐鲁番不断发现写经,六朝隋唐皆有,唐人书有褚遂良体,为莫高窟写经所少见的。新疆学生李重如携到兰州的很好,并说详其继续发现的情况。"对此,陈国灿先生为池田温"残牒"考文所作《读后记》有云:"李重如者,实即我们'吐鲁番出土文书整理组'中的同仁李徵先生,旋即据此又请教李氏。李徵先生说:'冯国瑞在解放前对敦煌吐鲁番文书很有爱好,并喜收藏,我1947年由新疆到兰州上大学,曾将自己搜集到的写经残片送给老师冯国瑞先生。解放后，冯在甘肃省图书馆工作过，据说1956~1957年间，他将所藏文书全捐给省图书馆了。'这些情况均证实前述牒文原为冯国瑞氏所藏，与荣新江教授所写'冯国瑞'条基本吻合。关于文书的下落，我曾多次向该省图查访均未获见。至于现藏何处？究竟是否捐给了甘图？尚待进一步探访。"[①]1957年，冯国瑞先生以"文物大盗"罪名被划为"右派"，监督劳动改造，李徵所言据说在1956~1957年间冯将收藏文书全部捐献甘肃省图书馆事出有因。又，"近来黄文弼新疆发现古物"语当指1957年开始黄文弼率领的中国科学院考古所在新疆的考古活动，似可证本文作于1957年。由这则文字也可见冯先生对解放后吐鲁番文物依旧关注有加，并希望妥善保管出土文物。

冯国瑞先生博学多识，多年钟情敦煌写本和吐鲁番文书，自己收藏之外，还为过眼写本、文书作有题记，而这些宝物绝大多数已不复得观，所以"题记"对相关的研究工作自有意义。因此将目前所见题记撮录于此，也就有了意义。据本文前引荣新江撰"冯国瑞旧藏"条目，冯捐给北京图书馆的敦煌写本就有九件，按理这些写本也应留有题记，但今不得见。不过，可以肯定冯之敦煌写本和吐鲁番文书之题记肯定要多于我们叙录的这十一件。限于资料，只能如此了，其余有待将来吧。据冯之家书，1962年，时任中国科学院院长的郭沫若派人到兰州，将冯之稿本五十余种带去北京，准备由考古研究所整理出版。[②]不意数年后"文化大革命"爆发，不徒出版无望，稿本亦下落不明。想必稿本之中也有敦煌写本和吐鲁番文书题记吧！

【附记】本文原刊《敦煌学辑刊》2008年第3期，入集时个别文字有改动，并对有些史料做了补充。

①池田温《开元十三年西州都督府牒秦州残牒简介》(附陈国灿《读后记》)，第128页。
②《冯国瑞百年诞辰学术纪念会会刊》，天水：内部铅印本，2001，第41~42页。

梁启超致冯国瑞手札及学者题跋

民国16年(1927年)夏,清华研究院学生天水冯国瑞学成西归,时寓居津门的他的恩师梁启超先生致书一通,并附致甘肃省长薛笃弼(子良)书一通,是为我们题目所言的“梁启超致冯国瑞手札”。民国23年始,冯或出仕,或游学,均将手札带在身边,遍请所识硕学鸿儒题跋,依次是:任承允、谢国桢、刘盼遂、张鹏一、陈直、沈钥、刘国钧、梁实秋、胡适、刘文炳、罗家伦、张舜徽。最后,跋前置一说明性质的自叙。是卷也,纵30厘米,横600厘米。展而读之,书法俊秀,文辞雅美,满纸珠玑奔来眼底,令人心醉神迷,诚不可多得之文化珍品。

于何而得手札,何而有荐信,结果若何,冯自序一一表明,我们的释读也就从其“自序”开始吧!

> 民国十五年夏,瑞应清华研究院试于上海,旋录取北上,八月到校,授业于任公师,治力文史,赏掖至深。逾年端午,师遯居津门,静安师沈湖自尽,诸同学多风流云散。瑞彷徨无归,师自津门寄示此简,实十六年六月十三日也。匆匆西还,未往谒别,怅悔无及。瑞过豫、陕抵陇,疮痍满目,无意干谒,终未谋薛公一面,里居奉亲者年余。十八年一月十九日,师卒于北平协和医院,得年五十七岁,痛矣!对此遗简,曷禁颓山木坏之悲?二十六年一月十九日,冯国瑞敬识。

冯国瑞所言的“简”即手札涉及三人:写信人“任公师”梁启超,受信人“瑞”冯国瑞,拜托人“薛公”薛笃弼。梁启超(1873~1929年),字卓如,号任公,室名饮冰室,广东新会人。戊戌维新变法主将,又是倡导新学的大学问家,无论政界、学界都弄潮风口浪尖,近代史上一大人物也。著作结集为《饮冰室合集》。冯国瑞(1901~1963年)字仲翔,今甘肃天水市秦州区人。文史、金石、书画皆精,有“才子”之誉。民国15年(1926年)26岁的冯国瑞南京东南大学(1928年改名国立中央大学)毕业,即考入赫赫有名的清华研究院,得识梁启超任公先生则自此始。民国14年(1925年)清华研究院始设,与大学部、留美预备部为校内并列的三个相对独立教学单位之一。因经费问题,原本计划陆续增设自然科学、社会科学之设想终未能实现,研究院以国学一科贯其始终,于是习俗上又称之为国学研究院。而从民国3年(1914年)始,梁启超因清华幽静,不时来校,或暂居著述,或阅读讲学,甚为投缘。研究院一经成立,学识超群、热情洋溢的梁启超就成为研究院导师的不二人选。据《吴宓日记》,民国14年2月22日身为研究院筹备主任的吴宓"是日赴津谒梁,即夕归",①接着3月13日条云:"上午,梁任公来。正午,校长宴王(梁)于工字厅,宓筹陪。下午看房舍。"②此可视为梁受聘研究院之始。自此,梁和先后受聘的王国维、赵元任、陈寅恪成为研究院四大导师。翌年,冯国瑞入研究院学习。梁是才子式的大学者,而冯是才子式的好学生,相契甚得是可以想见的。再者,梁在学生中极有人缘,又乐于助人,如安排困难学生在自己发起创办的松坡图书馆编目给酬以助学、荐毕业学生谋职等,不一而足。民国16年夏,冯国瑞毕业(时研究院的研究期限以一年为期),彷徨无归,向恩师请教去向,梁即自天津致书予以开导,无乃雪中送炭。文如是:

> 国瑞仁弟:书敬悉。薛子良书写就,寄上,陇学榛傈,归,谋开风,计亦良得。惟乱世远别,相见未审何时,不能不怅惘耳!此间编书目事尚拟筹画赓续,若弟归计不成,尚盼助我也。手复即请学安。不一一。启超。六月十三日。

据本书言语,则先有冯之请教,后有梁之回复。书之称谓"国瑞仁弟"很有意思,国瑞时年27岁,梁54岁,年龄倍之,又是师生关系,以"仁弟"称,足见关爱之情。此书所附的"与薛子良书"就是为冯谋职的推荐信。文如是:

> 子良吾兄足下:执别经年,怀思山积。风尘澒洞,京邑阽危,托迹是邦,凄如幕燕。遥望关树陇云,获庇仁宇,弦歌不辍,鸡犬相闻,桃源梦游,企想何极!专有启者,冯君国瑞,西州髦俊,游学两京,已经五稔,今夏在清华研究院以最优等成绩毕业。其学于

①②《吴宓日记》Ⅲ,北京:三联书店,1998年,第6页、第8页。

穷经、解诂为最长，治史亦有特识。文笔尔雅，下章千言，傍及楷法，浸淫汉魏，俊拔寡俦。此才在今日，求之中原，亦不可多觏。百年以来，甘凉学者，武威张氏二酉堂之外，殆未或能先也。校中诸师爱君高才，颇思挽留，更相劘励，而君以违侍庭闱既久，颇思归省。弟亦以甘省僻处边陬，学风陵替，君既学成，亟宜为乡邦服务。夙谂我公戎马之中，留情文艺，慕文翁之启蜀，超尹晓之化黔。似此美才，宜乐延揽，谨驰荐剡，聊当晤言。贱性狷介，夙耻干谒，非所深知，每惜齿牙。今兹冒渎，实缘爱才，荷公相知，当弗见讶。世变方新，群黎望治，伏愿努力，为国自爱！弟梁启超，顿首。六月十三日。

薛子良(1892~1973年)名笃弼，山西解县人。山西法政学校毕业。民国3年(1914年)冯玉祥聘为其北洋军第十六混成旅秘书长兼军法处长，从此随冯驱驰，辗转为官，一度任内政部次长。民国14年冬，冯玉祥国民军势力深入甘肃，掌控甘肃军政大权，北京执政府罢免陆洪涛，任薛为甘肃省省长。具体任期是:民国14年10月9日至16年6月25日。[①]冯国瑞匆匆西还之日，基本上就是薛离任之时，梁启超民国16年推荐信所署“六月十三日”可证。冯国瑞自序所言“终未谋薛公一面”虽不能说没有“无意干谒”之成分，但主因还是薛调任河南民政厅长所致。梁致冯书中有“薛子良书写就，寄上”似可说明推荐信是因冯提请所为，只是计划不如变化，干谒之事只能作罢，书信也就派不上用场了。冯西还之次年春，梁启超先生病逝北平，推荐信遂为冯作为纪念物珍藏，并请诸名家题跋。兹按手札长卷所列题跋顺序抄录标点并试释之。

(一)任承允跋。文曰:

冯生仲翔近由湟中归省亲，携有此卷，盖梁任公说士书也。仲翔当时藏诸箧笥，不肖以请托，自见爱才立品师若弟，盖两得之。任公身后，仲翔乃装璜遗墨，遍属知友题跋，拳拳师门，此风尤足尚矣。大病匝月，神昏腕弱，强坐为识数语。时甲戌重阳后半月，篱菊犹傲霜也。

上邽山人任承允

①郭方忠，张克复，吕靖华主编《甘肃大辞典》，兰州:甘肃人民出版社，2000年，第1253页。

任承允(1864~1934年),字文卿,上邽山人其号也,甘肃秦州人(今天水市秦州区)。清光绪二十年(1894年)进士。曾任清内阁中书、陇南书院山长。著有《桐自生斋诗集》《桐自生斋文集》《秦州直隶州新志续编》等。

冯国瑞中学毕业后,任小学教员,受业任承允,攻读经史。任在为冯父镜堂公所作《冯君镜堂六十寿序》中有言:"君长嗣国瑞昔既毕业中学,辟新知矣。君戒以《六经》《语》《孟》,中学根底,毋狃于一偏而不会其通也。乃使之请益于余者有年,自圣贤义理之归、治平之道以及左氏传、唐宋大家文靡不泛览切究,故其于诗文汪洋恣肆,迥出辈流。嗣遂游学南京,浪迹沪、浙,饱饫湖山之杰秀,开拓襟怀。又入北京清华学校,得与彼中耆宿硕学相研摩。适其时考古者发现殷墟遗物,国瑞躬逢其事,涉猎其间,其学日进于博古,不肯屑屑。"①述镜堂公教子有方,使冯国瑞学术根基深厚,其中也可见冯和任的师生情缘。任作跋的"甲戌年"即民国23年(1934年),时冯在青海省政府秘书长任上,本年奉原迎养西宁的双亲归里,得谒任承允师,便请题跋,并有《呈任文卿师》诗。不意本年十月任即辞世,是跋成为绝笔。

(二)谢国桢跋。文曰:

> 乙亥秋,仲翔兄自西安来旧京,朝夕晤对,相得甚欢,出此手卷命桢题记。时任公师已殁八年,睹此遗泽,不禁泫然。
>
> 安阳谢国桢敬题

谢国桢(1901~1982年),字刚主,河南安阳人。和冯国瑞同年入清华研究院,为同学挚友。著有《增订晚明史籍考》《明清之季党社运动考》《明代社会经济资料选编》《史料学概论》《江浙访书录》《明清笔记谈丛》《南明史略》等著作数十种。

民国24年(1935年),在青海宦游的冯国瑞遭马步芳陷害,仓猝出奔,继又被通缉,只得避走陕西等地。本年秋即谢跋所言的"乙亥秋"(民国25年)到达求学故地北平。得和谢序旧情,畅往还,跋即作于是时。对和冯在北平面晤的情状,谢在民国25年春冯诗集《绛华楼诗集序》中有生动记述:"去年秋,余仍潜居旧京,校读丛残。一夕,方执卷吟哦,忽报仲翔至矣,至则促膝谈诗,每到中夜,虽鬓发已苍而兴致犹不减于畴昔。未几,君小憩

①《桐自生斋文集》,"中国西北文献丛书",兰州:甘肃文化出版社,1999年,第521~522页。

温泉红叶山庄。初春返城，相见大欢。同游厂肆，探奇搜微，各挟巨帙。行久且饥，偕君至路旁摊头，食豆腐炊饼，据案大嚼，旁若无人者。此乐虽昔武虚谷、洪稚存诸君之盘游京师，乘兴往还，未尝有也。”①

(三)刘盼遂跋。文曰：

> 此卷为任公师向秦督薛公荐说仲翔墨迹也。洋洋洒洒，几千余言。爱才如渴，说士犹甘，数十年来未见有如先师者。展读之际，何翅跻坐饮冰室春风中耶！
>
> 息县刘盼遂拜题

刘盼遂(1896~1966年)，名铭志，河南息县人。先后任中州大学、河南大学、清华大学、燕京大学、辅仁大学、北京师范大学等大学教授。著作结集为《刘盼遂文集》。

民国14年(1925年)刘入清华研究院，早冯国瑞一年。此君在校时相当活跃，作为研究院学生代表多次为学生利益和校方谈判，《吴宓日记》多次提及。刘和冯虽不同班，而相处甚得。民国24年秋，冯国瑞避难北平即宿刘盼遂斋，跋文当题于是时。冯有《宿刘大盼遂宅》诗云：“平生刘子骏，文采冠中州。彪炳千秋业，嵯峨百尺楼。汉音事搜讨，唐姓远钩沉。留宿多君意，商量夜未休。”②

(四)张鹏一跋。文曰：

> 丙子三月之杪，天水冯君仲翔来西安，持吴兴徐森玉介绍名刺访余于树庵寓楼，以所著《绛花楼诗集》《张介侯年谱》为赠，又以其师梁任公信笺卷子请为题识，座谈历时，知君尝于北平清华大学学于任公，既毕业将归里中，任公以此笺荐于甘主席薛子良，雅意殷勤，有古人风。然子良为冯玉祥之部属，冯时得陕甘，恢张军实，与诸首领争雄，子良即用，君必不能展所长。观民十七八九年陕西大饥，冯部在西安军粮钱赋迫如星火，西路扶、武十余县死亡流离，星落邱虚，可以为证。冯君当时未曾以此笺呈子良，可为君幸。至笺可才以清代甘肃学人祗介侯一人，以介侯著作侍世，故人皆知之。考年齿稍后于介侯者，有定西马南圃园、通

①冯国瑞《绛花楼诗集》，天水：内部铅印本，2000年，第2~3页。
②冯国瑞《绛花楼诗集》，天水：内部铅印本，2000年，第96页、第165页。

渭牛梅村、伏羌王权心如师，诸人皆一时耆宿。心如师治绩循良，至今陕人称之。其年齿稍长于介侯者，有阶州刑全山，官浙江长兴知县，著《全秦艺文志》若干卷，钱辛楣、洪江北、孙渊如皆其交游。又尝补辑《宋会要》，未知果否？今此书后成于大兴徐星伯，百余年后始于去岁由北平图书馆印行，而邢君之事无知之者。君游学北平，遍搜诸家书，方知邢君生平事实，见于所著诗集，可知君之志趣。已今甘边防司日在机控中，当事者无暇及学术，確然在士人身视何如耳！绍述渊源，光大师门，如恕谷之于习斋，丰川之于二曲，是所望于君者，勉之哉！

丙子夏正三月朔日富平张鹏一题于西安树庵，时窗紫藤繁花盛开。

张鹏一(1867~1944年)，字扶万，号壹翁，陕西富平人。光绪二十三年(1897年)举人，曾任山西长治县知事等职。著有《太史公年谱》《在山草堂诗存》《在山草堂文稿》等。民国25年(1936年)春，冯国瑞由北平来陕专门拜访寓居西安的陕西名学者张鹏一切磋学问，于是有是跋。纵论河陇学术，表彰甘凉学者，公允中肯，并举恕谷(李塨之号，1659~1783年)师从习斋(颜元之号，1635~1704年)创“颜李”学派，丰川(王心敬之号，1656~1738年)师从二曲(李颙之号，1627~1705年)开“关学”之风的学术佳话为例，比照冯梁师徒，企望冯能绍述渊源，光大师门。

(五)陈直跋。文曰：

予以庚辰九月自蜀抵陇，逾年始识冯君仲翔。君博学强识，著有《麦积山金石记》、辑有郭仲产《秦州记》《守雅堂遗文》等卷，皆能绍述朴学，扬张文献。篝烛相访，校碑谈诗，几无虚日。关陇学者，君与富平张扶万丈殆相颉颃。予今移客西安，脂车待发，惘惘深情，别景加促，出示饮冰先生手扎一通，属为题记。书中盛誉君学，无语不惬，好事遴才，尤堪羡佩，谨志数言，以慰他日相思之念尔！

辛巳冬月镇江进宦陈直写于天水

陈直(1901~1980 年),字进宧,号摹庐,江苏镇江人。著有《汉书新证》《史记新证》《摹庐丛著七种》《两汉经济史料论丛》《文史考古论丛》等。

陈跋所言"庚辰九月"即民国 29 年(1940 年)九月,落款中的"辛巳冬月"即民国 30 年(1941 年)冬月,由此可知陈直在天水停留年余。时陈在中国银行供职。又据新编《天水市志·金融保险编》,中国银行于 1940 年 10 月在天水设分行,办理存款、农贷、工贷等业务,1942 年 1 月分行迁陕西西安,天水改设办事处。[①]可以断定,陈"自蜀抵陇"是随中国银行来天水开拓业务的,又因中国银行在天水所设分行的迁陕而离开天水。跋文和落款的时间"庚辰九月"和"辛巳冬月"都是农历,如以公历计,正好就是 1940 年 10 月和 1942 年 1 月,与中国银行天水分行在天水存在的时间完全吻合。1941 年,冯国瑞应西北师范学院李蒸院长之邀,辞去寄住四川三台的东北大学教职,担任西北师院中文系教授,而是时的西北师院尚处于由陕西城固搬迁兰州过程之中,于是冯由四川来家乡天水小住,得识在中国银行天水分行供职陈直先生。两人都精于金石考古,自然是"笼烛相访,校碑谈诗几无虚日"所谓相契甚得。离别前夕,写下此跋,正一举两得。跋文所言《麦积山金石记》当指冯的成名作《麦积山石窟志》。

(六)沈次量跋。文曰:

> 冯君仲翔,枕葄群籍,著述甚富,凡所考证,援据精博。工诗善书,犹其余事。余来天水,获交于君,虽为时未久,金石之契,文学之好,足快平生。顷,余将之西安,君出任公先生手札属题。任公硕学峻望,不轻奖借,顾盛称君学,谓武威张氏二酉堂之外,未能或先。其爱才之笃与期许之至,亦非君莫能当也。方今兵戈俶扰,举世横流,弦诵榛芜,学人寥阒,异日振守雅、二酉之坠绪,绍饮冰朴学之薪传,微君又将奚属!谨书数语,用志饮蕲,兼以留别。
>
> 辛巳仲冬吴兴次量沈钥倚装题记

沈次量(1885~1971 年),名钥,号孤盦,江苏湖州(吴兴)人。精篆刻、书法。著有《缀勘诗草》《孤盦癸酉以前印存》等。

沈和陈直同为中国银行天水分行职员,得以和暂居乡里的冯国瑞相

①《天水市志》(中),北京:方志出版社,2004 年,第 1431 页。

识相交，谈记金石，交流书法，其乐融融。随行迁陕前夕，题跋任公手札，也是一举两得。

(七)刘国钧跋。文曰：

冯侯陇上贤，闻君苦未识。订交在巴渝，倏又迸南北。南风忽然吹我到皋兰，始得与君晨夕共盘桓。周铜汉鼎摩挲遍，窟经崖像时借观。闲来示我以饮冰之手迹，使我凄其忆往昔。南都初奠世右文，我亦编书志典坟。先生惠我论流略，独许浮屠识不群。茧纸蝇书墨乌黝，宝藏什袭期垂久。一从狂寇侵上京，沦落知入阿谁手。展诵遗编倍怃然，热情沛溢真师友。举贤何让山公牍，勖勉还同杏坛叟。始知人生相契在情性，富贵利达于何有。风云澒洞天地晦，豺狼在邑骐骝退。冯侯怀宝不肯投，缥比纨绮珍琳璆。遍征题詠述师德，傲骨甘与书史游。乌呼！甘与书史游，书史光芒万古留。

丁亥仲秋金陵衡如刘国钧拜题

刘国钧(1899~1980年)，字衡如，江苏南京人。民国9年(1920年)金陵大学毕业。美国威斯康星大学哲学博士。先后任北平图书馆编纂部主任、金陵大学图书馆馆长、西北图书馆馆长、北京大学图书馆学系教授兼系主任。著有《中国图书分类法》《中国书史简编》等。作品结集为《刘国钧集》。

民国29年(1940年)，冯国瑞和刘国钧重庆订交。民国31年，国民参政会通过在兰州创立西北图书馆议案，次年正式筹办，刘任筹备委员会主任，来兰州负责具体事宜，得和时在西北师院任教的冯再次相逢。民国33年6月1日，筹备工作就绪，刘任首任馆长。民国34年8月，国立西北图书馆改名国立兰州图书馆，刘仍任馆长。跋文落款所言“丁亥仲秋”即民国36年8月，时刘还在馆长任上，聘已兼任国立兰州大学中文系教授的冯兼任国立兰州图书馆编纂，和其他受聘专家一同整理图书文献，“始得与君朝夕共盘桓”。于此，冯作长诗《槐荫曝书歌，为刘馆长衡如作》，对刘筹备图书馆的伟绩热情赞颂。“衡如博通今刘向，《七略》能系中外望……分置鸿宝盈五车，涉江度陇劳远储。”[①]其间，冯以梁启超手札嘱题，可能是受

①冯国瑞《绛花楼诗集》，天水：内部铅印本，2000年，第96页、第165页。

冯所赠长诗的感染，刘以古体长诗代作跋文，别具一格。“南都初奠世右文”以下句是述跋者在金陵大学整理图籍时也曾得到梁先生的手迹，惜在日寇侵占南京时失散。于是有“展诵遗编倍怃然，热情沛溢真师友”的感叹。

(八)梁实秋跋。文曰：

民国八年，余在清华，聆听任公先生讲学。先生学问之淹博，世其真匹，而奖掖后进尤具热心，今睹遗墨，其爱才若渴之心跃然纸上。缅怀风范，黯然神伤，敬题数语，以志景仰追慕之私云耳！

廿四年季春北平梁实秋拜识

梁实秋(1903~1987年)，原名治华，祖籍浙江余杭县，生于北京。民国12年(1923年)，清华学校毕业。美国哈佛大学文学硕士。先后任教南京东南大学、青岛大学、北京大学、北京师范大学、台湾省立师范大学等著名学府。著有《雅舍小品》《雅舍散文》《英国文学史》等，译著《莎士比亚全集》等。

民国4年(1915年)梁实秋入清华学校，民国12年毕业，在清华园度过8年时光。1962年，他作长文《清华八年》记之。跋文中的“民国八年，余在清华，聆听任公先生讲学”所指是毕业前一年聆听梁启超在清华讲演之事。对此，梁有《梁任公先生的一次演讲》专记，而在《清华八年》一文中也忆及。其中《清华八年》有云：“于此我不能不提到梁任公先生。大概是我毕业前一年，我们几个学生集议请他来演讲。他的大公子梁思成是我同班同学，梁思永、梁思忠也都在清华，所以我们经过思成关系一约就成了。任公先生的学问事业是大家敬仰的，尤其是他心胸开朗，思想赶得上潮流，在五四以后俨然是学术重镇。他身体不高、头秃、双目炯炯有光，走起路来昂首阔步，一口广东官话，声如洪钟。他讲演的题目是《中国韵文里表现的情感》，他情感丰富，记忆力强，用手一敲秃头便能背诵出一大段诗词，有时手之舞之足之蹈之，有时口沫四溅涕泗滂沱，频频地从口袋里掏出一块大毛巾来揩眼睛，这篇讲演分数次讲完，有异常的成功，我个人对中国文学的兴趣就是被这一篇讲演所鼓动起来的。”①任公生动的讲演，只有梁公生动的文笔可副之。作跋的“二十四年季春”距任公讲演14年，景仰追慕之

①《梁实秋散文》(第一册)，北京：中国广播电视出版社，1989年，第215~216页。

情跃然纸上。数十年之后，作《任公先生的一次演讲》《清华八年》，景仰追慕之情依然如故。此皆尊师之佳话耳！

(九)胡适跋。文曰：

> 六年前任公先生病在北平，我北来看他，到平之日即是他去世之日，竟不得一诀！今见此卷，怀念故人，敬题数语，搁笔怃然。
>
> 廿四年四月胡适

胡适(1891~1962年)字适之，安徽绩溪人。中国公学肄业，美国哥伦比亚大学哲学博士。先后任北京大学教授、上海光华大学教授、中国公学校长、北京大学文学院院长、国民政府驻美国大使、北京大学校长等职。著有《尝试集》《中国哲学史》《白话文学史》等文史哲著作多部，结集为《胡适文存》、《胡适全集》等。

民国18年(1929年)1月19日，梁启超在北平去世。时胡适在中国公学校长任上，因协和医院事于是日抵北平，他当天的日记说："夜九点多钟到北京，叔永与白敦庸来接。到了叔永家中，抬头见梁任公一副对子，我问任公病如何，叔永说'你也许见得着他。'殊不料任公此时已死了八个钟头了！他是这一天下午两点一刻死的，叔永不知道，我们次日看报才知道的。"①又，1月20日之日记说："今日任公大敛，在广慧寺。我同叔永、陈寅恪、周寄梅去送他入殓。第一个见着蹇季常，他两眼噙着老泪，我说：我赶来迟了八个钟头，也不觉堕泪了。有许多任公旧友下泪的。任公为人最和蔼可爱，全无城府，一团孩子气。人们说他是阴谋家，真是恰得其反。"②由题跋"我北来看他，到平之日即是他去世之日，竟不得一诀"一语和日记片段来看，胡对自己到北平"赶来迟了八点钟"未能看任公最后一眼，耿耿于怀，遗憾之情溢于言表。胡和梁是近代中国的两位文化巨人，时有笔墨争战，但互相敬重，深厚情谊让人赞叹。

胡适题跋的时间"廿四年四月"和梁实秋题跋的时间"廿四年季春"，一用公历，一用农历，实为同一月，地点都在北平。而此时冯国瑞尚在青海省政府秘书长任上，其长诗《青海篇》即完成于此时。因此，胡、梁二先生的题跋可能是托人持梁启超手札请题而成，非冯当面请题，因为冯到达北平是在本年秋天。不巧得很！据《胡适日记全编》，他24年4月的日记只记

①②《胡适日记全编》(第五册)，合肥：安徽教育出版社，2001年，第352页。

28、29、30三天，其余缺如，题跋原委无从查证。

(十)刘文炳跋。文曰：

两札情文栩生，剀切深到，如见古人春风夜雪之友挚。新会绝年在十八年一月十九日，去此书仅十九阅月耳，仲翔君亦以未再侍为憾。乱世远别，相见未审何时，不能不怅惘者，其殆永诀之也。新会去后，余于其墨遗而有题此为其再。二十四年过定州，岭南霍俪白坚书其所卷之汤蕲水手书诗笺属题，卷中先有新会题。在系补录蕲水在美所寄之诗，盖前诗之前五首也。书法严整峻洁，题诗于蕲水颇伤。今一忆之，犹在惓惓。是年两至西山卧佛寺，皆为诗怀旧，今日㸌余，苦忆仅记二绝，记此留痕，能为未来天旋地转后之玄都观否？

遗恨天凉好个秋，几回欲说叹还休。幼安毕竟知煞味，生死文章任去留。

又到西山看佛来，七年风雨益相催。众生不解天花幽，痴向沉沉气睡回。

缅怀乔木凋零已久，时艰之急甚于眉头之艾，而中国人才之易消歇如此。

三十一年五月徐沟刘文炳，时仍羁秦州。

刘文炳(1876~1954年)字耀藜，山西徐沟(今清徐)人。清光绪二十八年(1902年)举人。曾任山西大学堂教务长、西北师范学院教授等职。著有《徐沟县志》等。

抗战军兴，甘肃天水成为大后防之重要城镇，中原、山陕流寓天水之人非常之多。刘就是此时渡河西来天水的，途中财物尽失，惟《徐沟县志》稿及参考资料得以保全。用新资料、新方法编纂的《徐沟县志》最终是在天水完成的。自题诗云：“干戈落落五周星，抱器西来毕汗青。写出秋风汾水色，梦魂夜夜萝摩亭。”民国31年(1942年)冯国瑞回家小住，于是请他在天水结识的忘年交刘文炳兴赏梁启超手札并题跋。刘在题跋之时忆及民国24年在定州(河北定县)应邀为霍坚(字俪白)所藏汤蕲水(汤化龙，和梁启超有旧)诗稿手卷题跋，看到卷中先有梁启超的题跋，内容是梁补录的汤在美国时寄梁的诗作五首。而当时两老已亡，于是"犹在倦倦"。接下来忆录其游西山卧佛寺七绝二首作结，别具风格。刘和冯都是学问家，志同道合，自然少不了过往交流。民国30年，冯所著《麦积山石窟志》成，刘为作序。民国33年，冯所编著《天水秦器汇考》成，其中收录刘之大作三篇：《与冯仲翔论秦公簋书》《秦公簋及秦和钟两铭为韵文说》《十有二公后之秦公》。[①]同年刘、冯还偕同考察麦积山。可见寓居天水的刘文炳和"时还我家"的冯国瑞学术交往是相当密切的。

（十一）罗家伦题跋。文曰：

水木清华染寇尘，怃瞻遗墨尚如新。扶持绝学传薪火，一代名师有几人？

手题梁任公先生手札以应仲翔学兄之命

罗家伦书于天水郡，时三十三年二月十三日。

罗家伦（1897~1969年），字志希，浙江绍兴人。北京大学肄业，留学美、英、法、德多所著名大学。历任清华大学校长、武汉大学教授、中央大学校长、国民政府驻印度大使、国民党党史史料编纂委员会主任委员等职。著有《科学与玄学》《新人生观》《新民族观》《心影游踪集》《文化教育与青年》等。

民国32年(1943年)3月2日，罗家伦任国民政府监察院新疆区监察使兼西北建设考察团团长。之后奉命率团考察西北五省公路、铁路、农业、工业、矿业、教育、卫生等项，"为时八月，凡历三万六千里"。考察团在完成考察之后，于12月17日至次年2月22日留居天水，草拟《西北建设考察报告》。就在此时，罗家伦将其行吟诗结集成《西北行吟》一册印行之[②]，其中有关于天水的诗作十余首。也在此时，冯国瑞和罗相晤，并请题跋于梁启超手札之后。梁是清华导师，冯是清华学生，而罗任过清华校长，罗题跋梁之手札，的确是再合适不过了。

（十二）张舜徽跋。文曰：

任公博学高识，汇纳众流，近代学人殆无出其右者。虽以王静安之精湛，晚而同主讲席于清华研究院，为多士所宗仰，然较

①冯国瑞《天水出土秦器汇考》，天水：陇南丛书编印社，民国33年。

②刘大有《诗人罗家伦抗战时期在天水的诗作》，政协天水市委员会文史资料委员会编《天水文史资料》（第五辑），第139~143页。

之任公，而门庭固稍褊矣。余尤喜诵其少年所为骈体文字，词采绝艳，直逼齐梁。当时辈流自谭浏阳外，罕与比俦。盖任公年少科第，实尝肆心力于沉思翰藻之文，故根底深厚，超逸庸常远甚。此札如不经意，而辞旨安雅，声调铿锵，荐说笺启，斯为极则矣。余尝怪梁门子弟遍天下，传其学者犹多，传其文者绝鲜，及交吾友仲翔先生，读其文，始大惊喜，以谓任公词章之传在是矣。盖仲翔游学宛平，并事梁、王二大师而兼取其长，于任公尤亲炙，故此札中所以称扬仲翔者亦特真切而不诬，非知之深者不能道也。方仲翔卒业西归，时年才二十余，气盛才美，持此札足以走公卿、跻通显。而仲翔还里后卒未尝一谒权门，置此札箧衍中逾二十年，惟一意敦古劝学，以演师说为兢兢，此犹今之所难能也。视世俗以学术为禽犊，奉文章为羔雁者，相去岂有量邪！此余展其卷所为浩然与慨者也。故乐为之记其后云。

丁亥中秋沅江张舜徽识

张舜徽(1911~1992年)，湖南沅江人。先后任民国大学、兰州大学、华中师范大学等校教授。著有《积石丛稿》《顾亭林学记》《周秦道论发微》《说文解字约注》《郑学丛著》《清人文集别录》《中国文献学》《爱晚庐随笔》《汉书艺文志通释》等文史论著数十种。

民国35年(1946年)，应兰州大学校长辛树帜之邀，张舜徽由湖南宁乡之民国大学北来任兰州大学中文系教授，并兼西北师范学院中文系教授。时冯国瑞任西北师大中文系教授，并兼兰州大学中文系教授。于是相识并订交，于是有"丁亥中秋"即民国35年中秋的跋文。跋文盛赞梁启超学问和词章之美，并赞冯国瑞学问和词章之美，谓得任公之真传。

对于当年欣赏任公手札和应邀题跋之情况，张舜徽先生《爱晚楼随笔》"康梁书"条目忆及："亡友天水冯国瑞(仲翔)教授，早岁毕业清华研究院，洎任将归。乞任公为作书札致甘肃省长畀以要职。书凡三纸，文与字并极工丽。盖任公早岁文尚魏晋，辞句高雅，而字迹又极清遒。仲翔得书喜甚，竟不谒权者之门。宝斯翰札，视同拱璧，旋付装池成手卷，什袭藏之。余讲学兰州时，仲翔出此卷属余题识其后，因留余斋数日，反复玩绎，不忍释手,余以此益叹任公书道之能。"①1990年,当冯国瑞诞辰九十周年,天水市社会科学联合会及冯之家乡门生故旧拟举办纪念会和学术研讨会以纪念之,会前冯之长媳周贞吉和张舜徽取得联系,张即刻回信,附"直谅多闻吾畏友,词章风采古才人"联一幅,并附注。其书信有云:"溯自一九四六年秋与尊先翁订交皋兰,往来亲密,遭时多故,遂致阔别无再见之缘,追念畴昔谈笑之欢,如昨日事,抚今忆往,能不痛心耶!……犹忆仲翔教授好古探奇,收藏不少,中有梁任公书札手卷一件,什袭珍存,尝嘱舜徽跋识其尾,不知此手卷尚存何处?幸勿率尔失之也。"②其对联附注有云:"余以一九四六年秋移砚入陇,讲学兰州大学及西北师范学院,始识冯仲翔教授于上庠,服其博学高文,引为挚友。再逾年而余南归,仲翔留滞乡邦,遭时多故,音问久绝。迨余一九八一年重游皋兰,而仲翔已早下世矣。追念前情,曷胜怆悼!兹值其乡里故人与及门弟子将开会纪念其九十诞辰之际,爰缀二语以志私痛云。"③一"信"一"注"毕现前辈学人君子之交情谊的历久弥深,让我们这些商品大潮冲击下后生们仰望不已。所幸张教授关心的梁任公书札于百劫之余至今由冯氏后人完好保存,并授权兰州碑林委员会放大刊刻于兰州碑林,可使陇人和游陇之人长久感受一代学人的风采。民国36年,当张舜徽移教南归之时,冯有《送张舜徽教授南归》诗:"世谁尊朴学,子独厌虚声。九畹滋沅澧,三苍力抗衡。危言宁岂废,漫夜有孤行。张翰西风感,临歧话后盟"。④因遭时多故,"后盟"始终没有变成现实,当再有音信时,其一人已在地下久矣。感慨之余可让人领悟到:没有安稳之环境,没有自由之思想,便没有学术。

行文至此,已冗长不堪,本该打住了,但似还应置几句说明语:其一,梁启超先生的手札及学者诸跋,事关清华校史,事关中国学术,对了解清华研究院状况、追寻文化大师们的经历和近代文化大事意义重大,属不可多得的文物精品;其二,手札题跋并非严格按时间顺序排列,如梁实秋、胡适二先生民国24年(1935年)的题跋就置于民国36年(1947年)刘国钧先生题跋之后,可证"长卷"非先装裱后题跋,而是另纸遍请题跋之后再统一装裱而成;其三,此札公布之后,发表言论之人很多,长文短篇不断,而时有错误相继、印象言之者,我对此札也是关注数年,考而述之,期与同好

①张舜徽《爱晚楼随笔》,《张舜徽集》(第二辑),武汉:华中师大出版社,2005年,第431页。

②③《张舜徽致周贞吉信》,政协天水市委员会文史资料委员会编《天水名札》,天水:内部铅印本,2005年,第226~227页。

④冯国瑞《绛花楼诗集》,天水:内部铅印本,2000年,第162页。

交流,以充分挖掘显扬手札及题跋之价值。

【附记】本文原刊于《甘肃社会科学》2007年第6期,因文章较长,发表时按编辑部要求删减之,兹入集者是没有删节的足本。

冯国瑞《麦积公社双玉兰堂诗纪》手书长卷及相关史事

《麦积山公社双玉兰堂诗纪》长卷，乃冯国瑞先生1961年撰并书，纵20厘米，横410厘米。长卷除主体"诗纪"而外，尚有相关诗作及"荷泽"王了望印"冯光私印"题跋，《西岳华山庙碑》的考证；邓宝珊省长的签名，丁希农、郝进贤、陈伯希等人的题跋。长卷书法精美，内容驳杂，涉及史事重要，是难得的地方历史文献，完整解读实属必要。兹以长卷内容先后为序著录并考释之。

一、"陇西荷泽"水晶印跋

是跋在卷首。题跋文下钤"陇西荷泽"印模，跋尾钤"冯国瑞"印。文曰：

> "陇西荷泽"王了望印，水晶石，虎纽，不知何时流落人间，心仪其人久，于其书法尤有偏嗜。卷端一印，甚无味。余得之，不知归何所耶，可笑！国瑞付记。

按：这里"卷端一印，甚无味。"是说在卷端钤一印之行为"甚无味"，是谦词。之所以"无味"，是因印与此长卷内容不甚搭边子，并不是说印本身"甚无味"。

王了望(1605~1686年)，甘肃陇西人，原名家柱，字胜用。39岁涉嫌下狱，次年出狱，更名予望，字荷泽。70岁时以孔子获麟绝笔典故为例，停止著述，再次更名了望，号绣佛头陀。①王了望功名止于监生，官位至于福建同安县令，皆不甚显赫，而其诗文、书法自然天成，傲岸独立，巍巍乎超然世俗之上，宛若神工鬼斧为之者也，读之、观之大有"此景只应天上有"的感觉。晚年，王了望往来秦州、陇西间，麦积区之麦积山、仙人崖，秦州区之瑞莲寺、弥陀寺，甘谷县之蔡家寺等名山大寺多有其匾联遗墨在焉，天水

①程凯《王了望诸疑考辨》，《陇右文化论丛》(第二辑)，兰州：甘肃人民出版社，2005年，第330页。

民间更是留有王了望的多种传说。

冯国瑞先生乃终生关注乡邦文化的大学者，书法及诗词歌赋样样精通，神交奇人王了望就在情理之中了。其《绛花楼诗集》卷三有《尧臣见过，偕游弥陀寺，王了望榜书尚有存者，睇视良久，遂度罗玉河至隗嚣宫，傍晚始归，寄新令》，赞了望书法云："了望健者兼能书，黄（道周）王（铎）张（二水）刑（子愿）一气嘘。草间偷活逃空虚，久矣于此听木鱼。绣佛头陀何人识，此意今复论汝余。闻说市上索酒薄，遗墨矜重信有诸。"[①]并杂拾旧闻成《王了望遗事》，对了望艺术成就叹尝有加，"尝见陇西人所编《搜珠集》，有了望诗、古文数十首，铿铿独到，多弦外响。其书法绍明末作风，在黄道周、王斯觉间，而纵横跌荡，郁律沉猛，虎虎生气，畸志峻节，活跃纸上，此中有人呼之欲出也。其气魄迥出因笃、山史之上，陇产或罕见此奇杰耶。"[②]由此可见其对王了望的心仪程度。能于无意中得"陇西荷泽"王了望水晶石印，"漫卷诗书喜欲狂"可见也。于长诗卷端钤一印以资纪念，虽不协调，有"可笑"之嫌，亦复可爱也。

二、双钩空心白文"双玉兰堂"、"邓宝珊"签名、冯国瑞说明性跋文

双钩空心白文"双玉兰堂"，落款"九十五岁白石题"，是为白石老人为甘泉双玉兰堂所题匾额墨迹勾勒本，其后是甘肃省人民政府省长邓宝珊的"邓宝珊"签名、钤章及"一九六一年二月一日"落款。而后是冯国瑞的说明性跋文。文云：

> 此拟照片缩临本，五五年邓宝珊省长在北京请老人书三榜：一为"望河楼"，二为"周旧邦"，三为"双玉兰堂"。前二榜均未刻悬，此榜刻木石之论久未决。至六〇年，自振始以木刻悬堂前，墨迹本存麦积山文物保管所。此亦"虎贲中郎"耳。

有关白石老人和"双玉兰堂"匾，其中颇有一段故事，其原委大抵如是。说1953年7月身为甘肃省文物管理委员会委员的冯国瑞先生应邀参加由吴作人、王朝文等知名专家组成的文化部麦积山勘察团，接到通知，便先

①冯国瑞《绛花楼诗集》，天水：内部铅印本，2000年，第68页。
②冯国瑞《绛花楼诗集》，天水：内部铅印本，2000年，第69~70页。

期来到甘泉镇世交张自振家等候尚未抵达天水的勘察团。甘泉镇明清时即为秦州东乡大镇，为通往麦积山之必经之地。距麦积区北道埠15公里、天水市区30公里。古镇山麓有一庙院，院内有两株古玉兰树。冯到甘泉之后，除千年玉兰大出其意料之外，还考出生长玉兰树的庙院系唐乾元二年(759年)诗圣杜甫流寓秦州时题咏的《太平寺泉眼》所在。庙院后的山麓台地，当地民众一直以“寺坪”称之，正是杜诗所言的“招提凭高冈”的太平寺所在，千年兴废无常，而寺院轮廓依稀可寻。对于在甘泉的两大收获，冯大喜过望，即让张自振按考察结果绘制“太平古寺”草图。勘察活动结束回兰后，冯向邓宝珊省长汇报家乡文物考察收获，建议将玉兰树和太平寺遗址设法予以保存，庙院内财神殿改建成杜甫纪念堂，悬挂杜甫画像，再图逐步恢复。因两株玉兰树分列财神殿前，冯建议将财神殿小院定名“双玉兰堂”，得邓省长认可。①当时协议恢复后的杜甫纪念堂即双玉兰堂由邓宝珊题匾，白石老人绘《杜甫行吟图》，陈半丁先生绘《双玉兰图》。邓和白石老人是称兄道弟的朋友，白石老人赠邓宝珊的书画作品每每以“宝珊老弟”称之。②适逢有人托邓请白石老人为“周旧邦”(牌坊，在甘肃庆阳县)“望河楼”(在当时省委机关此城墙上，下临大河)题匾，邓即将此二匾连同“双玉兰堂”匾及绘《杜甫行吟图》事一并请白石老人为之。匾题于1955年，从北京取回后，邓即委托在兰州参加会议的王专员将榜书送交麦积山文物保管所(双玉兰堂乃文管所保护范围)刊刻悬挂。③之后，榜书是立石还是制匾久议不决，曲曲折折就是挂不起来，最终张自振激于义愤，自出资请当地巧匠吉仲五将榜书刻制在椴木板上。匾宽两米，高一米，靛蓝底黑字，悬于庙院财神殿捲棚之上。时当“三年困难时期”的1960年，确是成之不易啊！难怪冯称张自振为“虎贲中郎”即有冲劲的勇于任事者。

这里论辩一事。齐白石先生“双玉兰堂”匾额落款为“九十五岁白石题”。据此，齐生清同治二年即1863年，按落款的“九十五岁”时当1957年。而事实情况是白石1937年75岁时，长沙舒贻上为算命，说“是年脱丙

①张举鹏《冯国瑞与双玉兰堂》，《冯国瑞百年诞辰学术纪念会刊》，天水：内部铅印本，2001年，第11页；马汉江《古镇奇人张自振》，天水市麦积旅游文化研究会《麦积旅游文化研究》(第二辑)，天水：内部铅印本，2008年。

②《邓宝珊将军》画册(甘肃人民出版社，2004年)刊齐白石先生赠邓宝珊画作3幅，篆书对联1幅，其中3幅书画作品均以“宝珊老弟”题款。

③我在天水一藏家处见到一封邓宝珊致张自振手扎，事关“双玉兰堂”榜书，文有曰：“双玉兰堂的题字，王专员来兰开会时已托他捎去，想早已收到了吧。”落款为“邓宝珊，一、廿九”信封上的邮戳为1955年。

运交辰运，美中不足。”于是他在命册上批记：“十二日戌时交运大吉……宜用‘瞒天过海法’，今年七十五，可口称七十七，作为逃过七十五关矣。”便自改年龄为77岁，从此，白石先生年龄皆虚报两岁。①所以落款“九十五岁”对应的实际年份应是1955年，而非1957年。

再补充说一事。“双玉兰堂”匾额很艰难地挂了起来，接下来不久就是“文化大革命”，甘泉有见识的群众为保护此匾，将匾裱糊严实，书之以“毛主席万岁”，使之逃过一劫。接下来，匾被人取去作床板使用，1979年方才由甘泉公社要回，所幸字迹尚称完好，但油漆剥落殆尽，遂重新装饰，呈白底黑字，现悬甘泉寺者即是。

三、“甘泉衍泽，嘉植播芳”题辞及文史札记

紧接着双空心白文“双玉兰堂”、“邓宝珊”签名，冯国瑞说明性跋文的便是“甘泉衍泽　嘉植播芳”题辞，仍由冯国瑞手书，汉隶体，横向排列。“甘泉”指庙院中之泉眼，即唐之太平寺泉眼、今之甘泉。“嘉植播芳”说的是庙院内的双玉兰树。落款四行，竖向排列：“自振老弟。其世守之。庚子腊八。石莲谷人。”而后钤“仲翔”、“绛花楼”印章。庚子腊八即农历一九六〇年腊月初八。“自振老弟，其世守之”当是嘱托自振世守“双玉兰堂”匾额，重视甘泉寺双玉兰等文物保护。或有理解“其世守之”是指对长卷的守护，非也。因为长卷的主体《麦积公社双玉兰堂诗纪》作于一九六一年，此时尚未有长卷。“甘泉衍泽，嘉植播芳”之前缝隙和题辞之上方空白处，有“冯光私印”印模和“西岳华山庙碑”笔记体考文一则，文云：

> 传世《西岳华山庙碑》，有长垣、关中、四明三拓本，题跋歌咏之盛得未曾有，自唐人徐浩有蔡邕书之说驳议在。据邕传，桓帝时“五侯”擅恣，闻邕善琴，召之。邕不得已，到偃师，称病而归。闲居玩古，不交当世，则无由至华岳书碑可知。碑尾书“桓帝延熹八年都水椽霸陵杜迁市石，遣书佐新丰郭香察书”。宋洪适《隶释》六：“郭香察书者，察莅他人之书。”，盖古碑例多不书石，且谓东汉无二名故也。且以“市石”对“察书”，此亦争辨至繁。杭州冯景以为“郭香姓名甚熟，穷旬日之力遍雠《后汉书》，得之《律历志》。

①胡适等《齐白石年谱》，合肥：安徽教育出版社，1999年，第236页。

灵帝熹平四年，五官郎中冯光等言，历元不正，太史治历郎中郭香、刘固意造妄说云云。此非即察书其人耶？”以灵帝熹平四年上距桓帝延熹八年，十年之间，由书佐迁郎中，亦仕宦常例。冯山公惮十日之勤而释千古之蔽，其治学之方法亦足可取。徐犹疑市石、察书刻者均非其人。究察何人之书，犹有剩意未解耳！

五三年至长安，陈尧廷以“冯光私印”见贻，尔时未知究系何之人，阅《华山碑》“长垣本”始知为五官郎中，与《华山碑》亦有相关史实。原印桥纽不及一寸，自易遗失，常在丛残中，时露见之，因盖一方，等闲牵引“冯光”于此卷端。自振应不解其故，因附纪如右。

冯国瑞先生富藏，精鉴定，为保留资料，顺手将“冯光私印”作引首章钤于“甘泉衍泽　嘉植播芳”题辞卷端，又大掉书袋，作了一则《西岳华山庙碑》的考证文字。原因是《后汉书·律历志》有五官郎中冯光言历事，涉及治历郎中郭香，杭州冯景考定此郭香即为《西岳华山庙碑》的察书者，冯国瑞先生赞同之，于是就有了这样一大段考订文字。貌似考证《西岳华山庙碑》，实际上是想说明，“冯光私印”即《后汉书·律历志》上出现的五官郎中冯光之印，而冯光是和《西岳山庙碑》的书者“郭香”是有交道的。

关于《西岳华山庙碑》的原拓本，冯考文言“三拓本”，实际是四拓本；一是长垣本，以明长垣王文荪收藏而得名；二是华阴本，先后为华阴东肇商和郭宗昌收藏，也称关中本；三是四明本，明时宁波丰熙万卷楼与范钦天一阁曾藏，宁波古称四明，故以“四明”名之；四是顺德本，因清季顺德李文田获存而得名。原碑盖于元时已毁，所以拓本金贵非凡，故历代文人“题跋歌咏之盛得未曾有”。举其著名者，若唐之徐浩，宋之洪适，明之郭宗昌，清之顾炎武、王弘撰、王铎、钱谦益、朱彝尊、翁方纲、阮元、毕沅、杨守敬、康有为等。而各家于拓本的先后、书者是“郭香”还是“郭香察”等问题各不相让，争论不已。今人考证之结论，判定原碑毁于元代，认为顺德、长垣是宋或更早的拓本，关中、四明则是金拓本；[①]至于书者，启功先生论定是“郭香察”而非“郭香”。[②]对冯国瑞先生引出的《西岳华山庙碑》我们就这样点到为至吧，否则就要离题万里了。至于“庙碑”题跋孰是孰非，因于主题无

①施安昌《评清人题西岳华山庙碑及其历史背景》，《故宫博物院院刊》1994 年第 4 期。
②启功《汉〈华山碑〉之书人》，《启功丛稿·题跋卷》，北京：中华书局，1981 年，第 245~248 页。

关，这是我们不做评判，投弃权票。

另，题辞落款上方有说明性文字一则，文曰：

五九年在省博物馆寝馈武威仪礼汉简者良久，于书风遂沾染东汉气味。

这是说因受武威出土仪礼汉简书体的影响，于是书写“甘泉衍泽　嘉植播芳”题辞时遂沾染东汉气味即以隶书为之。冯先生很少写隶法，其遗留的书法作品，隶体者仅《题安石儿击隼图》。[①]此处以隶书题辞，以东汉隶书盛行时人“冯光私印”作引首印，又附作被朱彝尊推崇为“当为汉隶第一品”的《西岳华山庙碑》考文，在风格上是统一的，一“隶”到底。

四、《麦积公社双玉兰堂诗纪》长诗

1961年夏，几年前即被划为“右派”的冯国瑞回到家乡天水，为避人耳目，由挚交张自振送甘泉云雾山住四十余日。九月，“右派”帽子被摘，遂返甘泉镇，由张自振陪同最后一次游双玉兰堂，在张家中完成《麦积公社双玉堂诗纪》长卷，系五言古风，计六十一韵。诗云：

杜甫客秦州，崖谷胜东柯。泉眼太平寺，甘泉倚翠螺。老树传天宝，玉兰对婆娑。干霄越盛唐，寂处老深窠。两人连合抱，希有此素皤。材大信难用，斧斤竞能越。玉萼纷万蕊，年年得春多。深山空谷里，诗声与荡摩。数间玉兰堂，来听此《七歌》。野老张自振，走告频呼号。奇花人罕识，未厌说滔滔。多事愿显微，举世惊非讹。不有麦积社，谁更表彰豪！散材终久存，诗纪付岭哦，(说公社建玉兰堂)。吾爱甘泉寺，风物饶水木。引泉通畦田，鳞次列板屋。菡萏藕花香，惺松邻槐国。古诗信有凭，西魏残石出。(寺崖出唐石刻像甚多，中有无首魏观音，系大统作风)。莘夷名翘异，寺门两木笔。万松不足论，众奇亭亭玉。山中留十日，欲此就卜筑。自振能先我，端解沧海粟。久怜熟黄粱，饥厌煮白石。年年看花开，千载迅转烛。开谢无荣枯，仰天笑换哭。怀土余旧念，襟抱

①冯国瑞百年诞辰学术纪念会筹委会编《冯国瑞书法精选》，天水：内部铅印本，2000年。

太隘促。伏恐被花恼，不敢树下读(双玉兰堂水木多异)。此堂初建成，肇锡专名道。

讵知中国大，同名出扬州。廿四桥东头，双树绿阴稠。昔者阮云台，行吟五尺楼。寻花双树庵，春及来泛舟。庆公能高咏，纪胜诗画谋。道光庚子事，文会赓唱酬。双树一合抱，未足与前侔。(临洮杨景德周兄来示此集，长白麟庆著有《凝香室鸿雪因缘图记》，第二集下有双树寻花，备载双树大可合抱，及题咏盛事，惟不能与唐玉兰比拟也)。颇闻一株花，琼瑶冠邗沟。盛衰替玉兰，在南称物尤，(志载扬州琼花，再移于宋，揭于金，枯于元。琼花凋谢后，双玉兰竞奇取艳，取名而代之)。夺名张艳帜，蕃厘花事休(琼花旧在城内蕃厘观)。洪杨遭兵燹，玉碎再难求。生命说动植，孰究胜寸筹。原始存森林，无人问春秋。人于动物中，微妙等蜉蝣。百年论齐物，乃为巨人愁。玉兰有万亿，年论息短修。(右说扬州双玉兰堂)。

古木松柏榆，槐梅甘棠等。玉兰非后来，亦足见轮囷。堂成欣嘉木，双柯异牡牝。春时花繁密，群鸽齐昂拥。秋晚灿赘实，历历悬朱槿。齐璜工草隶，题榜力扛鼎。书成能骇俗，技画绝笔竦。老人念白石，化未成先殒。玉兰双写真，夙获半丁允。早晚促动笔，甘泉耀光宠。宝珊惬邓林，晚归贾奇勇。昔来正开花，麦积穷窟洞。更游仙人岩，家山兴未尽。独喜自振直，垂老勤劳动。堂以树得名，树以人知重。从兹佳境合，名山双树拱。涉江休问花，览胜快度陇。(双玉兰堂记事，巨细不遗)。

按：本长诗是以诗记事，皆在表彰双玉兰及双玉兰堂，即如作者诗注所言："双玉兰堂记事，巨细不遗。"全诗大概表达了这么几层意思：

其一，"说公社建玉兰堂"，共十四韵。言玉兰老树传植于唐天宝年间，明杜甫所咏的太平寺泉眼正是"倚翠螺"的甘泉。"野老张自振"奔走呼号，麦积公社积极配合，终于恢复甘泉寺古寺，建成双玉兰堂。

其二，"说双玉兰堂水木多异"，共十三韵。双玉兰堂所在的甘泉寺，有涌泉，乾隆《直隶秦州新志》说："甘泉，东南六十里。平地涌泉，东流入永川，其中极盛，旱不竭，冬不冻，土人引以溉田，作寺覆其上，号甘泉寺。"有大柏,有“柏槐孕春”(泉边一古柏和古槐缠绕,槐树上又长出一椿树),水木的确多异,风水宝地啊!

其三,“说扬州双玉兰堂”,共十七韵。扬州乃历史文化名城,小桥流水,名园大寺,风光无限,烟花三月下扬州更是令人无限向往。尺五楼、双树庵乃扬州名胜,今已没落。阮云台即大学者阮元(1764~1849 年)云台其号也;庆公、长白麟庆即完颜麟庆(1791~1846 年)。阮元本是扬州仪征人,道光二十二年(1842 年)致仕后回到故乡扬州,居康山草堂。时麟庆为江南河道总督,驻节扬州。两人时有往还,同为高官加文豪,宴游吟咏之事自是不少。扬州的名花乃琼花,为落叶小乔木聚八仙的一个变种,洁白晶莹,清新淡雅,香气纯正,沁人心脾,所谓玉树琼花者也。唐宋以来,文人墨客兴赏题咏,引为盛事,有“淮扬一枝花,四海无同类”等句。蕃厘观,本名后土祠,此处一株琼花,树大花繁,士民称琼花观,北宋末年书画皇帝宋徽宗赐名“蕃厘观”。花开花落,花荣花枯,物理自然也。扬州人始终引琼花以为豪,老琼花枯了,新琼花又荣了,琼花亦被定为扬州市市花。1988 年始,扬州市政府即举办琼花节,现名“烟花三月旅游节”。至于扬州之双玉兰,其名气似乎从未超过琼花,图书鲜有记载。“扬州八怪”之一的罗聘,其志同道合的妻子白婉仪在一画中落款:“淮扬之玲珑仙馆植双玉兰于堂前,诸词客流连觞咏其中”①此盖冯先生所咏之扬州双玉兰了。此玉兰植于宋,枯于清末。按冯先生诗意,扬州之琼花王,金人南侵时遭劫,元时枯萎;宋玉兰竟夺其艳,清末枯萎,所以只能是“蕃厘花事休”了。咏扬州双玉兰,目的是为天水双玉兰张本;说历史,天水是“老树传天宝”的唐玉兰,而扬州是琼花王枯萎后显名的宋玉兰;天水玉兰存,而扬州玉兰枯,于是乎天水玉兰自然是玉兰中的花魁了。打个不太恰当的比方,咏扬州双玉兰,就像为了证明本姑娘漂亮,特意拉一“东施”作陪衬。事实上,扬州花事一直很盛,老双玉兰是枯萎了,而现如今扬州之玉兰为行道树之一,琼花玉兰花构成“烟花三月”的主体内容。

其四,说玉兰放花时节的繁密香艳,说白石老人“双玉兰堂”榜书惊世骇俗,说邓宝珊省长对双玉兰堂的关切、老朋友张自振对双玉兰堂建设付出的辛勤劳动。共十七韵。白石老人是绘画大师,人所共知,同时他也是书法篆刻大师,其晚年书法融李北海、何绍基、金农、郑板桥、吴昌硕以及《天

①刘凯《一家仙人古卷属,墨池画笺相扶持》,《收藏拍卖导报》2004 年 7 月 8 日。

发神谶碑》于一炉，[1]笔画纵横雄劲，大气磅礴；结体自然朴实，内容外张，形成自己独特的风格。"双玉兰堂"榜书乃老人草隶精品，也是老人一生中所写最大的字，故冯先生不禁赞叹"齐璜工草隶，题榜力扛鼎。书成能骇俗，技画绝笔竦。"景是自然的，也是人造的。于双玉兰堂的创建，邓宝珊省长大力支持，冯国瑞不遗余力。所谓"人造景"的措施之一就是名家题匾作画。白石老人题榜之后两年即去世，"画未成先殒"，而陈半丁先生允诺的《双玉兰图》也未完成，"人造景"美中尚显不足。[2]我在天水一藏家处见一"七歌堂"行书匾额，据说就是陈半丁为双玉兰堂创作的。诗成的1961年，陈半丁先生也86岁了，完全可以用白石先生自称的"老人"二字。诗成的第二年6月，心系双玉兰堂的邓宝珊先生又为双玉兰堂作一联，曰：

万丈光芒传老杜；双柯磊落得芳兰。

另：冯先生长子安石工绘事，1958冯命绘制《杜少陵先生戴笠图》以补白石老人未能完成《行吟图》之憾，图有邓宝珊、吴鸿宾、范振绪等人题跋，时当1959年。其详情略，当另文叙述。双玉兰堂深厚的文化底蕴和国内一流名家书画结合，自然是树以人知重，有效地提升了双玉兰堂的文化内涵，当然要"涉江休问花，览胜快度陇"了。

关于诗题的"麦积公社"应解释一下。双玉兰堂所在的甘泉，明清以来一直是镇，1951年为甘泉乡，1958年9月甘泉与街子、麦积三乡合并成立麦积公社，公社驻甘泉寺，1961年7月街子、麦积分出另设公社，于是有甘泉公社。[3]冯国瑞撰书"双玉兰诗纪"长卷时，正当甘泉、街子、麦积合并的大公社时期，故以"麦积公社"名之。之后麦积公社犹存，但和1958年9月~1961年7月间的麦积公社是两码子事，其辖区在甘泉公社西，公社驻地是贾家河村。

接下来，关于双玉兰应补充说明一番。甘泉寺内双玉兰位列双玉兰堂左右两侧，相距5米，东侧一株高17米，树围235厘米，基围330厘米，冠幅南北12米，东西13米；西侧一株树高16米，树围194厘米，基围210

①潘深亮《齐白石书法艺术及辨伪初探》，《收藏家》2004年第12期。

②陈半丁（1876~1970年）先生和齐白石同为北方画坛的巨擘，惺惺相惜，交情深厚，合作完成画作在百幅以上，如《和平颂》《普天同庆》《荷谷图》等，陈半丁和邓宝珊的交情也很深，2004年甘肃人民出版《邓宝珊将军》画册刊陈赠邓之书画作品6幅。

③《北道区志》，兰州：甘肃文化出版社，1997年，第62页。

厘米，冠幅南北12米，东西8米。[①]两树枝密叶茂，相互交通，树冠浓郁，乔柯耸立，蔚为壮观。还要说明一番的是，我们不厌其烦记叙的双玉兰当地群称“木莲花”或“木兰花”，冯先生的诗里有“莘荑名翘异，寺门双木笔”之说，那么，“莘荑”、“木笔”又和玉兰是什么关系呢？

天水的古树专家和林业专家认定，甘泉双玉兰乃武当玉兰，也可称朱砂玉兰，其特征：

> 落叶乔木。树皮灰色，光滑。芽长圆形，被淡黄色柔毛。叶倒卵状长圆形，长12~15厘米，宽4~6厘米，先端急尖，基部楔形，叶柄长1~2.5厘米，托叶一对早落。花芽先一年秋末形成，外被灰白色厚绒毛；花先叶开放，大形，白色外带玫瑰红色，有香气，花被片等大12片稀14片或较少，雄蕊长达15毫米，花丝紫红色，花药狭细，尖锥形，较花丝长；雌蕊长3厘米，花柱深紫色。聚合果圆柱形，长达13厘米。花期3月，果期7~8月。[②]

武当玉兰在天水小陇山林区沿秦岭梁各林场均有分布，多散生于杂木林中，甘泉之双玉兰乃名副其实的玉兰王。按传统树木学分类法，大的方面武当玉兰属木兰科，木兰科又分木莲属、木兰属、香花木属、含笑属、鹅掌楸属，细划一下，武当玉兰属木兰科的木兰属。[③]而木兰属中还有名紫玉兰者，又名木兰、辛夷、木笔，其主要特征是“落叶灌木，高达5米，多丛生”，那么甘泉双玉兰和紫玉兰对比，一为乔木、一为灌木，是两个不同的树种，据此，冯国瑞诗中将双玉兰称之为“辛夷”或“木笔”都是欠妥的。民国《天水县志·地理志》“物产”之辛夷条说：“一名侯桃，一名房木，又名木笔花”盖天水人将玉兰没有细分，笼统辛夷或木笔花。事实上是，玉兰属树种花蕾入药，则通称辛夷，为传统中药材。按最新的研究成果认为，将玉兰属并入木兰属统称木兰属是不妥的，木兰科下理应有一个玉兰属，其最显明的标志是，先放花后长叶子，花直立者乃玉兰属；混合芽外数片叶展开后雏花再生长一段时放花，花有直立有下垂者乃木兰属。[④]据此，则甘泉双玉兰应归木兰科玉兰属。

玉兰属植物起源甚早，其发端上限可推至白垩纪的阿普第阶段，在从

①万惠宇撰文，李健君摄影《天水古树》，兰州：甘肃文化出版社，2002年，第102页。
②安定国《甘肃省小陇山高等植物志》，兰州：甘肃民族出版社，2002年，第511~512页。
③南京林业学校《树木学》，北京：中国林业出版社，1985年，第47页，第51页。
④傅大立《玉兰属研究》，《武汉植物学研究》2001年第3期。

南到北的北半球均有分布。受第四纪冰川的影响，欧洲、非洲的木兰属和玉兰属植物灭绝，其余各地也寥寥无几，而在中国分布区保留了世界玉兰属植物总种数的90%，故中国是玉兰属植物的现代分布中心，起源中心，也是多样性中心。[①]玉兰(古书中多称木兰)是中国特产名花，栽培历史已逾两千年。屈原《离骚》即有“朝搴阰之木兰兮，夕揽洲之宿莽”咏玉兰诗句。中国玉兰分布虽广，而可称古树的玉兰并不多见，著名者仅有江苏连云港市郊延福观的宋代白玉兰及江苏太湖东洞庭山紫金庵的宋代白玉兰，河南南召县玉岗镇的宋代紫玉兰等数株；北京西山大觉寺以古树名木驰名，有“古寺兰香”之称的玉兰，只是乾隆时所植，再如北京潭柘寺的“二乔玉兰”也是清代所植。可以说国内超一千年树龄的玉兰，凤毛麟角而已。如甘泉双玉兰树龄确能推到“忆昔开元天宝间”的盛唐，无疑是中国之最了。

五、冯国瑞致张自振、邓宝珊诗

“双玉兰堂纪”长诗之后是冯国瑞致张自振诗。诗题《(二月十九日)张自振寄赠玉兰数枝》，并标明时间是“丙申”即1956年。诗曰：

故园老树玉兰开，每到花时却倦回。料峭东风尚如此，多君遥寄数枝来。

殷勤供养味清新，消受胆瓶亦可人。赢得轻颦成梦忆，也无聊奈说前身。

解带十围阴匝地，皴皮百尺气干霄。明知阅世经天宝，旦暮千年未觉遥。

古寺寒泉杜老诗，屈蟠穿石丑枝奇。颇闻子野侥心力，好事新砻没字碑。

按：自从动议建双玉兰堂，冯国瑞先生对双玉兰关注有加，到了魂牵梦绕的程度，我从天水一藏家处看到一封冯国瑞致张自振手扎，主要是谈甘泉发现汉墓事，托张自振将铜镜作拓片寄来，信之末尾附言：“玉兰花包有多大，山中雪消否？”。时间是1955年3月5日，信封署“天水甘泉双玉堂张

①刘荷芬《玉兰属植物起源与地理分布》，《河南科学》2008年第8期。

自振同志启”盖冯国瑞对玉兰如此关心，于是次年有张自振寄“玉兰数枝”事。

致张自振诗后是《辛丑三月十四日见邓宝珊题双玉兰堂诗纪》，辛丑年即1961年。诗曰：

迟放玉兰待数辰，年深天宝过千春。题诗壁上无虚语，今日花间忆故人。

按：“双玉兰堂诗纪”长诗齐白石及“双玉兰堂”榜书双钩体书法等相关资料装裱成卷之后，2月1日邓宝珊省长过目，有签名和钤章。稍后，冯国瑞拜读邓宝珊题双玉兰堂诗，故赋本诗。

六、裴建准跋

是为冯国瑞先生在世时请人题写的唯一跋文。文曰：

庚子腊月中旬拜观并董读于兰皋晋晋斋之西窗，南谷山樵建准，时年七十有八。

按：此跋紧连在上述《见邓宝珊题双玉兰堂诗纪》之后。“庚子腊月中旬”即农历一九六〇年十二月中旬，时间和“邓宝珊”签名落款“一九六一年二月一日”(公历)相当。

题跋者“建准”即裴建准(1885~1969年)，字孟威，祖籍山西，本籍甘肃广河县三甲集镇，后迁居渭源县南谷乡，其斋名“晋晋斋”，号“南谷山樵”都和他的籍贯相关。保定陆军学堂毕业，先后任河州镇守使、肃州镇守使、甘肃省政府军事处长、兰州市议会长等职，解放后任甘肃省第一届各界人民代表会议代表、政协甘肃省第一二届驻省委员等职。擅长书画，工笔“八骏图”闻名陇上。

七、刘大有所请“耤阳老人”等题跋或签名三则

长卷装裱之后，冯国瑞先生交由修葺双玉兰堂的功臣张自振保存，张去世之后长卷一段时间在天水刘大有处。刘富于收藏，和甘肃文化名人多有交往，为增加长卷文化含量，刘约邀“耤阳老人”等题跋，于是长卷又增三跋。

其一，“耤阳老人”题跋，为七绝二首，挤置《麦积山公社双玉兰堂诗纪》之前空白处，文曰：

双玉兰花璀璨枝，满腔丧乱秦州诗。漂零我洒同情泪，风雨迷离入蜀时。

麦积山上玉兰堂，树映月光影亦香。千载有人赓余韵，竟抛珠玉谱新章。

按：落款是“丁巳岁暮耤阳老人”。“丁巳岁”即1977年。“耤阳老人”为天水关子镇一甄姓学人之号。

其二，郝进贤题名。题曰：

兰山郝进贤拜观于一九七七年秋。

按：题名列“裴建准跋”之后。语“兰山”乃皋兰山之简称，郝进贤为兰州市人，故以“兰山”称之。郝进贤（1914~1993年）为甘肃省工艺美术研究所高级工艺美术师，陇上著名书画家，擅长山水花鸟。

其三，陈伯希题跋，位列郝进贤题名之后，文曰：

白石先生是国内外有声望的画家，出生在湖南湘潭一个农民家庭里，画名大著后自称“杏子坞老民”、“木人”、“鲁班门下”以农民木匠为荣，并刻有“星塘白屋不出公卿”以明志。解放后，曾画《海为龙世界，云是鹤家乡》等作品，歌颂党、歌颂伟大领袖毛主席。齐老拥护党、拥护毛主席、拥护社会主义新中国，是一位

爱国的画家。今观自振张君生前所藏冯国瑞先生双钩“双玉兰堂”匾额，虽鸿爪泥印，可见自振经营少陵客秦州遗址、珍惜齐大墨迹大力，诚可敬也。

按：落款“丁巳孟冬伯希”，丁巳孟冬即农历一九七七年十月。“伯希”即甘肃省名书画家陈伯希。陈伯希先生对白石老人晚年的不公正待遇愤愤不平，故题跋大有“鉴定”的味道，一九七七年正当全国改革开放的前夜，语言大有时代特色。

陈伯希(1922~ 年)斋号若蝉，山东潍坊人。1942年毕业于延安鲁迅艺术学院美术系。抗日战争时期、解放战争时期在八路军、解放军中从事专业美术工作，创作大量歌颂人民军队的版画、连环画、宣传画等绘画作品。解放后，先后担任西北美术家协会书记处书记、《甘肃画报》总编辑、中国美术家协会甘肃省分会主席、甘肃省文学艺术家联合会副主席等职务。现为甘肃书画研究院院长，国家一级美术师，作品结集为《陈伯希书画集》《陈伯希花鸟画选》《陈伯希画集》等。工书善画，以花鸟见长，为全国知名艺术家。

至此，关于长卷的话大致说完了，再说几句与之相关的题外话。刘大有持卷题跋之后，刘将长卷转交张自振后人保存，后张之家人将长卷作价5000元让于一天水收藏家，“陇西荷泽”王了望水晶印因价格有争议而作罢。闻长卷尚在天水，流出之后，有天水好家复印数份流传，我就曾见过两份复印件，冯国瑞先生后人即藏有复印件一，装裱后和原卷等大。为避免混淆视听，还得说一句有用但很可能得罪人的话，天水市政协文史委员会所编《邓宝珊将军》画册，为反映邓宝珊省长关注双玉兰堂复兴的佳话，将此长卷附于“画册”之尾，可能是由于卷子太长，摄影时并数张照片方能穷尽，而编者不慎，致使卷子题跋、题辞等在组合上颠三倒四，顺序全然排乱，《麦积公社双玉兰堂诗纪》中间接错，无法卒读。另外，“画册”所附长卷乃按复印件排照，冯国瑞小字题跋模糊不清，盖因此也。

甘泉镇乃千年名镇，而双玉兰堂所在是千年名寺太平寺。举其大者，寺内有古柏、有大槐、有清泉、有繁花摇香的双玉兰，有景观、有看头啊！有诗圣杜甫的《太平寺泉眼》，有国画大师齐白石的“双玉兰堂”匾额，有邓宝珊、冯国瑞、张自振等乡贤努力复兴双玉兰堂的故事，有邓宝珊省长的对联、诗作，有冯国瑞《麦积公社双玉兰堂诗纪》这样的珍资文物，有文化、有说头啊！当此之际，当政者应充分认识到双玉兰堂的历史、人文优势，重新规划，大手笔投入，发扬而光大之，将好东西全部摆到人们眼前（比如“长卷”及杜甫诗上），使天水再增一处让人看了回味无穷的名胜。“长卷”是好东西，如不充分利用就只能是明珠投暗了，也就对不住我们的乡贤了。

【附记】本文原刊于政协天水市委员会文史资料委员会、麦积山石窟研究所编《天水文史资料》第十五辑《冯国瑞纪念集》，兰州大学出版社，2010年。

冯国瑞先生与《二妙碑帖》

冯国瑞先生为陇上著名学者,是天水诞生的文化英才,出于对家乡的热爱,其学术研究的一个重要方面就是乡邦文化,或者说是天水地方文化,研究范畴包括历史、文学、文物考古各个方面,成绩斐然。名著有辑佚《秦州志》《麦积山石窟志》《天水出土秦器汇考》等。《二妙碑帖》作为天水的文化瑰宝,很自然进入了冯国瑞先生的研究视野。

一

二妙碑帖成于顺治十三年(1656年),是清初著名诗人宋琬策划主持集兰州肃王府存《淳化阁帖》王羲之、王献之书法刻杜甫陇右诗而为之,诗为诗圣之诗,字为书圣之字,诗妙字妙,故称“二妙”。碑原在玉泉观李杜祠(又称大雅堂),康熙年间因战乱而散佚,仅有拓本少量流传,“好古者惜焉”。碑帖诞生127年以后的乾隆四十八年(1783年),秦州知州王宽偶然在西关僧房发现用作捣衣石的二妙碑,次年在离官临行之前作《二妙轩题跋》记其始末:

> 西州风雅倡自东柯。国初,东海宋荔裳先生分宪秦州,谒西岩杜少陵祠,曾集《淳化阁帖》字,泐《秦州杂诗》及《同谷七歌》数十篇,构亭刻石于壁,向称“二妙”,迄今散佚无存矣。余于癸卯秋谢秦州事,寓居使院半年有余。闲中偶至东关僧舍,见阶前捣衣石,剔藓钩摹,尚得四首完整如故。于戏!草堂遗韵,易代寥绝,去今千有余年,而诗履犹存;宋碑距今甫百年耳,石亡而亭亦久圮,不胜覆瓿砺角之感。□□划削磨没,并此百六十字而尽失之。因移置使院壁间,以存前辈名迹。他年墙角阶心倘能续成完璧,有厚望焉。爰识颠末以告后之君子。并系以诗……使院书室幽敞,息于此自春徂秋,临行题额,以志雪爪云尔。时乾隆甲辰夏四月

既望后五华山王宽题并书。①

王宽这位有心人，在感慨文物沧桑的同时，将仅存的四首百六字诗碑移置使院加以保护，并厚望后之君子能“续成完璧”，即在研究和整理二妙碑方面有所进展。

二

又过了151年，民国23年(1934年)，冯国瑞先生从青海省政府秘书长任上奉亲归里，和师友酬唱往还，畅谈里中文献。从周西山先生处得观《二妙碑帖》拓本，赏析考证，作《秦州杜诗石刻记》，成为王宽的同道知音，文如下：

东海宋荔裳先生(琬)，顺治丙申官秦州，闻有杜诗石刻，而未见也，即拓本亦未见流传。乾隆甲辰，知州事华山王宽卸官，寓居使院，偶至西关僧舍，见阶前捣衣石，剔藓而出之，尚得诗四首，百六十字。移置使院壁间，且系以诗，颜曰“二妙轩”，盖杜诗而集晋帖《怀仁圣教序》之类也。使院既废，此石何时移嵌孔庙明伦堂西壁，无可考。而裂石凡四，首尾不联贯，《秦州杂诗》有四首，余则《月夜忆舍弟》《示侄佐》《佐还山后寄三首》《废畦》《除架》《西枝村寻置草堂宿赞公房二首》，凡五十六行，与王宽所记者异，岂宽后复有人于墙角阶心获残石汇集于斯耶？

甲戌秋，余省亲归里，与周西山君昕夕往还。谈里中文献，出示其藏石刻拓本长卷，高六寸许，长四丈一尺许。卷端为少陵先生遗像，荔裳有隶书像赞。(赞曰：猗嗟先生，志侔稷契。遘难播迁，身穷道洁。同谷秦川，兹焉停辙。拾橡行歌，怀君沥血。灿灿遗编，星云并列。譬彼嵩华，俯临群垤。瞻仰德容，我心如结。陇水东流，千年呜咽。)起自《秦州杂诗》，至《木皮岭》，古今体凡数十首，集字颇精。如《同谷七歌》以钟楷，《凤凰台》之以章草，天孙

①《二妙轩题跋》原刊任承允撰《秦州直隶州新志》卷6《艺文》，标题为《二妙轩帖题跋》。2014年春从刘俊琪先生处得见《二妙轩题跋》拓本，和州志所录对照，虽语意相仿，但字句不同者时有所见，想必是收录时善写文章的任先生整体“顺”了一遍，且不收跋文落款。兹依拓本征引之，以恢复题跋本来面目。

云锦，无针线迹。卷尾有荔裳《杜诗石刻题后》。荔裳官秦州，拜少陵祠而新之，皋兰张生长于钩摹之技，因取杜诗流寓秦州、同谷诸诗作，集古人书法勒之石刻，爰构一亭，列石于其壁。杜祠在州西北阜玉泉观，与太白并祀，所谓李杜祠也。题跋者有：陈宝党崇雅、南玭东荫商、吴门王一经、河中聂玠、洞庭邓旭，凡五人。诸诗惟《鹦鹉》一首，各本皆选在入蜀后，泛咏鹦鹉，寄不遇之意，梁权道编在大历元年夔州诗内。顾宸谓此篇写才人失路，托身异族之感，如魏武之于杨修，隋炀之于薛道衡，皆所谓怜复损也。荔裳移入度陇诸篇中，意者亦有所寄欤！皋兰张正言、张正心尝摹淳化阁帖，荔裳所云皋兰张生，或亦正言之裔欤？

鸣呼！杜祠久墟，已无亭榭之遗。十年前尚见乡里耆旧登临觞咏之盛，今不可得矣。而此卷王宽辈恐亦未之见，残石零落，幸有此耳！西山又谓此卷旧藏苏岘青莀家，岘青得之安定云。①

本文只800余字，干净利索，详尽地考释了《二妙碑帖》的来龙去脉，且在王宽基础上有所创新。

(一)说明《二妙碑帖》无论是碑石还是拓本，乾隆以降已成罕睹之物。

(二)继王宽《二妙轩题跋》之后，对碑流传情况整体考察，说明剩余碑石当时保存于秦州文庙明伦堂，指出遗存碑石和王宽所记有出入，并列出具体存诗名称。

(三)按前后顺序全面介绍《二妙碑帖》内容，并对书体进行考释。

(四)列作跋者的籍贯姓名，解说《鹦鹉》一诗入碑的原因，考摹刻者张正言、张正心之身世。

(五)叹杜祠久废，文物零落，指出拓本之来源。距冯先生作记68年的今天，文庙明伦堂留存有异于王宽所议的十三首五十六行破残诗碑，早以荡然无存(仅剩两通，存天水市博物馆)，如没有冯先生这样的有心人考察笔录，后人对《二妙碑帖》的流传情况认知也将荡然无存。冯先生无疑是继王宽之后研究“此碑帖”第一人。

①冯国瑞《秦州杜诗石刻记》，《国风》(南京)半月刊1953年第六卷，第五六合期，第42页。

三

冯国瑞先生博览强记,多才多艺,文史而外,在书画领域也有很高的造诣。收藏诸多名帖,常年临习不辍,于右任、丁希农、叶公绰、沈鹏等著名书法家均对其临习作品有很高的评价。对《二妙碑帖》这样的名帖,冯国瑞先生当然不会随手放过。考释之余,按拓本风格认真临摹,装订成册,计86页,现存麦积山石窟艺术研究所。封面为邓宝珊将军题署“杜少陵流寓诗”,扉页为冯之好友张自振题署“杜少陵秦州流寓诗四卷”字样;第3页为线描杜甫半身像、宋琬像赞及丁希农跋,4~70页为临摹之杜甫陇右诗60首,71~86页为冯国瑞等人的书法题跋,凡九则。丁希农题跋云:“莱阳宋荔裳先生官秦州有声,至今水月寺旁专祠尚存。杜诗石刻久佚,拓本已极少见。仲翔兄摹此本存杜老纪念堂,自盛事也。卷首此赞隶书有明清人风味。”[①]摹本形神兼备,流畅自然,兼有名人题跋,亦成为不可多得的文物。

四

阅读冯国瑞先生的《秦州杜诗石刻记》,欣赏《二妙碑帖》摹本,可完整地透视出其对本碑帖的钟爱和保护文物的远见卓识。正如韩愈所言“千里马常有,而伯乐不常有”。清初大诗人宋琬天才创意,集书圣之字刻诗圣之诗而为二妙轩碑,诚瑰宝也。而后人不知保护,任其淹灭无闻。乾隆间知州王宽偶尔在僧舍巧遇,考释作跋,诚不幸中的万幸。民国间,冯国瑞先生偶尔在朋友处巧遇此物,慧眼识宝,考释作记,又是不幸中的万幸。时光到了1995年,天水市委、市政府决定在南郭寺筹建诗圣杜甫秦州诗墨迹碑林,筹建组诸公广征博采、访寻求宝,文艺界诸贤积极推荐,于是冯国瑞先生好友周西山后人周恒将二妙碑拓本捐献桑梓。此帖在历经各种风风雨雨之后,居然基本完好,也是不幸中的万幸。1998年,筹建组以此帖为蓝本,认真考订校正,放大刻制,建成仿唐风格二妙轩碑廊。至此,宋琬之后,经诸多有心人的努力,《二妙碑帖》终于重现昔日风采。现在,当我们徜徉诗圣碑林,欣赏诗圣、书圣跨时空联袂的艺术珍品时,很自然就会联想到宋

①张锦秀《麦积山石窟志》,兰州:甘肃人民出版社,2002年第201页。

琬、王宽、冯国瑞、周西山等诸先贤，他们对《二妙碑帖》的策划表彰、研究珍藏之功是不可磨灭的，也是不可忘记的。作为后学，应继奇光之往，真正认识和弘扬碑帖价值，加大研究力度，让这一中华瑰宝在新的世纪再放异彩，使之为天水文化的繁荣和经济的发展起到应有的作用。

【附记】本文原刊于冯国瑞百年诞辰学术纪念会筹委会编《冯国瑞百年诞辰学术纪念会会刊》(天水：内部铅印本，2001 年)，发表时署名陈冠英、刘雁翔，入集时利用新发现资料重新修订。

冯国瑞与《天水出土秦器汇考》

一

《天水出土秦器汇考》(下文简称"汇考"),天水冯国瑞撰,陇南丛书编印社民国33年(1944年)出版。本书的编次为:

第一部分,附图。1. 秦公簋器型摹本;2. "秦公簋器铭"双钩摹本 3. "秦公簋器盖刻辞"摹本;4. 秦公钟刻辞摹本;5. 秦车輨图摹本。

第二部分,序跋。1. 胡受谦序;2. 冯国瑞自序;3. 王国维《秦公簋跋》;4. 商承祚《秦公簋跋》;5. 郭沫若《秦公簋韵读》。指出一点,王之跋文和郭之"韵读"是附录的相关研究文章,只有商之跋才是"汇考"的跋。

第三部分,学友论文。1. 刘文炳《与冯仲翔论秦公簋书》;2. 刘文炳《秦公簋及秦盄龢钟两铭文为韵文说》;3. 刘文炳《十有二公后之秦公说》;4. 吴其昌《与冯仲翔论秦器书》。

第四部分,冯国瑞考文三篇。1.《秦公簋器铭考释》;2.《秦公钟器铭考释》;3.《秦车輨图考》。

第五部分,附录——陇南丛书编印社及所出书籍介绍。1. 陇南丛书编印社之主旨;2. 陇南丛书编印社已印行书目提要。

二

本文旨在介绍,不在乎论。介绍完了"汇考"的内容梗概,我们再来介绍和"汇考"相关的学者。当然介绍相关学者,首先应该是作者冯国瑞,但冯先生的生平事迹、学术贡献在本辑"问学冯门"各篇中时有介绍,这里不再重复。兹依次介绍写序跋之作者胡受谦、商承祚以及"论文"学友刘文炳、商承祚、吴其昌。

胡受谦(1995~1948年),湖北安陆人,湖北立法专门学校、湖北陆军学堂毕业。长期供职军界,1938 年任西安军训班班主任,后任甘肃省保安处少将副处长。1944 年 7 月~1947 年 6 月任甘肃省第四区行政行政督察专员公署专员。同年 11 月任湖北省安陆县县长,1948 年 2 月 17 日在解放军解放安陆战役中兵败自杀。胡受谦任专员时,专署驻地就在冯国瑞老家天水。胡是天水地方的最高行政长官,冯是天水最有学问的人,很自然就成了熟人。胡为军人,要说学问,尤其是和考古有关的学问,真的没有多少,读他“王顾左右而言他”的序可知矣。胡之序属领导作序者流。但此君当政期间曾支持麦积山石窟麦积山馆之修建和伏羲庙门坊之修建, 对地方文化有所贡献。

刘文炳(1876~1954 年),字耀藜,山西徐沟县(今清徐)人。清光绪二十八年(1902 年)举人。任徐沟县金河书院、清源县清源书院山长。后经本县资助赴日本入东洋大学学习。同盟会员。民国初年,任山西大学堂教务长兼讲授理化、博物等课。1914 年到北京后,任内务部、教育部鉴事、参事、代理司长等职。1929 年徐沟县志局成立,刘被推任总纂。抗战军兴,甘肃天水成为大后防之重要城镇,中原、山陕流寓天水之人非常之多。刘就是此时渡河西来天水的,途中财物尽失,惟《徐沟县志》稿及参考资料得以保全。用新资料、新方法编纂的《徐沟县志》最终在天水完成。刘和冯都是学问家,志同道合,自然少不了过往交流。1941 年,冯所著《麦积山石窟志》成,刘为作序。1942 年刘为冯所藏梁启超手札题跋。1944 年,冯所编著《天水出土秦器汇考》成,收录刘讨论秦器的大作三篇自是情理中事。同年刘、冯还偕同考察麦积山。可见寓居天水的刘文炳和“时还我家”的冯国瑞学术交往是相当密切的。1944 年刘文炳受聘于兰州西北师范学院国文系,1948 年退休。全国解放后寓居北京,1954 年去世。

商承祚(1902~1991 年),字锡永,号契斋,广东省番禺县人。著名金石学家、古文字学家。先后在南京东南大学、中山大学、北京女子师范大学、清华大学、北京大学、金陵大学等多所大学任教。有《殷墟文字类编》《说文中之古文考》等著作。商之跋文作于 1943 年 4 月 10 日。文尾有这么几句:“仲翔学兄以此器出天水故乡,乃摹其器形、铭文,集之成册,因记所知归之。三十二年四月十日,商承祚志于巴郡契斋。”“此器”即秦公簋,盖是冯以秦公簋拓本请商题跋,于是商“因记所知归之”。商是罗振玉、王国维的得意门生, 而王国维是 1926~1927 年冯在清华国学研究院上研究生时的导师,冯又长商一岁,于是有"仲翔学兄"之说。作跋之时,商已辞去金陵大学教授、文化研究所专任研究员职务,在重庆盐务局任帮办秘书。之前其在在长沙、四川等地考古取得重大成绩,名满天下。跋文中的"巴郡"即重庆。

吴其昌(1904~1944年),字子馨,号正厂,浙江海宁人。清华国学研究院毕业。历任南开大学讲师、任清华大学讲师、武汉大学历史系教授。著有《殷墟书契解诂》《金文世族谱》《金文历朔疏证》《三统历简谱》《朱子著述考》《宋元明清学术史》《北宋以前中国田制史》《子馨文存》等。吴其昌1925年入清华国学研究院,当时研究院的学制为一年,吴在一年期满后,又申请续修。冯国瑞1926年进研究院,于是吴和冯就成了同学,导师都是梁启超和王国维,关系很好。1944年春,冯去重庆,时随武汉大学西迁在乐山(即冯文中的所言的嘉定)的吴不顾身患疾病赶来相会,谈文论道,形影不离。知冯有意考释秦公遗器,欣然答应作秦公簋、秦公钟考文各一篇,这就是其《与冯仲翔论秦器书》所言:"弟当于年内扶病赶作二器考释各一篇就教。弟对二器之方言、古成语搜集材料已久也。"结果是文未完而人先殒。列在"汇考"篇目中的吴其昌《与冯仲翔论秦器书》其实是吴、冯二人重庆一别后,吴致冯谈及下决心作二器考释的信,并没怎么论秦器。冯对信节录并详细回忆老同学重庆论学的情景,意在表达他的怀念之情。其自序末尾也谈到这一点。"惟去年客渝州,同门吴子馨其昌来自嘉定,山城欢聚,临池集簋铭作长联以为乐,且允别为考释。比还陇,犹移书谓及春可脱稿,而遽闻凶耗病疫,巴山不禁有余慨也已。"

至此,直接和"汇考"有直接关系的作者都介绍过了,兹再略微说一下王国维和郭沫若。前面已提及,王是冯国瑞清华时的导师。冯曾在其门下研读,专攻小学,毕业论文为《说文部首研究》。至于郭和冯是否在"汇考"问世的1944年以前认识,我们不得而知。不过,解放后肯定是认识的,而且很熟。1962年冯家信中有言:"另有一事,郭沫若院长派人来兰,专来商谈,已将稿本等五十余种带京,有由专研所出版之望,考古研究所夏(鼐)所长亦来函。此为我一件最快活之事。此五十几种为一生心血,不料竟有今日。郭、夏二先生为一生奇遇也。旬日后另有佳音,将详告……"[①]郭能派专人来兰商谈冯著出版之事,一是认识冯著之价值,一是认识冯本人。冯在"汇考"中辑入王、郭二人大作,意在对比研究,也有汇集"众美"一书便

①《冯国瑞九十周年诞辰学术纪念会会刊》,天水:内部铅印本,1991年,第36页。

于后人研究的意思。

三

介绍完了和“汇考”相关的学者,现在就该介绍“汇考”的主要内容及其价值了。

1940年代,冯国瑞致力于乡邦文献的整理研究,继发起成立“陇南丛书编印社”,组织出版地方学人著作。他身体力行,继《麦积山石窟记》《秦州记》之后,又撰就《天水出土秦器汇考》,列为陇南丛书之三出版。关于“汇考”的写作缘起,冯之自序说得很清楚。

> 民国八年天水西南乡出土铜器颇多,旋即散佚。今传世秦公簋,初流传至兰州商肆,置厨中盛残浆,有贾客以数百金购之,其名乃大著。后为合肥张氏所得,携往北平(陇右金石录)。十二年,王静安先生既为之跋矣,于是举世始知矣。赵宋以来,吕大临《考古图》,《宣和博古图》、《啸堂集古录》、薛氏钟鼎款识所著录之盄龢钟与此簋文字大半相同,而钟铭摹刻失真,残缺脱譌(讹)。系受魏正始石经古文体影响,体制变易,今可证其所由讹也。惜原器转徙,不知今在何处,即拓本亦不易得。因汇集诸人考释,以存乡邦文献。后有作者,此为嚆矢。

就是说“汇考”一是要汇集诸人考释,二是要纠正古人的错误,三是要通过研究和汇集相关研究成果,引起学者对秦文化研究的重视。

从实质上说,“汇考”不同于我们通常所见的专著,其实就是一部关于天水出土秦器的论文集,或者说是以秦公簋为考释对象的论文集。论文集的主体或者说“新成果”是冯国瑞的三篇考释文章:《秦公簋器铭考释》《秦公钟器铭考释》《秦车輶图考》。三文之中第一篇《秦公簋器铭考释》用功最勤,有释文,有注解,有考证,对“十有二公”有详考,对“西”之地望考证很是精彩——可看出是对王国维《秦公簋跋》“西”地望考证的重要补充。

> 按西之地望,《史记·五帝纪》,申命和仲居西土。徐广曰:“西

> 者,今天水之西县也。"裴骃案郑玄曰:"西在陇西之西,今人谓之兑山。《周勃世家:"破西丞。"徐广曰:"天水有西县。"丞,西县之丞也。《樊哙传》:"别击西城丞白水北"《索隐》曰:"西,谓陇西之西县。"白水,水名,出武都,经西县东南流,言击西县之丞于白水之北耳。《晋书地道记》:"天水始昌县,故西城也,亦曰清崖峡。"《后汉书·段颎传》注:"西县,故城在今秦州上邦县西南九十里。"《通典》:"汉西县城,一名始昌,在今秦州上邦县西南。"《清一统志》:"西县故城,在今秦州西南。"《州志》云:"在州西南一百二十里。"静安先生误"东南"。今天水西南一百二十里之盐官镇、店子镇、大门镇一带,富有故城遗迹。

指出了寻找西县地望的大致范围。第二篇《秦公钟器铭考释》是对北宋以来著录于欧阳修《集古录》等金石著作的秦公钟的考释,实际上是考少而列举先贤的成果多,属于辑录而释之流。第三篇《秦车軎图考》是别人闻所未闻、见所未见的秦车軎考释。此物因暴雨偶然在"天水南乡"现世,冯差遣其弟冯国珍抢救性收购铜车軎三件,而后冯绘图并考释之,并断定"今此车軎发见于天水,与钟簋等器当同为秦先公之遗物。由质转文,金缕涂错,制作之精,上侔天子。刘昭《舆服志》称,秦以战国即天子位,乘舆备文,驷驖、车辚见于秦风,当不自穆公后始进桓赫也。"将此车马器纳入早期秦文化范畴,见解独到。

至于"汇考"的价值,我们谈这么三点:

(一)是为第一部关于秦早期秦铜器的专论集,作者自己的高论而外还粹集了王国维、郭沫若等大家的研究成果,使研究成果集中展现的同时,为进一步研究此论题提供了便利和思路。关于秦公簋及早期秦器的研究还在继续,还在深入,还在长篇大论,还在争论,但研究此论题、追溯学术源流谁也不能无视"汇考",谁也绕不开"汇考" 。

(二)第一次将不同时期现世秦公簋、秦公钟、秦车軎放在一体研究,并将其定位为"秦先公之物",实际上体现了一种学术理念——研究秦文化可将其发祥地陇右或西垂辟出来作为一个单元进行。就是现在我们唱响的秦早期文化、秦源文化或西垂文化。

(三)尽管冯先生关于"十有二公"从襄公算起等观点属宋人就有的旧

论，但也有的是精论新说，如关于西县地望的考述，如关于车輨时代的判断等。更重要的是他以秦器为论题约请商承祚、吴其昌、刘文炳等作文，有意识地将论题引向深入，逗出名家宏论，如商承祚对秦公簋铭文制作的新说等。

四

介绍完了“汇考”的主要内容及其价值，介绍工作就此打住。下面我们再谈几件和“汇考”相关的史事。

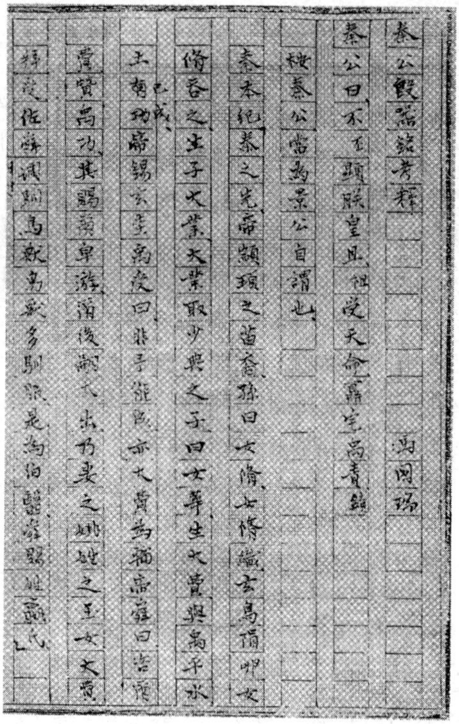
秦公𣪘器銘考釋 馮國瑞
秦公曰不丕顯朕皇且祖受天命鼏宅禹責[illegible]
被秦公當為景公自謂也。
秦本紀秦之先帝顓頊之苗裔孫曰女脩女脩織玄鳥隕卵女
脩吞之生子大業大業取少典之子曰女華生大費與禹平水
土已成帝錫玄圭禹受曰非予能成亦大費為輔帝舜曰咨爾
費贊禹功其賜爾皂游爾後嗣大出乃妻之姚姓之玉女大費
拜受佐舜調馴鳥獸鳥獸多馴服是為伯翳舜賜姓嬴氏

冯国瑞先生《天水秦器汇考》手稿

(一)“汇考”的编印单位陇南丛书编印社。此社为冯国瑞约集胡楚白、杜学知等天水知名学者于1941年组织成立,旨在整理出版古今陇上学人名作,1945年因发行进步书刊被国民党当局查封,先后出版地方学者著作30多部。冯之《麦积山石窟记》《秦州记》也均由该社出版。

(二)老朋友王新令赠予秦公簋拓本和冯国瑞的诗作。1949年,在“汇考”出版四年之后,冯之至交王新令赠予他溧水濮氏所藏秦公簋拓本,冯大喜过望,即赋《往著〈天水出土秦器汇考〉都四种,以秦公簋为冠首,新令自京旋兰,以溧水濮氏所藏拓本见贻》诗一首。诗曰:

> 兰蕙繁沼泽,庭阶觉独好。鼎彝出山川,乡邦情尤宝。吾土秦勃兴,宗器难永保。湮没二千年,精英腾泥潦。始归合肥张(勋伯),卒流入三岛。墨拓见犹稀,考订海宁早(王静安师)。体制仿猎碣,铭辞一脉绍。昔参史公书,初为《秦器考》。皇皇十二公,佐证资探讨。钩摹逊赵薛,分寸积丛稿。敝帚窃自珍,卑论殊草草。同嗜惟有君,南游烽燧扰。濮翁贻卷轴,飞来一器抱。相见即示余,惊喜真绝倒。展玩忘陆沉,藉兹涤郁恼。故纸敌瑾瑜,徽献腾丰镐。凭君恣所求,和璧靳归赵。①

王新令(1904~1965年),甘肃天水人,民国时曾任检察院监察委员。诗中言秦公簋“卒流入三岛”不确,簋几度易手,但始终在国内,解放后由拥有者冯恕捐献国家,现藏中国历史博物馆。新版《辞海》设秦公簋词条。

(三)陈柳洲誊写和冯国瑞手稿。陇南丛书编印社《编后记》有言:“又此书承陈柳洲先生手写,于此一并致谢!”当时陈柳洲二十多岁,是天水崭露头角的书法家,冯之《麦积山石窟记》《秦州记》也都是陈手写而后石印的。我有几年有幸和陈先生为邻,还得到过他的一幅墨宝。“汇考”之手稿我在天水朱据之先生处见过,顺便留有复印件。冯既是大学者又是书法家,手稿弥足珍贵,文中附一页供大家欣赏。

【附记】本文作于2012年,入集时尚未发表。

①冯国瑞《绛花楼诗集》,天水:内部铅印本,2000年,第179~180页。

冯国瑞和清华国学研究院

上世纪 20 年代成立的清华研究院,因培养出诸多大师级英才而名闻天下,至今仍为人们津津乐道。天水冯国瑞先生即是清华研究院的高才生,但近年来有关冯先生的文章在谈及清华研究院及相关史事时,多有不确之词,为避免贻误读者,颇觉有必要予以澄清。在此基础上,对冯先生在清华研究院的求学情况及其对研究院的情缘等做一番考述,想必是有一定意义的。

清华研究院成立于 1925 年 8 月 1 日,全称是清华学校研究院。当时和留美预备部、新制大学部同为并列的三大教学单位之一。其宗旨是研究高深学问、造就专门人才。由于经费问题,研究院第一年先设国学一科,拟陆续增添自然科学等科,而实际情况是研究院以国学一科贯其始终,因此习惯上称研究院为国学研究院。1928 年 8 月 17 日,南京国民政府改组清华学校,成立清华大学。1929 年 6 月 7 日,国学研究院最后一班学生毕业,研究院正式停办。国学研究院先后招生四届计 72 人,毕业 69 人。①1926 年,冯国瑞先生东南大学毕业后,复考入清华研究院。当年的考试在 7 月间进行,录取新生 24 人,和冯一同录取的以后成为名学者的有谢国桢、刘节、陆侃如、陈守寔、戴家祥、吴金鼎、王力、卫聚贤等人。开学后,补招一次,录取姜亮夫等 4 人。另有上届考取、因经济困难未入学的杨鸿烈请求入学获准,加上上届毕业后申请继续留校研究的刘盼遂、周传儒、姚名达、吴其昌、何士骥、赵邦彦、黄淬伯等 7 人,研究院本届学生共计 36 人。其入学前的学历和职业:大学毕业生 1 人,大学及专门学校肄业生 8

①关于清华研究院毕业生人数,回忆文章多有出入。蓝文徵《清华大学国学研究院始末》言:"研究院同学,前后四届共七十二人,中途自动退学的有汪、王二君;因用功过度,致疾而死的,有叶去非、马庆霱、吴宝凌、谢念灰等四君"(见张杰,杨燕丽编《追忆陈寅恪》,社会科学文献出版社,1999 年,第 81 页),是言招生 72 人,而毕业 66 人。本文所记毕业生人数乃据孙敦恒《清华国学研究院史话》(清华大学出版社,2002 年)统计,本书列有四届毕业生的全部姓名,理应比较权威。按清华研究院规程,研究生一年期满,论文合格即可毕业,愿继读研究者再次申请留院研究,每研究一年即可毕业一次,研究二年至而三年毕业二次或三次者大有人在,大概回忆文章中有关毕业生人数说法不一源于此。本文统计,同一人不论研究两年或三年,均按一次计。

人，师范毕业生1人，中学校长和教师20人，教育局长1人，图书馆职员2人，报刊编辑1人，家庭教师2人。①

1926年9月8日，举行开学典礼。研究院的教职员为：教授王国维、梁启超、赵元任、陈寅恪(合称“四大导师”)，讲师李济，助教赵万里、浦清江、杨时逢、蒋善国，职员卫士生、周光午。时原研究院主任吴宓已于本年3月间辞职，改任新制大学部外文系教授，主任一职由教务长梅贻琦兼管。1927年6月1日，清华研究院举办第二届学生毕业典礼，冯国瑞顺利毕业。6月2日，王国维投湖自尽，诸同学多风流云散，冯亦匆匆西还，结束了清华求学生活。清华研究院开办期间，入院者甘肃有二人，一是天水冯国瑞，一是临洮司秋沄。司毕业不久即病逝，成绩不显，而冯先生在历史、文学、石窟考古等方面均有建树，有《绛花楼诗集》《麦积山石窟志》《天水秦器汇考》《炳灵寺石窟调查记》等著述多种，自是陇上著名学者，但有关清华研究院的文章对他鲜有提及，间或有之，只言片语而已，且时有以讹传讹之事，兹一并辨析之。

1. 关于导师。按《清华研究院章程》，研究院的导师在开学之日，公布所指导的学科范围，学员则按自己的实际情况和志趣确定研究题目，自由择定，题目跨专业的亦可同时兼受几位导师指导。据冯国瑞藏乃师梁启超致其手札自序：“民国十五年，瑞应试于上海，旋录取北上，八月到校，授业于任公师，赏掖至深。”②由此可见，冯择定的专任导师应该是梁启超。而按袁英光、刘寅生《王国维年谱长编》，在院期间，冯的专修学科是小学，专题研究题目是《说文部首研究》。③小学属王国维指导范围，并非梁启超。疑冯在学习的过程中改变研方向，转由梁专任指导。这种情况是有可能的，如冯之好友刘盼遂，入校时的选题是《诗经状词通释》，而最终毕业论文是《说文汉语疏》。当然，除选定导师之外，学员可自由向研究院所有教师问难。另外，专题指导之外“四大导师”及讲师李济都有普通演讲(即上大课)，理所当然都是代课教师，院内所有学生均可以导师视之。至于王国维，和冯的关系也是很密切的。据姚名达回忆文章，在王国维自沉昆明湖的前一天下午，冯和同学姚名达、朱广福拜访王先生于宅第，并讨论问题一小时。④

①孙敦恒《清华国学研究院史话》，北京：清华大学出版社，2002年，第65页。
②刘雁翔《梁启超致冯国瑞手札及学者题跋》，《甘肃社会科学》2007年第6期。
③袁英光，刘寅生《王国维年谱长编》，天津：天津人民出版社，1996年，第499页。
④姚名达《哀余断忆》，陈平原、王枫主编《追忆王国维》，北京：中国广播电视出版社，1997年，第215页。

2. 关于冯国瑞和吴宓的关系。一些文章言冯国瑞在院学习时，国学研究院主任为吴宓[①]，这是误解。其实，冯入学之前，吴因在研究院发展方向问题上和校务委员会意见严重分歧而愤然辞职，这在《吴宓日记》中有确切记载，时间是1926年3月16日。[②]但吴是研究院的发起者和创办者，和研究院渊源很深，和梁启超等“四大导师”关系密切，因此他的编制虽不在研究院，而学生依旧以师事之。冯本身是诗人，吴宓先生则是著名诗人，想必共同语言很多。民国25年(1936年)，冯编定《绛花楼诗集》，卷首即是吴宓的《题词》诗，有“托根非异土，琢玉喜同心”、“一编今已就，纸贵洛阳群”[③]等语。

3. 关于学制。研究院学员研究期限为一年，一年期满，交论文一篇，导师认可即准予毕业，毕业证由校长及全体导师署名盖章。而研究范围广，欲继续深造者，提交申请，经教务会议同意后，可再行研究，但不得超过两年。如刘盼遂、吴其昌在毕业之后，又续修两年。冯国瑞则是一年期满毕业。“那时尚无研究生学位授予法，故研究期满，论文及格，即予毕业，而不授学位，研究生也都注重实学，并不重视虚名。”[④]

4. 关于《中国历史研究法补编》的笔录整理。有言冯国瑞参与，实误。[⑤]《中国历史研究法》乃梁启超先生1921年在南开大学讲学时的讲稿，1922年由商务印书馆出版。梁在清华研究院所讲“中国历史研究法”即后来整理成书的《中国历史研究法补编》，刊载本书的《饮冰室全集》专集之七十三，标明是周传儒、姚名达笔记整理，而非冯国瑞。据周传儒回忆文章：“梁在清华研究院讲《儒家哲学》《古书真伪及其年代》《历史研究法》《历史研究法补编》等，大多是我记录的，我离开后由姚名达记录。”[⑥]另据姚名达《中国历史研究法补编》跋：“右《中国历史研究法补编》一部，新会梁任公先生讲述，其门人周传儒、姚名达笔记为文，都十一万言，所以补旧作《中国历史研究法》之不逮。阐其新解，以启发后学，专精史学者也。”[⑦]均可证。

①《冯国瑞九十诞辰学术纪念会汇刊》，天水：内部铅印本，1991年，第31~32页。

②吴学昭编《吴宓日记》Ⅲ(1925~1927)，北京：三联书店，1998年，第160页。

③冯国瑞《绛花楼诗集》卷首题词，天水：内部铅印本，2000年。

④蓝文徵《清华大学国学研究院始末》，张杰，杨燕丽编《追忆陈寅恪》，北京：社会科学文献出版社，1999年，第80页。

⑤《冯国瑞九十诞辰学术纪念会汇刊》，天水：内部铅印本，1991年，第31~32页。

⑥周传儒《回忆梁启超先生》，夏晓红编《追忆梁启超》，北京：中国广播电视出版社，1997年，第377页。

⑦梁启超《中国历史研究法》，北京：东方出版社，1996年，346页。

1935年秋，当冯国瑞离开清华9年之后，在青海省政府秘书长任上的他为躲避马步芳的迫害，远走北平。此后一段时日，冯数至清华园，访友拜师，不亦乐乎！而是时“四大导师”中，王国维、梁启超亡故，赵元任应聘中央研究院历史语言研究所，只剩陈寅恪先生一人；另外还有研究院的老主任吴宓先生。物是人非，感慨万分。《绛花楼诗集》中有《清华园访吴雨生（宓）先生后赋呈二首》（雨生也作雨僧，下文同）《读顾亭林吴梅村诗集和雨生先生韵》《书感和雨生先生》《宿刘大盼遂宅》《寄耻斋清华园》《古月堂感赋呈陈（寅恪）吴（雨生）两先生》，在洋溢喜悦的同时，流露更多还是忧伤。其中《古月堂感赋》忆往昔研究院盛况，说师生情谊，感时过境迁，沉郁旷达，文采飞扬，特录于此。

清华水木城西冠，弦诵燕京对海甸。旧筑惟余古月堂，池馆照来犹昔艳。深红先上海堂枝，沉碧初凉藕花池。小山丛桂留人夜，香雪玻璃滑冰时。曲苑作厅象工字，锦茵绣幔张座次。文会选胜间晨夕，鸾刀缕切许薄醉。忆昔中元佳节至，学院宏开来多士。新会（梁任公师）海宁（王静安师）与义宁（陈寅恪师），王陆经筵说义利。司业更有泾阳吴（吴雨生师），朴学华辞勤墨朱。门墙跻列问奇字，龙象一时尽大儒。残照欲收讲院阴，月斜堂上夜坐深。感遇微知伏挺志，升堂最苦郑玄心。当时耳热正酒酣，前度生徒共笑谈。杨柳笛中歌《出塞》，《桃花扇》底《哀江南》（一日夜集，任公师唱《桃花扇·哀江南》一曲。同学各有和歌，余独不谙。临洮司秋沄唱秦腔，皆大笑）。逾年丁卯炽赤焰，危巢相守愁暮燕。堂前置酒作离筵，眼底之人皆星散。可怜佳节又端午，重吊汨罗帝子渚（谓静安遇自沉昆明湖事）。旧苑哀词万寿山，寝门同哭孔尼父。贱子西归国事纷，梁木悲折暮云昏（谓任公师）。苦从别后梦关塞，更惜索居断知闻。重来人似辽东鹤，亭榭全非况城郭。堂岿然乃幽邃，苔痕欲认感萧索。西苑旧居幸未改（寅恪师宅，近静安师旧居），堂连荷声馆犹在（雨生师所住“藤影荷声馆”，十年来未移居也）。翻夸座上多春风，讵识门前有沧海。当头月好送残年，唱酬往往见佳篇。清光莫斫吴刚斧，故物难存陈实毡。太息吾曹成苟活，早晚太学群谐阙。弦歌欲托缥缈，今人不见古时月。古月今月两茫茫，痴绝李侯问太苍。令人古月同流水，往事难忘在月堂。①

这里说明一点，诗中所言师生欢聚场景即清华园每周六举办同乐会。据冯国瑞同学姜亮夫先生回忆，每逢同乐会，“这时有人讲故事、有人说笑话、背书、唱戏、唱歌等……任公先生和静安先生上课时很严肃，但一到同乐会这天，他们即兴表演的能力也使人吃惊！记得有一次同乐会，大家要任公先生也表演，任公先生说他背一段《桃花扇》。结果全段都背出……静安先生当即也背出《两京赋》，这也是难能可贵。因为静安先生在同乐会上多数时间都沉默，话很少，但感情很深沉，对我们学生像自己的子弟一样。”②

清华和北大一样，作为中国的名校，至今依旧是学子梦寐以求的高等学府。而 80 多年前天水冯国瑞先生即考入清华国学研究院，“谈笑有鸿儒，往来无白丁”，跻身大师级学者之列。导师梁启超在推荐手札对他的评价是：“冯君国瑞，西州髦俊，游学两京，已经五稔，今复在清华研究院以最优等成绩毕业。其学于穷经解诂最长，治史亦有特识。文笔尔雅，下笔千言。傍及楷法，浸淫汉魏，俊拔寡俦。此才在今日，求之中原，亦不可多觏。百年以来，甘凉学者，武威张氏二酉堂之外，殆未或能先也。”③这固然是冯国瑞先生的荣光，也是历史文化名城天水的骄傲。

清华诸导师中，冯和梁最亲近。1933 年，冯在青海，睹清华旧时照片，感慨万千，有题《快雪堂雅集照影》诗。其序言曰：“民国十六年丁卯之夏，任公师集清华研究院五十余人于北海快雪堂，即今之蔡公松坡祠也。先生勖同门以经世致用之要，自午至酉，坐听激发，不减陆象山庐山严冬讲义利之盛。是秋，同门多学成分散，国瑞与临洮司秋沄亦先后归里。阅明年己巳，先生竟病殁，诸君子著述论列，有所树立，而国瑞避世西海上，抗尘走俗，离群索居，六年于兹，感怆师门，胡能自已。爰将昔时照影，笼以玻璃，成诗二首。”④表达对导师的思念之情。有句曰：“可堪俯仰皆陈迹，每忆流风一惘然。”流风是远去了，而清华研究院求真务实的精神永存，以“清华挺秀，华夏增辉”誉之，实不为过。

①吴学昭《吴宓与陈寅恪》，北京：清华大学出版社，1992 年，第 82~83 页。

②姜亮夫《忆清华国学研究院》，张杰，杨燕丽编《追忆陈寅恪》，北京：社会科学文献出版社，1999 年，第 73 页。

③刘雁翔《梁启超致冯国瑞手札及学者题跋》，《甘肃社会科学》2007 年第 6 期。

④冯国瑞《绛花楼诗集》，天水：内部铅印本，2000 年，第 43 页。

【附记】本文先刊于2008年4月20日《天水日报》,修订后刊于《天水师范学院学报》2008年第6期,发表时署名柴志礼、刘雁翔,后被“清华校友网”转载。

第六辑　谈论方志

秦州州志述略

秦州始置于西晋太始五年(269 年),自古为陇上名州。明代以前秦州有许多地记,但由于年代的久远这些地记都遗失殆尽了,现在已经无法考述,遗留于古籍中的只剩援引的片段或注录的书目。

1941 年冯国瑞先生筹备成立了陇南丛书编印社,致力于地方史研究。他考索群籍,辑佚了南朝刘宋郭仲产的《秦州记》一卷,这就是明代以前地记留下的唯一遗产。难怪明胡缵宗在他的《秦州志》序中说:“唯夫秦亦大关,考之郡未有记也。”

胡缵宗,秦州秦安人,明代大学者,著名的方志学家,曾经编纂过《巩郡记》《安庆府志》等方志。嘉靖三十年(1558 年)春,79 岁的胡缵宗应秦州知州的邀请编纂《秦州志》,这年秋天,《秦州志》脱稿。《明史·艺文志》注录了这部 30 卷的志书。从胡缵宗的序上看,全志分地理、官师、选举、仪制、边防、食货、兵戎、灾祥、人物十个门类,胡缵宗声称这部志书的特点:“秦记或以为今而非今也,或以为古而非古也。”万历二十六年(1598 年),兵备道李国士巡抚陇右,初到秦州,他询问秦州的风物人情,知州回答:“秦故有记,为秦安胡中丞所编,其人往矣,岁远残缺,弗可考。”这说明时隔 42 年之后知州手中已经没有完整的《秦州志》了。于是李国士命秦安县令搜集整理,结果县令从胡缵宗后人家中征集遗编,补全了《秦州志》,李国士便作序记述了整理《秦州志》的始末,序中盛赞《秦州志》说:“有述,有志、有考、有列传,其事则自羲轩暨晚近,其文则自经传以至诸史,无所不载,而分门析类,条列班班,文献于是乎有征矣。”可惜的是,这部志书命运不佳,乾隆年间费廷珍修志时已荡然无存,因而他感叹:“秦州之有志,自明嘉靖时秦安胡中丞可泉先生始。先生以淹雅之才,润泽史法,征文考献,爰著书必非凡手所及。惜原刻已不可复观。”《秦州志》虽佚,但是它却开了秦州修志的一代先河,创立了修志的典范。

前见古人,后见来者。顺治十年至十四年(1653~1657 年)宋琬任分巡陇右道,驻节秦州,这时胡缵宗的《秦州志》已有整整一百年无人续修,原志也残缺不全。他一面劝课农桑，修葺城垣，一面组织人仅用三个月纂成《秦州志》十三卷。宋琬称赞这部志书："所有人物之大，封疆之重，山川云物，草木禽鱼之微，亦庶于是乎备矣。"它的内容如何，由于现存的《秦州志》已残缺，无法窥览，费廷珍在《直隶秦州新志》序中说："分门别类与中丞原叙所云略同，顾其编次，颇涉繁芜。"就是说这部志书无甚独到之处，而且编排混乱繁杂。

顺治之后紧接着就是康乾盛世，经济繁荣，社会相对安定，全国郡县处处修志，就在这时赵世德的《秦州志》，费廷珍的《直隶秦州新志》应运而出。

赵世德所撰的《秦州志》，成书于康照二十六年(1687 年)，设户口、徭役、城池、公署、仓库、驿所、要害设防、名宦乡贤、选举、官师、孝行节烈、隐逸流寓，覃恩、灾祥赈恤、艺文等十六个目，不分卷，全志仅一万五千余字。提纲挈领，简洁明了，重在记述现状，追溯远不过明代，是一部地道的州情简志。

雍正七年(1729 年)，秦州升为直隶州，辖秦安、礼县、清水、徽县、两当五县，直隶于甘肃布政司，辖区发生变化，急需编修新志，新任知州鲁玙筹备此事，未见成效。乾隆二十七(1761 年)秦州在任知州费廷珍邀请胡瓒宗后裔胡釴纂修新志，刚完成八卷，胡因病辞归。费廷珍又邀请补官路过秦州的原两当县令陶奕曾补修，前后参与修志的官吏、学者达 28 人，为时二年的《直隶秦州新志》完工。本志共 12 卷，分沿革、山川、建置、食货、武备、风俗、官师、选举、名宦、人物、艺文、杂记 12 大类，外加卷首的舆地图和序以及卷末的遗补。乾隆二十九年(1764 年)负梓出版。

1840 年鸦片战争之后，清朝由盛转衰，中国社会由大一统的封建社会转变为半殖民地半封建社会。乾隆到光绪，一百余年间人事更迭，兴衰变化，原有的旧志已无法反映。光绪十四年(1888 年)秦州在任知州余泽春邀请原武功县令伏羌(今甘谷)王权、原户部主事秦州任其昌纂修新州志。第二年余升任甘州知府，新任知州张珩继续其事，这年秋天，历经一年三个月的《秦州直隶州新志》编成，前后参与编纂的官吏、学者达 37 人。本志分沿革、山水、地域、食货、学校、选举、戎政、职官、名宦、人物、艺文、附考 12 大类，共 24 卷。它的篇目虽与乾隆时的新志略有差异，如官师称职官、武备称戎政，然体例是完全相同的。它最突出的特点是对兵戎、食货、官师、人物几类的记述尤其明备。

民国2年(1913年),秦州被废,改设天水县。民国9年(1920年)天水县长熊子仪到任,计划印行光绪《秦州直隶州新志》,当时地方上一些有名望的人建议,秦州废后,州志尚缺25年(从光绪新志印行的1899年计),首先应补完州志,并推荐秦州名儒原内阁中书任承允主持此事。由于"地方多故,几经停顿"(据续志任承允序),修志一直没有进展。民国17年省政府通知各地新修地方志书,任承允正式被聘为总纂。民国19年马廷贤攻破秦州城,盘踞达21个月之久,修志又被迫中止,直到1934年《秦州直隶州新志续编》才正式完稿。这部续志最后于1939年由兰州国民印刷局出版。续志凡例篇目都以原志为标准,任承允在续志序中说:"有续者续之,无可续者仍存其第几之标目,使之分之为两,合之为一,前编续编无或抵牾也。"

总之,从明嘉靖三十七年的《秦州志》到1934年光绪新志续志,前后近五百年,秦州共修六部州志。它们是嘉靖《秦州志》、顺治《秦州志》、康熙《秦州志》、乾隆《直隶秦州新志》、光绪《秦州直隶州新志》、民国《秦州直隶州新志续编》。其中嘉靖《秦州志》散佚;顺治《秦州志》仅存残本三卷,藏于甘肃省图书馆,据《中国地方志联合目录》日本内阁文库藏有全佚本;康熙《秦州志》稿本藏北京图书馆,甘肃省图书馆有缩微胶片,天水市地方志办公室有复印本。现在最为流行的是刻印本的乾隆《直隶秦州新志》、光绪《秦州直隶州新志》及铅印本的《秦州直隶州新志续编》。

注:文中引文没有注明出处的引文,均来自乾隆新志或光绪新志卷首辑录的旧志序文。

【附记】本文原刊《天水市志通讯》(内刊)1989年第1期,入集时个别字句有改动。是为我的第一篇论文,属初出茅庐的习作,限于学识和当时所见资料的局限,明显有缺陷和不足。但既为处女作,从纪念角度而言尚有存在的必要,故敝帚自珍,勉强选入。下面补充相关词条数则,以期完璧。

顺治《秦州志》

宋琬、姜光胤修,王一经纂,顺治十四年(1657年)刻本。清顺治十年(1653年),著名诗人宋琬任分巡陇右道,驻节秦州。政事之余,论及修志事宜,时州志已百年无人续修,宋便提议秦州知州姜光胤组织重修。顺治十三年,姜即着手收集资料,恰好伏羌县令王一经离职后在秦州南湖闲居,遂聘为总纂。自夏至秋,三个月完成志稿,次年刻版印行。今甘肃省图书馆残存10~13卷。日本内阁文库有全本。

2001年,日本内阁文库藏本由天水市志办公室通过陈桥驿先生引回,计13卷。第1卷述(州郡述、郡县述),第2卷表(疆域表、沿革表、职官表、古今人表),第3卷地理志,第4卷建置志,第5卷官师志,第6卷选举志、仪制志、边防志,第7卷食货志、兵戎志,第8卷灾祥志,第9卷艺文志,第10卷考(皇纪考、帝纪考),第11卷列传一(名宦),第12卷列传二(列贤),第13卷列传三(隐逸、流寓、文苑、群雄),第13卷列传四(孝行、列女、节妇)。

本志每一卷卷首都有"秦州志纂修姓氏",标明"明资尹大夫都察院副都御使胡缵宗纂修"、"清奉直大夫按察司佥事赐蟒服加一级宋琬、奉直大夫秦州知州姜光胤重修"、"文林郎伏羌知县王一经重纂",由此可知本志是在明胡缵宗嘉靖《秦州志》的基础上续补而成,体例完全沿袭,于是在前面首先署胡缵宗之名。就是说胡缵宗嘉靖《秦州志》似已散佚,实际上借助顺治《秦州志》得以保存。

康熙《秦州志》

秦州知州赵世德修纂,康熙二十六年(1687年)抄本。清康熙二十五年(1686年),诏修《大清一统志》,命天下州县编修方志,以供一统志采摘。康熙二十六年,秦州知州赵世德参照一统志编目,以门目体纂成《秦州志》2册。志设户口、徭役、城池、公署、仓库、驿所、要害设防、名宦乡贤、选举、官师、孝行节烈、隐逸流寓、覃恩、灾祥赈恤、艺文等16目,不分卷,约1.5万字。

本志属官辑应征之书,重在记述现状,追溯远不过明代,可以称得上是一部州情简志。但无沿革、疆域、山川等目,为一大缺憾。志成即抄报国家一统志馆,系孤本,因此以后的编志者均未之见也。现藏国家图书馆。

宣统《直隶秦州乡土志稿》

秦州知州徐普修纂,宣统二年(1910年)抄本。光绪三十一年(1906年)清廷学部颁布《部颁乡土志例目》,目的使全国撰辑乡土志"用备小学课本","务使人人由爱乡以知爱国",在这一大背景下全国各地大修乡土志，《直隶秦州乡土志稿》应时而出。其体例完全依照《部颁乡土志例目》，立历史、政绩录、兵事录、耆旧录、人类、户口、民族、宗教、实业、地理、山、水、道路、物产、商务等15目，简明扼要，实业、商务等内容为旧志所无，颇有可取之处。

天水稀见方志考录

稀见者，存世但罕见也。我的“稀见”标准一是《中国地方志联合目录》著录的孤本方志；二是“联合目录”未著录而存世的方志或方志性质的图书。考索天水市现辖区域内的旧志，《中国地方志联合目录》著录的孤本方志有顺治《秦州志》、康熙《秦州志》、民国《天水小志》、顺治《伏羌县志》、万历《宁远县志》等5种，不著录的方志或具备方志性质的图书有辑佚《秦州志》、民国《天水乡士教材稿》、民国《天水三字经》、民国《天水指南》、民国《秦安县志稿》、天启《伏羌县志》、民国《甘谷县志稿》、民国《武山县志》等8种。前5种登记在册，而后8种尚未入册，更容易被人忽视，因此考录后8种如下。

一、辑佚《秦州志》

《秦州志》一册，不分卷，刘宋郭仲产著，天水冯国瑞辑。

郭仲产，南北朝时刘宋方志学家。曾任尚书库部郎，后为宗室南郡王刘义宣从事。宋孝武孝建六年(454年)刘义宣谋反，郭仲产牵连被杀。著有《秦州记》《仇池记》《陇右记》《南雍州记》等。

冯国瑞(1901~1963年)字仲翔，别号麦积山樵，晚号石莲谷人，今甘肃天水秦城区人。民国16年(1927年)毕业于清华研究院。才华横溢，深受导师梁启超的赏识，在推荐信中梁写道“此才在今日，求诸中原，亦不可多觏。百年以来，甘凉学者，武威二酉堂(指张澍)之外，殆外或先也。”曾任西北师院中文系教授，兰州大学中文系教授、系主任。1949年解放后，任甘肃省文物管理委员会主任、甘肃省政府文化教育委员会委员、甘肃省政协委员等职。1963年在兰州病逝。冯国瑞一生致力学术研究，于文学、历史、书法都有很高的造诣。对甘肃石窟艺术的研究用力尤勤，做了许多开拓性的工作，著有《麦积山石窟志》《炳灵寺石窟勘察记》等。此外，刊印行世的著作还有《天水秦器汇考》《张介侯先生年谱》等6种，论文21篇。另有多种未刊稿散佚。诗歌结集为《壮游草》《绛华楼诗集》。

郭仲产之《秦州志》系地记名作，对秦州的山川河流、特产名胜多有记载。隋代以后散佚，只余断简零编，分见于群书征引。按：晋代的秦州辖6郡24县，其地相当于今甘肃的天水、临夏、定西、陇南、兰州等地州市及陕西的陇县等地，时天水郡属秦州。冯国瑞为了钩沉这部涉及乡邦的名著，在北京求学时即留心探寻，每见《秦州志》佚文，及时笔录。民国30年(1941年)，冯国瑞离川回甘计划赴西北师院任教，顺路归里小住，约集同好成立陇南丛书编印社，志在整理出版乡贤著作和有关家乡的著作，以弘扬乡邦文化。以此为契机，冯国瑞著成两部大作，一部是《麦积山石窟志》，当年作为"陇南丛书之一"出版，另一部便是辑佚的《秦州志》。于本书的成书始末，作者在自序中说"余每于乙部得《记》中遗文，辄笔之于书，鳞爪自熹，今岁指(1941年)栖迟里门，避纷偕隐山中，听雨度日如年。故箧自携，缀衲成文，曷敢继躅前修，聊补桑邦故实耳。"如将上学时(1926年)辑录当成著作之始，则本书的写作区间整整有15年。民国32年，本书作为陇南丛书之二由陇南丛书编印社誊印出版。

本书封面由民国元老于右任题签，卷首有作者的自序，共辑佚《秦州志》佚文21条。征引史籍有《汉书·地理志》颜师古注、《后汉书·郡国志》李贤注、《昭明文选》诗注、《水经注·河水》、《杜诗注》、《太平御览》等。于每条佚文之后，都以"国瑞按"的形式作按语，广征博引，对原文进行精详考证。以字数计，笺注之文比辑佚之文多5.7倍，其实成为一部以辑佚文为纲的专著，为后人研究甘肃史地提供了诸多宝贵资料。冯国瑞在清华研究院时师从梁启超、王国维、陈寅恪等国学大师，精于考订之学，考证功力深厚，故其按语对陇右史地多所创见。如仇兆鳌《杜诗详注》对《秦州杂诗》之十二"山头南郭寺，水号北流泉"作注，引《秦州记》云："天水县界有水一派，北流人长道县界。"冯对天水县境的"有水一派"详细论辩。指出此水为漾水即现在的西汉水，何而能在注天水南郊的北流泉时使用，仇注是故弄玄虚的。再如，杜甫《秦州杂诗》之二十有句"藏书闻禹穴，读记忆仇池"，句中的"禹穴"历代注家莫衷一是，不得要领。冯据《水经注》引《秦州记》的记载"河峡崖旁有二窟一曰唐述窟，高四十丈……西二里，有时亮窟，高百丈，深三十丈，藏古书五笥"及嘉庆《大清一统志》所载的"禹迹"传说，确认所谓"禹穴"就是指炳灵寺石窟，令人耳目一新。杜甫身处秦州，以闻或见的甘肃风物入诗也是合情合理的。

辑佚《秦州志》一册，现藏甘肃省图书馆西北文献资料库。

二、民国《天水乡土教材稿》

民国《天水乡土教材稿》3卷，天水李天煦编著。

李天煦，字訢之，号赤峪山人，今甘肃天水秦城区人。清光绪三十年(1904年)参加最后一届科举考试，中秀才。随后转向新学，接受新思想，鼓吹西学。民国3年(1914年)受聘任私立亦渭学校校长，以“整齐庄敬”为校训，艰苦创业，专心治教，使亦渭学校成为当时的模范学校，造就诸多有用之才。民国18年卒于任内。著有《论说偶存》《雕虫琐草》《赤峪山人书信集》《天水乡土教材稿》等。

《天水乡土教材稿》名为教材，其实资料基本上是取自方志，从编目及内容上都具备方志性质。《天水乡土教材稿·例言》：“此编历史一卷多系参考秦州旧志而成……”李天煦是职业教育家，对学生乡土教育非常重视，所作《亦渭学校校歌》下阕云：“览亚东历史，开化兮起陇渭。五千年肇文明，惟兹成纪。数将略赵李，认儒学秦壤石，历唐宋逮明清，代有英奇。矧当二十世纪，学战启遍寰宇，汝曹忍自暴？速起来，齐努力。思前贤大业，绍古圣遗绪，学成为国用，看勋名美如何。”以家乡文明和前贤业绩激励学生发奋图强。教材编纂起自民国11年(1922年)，成于民国16年。《天水乡土教材稿·例言》说：“余自十余年前即有志于乡土教材之编纂，只以学识谬陋，未敢下笔，近数年来，身任学校职务，益感于乡土教材之不可缺，于是不揣固陋，妄以管见，编为课本，教授生徒。积五六寒暑之经验，凡三易稿乃成此编。”教材编成后，油印本即在亦渭学校试行，很受师生欢迎，并特别标明“高级小学用”。因是试行，为慎重起见，特别标目为《天水乡土教材未定稿》。又因经费困难，加之是试行本，所以未能铅印。三年后，李先生去世，教材终以油印本传世。

本教材分3卷，卷1属于地理者(位置境界、地势气候及雨量、山脉、河流、城市、古迹、名胜、隘要、水利、人民、赋税、宗教、教育、局所、交通、物产一农作物、物产二森林矿产畜牧动物、物产三工业、商业、风俗一习俗概要、风俗二衣食住、风俗三岁时习惯、风俗四冠婚、风俗五宴会之奢俭及义节、风俗六丧礼、沿革上、沿革下)，卷2属于历史者(羲皇开物成务、女娲制礼作乐、孔门三贤、汉晋三雄、名儒、名将、孝义、节烈、政治家、慈善家、实业、医术、李广之将略、刘琦之武功、周小泉、李五山、任士言、张育生、成纪文明纪略一二三四五)、卷3属于文学者(分记事、论说、书牍、游记、杂文等类，标目从略)。民国27年(1938年)，著名方志学家黎锦熙主编《城固县志》，著《方志今议》一书，对方志的功能提出新观点，大力提倡方志作为乡土教材，激发学生热爱故土、热爱国家的情怀，所谓“学校文理各科，教材皆重乡土。”而李天煦在十年之前就身体力行了，在天水开乡土教材引入学校之先河，有创见且有意义。本教材之第1卷《属于地理者》于民国初年的事物多有记述，可补方志之缺。第3卷《属于文学者》所录《张育生先生墓志铭》等文也是《天水县志》未录者。

“但开风气不为先”尽管李天煦对本教材花费了大量的心血，但依然有值得商榷的地方。教材收录范围太广，使内容繁杂，学生不易掌握。且归属紊乱，如局所、教育、宗教、商业等归之于地理，在物产下设工业，都是不合理的。卷2《属于历史者》其实全是人物小传的辑录，缺少宏现记述；《成纪文明大略》所记也只是人物的产生与事迹，名不副实；且人物的选择零乱，列入许多外籍人物。卷三《属于文学者》选录不甚严明，一些散文、诗歌文学艺术性低下。作为高小教材，使用通俗易位的白话文是大势所趋，新文化运动提倡白话文，至本书完成的民国16年，已是洋洋大观矣，而本教材依旧用文言，也是一大缺陷。对此，《天水乡土教材稿·例言》中说：“现值提倡国语的时代，编辑此书自以当用纯正白话为宜，只以编者于白话素未研究，勉强效颦，适足贻笑大方，故仍用文言编辑，明达君子尚祈谅之。”这一方面说明作者治学之严谨，同时也说明教材问题之所在。

《天水乡土教材稿》3卷，现藏甘肃省图书馆西北文献资料库，天水民间见或有零星收藏。另，天水刘人有先生收藏本书手稿本，其中多有李天煦朱笔批注或修改笔迹，我曾有幸得观。

三、民国《天水三字经》

《天水三字经》四篇，战区中小学教师甘肃服务团教材编辑组编。

《天水三字经》未标明著者，第一页书名的标目下有“乡土丛刊之二”

的字样。而战区中小学教师甘肃服务团教材编辑组所编《天水小志》标明是“乡土丛刊之一”,加之两书的编目风格一致,由此可判明,此书也是“服务团”所为。

战区中小学教师甘肃服务团由沦陷区教师组成,作为战时教育单位之一,民国年27年(1938年)进驻天水,旨在协助政府宣传抗日,接收沦陷区的青年学生,教育民众,编写乡土教材也就成了本团的职责之一。民国28年,编就《天水三字经》。

《天水三字经》共四篇28目,编次为:第一篇舆地(沿革、位置、面积、疆界、地势、地质、山脉、水系、县城),第二篇人物(帝王、贤隐、名将、显宦、文学、技艺、列宪、侨寓),第三篇胜迹(名山、寺观、道迹、坟墓),第四篇物产(谷物、蔬果、花卉、材木、药品、禽兽、矿藏、工艺)。正文计34页,万余字。十六开对折,铅字印刷。本书没有标明出版年份,其“物产篇”工艺条注文有“又有毛织厂,正在发展中”一语,而文中的毛织厂(指官泉毛织厂),据有关资料创办于民国28年(1939年),可判定本书的编辑出版也是民国28年。

《天水三字经》借用旧时少儿启蒙学读物《三字经》形式,注入地方志内容,别具匠心,作为乡土教材的辅助资料是值得称道的。但使用“三字式”的形式,毕竟区限内容表达,因此编者在“经文”下用小字详加注释,以补正文之不足,有一定的史料价值。本书以方志体例分目,准确合理,具备方志性质,就内容而言基本上是对旧志的重要事物、人物的提炼、韵化、诠释,新东西不多。

《天水三字经》,现藏甘肃省图书馆西北文献资料库,天水民间有零星收藏。1992年天水市地方志办公室翻印内部发行,数量不多。

四、民国《天水指南》

民国《天水指南》一册,天水武耀南编。

武耀南(1911~1958年),今天水市秦州区天水镇人。民国时开设福善堂、圆庆和等铺面,经营医药、糕点等。爱好文艺,诗词、书法、绘画皆有所成。

抗日战争爆发,天水成为战区后方的重要城市,流动人口激增,为适应旅游之需要,由天水图书馆组织编辑《天水指南》。编者序言说“天水之在西北文化水准比较要高一点,但听到一般人的评论,都说是看不见有关方志一类的读物,使游历的人们都觉得十分沉闷。这种事实,是我们不能否认的,因为从前的旧县志早已散佚殆尽,新的县志呢还在待付剞劂,在这青黄不接的时候,的确应该有一种简单明了,而便于携带的小册子,以饷过客,同人感觉到这种需要,所以先行编撰《天水指南》一帙,立即印行,但是仓猝之间,不能惬意。”编者的序和封底的版权声明都没有提及出版时间,据扉页赵槐青、汪剑平的题签落款“二十八年冬”,可基本断定其出版时间为民国28年即1939年。另外,本书第八章《天水之教育》之图书馆条云:“设于城南水月寺王公祠内,系前甘肃省主席邵力子先生捐助大批书籍由县筹集经费于本年七月成立。”依此,图书馆设立的时间“本年”应该就是书的出版年份。据相关资料,甘肃省天水县图书馆的成立时间为民国28年。由此,可完全断定本书的出版为民国28年无疑。本书由西安秦风日报社印刷,天水图书馆发行,定价为每册银元五角。

《天水指南》分十一章,编次为:序、第一章天水之沿革、第二章天水之形势、第三章天水之交通、第四章天水之金融、第五章天水之食宿、第六章天水之坊巷、第七章天水之物产、第八章天水之教育、第九章天水之娱乐、第十章古迹与名胜、第十一章艺文。总计42页,竖行排版,铅字印刷,共一万余字。

本书旨在介绍天水的基本状况,其内容和现在各大中城市交通旅游图册上配置的文字类似,对交通、食宿、坊巷、娱乐、名胜等的记述尤其详备,尽录天水城区坊巷的名称方位以及菜馆、旅店、娱乐场之所在,兼及电影院、戏院、浴池、理发店的票价,充分体现“指南”的特色。从严格意义上说,本书算不上方志,但就其立目上看已具备方志性质。“指南”所辑均为抗战时期午天水城的现状,为民国《天水县志》所无(本志下限为1934年),且《指南》所辑由于角度不一样,都是所谓“志余”的事物,可补县志之缺,对研究当时天水城的社会状况有重要的参考价值。由于出版仓促,对一些史事的考证欠妥,如艺文章收录杨恩《拾菜歌》,其实杨为陇西人,本诗的内容也与天水无涉,收入不妥。既名为《天水指南》,标目中就不应再出现“天水”二字,本书标目均用“天水之”式样,显得冗赘。

《天水指南》,现藏甘肃省图书馆西北文献资料库,天水民间有零星收藏。1992 年,天水市地方志办公室翻印内部发行,数量不多。

五、民国《秦安县志》

民国秦安县志 14 卷,现存 11 卷,秦安高秉衡修纂。

高秉衡(1863~1941 年),初名文衡,字渔山,号遽庐,甘肃秦安人。光绪二十七年(1901 年)举人。先后主讲甘肃漳县武阳书院和秦安景权书院。1911 年辛亥革命之后加入同盟会,并参与策划黄钺秦州起义。民国 6 年(1917 年),倡导成立国民党秦安县党部,勉励后学努力革命。之后又集资办学,担任秦安县立初级中学古文教师,应邀担任秦安县志局总纂,致力地方文化建设。直至晚年仍然手不释卷,好学进取。著有《遽庐文钞》《秦安县志》《高氏家谱》等。

民国 23 年(1934 年),叶超任秦安县长,成立县志局,邀县人高秉衡为总纂,编纂《秦安县志》。志成之后,因地方多故,未能印行,以稿本形式私家留存。1989 年,秦安县地方志办公室征集史料,高氏后代慷慨奉献,使我们能够目睹本志的风采,可惜的是稿本已残,其中 3 卷不知去向,余 11 卷。

按秦安县地方志办公室的整理稿,编次为官师表、选举表、山水志、食货志、舆地志、列女传、循史传、先贤传、后贤传、孝义传、忠节传。由于志稿征集来时未装订,编次容易混乱,因此这一排法尚有商榷的余地。按以往嘉靖《秦安志》和道光《秦安县志》的编次和修志惯例,编次或许应该是舆地志、山水志、食货志、官师表、选举表、先贤传、后贤传、循吏传、孝义传、忠节传、列女传。

与嘉靖《秦安志》和道光《秦安县志》相比,志稿从新的角度对一些旧史料重新整合,有独创之处,文笔流畅,通俗易懂,且书法优美。对地理风情记述全面,于人物志用力尤勤,分 6 卷对秦安本籍人物及干系本地的客籍人物大量著录,从数上和范围上都超过以前诸志。但是,不知是为了突出人物功绩,或是以示对人物的评价,写人物传或类传都冠以章回小说式的标题,如李广家族传标“巍巍两汉,首生飞将”,隗嚣传标“季孟长者,中途惆怅”,符洪家族传标“赫赫诸符,天挺人豪”,胡绩宗传标“胡氏世德中丞以光,遗文在箧千载琅琅”等,实属罕见,颇不合志法,亦大可不必,不宜提倡。从现存的志稿看,下限截至清光绪十六年(1890年),民国时修志,下限不及民国,无论如何也是一大缺憾,或者是计划先编清代,后编民国也未可知。

本志稿现存秦安县地方志办公室资料室,1989年誊印内部发行,定名《秦安县志稿》,流传不广。

六、天启《伏羌县志》

天启《伏羌县志》10卷,今存5卷,南乐赵守成修,巴县叶应甲纂。按:1929年之前甘谷县称伏羌。

赵守成,北直隶南乐人。岁贡生。明天启三年(1623年)任伏羌知县,重视文教,有政绩。

叶应甲,四川巴县人。举人。明天启五年(1625年)任伏羌县教谕。

关于本志的写作缘起,赵守成在序中说"成于癸亥岁来牧兹土,受职之始,事无所籍,乃取旧志考之,以为依次施行,可以坐理。及至阅之久,始知堂上之牍与梨上之刊者大相径庭也。"也就是说,"旧志"应指万历初所修《伏羌县志》已不能适应施政需要,失去资政效用。天启七年(1627年),捐俸集资,邀县教谕叶应甲重修县志,两月之后,志稿完成,当年刊刻出版。

天启《伏羌县志》共10卷,编次为天文志、地理志、食货志、建置志、典礼志、职官志、选举志、人物志、灾异志、杂述志。对这部志书,主修赵守成在序中说"稿成,余翻而读之,则见语维载实,而不以修辞为工;事必求真,而不以炫耀为美。斯志成,而古有所求,今有所述,前有所考,后有所征,凡本邑之若名若实,不啻秦镜而无所隐矣。"认为语言平实,能反映本县的真实情况。民国时甘谷学者安履祥的评价是"立言得大体,惟惜太简"、"文笔简朴,措辞得体,虽稍失诸率,亦自无妨"。大体而言,两者看法略同,安履祥优劣俱论,更加公允。虽然,本志失之于简,但分目合理,称得上是甘谷县志的开山之作,以后的修志者对本志时有征引。

现存的天启《伏羌县志》为手抄本,一册,保留1~5卷,前后数页不存。其序文全佚,好在巩建丰所撰乾隆《伏羌县志》在卷首标目"旧序"收录之。抄本封皮标明"敦善堂贾仪卿校,陇右古本之一,贾文耀珍藏"。按贾仪卿即贾鸿逵的字，此君在1961年曾以安履祥的《冀城文献拾遗》《朱圉山志略》等著作为蓝本纂成《甘谷县志稿》，所以稿本或得自安履祥。贾文耀系贾仪卿的次子，解放后将这部志书捐献政府。

天启《伏羌县志》现由甘谷县档案馆保存，本志《中国地方志联合目录》没有著录，张维的《陇右方志录》录其书名，而注为“佚”。值得庆幸的是，本志虽残，而手抄稿本依旧存世。

七、民国《甘谷县志稿》

民国《甘谷县志稿》10卷，甘谷安履祥撰稿，甘谷贾鸿逵编纂。

安履祥(1881~1952年)，字书芝，号啸云，甘肃甘谷县人。光绪三十年(1904年)以秀才身份考入甘肃文高等学堂，毕业后终生从事教育工作，曾任庆阳中学教员、河州中学校长、伏羌模范高小校长、甘谷中学教员等。晚年，在家设私塾继续从事教育，学生男女兼收，先后受业达千人。教学之余，钩沉辑要，群采博访，潜心研究地方文史。著有《冀城文献拾遗》《朱圉山志略》《陇上文献拾遗》《冀城金石拾遗》《啸云山房诗文抄》《南楼丛话》《南楼小草三秋》等。

贾鸿逵(1897~1979年)，字仪卿，甘肃甘谷县人。民国12年(1923年)兰州政法专科学校肄业。先后在甘谷、兰州、中卫等地政法、文教、邮电、党务部门工作。1949年甘谷解放后，在县税务局工作。1963年，克服各种困难将安履祥遗稿整理编纂为《甘谷县志稿》。

本志系私家著述，以稿本形式留存，其编纂过程，颇有传奇色彩。追根溯源，本志的蓝本是安履祥所著的《冀城文献拾遗》和《朱圉山志略》。按甘谷古称冀，朱圉山是甘谷名山。1959年，甘肃师范大学编写《甘肃通史》，经人介绍，托安履祥学生贾鸿逵借去此二书稿本，归还时答谢书上有“采择良多”语。1963年，当“三年困难”时期，安履祥次子安升霄生活无着，携两稿到省城兰州投奔亲友，托贾鸿逵向甘谷魏绍武、兰州水梓等诸名家请序和题签，以便保存资料。时安履祥的学生、甘肃省政协委员天水甄载明认为两稿已具备县志规模，倡议在此基础上编纂《甘谷县志》。接着，甄便自拟目次，付安升霄作编纂参考。“因余入社劳动，无暇及此，心甚怯之。”(安升霄《甘谷县志稿》后叙)。1964年，魏绍武推举熟悉地方文献的贾鸿逵完成此事。贾接受任务，但生活困难，经费无着，又遇两子新丧，抱痛巨深，编纂困难重重。使命感使贾抛却痛苦，将所藏古籍尽数出售，购所需纸张，付抄誊人报酬。约请同好，采用甄载明提出的篇目，进行编次、缮校、制图、采访、补缀。同时又辑入安履祥《冀城金石录》《陇上文献拾遗》两稿相关内容，终于在当年完成总纂。“为实事求是，对原著或订正，或增补，或诠释，不一而足。由今年四月起，自夏往秋，阅六月而竣事。”(贾鸿逵《甘谷县志》后序)。

志稿编次为：第一卷舆地、第二卷食货、第三卷建置、第四卷礼俗、第五卷职官、第六卷教育、第七卷人物、第八卷艺文、第九卷灾异、第十卷兵防。卷首有魏绍武题签和序，卷尾有甄载明的跋及贾鸿逵、安升霄的后序。全志计 10 卷 80 多目，约 12 万字。

本志虽成于头 1964 年，而下限迄 1949 年，所辑资料均在民国以前。由于是以《冀城文献拾遗》《朱围山志略》为主干编辑的，因此，不可避免地受到此二稿文体的影响，志稿分目杂乱，考据短文充斥其间，类历史笔记。又由于是私家著述，采择范围受到限制，成书虽晚，而一切沿用旧志模式，鲜有创新。但正如编者贾鸿逵在后叙中所言：“对今昔文献之足征，不无小补哉”，虽以志名，而其内容可用蓝本之“拾遗”两字概括。

本志完成后，无条件付印，先由贾鸿逵先生收藏，后交甘谷县档案馆收藏。

八、民国《武山县志稿》

民国《武山县志稿》9 卷，武山李克明修纂。

李克明(1875~1952 年)，字浚潭，号瓶思，甘肃武山人。光绪二十九年(1903 年)举人。光绪三十二年，又毕业于甘肃高等学堂师范馆，就教宁远正兴书院。次年，将书院改为新兴高等小学校，这是武山第一所高等小学校。其后又协助李骏业创办蓼阳第二高等小学校。民国二年(1912 年)后，先后任众议院议员、甘肃教育厅长等。辞职返里后，热心地方教育文化事业，民国十六年应武山县长邹光鲁之邀，担任《武山县志》总纂。1949 年甘肃解放后，应邀参加甘肃人民代表大会。著作颇丰，大半散佚，今存《武山县志》《紫歌梦轩诗稿》，均为稿本。

民国十六年(1927年),江苏武进邹光鲁任武山县长,邹是著名学者、甘肃学政叶昌炽的弟子,受老师影响,对文教相当重视。就任当年,鉴于道光之后武山县近百年未续修县志,即倡修县志。聘请辞职归里的原甘肃教育厅长李克明任总纂。邹光鲁去职后,张燕吉继任,力赞继修县志。民国十七年春,武山县志局正式成立。在成立大会上,李克明作《县志义例商榷》的演讲,详细论辩武山旧志和各地名志体例的优劣,表明自己的修志主张,力图有所创新。也就是在这一年,《武山县志》定稿,现存稿本扉页标记"原任甘肃省教育厅长武山李克明于民国十七年纂修武山县志"。民国十七年冬,马仲英部祸害武山,县城被攻破,张燕吉死难,县志印刷之事就此被无限期地拖下去了,至今依然以抄本的形式留存。

民国《武山县志》编次为:第一卷人物(勋贤、耆旧、孝友、仁施、忠义、隐逸、列女)、第二卷舆地(山、川、洞、古迹、寺观、陵墓)、第三卷建置(城郭、街市、公署、学署、司法及警察各署、坛壝、庙祀、里镇、镇店、桥梁、堤、河渠、惠恤、守备、局所、官秩、邮递)、第四卷田赋(灾祥、兵事)、第五卷民族(种类、姓氏、户口、宗教、礼俗、方言)、第六卷民生(饮食、衣服、住居、道路、物产、金融)、第七卷官师(知县、县丞、主簿、教谕、训导、典史、宦迹)、第八卷学校(生员、学规、选举、荐辟、科目、进士、举人、副贡、选贡、恩选、岁贡、恩岁贡、武进士、武举、官职、武阶)、第九卷艺文。

武山的县志自道光十五年(1835年)知县苏得坡补刻乾隆《宁远县志》(1914年以前武山称宁远)之后,再未续修,至李克明修志时的民国17年,间隔已近百年。即使是补刻《宁远县志》也只增添了苏得坡的《正兴书院碑记》等数篇文稿,不及其他。因此,本志的编修任务很重,需补集的文献很多。从内容上看,这是一部地道的通志,旧志所有的内容一概吸收,道光以后的资料及民国初年的新事物尽可能地收录,做了力所能及的补遗,人物、学校、文艺等方面的资料尤其详备。记述用浅显文言,通俗易懂,分类细致,其中有不少"按"、"论曰",或论辨考证,或补充资料,有私家著述色彩。本志反对"星野"之说并予以摒除,重视对学校、田赋等的记述,对官师、人物善恶并书,艺文仿《四库全书提要》而设,力图对旧志有所革新。但当时武山正处在兵荒马乱之际,民国至17年至18年间,有两位县长死于匪手,因此根本无法开展大规模地资料调查,缺漏的资料依然不少。且在编次上也有不妥之处,如将人物列为第一卷,以示天地之间人为贵,颇不合修志习惯，再如在《田赋志》中列入礼俗、灾祥、兵事等目也是不合理的。《艺文志》中的《论民国宪法上不可无解散权书》等文，无关地方，作者将自己的诗作辑入26首，也有滥收之嫌。对此稿，总纂李克明也不甚满意，后又定例重纂，以孙中山三民主义为纲，以“民族”、“民权”、“民主”统辖全县自然社会之嬗变，特重民生问题。力图全面革新旧志体，惜工作未能完成。

民国《武山县志稿》9卷，现存武山县地方志办公室。部分手稿本现藏天水市档案馆。

【附记】本文原刊于《天水师范学院学报》2000年第3期，本次入集部分内容予以改写。另，民国《武山县志稿》经武山县地方志办公室组织点校，2005年由甘肃人民出版社出版；民国《秦安县志》经秦安县地方志办公室组织点校，2012年由甘肃人民出版社出版。

明代陇右学者胡缵宗生平事迹及方志著述考

在清代,陇右学者在全国学术界赢得声誉的惟"陇上二澍",即武威张澍和武都邢澍。二先生以姓氏之学扬名,又都是方志学大家,张澍有《屏山县志》《泸溪县志》《大足县志》《凉州府志备考》,邢澍有《长兴县志》。至于明代,一流的陇右学者当推秦安胡缵宗。胡缵宗文章政事著于一时,对地方志更是情有独钟,先后纂修《安庆府志》《羲台志》《秦安县志》《巩郡记》《秦州志》等。而《中国地方志辞典》①《中国方志大辞典》②及一些书刊对胡缵宗的生平及著作的记述都有不准确或不完善之处,《中国地方志联合目录》对胡缵宗方志著作卷数等的著录也不尽合理。因此,有必要对胡缵宗的生平、著述、方志理论等做进一步的研究。

一、生平事迹考述

胡缵宗(1480~1560年),字孝思,一字世甫;号可泉,一号鸟鼠山人,明陕西巩昌府秦州秦安县(今甘肃省秦安县)人。官宦出身,父亲胡士济是一位学识渊博的儒者,长期在四川双流县任教谕、知县。受家风影响,胡缵宗酷爱读书。幼年时,继母虐待,限制点灯时间,姐姐背继母用口衔油供他读书,时常苦读到三更之后方才就寝。弘治十四年(1501年)中举人。正德三年(1508年)成进士,供职翰林院,授检讨。正德五年(1510年),参修《孝宗实录》,因记事得罪擅权的大太监刘瑾,谪流四川嘉定州,任判官,从此开始了地方官生涯。

正德八年(1513年),起任潼川州知州,《四川总志·潼川州·名宦》称:"礼士爱民始终不倦,文章政事著于一时。"正德十年(1515年),召入为南京度支员外,历吏部郎中。正德十四年(1519年),转任安庆知府。时安庆正值宁王朱宸濠叛乱之后,经济凋敝,胡缵宗即安抚流民,兴修水利,提倡文教,成绩显著。离任之日,安庆吏民恋恋不舍,攀辕垂泣,并于文庙立"去

①黄苇主编《中国地方志辞典》,合肥:黄山书社,1986年,第257页。
②《中国方志大辞典》,杭州:浙江人民出版社,1988年,第380页。

思碑”。嘉靖二年(1523年),调任苏州知府,兴学宫,整吏治,减轻农民负担,时人评议“廉洁辨治,名与况钟颉颃”。[①]离任后,苏州士人立“吴郡守天水胡公去思碑”,今碑尚存苏州文庙。嘉靖七年(1528年),升山东布政使左参政,而后任浙江、山西布政使左参政。嘉靖十五年(1536年),升任河南左布政使,镇压鄢陵农民起义。同年,升任山东巡抚右副都御史,上书弹劾鲁王;开修莱河,便民灌溉。嘉靖十七年(1538年),负责治理黄河,从考城开支流分水,扼制归德、睢州水患。嘉靖十八年(1539年),任河南巡抚右副都御史,因官署失火,引咎辞职,结束仕途。

归里后,专心著书。不意嘉靖二十八年(1550年),因玩忽职守曾被胡缵宗鞭笞过的阳武县知县王联及其父王良诬告其《迎驾诗》“穆王八骏空飞电,湘竹英皇泪不磨”是诽谤皇上语,于是明世宗派使者逮捕胡缵宗对质。后虽真相大白,王联父子受刑,而胡缵宗还是被棍击四十,削籍为民,这时他已是70岁的高龄了。穷且益坚,不为意外挫折所累,继续致力著述,直至嘉靖三十九年(1560年)去世。《明史》有传。胡缵宗精研文史,才华横溢,于诗词歌赋、经学、方志学等方面都有卓越成就,尤其在方志学方面的贡献更为突出。著有《鸟鼠山人集》18卷、《拟汉乐府》2卷、《拟古乐府》2卷、《胡氏诗识》2卷、《愿学编》2卷、《近取编》2卷、《河嵩集》2卷、《归田集》2卷、《春秋本义》12卷、《仪礼集注》25卷、《安庆府志》24卷、《羲台志》1卷、《秦安志》9卷、《巩郡记》20卷、《秦州志》30卷。此外还选编有《秦汉文》《唐雅》《雍音》等,又编有《胡氏家谱》。著作非常丰富,[②]其中《明史·艺文志》著录9种,为《胡氏诗识》《仪礼集注》《春秋本义》《安庆府志》《秦州志》《汉中府志》《巩郡记》《鸟鼠山人集》《拟古乐府》。

另外,胡缵宗还擅长书法,师法颜真卿,书体刚健遒劲。因其辗转各地为官,名山大寺多有他的手迹。今江苏镇江金山寺摩崖有巨书“海不扬波”,苏州虎丘有篆书“千人坐”,山东曲阜孔庙第一牌坊有“金声玉振”巨匾,天水伏羲庙有“与天地准”巨匾,秦安兴国寺有“般若”巨匾。行草书《早朝诗》由其后代刻版留存,经爱好者传拓,在民间广泛流传。

二、方志著述考述

《安庆府志》,胡缵宗纂修,正德十五年(1520年)议修,次年完稿,嘉

①嘉靖补刻《秦安志》胡缵宗本传。况钟曾任苏州知府,是有名的大清官。
②关于胡缵宗著作,相关资料记载很不一致,此处所记系考证结论。

靖元年(1522年)付梓。立31目,列24卷。今残存7~24卷,藏宁波天一阁。

编次为第一卷郡记、第二卷邑记、第三卷上郡县表、第三卷下疆域表、第四卷上职官表、第四卷下古今人表、第五卷地理志(分疆域、风俗两目)、第六卷建置志、第七卷职官志、第八卷兵卫志、第九卷学校志、第十卷选举志、第十一卷礼制志、第十二卷食货志、第十三卷沟洫志、第十四卷艺文志、第十五卷祥异志、第十六卷刑法志、第十七卷名宦、第十八卷乡贤、第十九卷列女(附隐逸、孝友、忠义)、第二十卷宦籍、第二十一卷仕籍(附文学、武胄)、第二十二卷藩戚、第二十三卷方技、第二十四卷杂传。卷首末有作者自己的引和后序。

按:《安庆府志》的卷目,《明史·艺文志》标为31卷,《中国地方志联合目录》同。据《鸟鼠山人集》卷十所列目录,卷目其实为24卷,所谓31卷是将卷首的引和卷末的后序及列传中的附传都计算在卷数之内,这是不合理的,应以24卷为准。本志参照《史记》《汉书》立目,依史体记述,全面展示了作者的修志理论,同时为安庆修志确立了典范。成于嘉靖三十年(1551年)、由李逊纂修的《安庆府志》,内容分纪、表、志、传四项,体例和胡志完全一致。

《羲台志》1卷,胡缵宗纂,嘉靖十二年(1533年)刻本。佚。

按:羲台又名卦台、画卦台、伏羲台、羲皇台,传说人类始祖伏羲曾在台上仰观俯察,则天画卦,故名。台位于甘肃省天水市西北,突兀挺拔。隋代建寺,宋代设堡,金代创修三皇庙,元代成为祭祀伏羲的中心。明嘉靖十年、嘉靖十二年重修,使规模更加宏大。嘉靖十二年,胡缵宗游历卦台山,作《羲台志》。原作清代已稀见,乾隆《直隶秦州新志》在记述伏羲庙时援引数处,可粗见本志的内容。1990年,天水学者冯国瑞先生家属为筹备"冯国瑞九十诞辰学术纪念会"整理冯氏遗物,于手书残片中发现《羲台志》等书目①,料想此为遗存孤本。惜有目无书,下落不明。

《秦安县志》,胡缵宗纂,嘉靖十四年(1535年)刻本,计9卷。流传较广,各大图书馆均有藏。

编次为第一卷建置志、第二卷地理志上、第三卷地理志下、第四卷职官志、第五卷礼制志、第六卷学校志、第七卷人物志、第八卷田赋志、第九卷艺文志。卷首为文学家康海的序,秦安知县亢世英的引,外甥关治教的

①《冯国瑞九十诞辰学术纪念会汇刊》,天水:内部铅印本,1990年,第36页。

识；卷末有秦安县教谕陈涛和邑人耿尚义的跋。

按：嘉靖十一年(1532年)，胡缵宗丁父忧居家。嘉靖十三年，应知县亢世英邀请，着手编纂《秦安志》。由于对家乡的风物人情非常熟悉，加之学识渊博，仅一月余即完成志书。次年由亢世英主持刻印。本志体例大体上和康海的《武功志》、王九思的《鄠邑志》相同，内容简明，成为明代方志之佳作。正如陈涛跋中所言："援经引史，约而赅，详而核，一洗凡陋故习，不复分门立类、析疑标目之琐屑也，一开卷心目为之豁然。"本志保存完整，有一种版本于建置、职官、学校、人物、艺文有增补，均为嘉靖十六年(1536年)之后的内容。据《中国地方志联合目录》，增刻本成于清顺治年间，而著作的时间不会晚于明代，因为补刻内容非常细致，非当事人不能为也。本志有一个突出的缺点就是不设军事内容，造成缺项；《艺文志》独载权德舆诗文22篇，于其余作者仅是少量录存诗题，颇不合志法。

《巩郡记》，胡缵宗纂，嘉靖二十五年(1546年)清渭草堂刻本，计20卷。残存。甘肃省图书馆存1~4卷，为手抄本；国家图书馆存第十四卷，四川省图书馆存第十三卷，均为刻本。

编次为第一卷上州郡典、第一卷下州县典、第二卷上疆域表、第二卷下郡县表、第三卷上州牧郡守县令表、第三卷下古今人表、第四卷上地理志、第四卷下地理志、第五卷建置志、第六卷职官志、第七卷选举志、第八卷仪制志、第九卷兵戎志、第十卷祥异志、第十一卷食货志、第十二卷边防志、第十三卷艺文志上、第十四卷艺文志下、第十五卷上历代纪(即列圣本纪)、第十五卷下历代纪(即列国载纪)、第十六卷上列传(良吏、忠节、良将、节使、良使、良守、州牧郡守县令、酷吏)、第十六卷下列传(儒林、良将、忠节、忠义、孝友、廉节、贞士、诤臣、列女)、第十七卷列传(文苑、隐逸、名将、列贤、寓公、列女)、第十八卷列传(列贤、武弁、恩幸、方技)、第十九卷列传(官师)、第二十卷叙述。

卷首有广西按察司副使周满序和巩昌知府李世芳序。

按：嘉靖二十三年(1544年)，胡缵宗65岁，时已辞官在家闲居。胡祖籍陇西，对巩昌(治陇西)有特殊的情感，其号鸟鼠山人即取自巩昌渭源之鸟鼠同穴山。同年应邀躬自编纂《巩郡记》，越岁而志成。嘉靖二十五年(1546年)，由清渭草堂刻印出版，这是甘肃省见于记载的最早坊刻本。本志《明史·艺文志》著录为30卷，《中国地方志联合目录》同，其实观所附卷次日录则知其究竟,应以20卷为准。今刻本已残缺,志书原貌已不复得观,就残本而言,本志最大的特点是突出体现“志乃史体”的特色,纪、志、传均有所本,述而不作,大段引用正史及地志原文。而列传分类混乱,标目重复,殊不足取。

《秦州志》,胡缵宗纂,嘉靖三十七年(1558年)成书,计30卷。佚。

本志散佚,编次无从考述,可从乾隆《直隶秦州新志》卷首收录的胡缵宗《秦州志序》中知其大概。志有述、表、志、纪、传五体,述大事,立人物表,设地理、官师、选举、仪制、边防、食货、兵戎、灾祥、艺文等志和皇帝纪以及诸列传。

按:《秦州志》30卷,《明史·艺文志》著录。明万历二十六年(1598年),兵备道李国士巡抚陇右,遍览州县志,全本《秦州志》已不得见。于是李命秦安县令从胡后人家中征集遗编,得完璧,特作序记述整理《秦州志》的始末。序载乾隆《直隶秦州新志》卷首,盛赞《秦州志》:“有述、有志、有考、有列传,其事则自羲轩暨晚近,其文则自经传以至诸史,无所不载,而分门析类,条列班班,文献于是乎有征矣。”万历二十六年距《秦州志》成也就是40年的时间,志书已残,说明本志以稿本形式留存。据清顺治《秦州志》①宋琬序及每一卷“秦州志纂修姓氏,②知顺治《秦州志》是在胡缵宗《秦州志》的基础上编纂完成的,至少在清朝初年还是有留存的。但到乾隆《直隶秦州新志》编修时“惜原刻已不可复观”。《秦州志》是秦州第一部完整的方志,开秦州修志之先河,惜命运不佳,在清乾隆之前散佚。值得庆幸的是,胡缵宗精彩的《秦州志序》为清代旧志收录,从中可以窥见本志的编纂始末及胡的方志理论。

另外,《明史·艺文志》著录胡缵宗纂修《汉中府志》30卷。补刻嘉靖《秦安志》、乾隆《直隶秦州新志》及胡缵宗本传在著作目录中列有《汉中府志》和《苏州府志》,不言卷数,而胡墓志铭所列著作中没有这两部府志,《中国地方志联合目录》也不著录。胡从未在陕西汉中任职,虽任过苏州知府,其诗文集中也从未提修志的事,新编《苏州市志·图书·历代方志目录》也未列胡著《苏州府志》。既如此,是否可理解为胡曾指导过二府修志呢?因为《秦安志》和《直隶秦州新志》郑重其事地记入二府志,想必不会是空穴来风吧!

①②本志由宋琬修,王一经纂,今国内10~13卷,藏甘肃省图书馆。日本内阁文库有全书,2001年天水市地方志办公室通过陈桥驿先生引回。

三、方志理论考述

(一)关于方志的性质。胡缵宗明确坚持地方志即地方史的主张。《安庆郡乘引》言:“今之志,古之史也。”受这种观念影响,修志时均以史体立目;也受这种观念的影响,为胡方志著述作序跋的人都接受了他“志为史体”的主张。亢世英《秦安志序》中称赞本志:“是一方之史,而百年之典也。”耿尚义跋中称赞:“观是志则可知可泉先生诚直笔也,诚信史也。”这一点在巩昌知府李世芳《巩郡记序》中表现得最为突出,序中说:“国无史则典章无所述,郡县无史则文献无所征。今郡县,古列国也,家且有谱,况郡县可无史乎?”《秦州志》是胡缵宗纂修的最后一部方志,在《秦州志序》中全方位陈述了他的方志观,对方志的性质做了总结性定性:“今之郡县,古之国也。郡县之志,郡县之史也。”方志界曾流行一种观念,认为“志属信史”,这是章学诚第一次提出来的。如梁启超《中国近三百年学术史·清代学者整理旧学之总成绩(三)》说:“方志学之成立,实自实斋始也。实斋于斯学之贡献,首在改造方志之概念。前言方志者,为‘图经’之概念所囿,以为仅一地理书而止。实斋则谓方志乃周官小史之遗,其目的专以供国史取材,非深通史法不能从事。概念扩大,内容随之扩大。”再如仓修良《章学诚与〈文史通义〉》说:“章学诚第一次提出‘志属信史’的意见,认为方志乃‘封建时列国史官之遗’,‘志乘为一县之书,即古者一国之史也。而后人忽之,则以家学不立,师法失传,文不雅驯,难垂典则故也’(大梁本《文史通义》外篇二《永清县志前志列传序例》)。”其实,早在南宋时就有人将方志比之于史。方志学家郑兴裔在《广陵志序》中提出:“郡之有志,犹国之有史,所以察民风、验土俗,使前有所稽,后有所鉴,甚重典也。”①元代这一观点已被方志家重视。杨维祯至正《昆山志序》说:“金匮之编,一国史也;图经,一郡史也。”至明,则已很流行,一些方志学家都坚持志即史的观点,如杨一清《九江县志序》说:“国有史,郡有志。……夫志,史之翼也。”张居正《滦州志序》说:“州郡之有志,犹国之有史。”朱凌等《建阳县志序》说:“郡之有志,邦国之有史,志史之名虽殊,所以记其事者,则一而已。”由此可见,“历史派”在明代方志界占主导地位,而胡缵宗正是“历史派”的倡导者和实践者。虽然我们无法断定志属地方史是谁先提出的,但可以断定胡缵

①黄苇主编《中国地方志辞典》,合肥:黄山书社,1986年,第230页。

宗的方志理论在当时立于方志学的潮头，是先进的和有创见的。

(二)关于方志的体裁和内容。在志即地方史的理论指导下，胡缵宗所纂方志一以史体所谓“马史班书”立目，设述(或曰纪)、表、志、传。在写作方法上，除本正史而外，如耿尚义《秦安县志跋》所言：“其书法或法《禹贡》，或法《春秋》，或法《尔雅》，或法《山海经》，而本《史记》，采众美而后成。”这种独特的书法和胡缵宗雅而好古的学风有相当关系，他的诗文总是突出教化，本之经典，方志也是如此。大体而言，“本之《史记》以为表，拟之《汉书》以为志、以为传……兵戎、祥异仿之《左传》，职官仿之《周礼》，仪制仿之《仪礼》，山水仿之《山海经》《水经》，而又有拟之《国语》者，又有拟之《尔雅》者。”[①]至于这种做法的优劣暂且不论，其中可透视出一个很新颖的观点——经即史。胡缵宗《秦州志序》说：“传，鲁史尔！不有《尚书》《仪礼》乎？纪，太史公创为之者，史不有《周礼》《春秋》乎？然皆经也，或曰经载道，史载事，左、马、班纪事尔，经亦载事，固道也。”仿经作志就是“经即史”观念的具体表现，目的是突出方志的教化和致用功能。于方志的内容义例，胡缵宗在纂修方志时都不厌其烦地做详尽说明。纂《安庆府志》，特作《安庆郡乘引》附于卷首；纂《巩郡记》，特命二公子胡被作《序例》附于序后；《秦州志序》也对各篇章的内容及设置的目的逐一说明。这里特录《安庆郡乘引》供研究者参考：

夫郡与县之置与废者，历代也。故系之历代，观其记知其世也。志为郡县也。郡县有疆域、有职官、有古今人，不系而表之，其何以考焉？《地理》志地理也，在上为分野，在下为列国。今之郡县，古列国也。风俗其土也，户口其产也。《建置》志其城与池，郡县治与大小署制也。《职官》志官也，有官斯有职矣，有职斯有役矣。《兵卫》志兵也，卫与郡并置者也。《学校》志教也。《选举》志贤才也。 封者，选举之所从出也。《礼制》志礼也，而乐在其中矣。《食货》志财也，然有产焉。《沟洫》志水也。《艺文》志郡县经籍及其碑刻也。《祥异》志异也。《刑法》志法也。其列传乡贤足以式，隐逸孝友足以劝，列女忠义足以励，咸有关治教，此其传者当先矣。文学武胄亦不可少也。宦籍凡以郡守以至于县令，下此而可录者亦传焉。仕籍众矣，内止于近侍，外止于方面，下此而不可

①周满《巩郡记序》，《巩郡记》，甘肃省图书馆抄本。

遗者亦传焉(存者未有传于宦则列之《职官》,于仕则列之《选举》云)。藩戚方技备考也。至于杂传恶昭乎不可泯矣,志也。今之志,古之史也。夫书史也,纪言也。《春秋》,史也,纪年也,经也。其次《左传》《国语》传也。汉司马氏创为《史记》,而史变矣。然后之作者自班氏而下,皆不能外此而为史。而末世之分门析类者,果志邪?抑史邪?予为是志,非敢言学史,聊以学志云尔!①

(三)关于方志的功用。胡缵宗认为地方志是地方之全史,关于地方之天文、地理、人文均是地方志涉及的内容,其目的就是抑恶扬善、文献有征。亢世英《秦安志序》说:"……是故于建置则因革必核也,于地理则形胜必甄也,于职官则循良必右也,于人物则节形必崇也,于学校则风化攸贞也,于礼制则义度攸闲也,于田赋则食货可致也……是为一方之全史,而百年之典也。"这一段评述虽是指《秦安志》特点而言的,而始终体现的是胡缵宗修志的中心指导思想。《安庆郡乘引》说:"其列传乡贤足以式,隐逸孝友足以劝,列女忠义足以励,咸有关治教,此其传者当先矣。"尽管这一切都以显扬封建礼教为宗旨,但从中可反映他很重视方志的实用价值。

四、余　论

言明代方志学家,多标榜康海、韩邦靖诸人,这大概和《四库全书总目提要》收录且盛赞他们修纂的正德《武功县志》和《朝邑县志》有相当关系。胡缵宗修志实践起正德十五年(1520年),迄嘉靖三十七年(1558年),前后长达38年,著作宏富,有史可考的有5部计84卷,且所撰志书多为名志,理应列入方志大家行列。更难能可贵的是,他还是一个不断总结经验、不断创新的方志学家。于修志经历,他在《秦州志序》中说:"《安庆记》予稍变之,然未仿古也,而览者不以为枝。《巩郡记》予又变之,而未劣今也,览者不以为縻。兹《秦记》,或以为今而非今也,或以为古而非古也。"同时,他也是一个很有个性的方志学家,所撰方志各分志都以"缵宗曰"作总结、概述、评论,类《史记》的"太史公曰"和《汉书》的"赞",使其志书有强烈的私家著述色彩。

①胡缵宗《鸟鼠山人集》卷10,嘉靖三十三年刻本。

【附记】本文原刊于《中国地方志》1999年第5期,入集时对部分史实及注释重新修订。

后 记

用起兴的方式说，集腋成裘，皮子多了就有了做一件皮衣的想法；那么，论文多了呢，自然也就有了做一本论文集的想法。一来看起来方便，二来也算是成果的总结。但论文嘛，既然大多业已发表过了，再集合起来一总发表毕竟不是什么急事，也不是非做不可。于是结集的事就一直想着、拖着。有时闲来无事，还想个书名什么的，如质实一些的《天水历史文化研究》或《天水历史文化论稿》，表明入集论文都是天水历史文化范畴的；如比较空灵一些的《陇山渭水集》，因为天水东面以陇山为界，而渭水又横贯天水中部，一方水土养一方人，同样表明入集论文都是属于天水历史文化范畴的；如比较空灵又质实一些的《邽山藉水集》，因为离城不远的邽山(现在叫凤凰山)自古就是秦州的镇山，而《山海经》叫洋水的藉水即穿城而过的藉河，且论文多和以前的秦州城现在的天水市或远或近的关联，也能表明论文都是属于天水历史文化的范畴。此外，还设想用《两可斋丛稿》或《两可斋文史论稿》之类的名称，类似唐长孺先生的《山居存稿》。幻想拙文以后再结集就沿着此名称来个"续编"、"三编"什么的。有这些个想法，因吾书房名——两可斋之故也。嘿！嘿！胡思乱想，可笑。

如此这般地想着——想着，胡思乱想着……同时在闲暇的时候将文章按大类选编在了一起。某一天，天上降下个大好事。我那投石问路的、没有最终定名的初编集子，有幸入选了俄军、杨富学两先生主编的"敦煌与丝路学术丛书"，且列入了出版计划。不仅如此，编委会诸先生还给集子改换了一个古色古香、切合文章内容实际的名字——《秦州文史研究》。吾何幸有之，衷心谢谢啦！

此后，我按照"丛书"对内容的要求重新选编论文，以更加切合"敦煌与丝路"的主题；重新统一或修改注释等项，以符合"丛书"的撰写规范；重新考订纠正文中的错误，以符合"丛书"对论集的质量要求。而后就有了现在这个六辑28篇集纳我多年研究成果于一册的集子。

感谢俄军、杨富学两先生不弃我才疏学浅，将集子列入“丛书”，使之有机会附骥尾和名家大作同列。感谢我的同事艾小刚和我的学生尹万青对集子的精心校对。感谢责任编辑朱满良对集子的精心编校。衷心谢谢啦！

2013年4月11日于两可斋